L'ORACLE DE LA GÉOMÉTRIE SACRÉE

Le langage de la lumière

ISBN du coffret : 978-2-73391-574-5

Illustrations : © L'Atelier Merkaba/ L'Atelier Merkaba
Maquette : Caroline Robin
Responsable éditoriale : Marine Brossard

Imprimé en Chine par Toppan Leefung
Dépôt légal : avril 2024

Groupe Piktos
355, rue de la Montagne Noire
31750 Escalquens

www.grancher.com

grancher@piktos.fr

@editionsgrancher_officiel

Ce livre ne peut être vendu séparément du coffret.

Olivia Braqueville

L'ORACLE DE LA GÉOMÉTRIE SACRÉE

Le langage de la lumière

GRANCHER

SOMMAIRE

INTRODUCTION

« Si vous voulez trouver le secret de l'Univers, pensez en termes d'énergie, de fréquence, d'information et de vibration. »

NICOLAS TESLA

Qu'est-ce que la géométrie sacrée ?

Avant même de prendre forme dans la matière, la géométrie sacrée existe dans un champ de fréquence unifié, ou matrice vibratoire, dont parle aujourd'hui la physique quantique. La géométrie sacrée est un champ fréquentiel ; elle est une somme d'informations, elle-même reliée à la Conscience universelle – aussi appelée Dieu, le Créateur, la Source ou le Grand Tout –, qui ne peut être ni créée ni détruite. Elle est permanente, soutient tout le vivant et permet la création, l'expansion et le renouvellement sur terre, dans l'univers et bien au-delà.

Appelée aussi, en des temps plus anciens, le « langage de la lumière », la géométrie sacrée a longtemps été réservée à quelques initiés de par le monde. Elle est restée secrète, cachée dans le domaine ésotérique.

Depuis des millénaires, les plus grands physiciens et mathématiciens de l'époque gréco-égyptienne (Hermès, Pythagore, Platon ou Euclide, pour n'en citer que quelques-uns) ont fait l'expérience du 3e principe hermétique, appelé aussi « 3e loi universelle » : *Tout est vibration*. Ces grandes figures ont tour à tour reçu les enseignements de l'école des Mystères de l'œil d'Horus, fondée par Hermès Trismégiste lui-même. Cette école réservée aux initiés, et dont les transmissions ne se faisaient qu'oralement, a permis à ces chercheurs spirituels de découvrir que tout ce qui est palpable sur terre n'est qu'une somme de particules subatomiques en perpétuel mouvement. Par extension et en appliquant le grand principe de correspondance « Tout ce qui est en haut est comme ce qui est en bas, et tout ce qui est en bas est comme ce qui est en haut », ils sont arrivés à la conclusion que tout vibre dans l'univers, tout bouge, tout est en perpétuel mouvement, de l'infiniment petit à l'infiniment grand.
Par l'expérience des voyages astraux (sorties hors du corps) réalisés au sein de l'école des Mystères, ils ont eu accès à d'autres dimensions, au-delà du visible. C'est dans ces états modifiés de conscience qu'ils ont découvert des formes géométriques spécifiques, qui semblaient être entrelacées dans ce champ fréquentiel unifié qu'ils appelaient à l'époque la toile – faisant référence à la toile d'araignée exprimant à la perfection cette interconnexion avec tout ce qui est.

La cymatique est une technique permettant la visualisation des ondes sonores. Pour les plus sceptiques, c'est un exemple extraordinaire de l'existence de ces formes géométriques. Le musicien et physicien Ernest Chladni (1756-1827) fit l'expérience de faire vibrer avec un archet une plaque métallique sur laquelle il avait disposé de la poudre. Il observa que sous l'action des vibrations, la poudre se déplaçait pour s'accumuler en des points fixes de la plaque, donnant ainsi des figures géométriques. Chaque note de musique est porteuse d'une vibration unique et correspond à une forme géométrique unique. Par l'impulsion sonore, l'eau, la lumière, mais aussi sous l'influence des planètes et de tout le vivant se dessinent des formes géométriques d'une grande complexité et d'une perfection incontestable, en perpétuel mouvement, visibles dans le champ fréquentiel.

Avec l'avènement de l'ère du Verseau, période de grand changement et d'éveil de conscience pour l'humanité, la vérité se révèle au grand jour. Le temps des révélations est venu. Aujourd'hui, le voile de l'oubli se lève sur ces formes géométriques puissantes dont l'existence n'était connue par le passé que d'une poignée d'initiés : la géométrie sacrée, mise en lumière, devient accessible à tous. Elle apporte de nombreuses clés de compréhension utiles à notre évolution.

Onde de forme, géométrie sacrée et nombre d'or

Les ondes de forme sont des structures géométriques qui émettent des vibrations. Celles de la géométrie sacrée obéissent au nombre d'or, c'est pourquoi elles émettent des ondes positives de hautes fréquences. Ces sondes sont distinctes de toutes les autres ondes de forme pouvant être porteuses d'énergies, positives ou négatives, non créées suivant la divine proportion.
Le nombre d'or, appelé également *phi*, est connu dans le domaine ésotérique sous le nom de « divine proportion ».

C'est un nombre irrationnel, ce qui signifie que nous n'arrivons pas à calculer sa valeur exacte. Il équivaut approximativement à 1,618. Il n'est ni une mesure, ni une dimension, mais un rapport entre deux grandeurs homogènes. Sa première mention remonterait à la Grèce antique, avec le mathématicien Euclide (325 à 265 av. J.-C.), et ce serait l'illustre Léonard de Vinci qui l'aurait nommé *sectio aurea*, le « nombre d'or ».
C'est sur le nombre d'or que repose tout le vivant. Il n'existe aucune forme de vie dont les mesures et les proportions ne soient pas basées sur la géométrie sacrée : elle se retrouve dans toute la création, de l'infiniment petit à l'infiniment grand. Qu'ils soient végétal, minéral, animal ou humain, tous les règnes sont liés à ces mystérieuses ondes de forme qui diffusent généreusement perfection, équilibre, harmonie, abondance et ordre. En effet, la géométrie sacrée décrit avec élégance des phénomènes tels que la croissance des plantes, les proportions du corps humain, les périodes orbitales des planètes, la lumière, la structure des cristaux ou de l'eau, la musique... La forme d'une coquille d'escargot ou d'un coquillage, la structure même du tournesol ou encore la dynamique d'un typhon obéissent tous au nombre d'or. Il se retrouve aussi dans les proportions du corps humain, et jusque dans la spirale de notre ADN.
Ce constat remet en question toutes les certitudes matérialistes qui réfutent l'existence d'une conscience universelle qui nous dépasse. Ainsi, le nombre d'or nous invite à rester humbles face aux grands mystères de la création. C'est pourquoi je vous invite à découvrir cet oracle sans a priori, en acceptant de vivre l'expérience... tout simplement.

Pourquoi cet oracle ?

L'Oracle de la géométrie sacrée s'adresse à qui est en quête de vérité, d'authenticité, d'harmonie et d'équilibre sur son chemin de conscience et dans la vie quotidienne.

Les cartes de cet oracle nous rappellent l'existence en nous de la divine perfection. Elles nous relient à notre part divine. Elles nous connectent à notre être véritable, au-delà de notre petit personnage ou de l'identité que nous nous sommes construite par l'éducation, les croyances, les conditionnements, et qui nous empêche d'être pleinement nous-mêmes. Car il est bon de le rappeler : nous sommes des êtres spirituels venus faire l'expérience de la matière. Notre passage sur terre a pour unique but de nous élever et de nous faire grandir, en nous apprenant à cultiver l'amour envers nous-mêmes et envers les autres.
J'ai créé cet oracle dans l'intention de vous faire découvrir l'immense champ d'action des ondes de forme sacrées que j'ai tant de joie à peindre et faire connaître, depuis plusieurs années, au travers de mes œuvres, sous la signature de l'Atelier Merkaba.

Le pouvoir de la géométrie sacrée est infini. Au-delà de la forme, la géométrie sacrée est information. C'est cette information qui agit sur nos cellules et sur toute notre structure. Elle est en effet reliée à nos centres énergétiques (les chakras) et permet un travail sur notre ancrage, notre dualité, notre créativité. Mais elle a également le pouvoir de contribuer à la libération de nos blessures. Elle met en lumière nos parts d'ombre, nous aide à les reconnaître pour mieux les transmuter. Elle vient également nous nettoyer, nous purifier et nous protéger.

Enfin, elle augmente notre fréquence vibratoire, nos perceptions, notre intuition, et nous invite à nous relier à notre spiritualité. C'est, en somme, un langage universel et un outil précieux sur le chemin du retour à soi.

C'est par le lâcher-prise que vous pourrez entrer en communication avec la géométrie sacrée. Un seul conseil, donc : ne mentalisez rien ! Laissez-vous pénétrer par la forme, laissez-la vous apprivoiser en douceur, prenez le temps d'établir une relation vibratoire avec la carte que vous aurez tirée. Ne cherchez rien de particulier, découvrez la carte avec vos yeux d'enfant, dans la joie du moment présent. Laissez-vous guider par votre intuition.

Présentation de l'oracle

Chaque carte est une reproduction des œuvres picturales que je réalise entièrement à la main. Les peintures originales sont toutes des pièces uniques, ce qui vient renforcer la fréquence vibratoire des cartes. Chacune a été pensée pour mettre en lumière un aspect de nous-mêmes. Dans ce livret, vous trouverez pour chaque carte une description de l'onde de forme correspondante et un rappel de ce qu'elle symbolise, puis son interprétation. Il s'agit de poser de la conscience sur ce que nous révèle l'onde de forme de nos parts conscientes et inconscientes, parfois limitantes. Le message de la carte nous invite à nous rappeler qui nous sommes, et ce que nous sommes venus incarner sur terre.

Également enseignante de Kundalini yoga, j'avais à cœur d'associer le yantra yoga, inspiré de la tradition hindoue, à chaque carte de cet oracle. Cette pratique, qui est un exercice de concentration sur un point précis, nous invite à lâcher prise, nous permettant ainsi de calmer le mental pour plus d'équilibre et d'harmonie intérieure. Vous pourrez vous concentrer ici sur la carte qui vous sert de support visuel de méditation. Pratiqué quelques minutes, le yantra yoga vient purifier les deux hémisphères du cerveau, nous faisant entrer dans une transe hypnotique entraînant une profonde relaxation. C'est dans cet état modifié de conscience que l'onde de forme tirée révélera ses secrets.

Pour que chaque message prenne vie dans l'ici et maintenant, un mantra est associé à chaque carte. Il est conseillé de le répéter en conscience trois fois, de façon à l'engrammer dans toutes les cellules du corps et à reprogrammer le subconscient.

Enfin, des références à la numérologie et des correspondances avec les arcanes majeurs du tarot de Marseille viendront apporter un éclairage supplémentaire à l'interprétation des cartes. Ces aides sont des ponts qui nous permettent d'établir des connexions entre plusieurs domaines et d'élargir ainsi le champ de la compréhension.

Comment utiliser l'oracle ?

1. Nettoyer le jeu

Lors de la première utilisation, je te conseille de purifier le jeu, par exemple avec une fumigation à la sauge ou en le nettoyant au son d'un bol de cristal. Tu peux également tenir le jeu dans ta main gauche, le recouvrir de ta main droite et poser l'intention ferme suivante : « L'oracle est totalement

nettoyé de toutes les énergies basses, il retrouve sa pureté originelle ici et maintenant. »
Aie confiance : chaque fois que tu l'utiliseras, seules te seront révélées les informations œuvrant dans ton intérêt que tu seras en mesure de recevoir dans le moment présent.

2. Poser une question

Installe-toi dans un endroit calme. Concentre-toi quelques instants sur ta respiration et recentre-toi. Concentre-toi sur l'intention de recevoir de l'oracle le conseil ou la guidance dont tu as besoin dans le moment présent. Tu peux également poser une question précise pour recevoir un éclairage sur une situation donnée, à un moment précis.

3. Mélanger les cartes

Mélange les cartes, si une carte s'échappe alors que tu mélanges le jeu, elle devra être prise en considération lors du tirage.

4. Choisir une carte

Il est conseillé de tirer une seule carte, mais si tu souhaites affiner le tirage, tu as la possibilité d'en tirer deux ou trois. Laisse-toi porter par ton intuition, fais-toi confiance.

5. Recevoir le message

Sois ouvert·e à la guidance. Pour chaque tirage, une méditation yantra yoga est proposée, ainsi qu'un mantra à répéter trois fois intérieurement ou à voix haute.

Présentation des 22 cartes

1

Le Bindù

LE COMMENCEMENT

VALEUR NUMÉRIQUE : 1

Nombre impair associé au Soleil : polarité masculine, énergie yang. Le 1 est parfait et complet, et donne naissance à tous les autres chiffres. Il ne peut se diviser, ni être multiplié par lui-même.

CORRESPONDANCE AVEC LE TAROT DE MARSEILLE : LE BATELEUR

Le Bateleur symbolise le fait de commencer quelque chose. C'est un projet, une idée nouvelle, les débuts d'une activité. C'est une nouveauté qui ouvre des perspectives. **Le Bateleur** représente la jeunesse, l'énergie active, la santé et la force vitale.

Description de l'onde de forme

Bindù est un mot sanskrit qui signifie « point central ». Il est le centre, l'origine de la forme, ce par quoi tout commence. Il n'a ni début ni fin, mais est à la fois la fin et le début. Il est mystérieux et insaisissable. C'est également la première manifestation qui surgit du vide parfait. Le *bindù* est également associé au son primordial OM dans la tradition indienne. Le *nad* (« son » en sanskrit) est à l'origine de la conscience créatrice qui donne naissance à la matière.

Il est la conception, ce point de rencontre où l'ovule et la semence deviennent fœtus. Tous les cercles qui l'entourent représentent l'aura qui vient protéger le centre. Le *bindù* est donc associé au commencement, à la genèse de toute chose. Il est vibration.

Interprétation de la carte

Le Bindù t'invite d'abord à retrouver le point central de ton mandala intérieur, à retrouver ton axe, ton essence. Il te montre le chemin de ton intériorité. Il te conseille de prendre le temps de faire le point, en silence, pour mieux entendre ta petite voix intérieure.

Après ce temps de silence et d'introspection, cette carte t'invite à aller de l'avant. Par son énergie masculine, **Le Bindù** te pousse à agir et à entreprendre en pleine conscience. Être dans l'action, mettre en place les projets qui ont été longuement mûris, voilà ce que demande **Le bindù**.

Qu'il s'agisse du commencement d'une nouvelle activité professionnelle, d'une nouvelle relation ou encore d'une nouvelle résolution, **Le Bindù** souffle un air nouveau. Il annonce le commencement de quelque chose qui te tient à cœur. Il est le premier pas en confiance vers ce qui vient. **Le Bindù** est l'élan créateur présent en toi.

Méditation yantra yoga

Installe-toi dans une position confortable et place la carte face à toi. Je t'invite à adopter une respiration naturelle. Je te propose d'inspirer la détente, le calme, la paix, et d'expirer toutes les tensions, toutes les préoccupations du moment. Considère cet instant comme un véritable moment de retour à toi. Une fois que tu te sens centré·e et détendu·e, pose ton regard sur le *bindù*, le point central de la carte, là où tout commence. Plonge dans cet espace, abandonne-toi, entre en douceur dans cette transe hypnotique, ne cherche rien. Laisse l'onde de forme faire son œuvre, laisse-la te pénétrer, permets à ton cœur de s'ouvrir, laisse-le se dilater, s'expanser. À présent, ouvre ton champ d'observation et considère la carte dans sa globalité. Laisse venir à toi les nouvelles perspectives qui s'ouvrent devant toi. Si tu es rempli·e de joie, alors ressens ce feu intérieur et avance en confiance vers ce nouveau chemin qui te tend les bras. Termine par trois profondes et longues respirations, et remercie **Le Bindù.**

Mantra

Je suis l'élan créateur, je suis le commencement. J'avance en confiance et en totale sérénité vers de nouvelles perspectives. Je mets en place toutes les actions nécessaires à la réalisation de mes nouveaux projets. J'accepte avec joie les changements dans ma vie.

2

Le vesica piscis

DE LA DUALITÉ À L'UNITÉ

VALEUR NUMÉRIQUE : 2

Nombre pair associé à la Lune : polarité féminine.
Le premier nombre peut être multiplié par lui-même. Il peut créer de nouvelles formes.
Pour Pythagore, le 2 n'est pas un nombre, mais une fusion d'unité.

CORRESPONDANCE AVEC LE TAROT DE MARSEILLE : LA PAPESSE

La Papesse représente l'inconscient, l'intuition, la voix intérieure. Elle est assise de face sur un trône, entre deux piliers qui symbolisent la dualité : la lumière et l'obscurité. Elle tient dans ses mains un manuscrit qui représente la connaissance et la sagesse.

Description de l'onde de forme

Le *vesica piscis* est constitué de deux cercles superposés. Ce terme latin signifie « vessie de poisson ». Il dessine en son centre l'ichtys qui représente un poisson et n'est autre que le symbole des premiers chrétiens. Il fait référence à l'ère des Poissons.
C'est avec le *vesica piscis* que commence la dualité. Lorsque la cellule originelle se divise en deux, la croissance se fait dans l'illusion d'une séparation.

Le *vesica piscis* t'enseigne que tout ne peut exister que par son contraire, formant une seule et même polarité. L'intersection des deux cercles forme une amande appelée aussi « mandorle ». C'est dans cet espace que la fusion d'unités dont parle Pythagore a lieu.

Le *vesica piscis* représente, de façon plus large, la Mère-Terre qui épouse le Père-Ciel. Par extension, l'Esprit non manifesté descend dans la matière ; il descend dans le corps de chaque individu, annonçant le grand réveil de l'humanité promis par l'ère du Verseau. Cet éveil sera porteur d'une conscience collective élargie s'inscrivant dans un esprit d'unité, de partage, d'entraide et d'amour, ce que nous pourrions aussi appeler « la loi de l'un », par opposition à l'ère des Poissons tournée vers l'individualité, l'ego et la dualité. En géométrie sacrée, l'ère des Poissons est associée au triangle qui symbolise le patriarcat, la domination du père (au sommet du triangle), par opposition à l'ère du Verseau associée au cercle et symbolisant le féminin, la mère.

Interprétation de la carte

Le Vesica piscis, par ses rondeurs et sa douceur féminine, t'invite à sortir de l'illusion de séparation dans laquelle tu vis. Il t'encourage à te tourner vers l'autre, à le regarder, à plonger dans son regard. **Le vesica piscis** te renvoie l'autre par effet miroir. Il te montre que la séparation n'existe que si l'ego entretient cette dualité à l'intérieur et à l'extérieur de toi. Cette carte t'incite à lâcher tes peurs, souvent irrationnelles, qui sont autant de pierres qui font grandir le mur qui te sépare des autres. **Le Vesica piscis** t'invite à ouvrir grand les bras pour former une ronde, un cercle vertueux, et ressentir par l'énergie du cœur que l'autre, c'est toi, avec les mêmes joies, les mêmes peines, les mêmes espoirs, les mêmes désirs… Si cette carte sort dans le tirage, c'est probablement pour reconsidérer ta relation à l'autre. Que te montre cette relation ? Que te révèle-t-elle dans ta façon d'être avec l'autre ? **Le Vesica piscis** t'invite à te changer toi-même, en pleine responsabilité, sans attendre que l'autre change. Il te propose d'être le meilleur exemple pour l'autre.

Méditation yantra yoga

Installe-toi dans une position confortable et place la carte face à toi. Je t'invite à adopter une respiration naturelle. Je te propose d'inspirer la détente, le calme, la paix, et d'expirer toutes les tensions, toutes les préoccupations du moment. Considère cet instant comme un véritable moment de retour à toi. Une fois que tu te sens centré·e et détendu·e, pose ton regard dans l'espace en forme d'amande au centre du *vesica piscis*. Plonge dans cet espace, abandonne-toi, entre en douceur dans cette transe hypnotique, ne cherche rien. Laisse l'onde de forme faire son œuvre, laisse-la te pénétrer, permets à ton cœur de s'ouvrir, laisse-le se dilater, s'expanser. À présent, ouvre ton champ d'observation et considère la carte dans sa globalité. Peut-être constates-tu que ton regard revient spontanément au centre de l'amande, là où il y a l'unité parfaite, en toi et à l'extérieur de toi. Termine par trois profondes et longues respirations, et remercie **Le Vesica piscis.**

Mantra

Je suis toi et tu es moi. Je me reconnais en toi et tu te reconnais en moi. Je porte la même étincelle de vie que tu portes en toi. Tout ce qui me dérange en toi est une part de moi que je n'accepte pas. C'est par cet effet miroir que nous nous montrons le chemin. Gratitude infinie pour qui tu es. Gratitude infinie pour qui je suis.

3

AJNA
LE TROISIÈME ŒIL

L'INTUITION

VALEUR NUMÉRIQUE : 3

Nombre impair associé au Soleil : polarité masculine.
Le 3 dépasse la dualité du 2 et permet de se hisser à un niveau de conscience supérieur. Il permet de voir au-delà de ce qui est visible. Il est associé à la trinité (au corps, à l'âme et à l'esprit). Il évoque le don, le partage.

CORRESPONDANCE AVEC LE TAROT DE MARSEILLE : L'HERMITE

L'Hermite symbolise le guide intérieur, l'autonomie, la vérité révélée, le discernement, la sagesse et la protection.

Description de l'onde de forme

Ajna vient du sanskrit et signifie « connaissance, sagesse », dans le sens de la connaissance intérieure et de la sagesse profonde que nous puisons directement tout au fond de nous. Appelé aussi « troisième œil », ce chakra est situé entre les sourcils et représente la vision, l'intuition.

Si *ajna* est notre sixième chakra, il est fortement associé à la vibration du 3.

Le 3 est l'acceptation de toutes les oppositions et leur dépassement par l'amour. Le 3 prend de la hauteur et s'extrait de la vision dualiste qui entretient la séparation représentée par le 2. Il mène à la sérénité, à la paix intérieure et au bonheur. Il serait donc la clé de la sagesse, du discernement et de la vérité.

Ce chakra ouvre incontestablement une porte vers des perceptions plus fines nous permettant de voir au-delà du monde visible. Lorsque nous réalisons que nous voyons le monde tel que nous sommes et non tel qu'il est, nous comprenons que nos perceptions ne correspondent pas toujours à la réalité. Nous sommes alors en mesure de changer de regard et d'appréhender le monde différemment. C'est par cette prise de conscience que nos sens s'affinent et que nous développons notre intuition, notre discernement : nous cessons de nous mentir, de nous raconter des histoires souvent éloignées de la réalité et qui renforcent le mental et l'ego. Développer notre troisième œil nous aide également à trier le bon grain de l'ivraie. En d'autres termes, cela nous permet de distinguer ce qui est bon pour nous de ce qui est mauvais et nous évite d'emprunter des chemins épineux.

Tout en restant bien ancré sur terre, notre troisième œil nous propose de voir les choses de façon plus spirituelle et moins matérialiste. Il nous demande de faire confiance à notre intuition. Notre première intuition est souvent la bonne, mais nous la suivons rarement ! En quelques secondes, notre mental inférieur prend le relais et vient nous saboter, nous distillant une multitude d'arguments qui déconstruisent cette première intuition.

Interprétation de la carte

Si **Ajna – Le Troisième Œil** sort dans le tirage, c'est qu'il est temps de reconnaître que ta vision de la situation que tu vis actuellement n'est pas forcément juste. Il est probable que tu appréhendes les choses au travers d'un prisme qui déforme la réalité.
Cette carte t'invite d'abord à prendre un temps pour te recentrer et faire le vide avant de porter ton attention sur cette situation. Elle t'invite ensuite à développer ton intuition et ton discernement, pour plus de clarté d'esprit. Fais confiance à ta guidance intérieure pour opérer les choix justes et bons pour toi. En travaillant avec ton intuition, tu développeras tes capacités de synthèse et d'analyse, et cela te sera fort utile dans la vie de tous les jours. **Ajna – Le Troisième Œil** te guide sur le chemin de la vérité, au-delà des voiles de l'illusion.

Méditation yantra yoga

Installe-toi dans une position confortable et place la carte face à toi. Je t'invite à adopter une respiration naturelle. Je te propose de te concentrer sur ton troisième œil, le point situé entre tes sourcils, puis d'inspirer par cet espace le calme, la paix, et d'expirer toutes les tensions, toutes les préoccupations du moment. Considère cet instant comme un véritable moment de retour à toi. Une fois que tu te sens centré·e et détendu·e, pose ton regard au centre du cercle bleu. Plonge dans cet espace, abandonne-toi, entre en douceur dans cette transe hypnotique par ton troisième œil. Laisse l'onde de forme faire son œuvre, laisse-la te pénétrer. Permets à ton troisième œil de s'ouvrir en douceur. À présent, ouvre ton champ d'observation et considère la carte dans sa globalité. Peut-être constates-tu que ton regard revient spontanément au centre du cercle central, véritable porte vers une autre conscience, une autre vision. Termine par trois profondes et longues respirations, et remercie **Ajna - Le Troisième Œil**.

Mantra

Je suis l'intuition et le discernement. J'observe avec hauteur et neutralité les événements. J'apporte la clarté d'esprit sur chaque situation de ma vie. Je fais les choix justes, car je suis parfaitement guidé·e sur le chemin de la vérité.

4

Les quatre consciences

LA LIBÉRATION DES SCHÉMAS RÉPÉTITIFS

VALEUR NUMÉRIQUE : 4

Nombre pair associé à la Lune : polarité féminine.
Le 4 évoque la réalisation, l'équilibre et la perfection. Il invite l'individu à mieux se connaître et à trouver sa place dans le monde.

CORRESPONDANCE AVEC LE TAROT DE MARSEILLE : L'EMPEREUR

L'Empereur représente la force du pouvoir masculin, mais aussi la stabilité, les fondations et la protection. Il permet d'apporter de la clarté.

Description de l'onde de forme

Cette forme géométrique est constituée de quatre cercles principaux se rejoignant dans le *bindù* (le centre du mandala). Elle fait référence à ce que Jung nomme les « quatre natures de soi » : les sens, l'émotion, la pensée et l'intuition. Deux cercles sont placés à la verticale : celui du bas représente la conscience physique (les sens), attachée à la matière et reliée à l'énergie masculine ; celui du haut représente la conscience spirituelle, attachée à l'esprit et reliée à

l'énergie féminine. Les deux cercles placés à l'horizontale représentent, pour celui de gauche, la conscience émotionnelle reliée à l'énergie féminine et, pour celui de droite, la conscience intellectuelle reliée à la pensée et à l'énergie masculine.
Nous portons donc deux consciences féminines et deux consciences masculines. Harmoniser et équilibrer ces quatre consciences revient à développer une compréhension holistique de notre nature humaine. Considérer notre être dans sa globalité physique, intellectuelle, émotionnelle et spirituelle nous permet de mettre en lumière des aspects de nous-mêmes qui ont besoin d'être équilibrés, pour plus de stabilité intérieure. Souvent, les deux consciences féminines vont de pair. Si l'une d'entre elles est faible, l'autre le sera également. Il en va de même pour les deux consciences masculines. Équilibrer nos quatre consciences est un travail nécessaire pour apporter plus de clarté sur la manière dont nous interagissons dans la vie. Cela nous permettra, en effet, de mieux nous connaître et de sortir du triangle infernal de Karpman (victime, bourreau, sauveur), qui est souvent la conséquence de blessures survenues dans la petite enfance ou de traumas liés à notre héritage transgénérationnel.

Interprétation de la carte

Si **Les Quatre Consciences** sortent dans le tirage, c'est certainement le moment de chercher plus de clarté en toi-même. Accepte de te regarder sans masque, tel·le que tu es. Reconsidère ces quatre parts de toi-même en observant ton fonctionnement qui peut être lié à des schémas répétitifs te limitant dans la pleine expression de ton être. Fais un pas vers toi en acceptant de déposer des valises qui, souvent, ne t'appartiennent pas et qui sont bien trop lourdes pour toi ! Tu l'auras compris, cette carte est un message de ton âme qui t'invite à sortir du schéma sacrificiel dans lequel tu t'es enlisé·e depuis des années, soit en lâchant ta posture de victime – bien confortable – qui te donne toujours l'occasion de te déresponsabiliser, soit en abandonnant le rôle de sauveur qui te va si bien mais cultive ton criant besoin de reconnaissance et t'évite, parce que tu te consacres aux autres, d'aller voir ce qui a besoin d'être libéré chez toi. Ces rôles que tu portes malgré toi peuvent être liés à ton enfant intérieur blessé, qui a manqué d'amour et de sécurité, a été rejeté ou a porté un costume d'adulte bien trop tôt. Il est peut-être temps pour toi d'aller explorer les traumas de l'enfance : pour y arriver, n'hésite pas à te faire aider.

Méditation yantra yoga

Installe-toi dans une position confortable et place la carte face à toi. Je t'invite à adopter une respiration naturelle. Je te propose d'inspirer la détente, le calme, la paix, et d'expirer toutes les tensions, toutes les préoccupations du moment. Considère cet instant comme un véritable moment de retour à toi. Une fois que tu te sens centré·e et détendu·e, pose ton regard dans l'espace au centre du mandala. Entre en douceur dans cette transe hypnotique, ne cherche rien. Laisse l'onde de forme faire son œuvre, laisse-la te pénétrer. Permets à ton cœur de s'ouvrir, laisse-le se dilater, s'expanser. À présent, ouvre ton champ d'observation et considère la carte dans sa globalité. Si certaines émotions remontent, ne les retiens pas : accueille-les, sans chercher à en comprendre la raison. Observe sans jugement ce que les quatre consciences te révèlent sur toi-même. Termine par trois profondes et longues respirations, et remercie **Les quatre consciences**.

Mantra

J'accepte de lâcher et de libérer toutes les programmations de l'enfance qui me limitent et m'entravent dans ma réalisation personnelle. Je ne suis plus le programme : j'observe le programme, sans le juger, et je le laisse partir. J'apporte réconfort et sécurité à mon enfant intérieur. Nous continuons le chemin en paix, main dans la main.

5

Le Pentagramme

LE CHANGEMENT

VALEUR NUMÉRIQUE : 5

Nombre impair associé au Soleil : polarité masculine.
Le 5 est le symbole de la liberté, de la mobilité, du dynamisme, du mouvement, de l'harmonie.

CORRESPONDANCE AVEC LE TAROT DE MARSEILLE : LE PAPE

Le Pape représente le guide spirituel, la figure paternelle rassurante, empreinte de sagesse, qui bénit nos choix vers un nouveau passage. Il incarne les vertus de l'homme parfait qui nous encourage à suivre la voie du cœur.

Description de l'onde de forme

Le pentagramme est une étoile à cinq branches qui, dans la tradition ésotérique, représente la conscience incarnée : l'esprit dans la matière. Il est associé au microcosme et représente également l'homme parfait, avec ses quatre membres et sa tête.

Qui n'a pas en tête le célèbre *Homme de Vitruve* de Léonard de Vinci? Avec cette œuvre, le peintre cherche à représenter l'homme comme une créature (terrestre) de Dieu

(puissance céleste). En utilisant la divine proportion, en l'occurrence le nombre d'or, il montre que l'homme, créature de Dieu, est parfait.
D'une certaine manière, Léonard de Vinci nous rappelle que la nature et l'homme sont régis par la géométrie sacrée, et donc en relation directe avec le divin. L'homme parfait porte la vibration du 5. D'abord au travers de son corps physique : par ses cinq membres (deux bras, deux jambes et la tête), ses cinq doigts de la main et ses cinq sens (l'ouïe, l'odorat, la vue, le toucher et le goût). L'homme parfait incarne ensuite les cinq vertus que sont la sagesse, l'amour, la vérité, la justice et la bonté.
Par extension, le pentagramme symbolise l'Univers, au travers des cinq éléments : la Terre, l'Eau, le Feu, l'Air et l'Éther. Le centre, ici représenté par une sphère de couleur bleu vert, représente le cœur de l'homme. Car c'est à l'intérieur de lui-même qu'il pourra trouver la lumière.

Considéré depuis toujours comme un grand symbole de protection, le pentagramme renforce son pouvoir lorsqu'il s'entoure d'un ou plusieurs cercles.

Le pentagramme, aussi appelé « étoile flamboyante », était le signe de reconnaissance de Pythagore et de ses adeptes, qui l'inscrivaient au bas de toutes leurs correspondances. Cette formule de politesse signifiant « Porte-toi bien ! » était une interprétation du latin *Vale*, formule de connaissance et de conjuration.

Depuis la plus haute Antiquité, on retrouve cette étoile dans les principaux cultes féminins liés à la Grande Déesse et dans toutes les religions d'Europe, d'Asie et d'Afrique.

Interprétation de la carte

Le Pentagramme te montre que tout est en perpétuel mouvement. Tels les cinq éléments présents à l'intérieur de toi, tout bouge, rien ne se repose. L'étoile à cinq branches t'invite à accepter avec sagesse les changements dans ta vie. Tu n'es plus la personne d'hier, et tu n'es pas encore celle de demain. Incarne pleinement ce vent de liberté, qui balaye l'ancien pour accueillir le nouveau. Sois le mouvement et lâche prise sur ce qui ne dépend pas de toi et que tu ne peux changer. Si cette carte sort dans le tirage, c'est également que tu n'as rien à craindre. Le changement est nécessaire et bénéfique : il est inscrit dans un processus de transformation individuelle, tu es en sécurité et parfaitement protégé·e.

Méditation yantra yoga

Installe-toi dans une position confortable et place la carte face à toi. Je t'invite à adopter une respiration naturelle. Je te propose d'inspirer la détente, le calme, la paix, et d'expirer toutes les tensions, toutes les préoccupations du moment. Considère cet instant comme un véritable moment de retour à toi. Une fois que tu te sens centré·e et détendu·e, pose ton regard au niveau de la sphère centrale qui représente ton cœur. Plonge dans cet espace, abandonne-toi, entre en douceur dans cette transe hypnotique, ne cherche rien. Laisse l'onde de forme faire son œuvre, laisse-la te pénétrer. Permets à ton cœur de s'ouvrir : il se dilate, s'expanse. À présent, ouvre ton champ d'observation et autorise-toi à ressentir le mouvement, la liberté d'action et le changement. Termine par trois profondes et longues respirations, et remercie **Le Pentagramme**.

Mantra

Je suis l'étoile flamboyante, je suis le mouvement perpétuel et le changement. J'explore de nouveaux horizons qui me font grandir en conscience et en expérience. Je n'ai rien à craindre, car la vie est de mon côté; la vie me veut du bien.

6

Le Sceau de Salomon

LE CHOIX

VALEUR NUMÉRIQUE : 6

Nombre pair associé à la Lune : polarité féminine.
Le 6 est le symbole de l'union, l'amour, l'équilibre et l'harmonie.

CORRESPONDANCE AVEC LE TAROT DE MARSEILLE : L'AMOUREUX

L'Amoureux célèbre l'union ultime, l'harmonie et le plaisir. Il représente aussi les choix que nous devons faire dans l'existence et qui vont déterminer notre vie.

Description de l'onde de forme

L'appellation « seau de Salomon » remonte au roi Salomon qui aurait porté l'étoile à six branches en guise de bouclier énergétique, ce qui lui confère jusqu'à ce jour un puissant pouvoir de protection. Appelé aussi « hexagramme » ou parfois « étoile de David », le sceau de Salomon est constitué de deux triangles entrelacés. L'un, pointant vers le haut, représente l'énergie masculine et par correspondance l'élément Feu. Ce premier triangle peut

être associé à la matière qui s'élève et rejoint l'esprit. L'autre triangle, pointant vers le bas, représente l'énergie féminine et par correspondance l'élément Eau. Ce second triangle peut être associé à l'esprit qui descend et rejoint la matière. Ces deux triangles forment, au centre, un hexagone qui symbolise l'harmonie et l'équilibre de notre chakra du cœur. L'hexagone représente aussi le principe hermétique de correspondance selon lequel « tout ce qui est en haut est comme ce qui est en bas ».
Le sceau de Salomon est également présent dans le symbole du chakra du cœur, car c'est le point d'énergie situé au milieu du corps humain.

Considéré depuis toujours comme un grand symbole de protection, le sceau de Salomon augmente son pouvoir lorsqu'il s'entoure d'un ou plusieurs cercles.

Interprétation de la carte

Le Sceau de Salomon te signifie qu'il est peut-être temps de revenir à ton cœur (au centre de l'hexagone). Retrouve ton union intérieure entre la matière et l'esprit, l'ego et l'âme. Dois-tu privilégier la voix de l'âme ou la voix du mental ? Il y a de toute évidence un choix à faire en conscience. Il semblerait que tu sois à la croisée des chemins, et toi seul·e peux prendre la bonne direction.
Le sceau de Salomon t'invite à prendre en compte une situation ou une relation qui a besoin d'être clarifiée et pacifiée, et qui demande adaptation et conciliation. Cette carte te montre que ton cœur sera ton meilleur conseiller, quelle que soit la décision que tu prendras. Prends le temps d'écouter ton cœur. Qu'a-t-il à te dire que tu n'entends pas, car trop

absorbé·e par ton mental qui cherche désespérément une solution ? Le cœur sait ce qui est bon pour toi et pour l'autre, alors laisse-le œuvrer, et la solution viendra d'elle-même dans un esprit d'unité et d'équilibre. **Le Sceau de Salomon**, par son rôle protecteur, repousse tes idées noires et tes démons intérieurs, qui t'éloignent du chemin de ton âme.

Méditation yantra yoga

Installe-toi dans une position confortable et place la carte face à toi. Je t'invite à adopter une respiration naturelle. Je te propose d'inspirer la détente, le calme, la paix, et d'expirer toutes les tensions, toutes les préoccupations du moment. Considère cet instant comme un véritable moment de retour à toi. Une fois que tu te sens centré·e et détendu·e, pose ton regard dans l'hexagone, au centre du sceau de Salomon. Plonge dans cet espace, abandonne-toi, entre en douceur dans cette transe hypnotique, ne cherche rien. Laisse l'onde de forme faire son œuvre, laisse-la te pénétrer, ouvre ton cœur : laisse-le se dilater, s'expanser. À présent, ouvre ton champ d'observation et autorise le sceau de Salomon à révéler ton feu intérieur. Termine par trois profondes et longues respirations, et remercie **Le Sceau de Salomon**.

Mantra

Je fais le choix du cœur. Il est le siège de mon âme. Il est ma boussole intérieure et me guide sur mon chemin. J'écoute avec attention la voix de mon cœur qui est pur amour. Je prends la bonne décision, je prends la bonne direction. J'avance dans la justesse du cœur et je ne me retourne pas.

7

LA GRAINE DE VIE

LA CROISSANCE

VALEUR NUMÉRIQUE : 7

Nombre impair associé au Soleil : polarité masculine, yang.
Le 7 revêt un caractère sacré puisqu'il est la somme du 3 (ciel) et du 4 (terre). Il dispense la vie et le mouvement. Il symbolise la totalité de l'Univers.

CORRESPONDANCE AVEC LE TAROT DE MARSEILLE : LE CHARIOT

Le Chariot représente le succès et l'avancement grâce au travail et à la persévérance.

Description de l'onde de forme

La graine de vie est constituée de sept cercles entrelacés et porte en elle six *vesica piscis*. Cette base de géométrie sacrée symbolise la conception de l'Univers. À l'intérieur du cercle central, elle contient aussi le point appelé « *bindù* » qui représente la conscience unifiée à la base de toute chose, et par extension l'énergie de croissance, cette force qui va se déployer et donner naissance à la fleur de vie.

La graine de vie peut être considérée comme un symbole de fécondité. Elle est, en effet, identique à l'image de la multiplication cellulaire d'un embryon de trois jours. C'est d'ailleurs la phase d'expansion de la graine de vie qui va insuffler une autre onde de forme : la fleur de vie.

Dans la tradition chrétienne, la graine de vie représente les sept jours de la création, les six cercles périphériques indiquant les six jours où Dieu s'est projeté dans les six directions, jusqu'aux limites de son royaume, pour créer le monde. Le cercle central évoque le septième jour, où il s'est reposé.
Le 7 est le chiffre spirituel par excellence. Il est associé à notre septième chakra, le chakra coronal, qui établit la communication avec plus grand que nous.

Sur la carte, la graine de vie est soutenue par deux croissants de lune qui représentent le cycle lunaire, associé à notre intériorité et à notre subconscient.

Interprétation de la carte

La Graine de vie t'invite à te reconnecter à ton énergie de croissance intérieure, cette impulsion de vie, ce feu créateur, cette force vive qui ne demande qu'à se déployer pour atteindre de nouveaux objectifs. Mets en place les conditions favorables à la réalisation de tes nouveaux projets. **La graine de vie** te rappelle que tu es une terre féconde. Es-tu prêt·e à récolter tes plus beaux fruits ?
Il a fallu sept jours à Dieu pour créer l'Univers, **La graine de vie** t'invite donc à cultiver la patience et la persévérance pour récolter ce que tu as semé.

Qui dit croissance dit expansion, et qui dit expansion dit succès ! Lorsque **La Graine de vie** sort dans le tirage, elle annonce le succès. Cette carte est empreinte d'une énergie solaire très positive qui t'assure la réussite et l'abondance dans toutes tes entreprises !

Méditation yantra yoga

Installe-toi dans une position confortable et place la carte face à toi. Je t'invite à adopter une respiration naturelle. Je te propose d'inspirer la détente, le calme, la paix, et d'expirer toutes les tensions, toutes les préoccupations du moment. Considère cet instant comme un véritable moment de retour à toi. Une fois que tu te sens centré·e et détendu·e, pose ton regard au centre de la graine de vie. Plonge dans cet espace, abandonne-toi, entre en douceur dans cette transe hypnotique, ne cherche rien. Laisse l'onde de forme faire son œuvre, laisse-la te pénétrer, ouvre ton cœur : laisse-le se dilater, s'expanser. À présent, ouvre ton champ d'observation et autorise la graine de vie à activer ton énergie solaire. Termine par trois profondes et longues respirations, et remercie **La graine de vie**.

Mantra

Je suis l'impulsion de vie issue de la Source. Je suis le feu intérieur et l'expansion. Je reconnais mon pouvoir créateur. Je déploie toutes mes ressources intérieures pour réaliser mes projets et mes rêves les plus fous. Je cultive la patience et la persévérance. Je mérite de recevoir bien au-delà de ce que je crois mériter.

8

Le Nœud de l'Infini

La Responsabilité

VALEUR NUMÉRIQUE : 8

Nombre pair associé à la Lune : polarité féminine, yin.
Le 8 est associé à la justice, au juste équilibre. Il représente aussi le pouvoir, la vérité et la spiritualité.

CORRESPONDANCE AVEC LE TAROT DE MARSEILLE : LA JUSTICE

La Justice incarne non seulement la justice terrestre mais également la justice divine, celle qui se place au-dessus de celle des hommes. La carte est en lien avec cette justice-là, à laquelle personne n'échappe et qui octroie la récolte de ce que l'on a semé, en « bien » ou en « mal ».

Description de l'onde de forme

Le nœud de l'infini, ou « nœud sans fin », est issu de la tradition bouddhiste. Il peut être associé à la lemniscate (le huit en position horizontale : ∞) qui évoque les cycles et l'éternel.
Dans le bouddhisme, le nœud sans fin représente la sagesse et la compassion infinies. Il représente le chemin infini que l'homme emprunte, de vie en vie, vers le *dharma*. Le *dharma* peut se résumer à l'alignement parfait à la Source. L'homme, par sa pensée juste, sa parole

juste et son action juste, rentre dans un cercle vertueux où il ne crée plus de karma envers lui-même ni envers les autres. Il est totalement libéré de l'ego et de la matière. Le nœud infini symbolise donc aussi le karma et la loi de cause à effet, énoncée ainsi par Hermès : « Toute cause a son effet, tout effet a sa cause. Rien n'échappe à la loi. Pas de hasard, pas de chance. »

La loi de cause à effet est un grand principe divin que l'on retrouve dans de nombreuses traditions. Nous sommes responsables de ce que nous semons et de ce que nous récoltons. Le nœud de l'infini symbolise donc la justice au-delà de la justice des hommes et de la matière. Rien de ce qui vient à nous n'est le fruit du hasard. Nous sommes responsables de notre réalité. Cela semble parfois difficile à entendre pour nous, Occidentaux, qui avons la fâcheuse habitude de nous dédouaner et de trouver un responsable à nos malheurs.

Le nœud sans fin évoque également notre âme, infinie et éternelle, notre compagne de vie en vie. Il fait référence aux cycles de la vie, à l'impermanence pour l'homme incarné – soumis à la naissance, à la vie et à la mort – et à la permanence pour l'âme, qui continue son chemin après la mort du corps physique.

Interprétation de la carte

Le Nœud de l'infini t'invite à prendre pleinement conscience des graines que tu sèmes, de la qualité de l'eau qui te sert à les arroser et de la valeur de ce que tu récoltes. En d'autres termes, cette carte t'encourage à accepter la grande part de responsabilité que tu as dans ce que tu vis. Plus tes pensées, tes paroles et tes actes seront désalignés, plus le désordre et la dysharmonie régneront à l'intérieur de toi… mais également dans ton travail, ta famille et, plus largement, dans tes relations aux autres. Et plus tu continueras à créer du karma, individuellement et collectivement.

Le Nœud de l'infini te montre que la justice divine finit toujours par triompher. Observer tes pensées, tes paroles et tes actes requiert du courage et de la discipline. Cela te demande aussi de ne pas te juger, et surtout de ne pas culpabiliser !

Il est toujours temps de changer ton regard. Ton âme sait parfaitement ce qui n'est pas aligné dans le moment présent. Alors, commence par changer tes pensées, élève leurs vibrations, cesse d'être dans le jugement en permanence. Qui es-tu pour juger, en fin de compte ? Commence par t'occuper de ce qui cloche chez toi plutôt que de t'intéresser à ce qui cloche chez l'autre. Accepte de te pardonner à toi-même comme tu pardonnes à l'autre. Pardonner, c'est donner sa propre paix afin d'être soi-même en paix. Donner et recevoir sans attendre sont autant de clés qui te mèneront sur la voie vertueuse du *dharma*.

Méditation yantra yoga

Installe-toi dans une position confortable et place la carte face à toi. Je t'invite à adopter une respiration naturelle. Je te propose d'inspirer la détente, le calme, la paix, et d'expirer toutes les tensions, toutes les préoccupations du moment. Considère cet instant comme un véritable moment de retour à toi. Une fois que tu te sens centré·e et détendu·e, pose ton regard au centre du nœud de l'infini. Parcours du regard le chemin du nœud dans la direction souhaitée. Laisse-toi bercer par les lignes droites et les virages. Reviens au point de départ puis recommence plusieurs fois. Abandonne-toi au mouvement infini du nœud. Laisse venir à toi les sensations. Termine par trois profondes et longues respirations, et remercie **Le Nœud de l'infini**.

Mantra

Je suis la cause, je suis l'effet. Tout effet a sa cause, et toute cause a son effet. Je surveille mes pensées, mes paroles et mes actions. Par la pensée juste, la parole juste et l'action juste, je ne crée aucun tort, ni à moi-même ni aux autres. Par la persévérance et la patience, j'entre dans le cercle vertueux de la sagesse, de la compassion et de l'équilibre. Je retrouve ma place.

9

Le Tore

L'AMOUR DIVIN

VALEUR NUMÉRIQUE : 9

Nombre impair associé au Soleil : polarité masculine, énergie yang. Le 9 est la marque de l'accomplissement, il permet d'ouvrir les horizons et d'élever les consciences. Il symbolise l'absolu.

CORRESPONDANCE AVEC LE TAROT DE MARSEILLE : L'AMOUREUX

L'Amoureux représente l'union des principes féminin et masculin en soi, mais aussi l'union à l'extérieur de soi, avec l'autre et le monde. Avec **L'Amoureux**, il est aussi question de choix.

Description de l'onde de forme

Le tore est une sphère recourbée vers l'intérieur, de sorte qu'un trou est créé en son centre. C'est une figure géométrique tridimensionnelle importante, notamment parce qu'elle constitue la forme de l'aura humaine, qui est en perpétuel mouvement. L'énergie universelle provenant de tout ce qui entoure une personne se déverse dans cette forme dynamique. Le champ universel d'énergie vitale est infini et illimité, c'est la raison pour laquelle nous sommes tous interconnectés.

Les champs d'énergie toroïdaux existent autour de tout le vivant, du microcosme au macrocosme. Les arbres, la Terre, le Soleil et l'Univers sont entourés d'une sphère torique. Notre cœur aussi émet un champ énergétique toroïdal extrêmement puissant qui a été scientifiquement mesuré : il peut s'étendre jusqu'à… huit kilomètres de notre cœur !

Par la fréquence électromagnétique du cœur, par sa portée puissante, infinie et illimitée, le tore nous rappelle que, physiquement et mentalement, nous sommes en mesure de ressentir et d'émettre un amour inconditionnel envers tout le vivant. Cet amour inconditionnel peut s'apparenter à l'amour divin. Un amour non terrestre, non conditionné par l'ego humain qui ne nous apprend à aimer que sous condition. Aimer de façon inconditionnelle, c'est être capable d'élever sa conscience et de ressentir au plus profond de ses cellules que l'autre, c'est nous. Par ce champ énergétique toroïdal et par l'énergie du cœur que nous émettons, nous formons une grande mer vibratoire dans laquelle tout se mélange pour ne former qu'un seul et même océan vibratoire.

Interprétation de la carte

Le Tore souhaite d'abord te rappeler la puissance de ton cœur. Cette carte t'invite à fendre l'armure qui empêche ton cœur physique de s'ouvrir, de se dilater, de s'expanser pour reconnaître la présence de l'amour en toute chose. **Le Tore** t'encourage à prendre de la hauteur, à grandir en conscience pour permettre à ton cœur spirituel d'aimer au-delà de tes peurs, de tes expériences passées, de tes conditionnements et de tes croyances qui te limitent dans ta capacité à ressentir cet amour divin plus grand que tout. **Le Tore**, par sa haute vibration, t'invite à guérir toutes les parts de toi, conscientes et inconscientes, qui ne sont pas en lien avec l'énergie d'amour. Cette carte t'invite à te questionner sur ta relation à l'amour. Es-tu prêt·e à ne plus craindre l'amour ? Es-tu prêt·e à voir l'amour en toi, en l'autre ? Es-tu prêt·e à croire en l'amour ? Es-tu prêt·e à plonger et à t'abandonner dans l'amour ? Es-tu prêt·e à t'aimer, à aimer et à être aimé·e de façon inconditionnelle, sans attentes ? Autant de questions auxquelles **Le Tore** t'invite à trouver des réponses pour avancer sur le chemin de l'amour pur qui guérit tout, pardonne tout, ne juge pas et a l'immense pouvoir de réaliser l'unité, en toi et à l'extérieur de toi.

Méditation yantra yoga

Installe-toi dans une position confortable et place la carte face à toi. Je t'invite à adopter une respiration naturelle. Je te propose d'inspirer la détente, le calme, la paix, et d'expirer toutes les tensions, toutes les préoccupations du moment. Considère cet instant comme un véritable moment de retour à toi. Une fois que tu te sens centré·e et détendu·e, pose ton regard au centre du tore. Pose l'intention, mentalement, d'ouvrir ton cœur à l'amour inconditionnel. Élargis à présent ton champ visuel et observe la puissance infinie du tore qui pose un baume d'amour dans ton cœur et dans ton aura. Prends le temps d'observer tes sensations. Termine par trois profondes et longues respirations, et remercie **Le Tore**.

Mantra

Je suis l'amour pur qui anime toute vie. Je suis l'amour du Créateur qui anime mon corps, mon âme et mon esprit. L'amour me nourrit, me guérit, me protège. Je fais le choix de m'ouvrir à l'amour sans attentes. Il me guide vers une conscience plus élevée de moi-même et de ce qui m'entoure. Je ressens l'unité, en moi et à l'extérieur de moi.

10

L'ARBRE DES SEPHIROTH

LE CHEMIN

VALEUR NUMÉRIQUE : 10

Nombre pair associé à la Lune : polarité féminine, yin.
Le 10 est associé à l'indépendance, l'autonomie, l'exploration et l'accomplissement.

CORRESPONDANCE AVEC LE TAROT DE MARSEILLE : LA ROUE DE FORTUNE

La Roue de Fortune symbolise l'évolution, le mouvement, le changement, la destinée.

Description de l'onde de forme

L'arbre des Sephiroth, aussi appelé « arbre de la Kabbale » ou « arbre de vie », est un symbole puissant qui remonte à plus de 5000 ans. Cet arbre représente un parcours initiatique, un chemin de la connaissance qui mène au Créateur. Il incarne une sagesse ancestrale qui permet de mieux faire le lien entre les mondes spirituel et matériel.

Nous pourrions comparer l'arbre de la Kabbale au pèlerin solitaire qui arpente les routes et les

chemins avec son bâton. Peu importe le temps qu'il mettra pour atteindre son but, si un jour il l'atteint. Le pèlerin tend vers l'excellence, il ne reste jamais sur ses acquis : chaque jour est un nouveau jour, une nouvelle conscience.
L'arbre des Sephiroth est la recherche intérieure qui nous permet de mieux nous connaître pour nous améliorer et devenir, un jour, la meilleure version de nous-mêmes. Il est considéré comme une carte de la conscience et un symbole géométrique de l'Univers. Sur la carte, l'arbre de vie est soutenu par la fleur de vie. Chaque onde de forme sacrée s'inscrit dans une autre, à la manière du fonctionnement des poupées russes.
Sephiroth est le pluriel de *sephira* qui signifie « sphère ». Chaque *sephira* (il y en a dix) représente une expression de l'infini dans notre réalité. Les dix *sephiroth* sont des sphères de transformation. L'énergie traverse chacune d'elles dans un ordre bien défini. Chaque *sephira* est régie par un archange. L'arbre des Sephiroth est un outil de travail sur soi; il nous permet de cultiver notre faculté à recevoir, non pas de façon égoïste, mais pour donner en retour.

Le 10, associé en numérologie à l'indépendance, l'autonomie, l'exploration et l'accomplissement, reflète bien ce chemin initiatique et solitaire, qui demande de la détermination et de la patience pour qui espère toucher du doigt la meilleure version de lui-même.

Dans sa globalité, l'arbre des Sephiroth nous permet de prendre conscience du chemin à parcourir pour intégrer pleinement que l'énergie divine est partout et que nous ne sommes jamais seuls. Il nous permet aussi de comprendre les obstacles et les situations difficiles que nous rencontrons sur notre chemin terrestre. Il nous invite à être patients, bienveillants et sages. Par la persévérance et la volonté, il nous donne la force d'atteindre nos objectifs.

Interprétation de la carte

L'Arbre des Sephiroth t'invite à prendre pleinement conscience de tout le chemin parcouru jusqu'à ce jour. Il s'agit de te retourner sur ton parcours pour prendre un temps de recul et faire le point sur ta vie. Tu constateras que tu n'es plus celle ou celui d'hier, mais pas encore celle ou celui de demain. **L'Arbre des Sephiroth** veut te faire reconnaître ton évolution intérieure. Les expériences passées t'ont permis de grandir. Cette carte t'invite à exprimer ta gratitude pour tout ce qui a été vécu (le bon comme le moins bon) et à revenir rempli·e d'espoir et de confiance dans le présent.
Cette carte peut également te signifier que tu es devenu·e un arbre solide qui a bravé les tempêtes et qu'il est temps de montrer le chemin à d'autres personnes qui ont, à leur tour, besoin d'être soutenues, guidées, accompagnées sur leur route. Ton expérience est précieuse, à toi maintenant de la mettre au service d'autrui. C'est une carte positive qui ôte les doutes et promet le succès dans ce que tu entreprendras !

Méditation yantra yoga

Installe-toi dans une position confortable et place la carte face à toi. Je t'invite à adopter une respiration naturelle. Je te propose d'inspirer la détente, le calme, la paix, et d'expirer toutes les tensions, toutes les préoccupations du moment. Considère cet instant comme un véritable moment de retour à toi. Une fois que tu te sens centré·e et détendu·e, pose ton regard au centre de l'arbre des Sephiroth. Puis concentre-toi sur chaque *sephira*, du haut vers le bas, en suivant les lignes qui les relient. Parcours ce chemin plusieurs fois. Élargis à présent ton champ d'observation à toute la carte. Laisse venir à toi les sensations, sans rien chercher de particulier. Termine par trois profondes et longues respirations, et remercie **L'Arbre des Sephiroth**.

Mantra

Je suis le chemin. Je suis rempli·e de gratitude pour tout ce chemin parcouru. Je reconnais mon courage et ma persévérance dans toutes les situations de ma vie. Je reconnais ma vulnérabilité quand je mets un genou à terre. Et je reconnais aussi ma force quand je me relève. J'ai confiance en moi et j'accueille tous les succès présents et à venir dans ma vie.

11

Le yin et le yang

L'ÉQUILIBRE

VALEUR NUMÉRIQUE : 6

Nombre pair associé à la Lune : polarité féminine.
Le 6 est le symbole de l'union, de l'amour, de l'équilibre et de l'harmonie.

CORRESPONDANCE AVEC LE TAROT DE MARSEILLE : TEMPÉRANCE

Tempérance invite à allier les opposés pour élever l'âme. Elle évoque l'harmonie et l'équilibre.

Description de l'onde de forme

Le symbole taoïste du yin et du yang, aussi appelé *taijitu*, représente deux opposés complémentaires et interdépendants qui se retrouvent dans tout le vivant, et de façon plus large dans tout le cosmos. En médecine chinoise, pour atteindre l'harmonie et rester en bonne santé, l'homme sage doit réguler son yin et son yang.
Dans sa *Théorie de l'unification*, le physicien Nassim Haramein explique que lorsque la forme du yin et du yang tourne sur

elle-même telle une roue, elle manifeste la circulation et la dynamique de l'espace, la polarisation du vide.
Le yin, souvent représenté en noir, est associé au principe féminin. Relié à la Lune et à la nuit, mais également à la terre, il est associé à l'automne et à l'hiver, et à l'élément Eau. C'est une énergie descendante, tournée vers notre intériorité. Le yin cultive une attitude de réceptivité et entretient la passivité et la réserve. Le yang, souvent représenté en blanc, est associé au principe masculin. Relié au Soleil et à la lumière, le yang représente le ciel et est associé au printemps et à l'été, et à l'élément Feu. C'est une énergie ascendante, tournée vers l'extérieur. Le yang est l'énergie du dynamisme et de l'action par excellence !
Le *taijitu* est ici soutenu par la graine de vie qui donne l'impulsion de vie, encourage le déploiement. Le symbole taoïste du yin et du yang nous invite à créer à partir de ses deux forces complémentaires.

Interprétation de la carte

Le Yin et le yang te montre que tu es les deux faces d'une même pièce, que l'une ne peut exister sans l'autre. Si tes planètes de naissance peuvent te donner plus d'énergie yin ou plus d'énergie yang et créer un certain déséquilibre, nous avons tous ces deux opposés complémentaires en nous, et nous les exprimons tour à tour dans une même journée. Cette carte te propose tout d'abord d'accepter et d'embrasser ces deux aspects indispensables à une vie harmonieuse et cohérente. Puis elle t'invite à t'observer pour déceler si l'une des polarités prend trop de place par rapport à l'autre.
Si, par exemple, tu as beaucoup d'idées qui ne prennent que rarement vie ou que la procrastination est un aspect

de toi-même qui te limite dans ton quotidien, c'est peut-être que ta polarité yin est trop présente et qu'il est nécessaire d'être plus dans l'action. Il est intéressant de te donner des objectifs : prendre des rendez-vous, rencontrer des personnes, faire une activité physique. Inversement, si tu es hyperactif·ve, toujours tourné·e vers l'extérieur, avec un emploi du temps qui ne laisse aucune place à la détente, alors il est intéressant d'envisager d'introduire plus d'activités yin dans ta journée, comme la méditation ou la peinture.
Si cette carte apparaît dans le tirage, c'est peut-être aussi qu'elle t'invite à trouver le juste équilibre au travail, à la maison, dans ta vie sociale. Pèse le pour et le contre, fais la liste des avantages et des inconvénients d'une situation, considère les aspects positifs et négatifs d'une relation qui te questionne ou te pose un problème… voilà autant de pistes à explorer avec **Le Yin et le yang**.

Méditation yantra yoga

Installe-toi dans une position confortable et place la carte face à toi. Je t'invite à adopter une respiration naturelle. Je te propose d'inspirer la détente, le calme, la paix, et d'expirer toutes les tensions, toutes les préoccupations du moment. Considère cet instant comme un véritable moment de retour à toi. Une fois que tu te sens centré·e et détendu·e, porte ton attention sur la partie orangée, puis sur la partie bleutée de l'onde de forme. Considère à présent le yin et le yang dans sa totalité. Laisse venir à toi les sensations et les émotions. Termine par trois profondes et longues respirations, et remercie **Le Yin et le yang**.

Mantra

Je suis le yin et le yang, la terre et le ciel, le Soleil et la Lune. J'embrasse dans un grand élan de joie ma part féminine et ma part masculine, qui sont en mouvement constant. Tels les deux serpents de la Kundalini, elles s'entrelacent, fusionnent pour ne former qu'une seule et même danse : le ballet de la vie.

12

Le dodécagramme

La fin d'un cycle

VALEUR NUMÉRIQUE : 12

Nombre pair associé à la Lune : polarité féminine, yin.
Le 12 symbolise ce qui est achevé, on parle parfois d'un chiffre parfait. Il peut être interprété comme la fin d'un cycle ou être vu comme un point d'harmonie.

CORRESPONDANCE AVEC LE TAROT DE MARSEILLE : LE PENDU

Le Pendu symbolise un temps d'attente pour laisser venir et permettre aux choses de se transformer d'elles-mêmes. Il est associé au lâcher-prise, au repos et à la patience.

Description de l'onde de forme

Le dodécagramme est une étoile à douze pointes à laquelle toutes les traditions se réfèrent car elle présente une structure numérologique idéale. En effet, le 12 contient le un, le deux, puis le trois : l'unité, la dualité et la trinité qui permet le retour à l'unité.

Le 12 est aussi étroitement lié à la notion de temps : il rappelle les douze mois de l'année, les douze heures du jour et de la nuit, ou encore les douze signes du zodiaque composant la voûte céleste. Historiquement, ce nombre repose sur les lunaisons. À l'image du nombre 12, la pleine lune symbolise la maturité, l'aboutissement, mais aussi l'amorce de la décroissance. Le 12 renvoie donc aussi à la fin d'un cycle, à l'achèvement d'une chose avant le début d'une autre : c'est un accomplissement, mais marqué par un temps d'arrêt avant le début d'un nouveau cycle. Le 12 se retrouve enfin dans de nombreuses traditions. Il suffit de rappeler les douze plaies d'Égypte, les douze apôtres, les douze travaux d'Hercule...

Interprétation de la carte

Si **Le Dodécagramme** apparaît dans le tirage, c'est certainement pour te signifier la fin de quelque chose. Cette carte annonce la fin d'un cycle, l'achèvement d'une relation, d'un projet ou d'une situation. **Le Dodécagramme** marque un point final. Cette carte peut être interprétée de façon favorable comme défavorable, suivant la question posée.

Le Dodécagramme t'invite également à prendre un temps de repos : il enseigne la patience et le lâcher-prise face à un événement qui semble stagner ou être à l'arrêt. Contrairement aux apparences, il n'en est rien. Continue à te concentrer sur tes autres activités, et la situation se dénouera d'elle-même, le moment venu. Cette carte t'invite à faire confiance au temps qui est à l'œuvre. Observe-le s'écouler en toute sérénité.

Méditation yantra yoga

Installe-toi dans une position confortable et place la carte face à toi. Je t'invite à adopter une respiration naturelle. Je te propose d'inspirer la détente, le calme, la paix, et d'expirer toutes les tensions, toutes les préoccupations du moment. Considère cet instant comme un véritable temps de retour à toi. Une fois que tu te sens centré·e et détendu·e, pose ton regard au centre du dodécagramme, puis parcours-en du regard chaque pointe, lentement, en partant du haut, dans le sens des aiguilles d'une montre, jusqu'à revenir à la pointe de départ. Recommence autant de fois que tu le souhaites. Abandonne-toi dans ce mouvement infini. Lâche prise et prends conscience que tout est une question de temps : sois patient·e. Termine par trois profondes et longues respirations, et remercie **Le Dodécagramme.**

Mantra

Je suis le dodécagramme, j'incarne le temps nécessaire à toute chose. Je cultive la patience. Je lâche prise face à la situation qui me préoccupe dans l'instant présent. J'accepte la fin de quelque chose pour mon plus grand bien, et j'accueille ce qui vient avec joie et curiosité.

13

Le Cube (Solide de Platon)

LA PRÉSENCE À SOI

VALEUR NUMÉRIQUE : 4

Nombre pair associé à la Lune : polarité féminine.
Le 4 évoque la réalisation, l'équilibre et la sécurité. Il invite l'individu à mieux se connaître et à trouver sa place dans le monde. Il est associé à la matière.

CORRESPONDANCE AVEC LE TAROT DE MARSEILLE : L'EMPEREUR

L'Empereur représente la force du pouvoir masculin, mais aussi la stabilité. Il règne sur son domaine.

Description de l'onde de forme

Le chiffre 4 nous ancre dans le monde matériel. Dans de nombreuses cultures anciennes, il désignait la Terre Mère. Il est également associé aux quatre directions, aux quatre saisons et à ce que Jung nomme les « quatre natures de soi » : le physique, l'émotion, la pensée et l'intuition (voir la carte 4, **Les Quatre Consciences**, p. 28).
Le 4 nous amène au cube, appelé également « l'hexaèdre régulier ». Le cube est un des cinq solides de Platon.

Ces solides ont tous une forme tridimensionnelle, c'est-à-dire qu'ils possèdent trois dimensions (largeur, hauteur et profondeur) et peuvent être réalisées en 3d. Le cube possède six faces planes, huit sommets et douze arêtes. Une fois déplié, le cube représente une croix et nous rappelle la chrétienté.
Le cube, en 3d, équivaut au carré en 2d. Le carré est une des trois figures mères en géométrie sacrée. Cela signifie qu'avec le cercle et le triangle, le carré participe à la création de toutes les géométries existantes, dans l'Univers et au-delà.

Le cube est associé au chakra racine, représenté par la couleur rouge et situé dans la région du périnée, à la base de notre colonne vertébrale. Ce chakra, appelé *muladhara* en sanskrit (« base »), est relié à l'instinct de survie. Il représente tout ce qui est nécessaire à l'être humain pour survivre et se sentir en sécurité : avoir un toit au-dessus de sa tête, de quoi manger et se vêtir, subvenir à ses besoins essentiels… tout cela garantissant une certaine stabilité. Ce chakra associé à l'élément Terre est lié à la matière. Il a trait à notre corps et à notre état de santé physique.
Le cube est un solide massif, rassurant, qui nous permet de nous ancrer dans la matière.

Interprétation de la carte

Le Cube te rappelle qu'avant de pouvoir t'élever sur d'autres plans, il est nécessaire de revenir à la terre ferme. Prends l'exemple de l'arbre : plus son tronc et ses branches s'élèvent, plus ses racines s'enfoncent profondément dans le sol. En d'autres termes, cette carte te ramène à la matière et à tout ce qui est reconnu par tes cinq sens. **Le cube** t'invite à te reconnecter à ta présence dans l'ici et maintenant.

Cette carte te propose de faire le point sur tout ce que tu es déjà et sur tout ce que tu as déjà. Il vient te rassurer sur ta situation actuelle et t'aide à prendre pleinement conscience que tes besoins sont comblés. Plutôt que de mettre en avant ce qui n'est pas encore présent dans ta vie, cette carte te propose d'en regarder tous les aspects favorables qui sont d'ores et déjà là! Tu peux, si tu le souhaites, remercier la vie pour tout ce que tu reçois en lien avec ta maison, ta santé, ta famille, tes relations ou ton travail...
Tu l'auras compris, cette carte ne te propose pas de retourner dans le passé, où tu pourrais éprouver des regrets ou de la culpabilité, ni de te projeter dans le futur, où la peur, l'appréhension et le stress sont légion. En restant dans ton présent, en affirmant ta présence, tu es invité·e à quitter le mental-ego et à être pleinement toi!
Comment être dans la présence? En étant totalement présent·e à toi-même! Marche dans la nature en écoutant le chant des oiseaux, danse, chante, cuisine, médite, nage ou ne fais rien du tout... Autant d'activités qui te permettront de développer cette présence, pour plus d'ancrage et de stabilité intérieure.

Méditation yantra yoga

Installe-toi dans une position confortable. Place la carte face à toi. Je t'invite à adopter une respiration naturelle. Je te propose d'inspirer la détente, le calme, la paix, et d'expirer toutes les tensions, toutes les préoccupations du moment. Considère cet instant comme un véritable temps de retour à toi. Une fois que tu te sens centré·e et détendu·e, pose ton regard sur le cube au centre de la carte. Pose mentalement l'intention de développer ta présence pour plus d'ancrage et de stabilité en toi. Élargis à présent ton champ visuel et constate l'aspect rassurant et sécurisant du cube. Termine par trois profondes et longues respirations, et remercie **Le Cube**.

Mantra

Je suis le cube. Tous mes besoins sont pourvus, je suis rassuré·e et en sécurité. Je ressens une immense gratitude pour tout ce qui est déjà présent dans ma vie. Je cesse de revenir dans le passé ou de me projeter dans le futur. Je cultive le moment présent, je développe mon ancrage pour plus de présence à moi-même et aux autres.

14

L'ICOSAÈDRE (SOLIDE DE PLATON)

LAISSER PARTIR

VALEUR NUMÉRIQUE : 14

Nombre impair associé au Soleil : polarité masculine, énergie yang. Le 14 est un nombre de mouvements, de combinaisons perpétuels et d'énergie. Il est aussi lié à la sexualité et à la tempérance.

CORRESPONDANCE AVEC LE TAROT DE MARSEILLE : TEMPÉRANCE

Tempérance représente un personnage ailé tenant deux cruches d'où l'eau circule dans les deux sens. C'est le pouvoir de l'esprit qui fait circuler harmonieusement l'eau, l'énergie vitale, qui représente l'émotionnel. **Tempérance** est associée à la douceur, la sagesse, l'équilibre et la stabilité.

Description de l'onde de forme

L'icosaèdre fait partie des cinq solides de Platon. Ces solides ont tous une forme tridimensionnelle, c'est-à-dire qu'ils possèdent trois dimensions (largeur, hauteur et profondeur) et peuvent être réalisées en 3d. L'icosaèdre contient vingt faces planes, douze sommets et trente arêtes. Ses faces planes sont des triangles équilatéraux parfaitement identiques.
L'icosaèdre est associé au chakra sacré représenté par la couleur orangée et situé

à trois doigts en dessous du nombril. Ce chakra, appelé *svadhisthana* en sanskrit (« douceur »), est associé à l'élément Eau et représente notre aspect mental et émotionnel.
De ce fait, l'icosaèdre a une influence douce et dynamique, comme le courant d'un ruisseau. Il travaille sur notre eau intérieure, porteuse de mémoires, et permet de débloquer des situations en lien avec nos émotions. Il invite à la joie et permet aux énergies de circuler librement dans le corps. Relié également à l'énergie sexuelle, l'icosaèdre contribue à équilibrer le désir et la sexualité de façon plus large, pour plus d'harmonie. Travailler avec l'icosaèdre aide à libérer des mémoires ou des troubles en lien avec la sexualité.

Cette figure détient des propriétés tranquillisantes. Elle apaise les peurs, les doutes, et lève les séquelles de traumatismes anciens. Elle améliore les relations et les échanges avec l'entourage. Son onde de forme est une sorte d'antenne émettrice et réceptrice qui permet de mieux transmettre les informations ; elle amplifie les énergies subtiles et offre un accès plus facile à notre subconscient et à nos capacités de télépathie, d'où une communication beaucoup plus fluide.

Placé dans une maison, l'icosaèdre simplifie les relations entre les habitants et améliore l'harmonie familiale.

Interprétation de la carte

L'Icosaèdre te signifie qu'il est temps de laisser partir toutes les vieilles mémoires du passé et toutes les émotions cristallisées dans ton chakra sacré, qu'elles soient conscientes ou inconscientes. L'important est de poser l'intention de libérer tout ce qui n'a plus lieu d'être à l'intérieur de toi pour permettre à l'énergie vitale de circuler de façon plus harmonieuse, dans ton corps physique d'abord, mais également dans ton corps mental, émotionnel et spirituel. Cette carte t'encourage à te jeter à l'eau et à suivre le courant en toute confiance. Elle te propose de ne plus t'agripper à la rive, te fait prendre conscience de toutes tes contradictions intérieures et t'invite à les lâcher pour t'en libérer. Travailler avec l'icosaèdre par visualisation peut t'aider à dénouer une relation conflictuelle ou à combler un simple manque de communication. Cette onde de forme peut également t'accompagner pour libérer des phobies ou des peurs irrationnelles, ou pour renouer avec le désir sexuel.

Méditation yantra yoga

Installe-toi dans une position confortable et place la carte face à toi. Je t'invite à adopter une respiration naturelle. Je te propose d'inspirer la détente, le calme, la paix, et d'expirer toutes les tensions, toutes les préoccupations du moment. Considère cet instant comme un véritable temps de retour à toi. Une fois que tu te sens centré·e et détendu·e, pose ton regard sur le triangle au centre de la carte. Accueille et ressens tes émotions, laisse-les te traverser sans les nommer ni les juger. Élargis à présent ton champ visuel et autorise-toi à les laisser partir tels des nuages. Termine par trois profondes et longues respirations, et remercie **L'Icosaèdre**.

Mantra

Je suis l'esprit de l'Eau à l'intérieur de moi. J'accompagne ce mouvement de circulation et de fluidification dans toutes mes cellules. Je libère les vieilles mémoires conscientes et inconscientes du passé. Je retrouve l'harmonie dans tous les domaines de ma vie, je ressens pleinement la joie et la vie qui coulent en moi.

15

Le Tétraèdre (Solide de Platon)

LE PASSAGE À L'ACTION

VALEUR NUMÉRIQUE : 3

Nombre impair associé au Soleil : polarité masculine.
Le 3 dépasse la dualité (le 2) et permet de se hisser à un niveau de conscience supérieur. Il symbolise l'achèvement.

CORRESPONDANCE AVEC LE TAROT DE MARSEILLE : L'IMPÉRATRICE

L'Impératrice représente la créativité, l'impulsion, l'énergie reproductive et la manifestation dans le monde.

Description de l'onde de forme

Le chiffre 3 est relié à l'expression et à l'action. Le triangle est le symbole alchimique du feu et symbolise ses aspects créateurs autant que destructeurs. Pour Pythagore, le 3 représente le déclenchement de la création ; le mathématicien le considère comme étant le chiffre primordial.

Le 3 nous amène au tétraèdre qui est un des cinq solides de Platon. Ces solides ont tous une forme tridimensionnelle, c'est-à-dire qu'ils possèdent trois dimensions (largeur, hauteur et profondeur) et peuvent être réalisées en 3d.

Le tétraèdre, composé de quatre faces triangulaires, six arêtes et quatre sommets, est associé à l'élément Feu. Il est relié au chakra du plexus solaire représenté par la couleur jaune et situé autour du nombril, dans la région de l'estomac. Appelé *manipura* en sanskrit (« pierre brillante »), il régit l'estime de soi, la confiance en soi et le pouvoir personnel. Comme le feu transforme le carburant en chaleur, le tétraèdre transforme les idées en matière ! Il nous fait passer à l'action. Méditer avec le tétraèdre renforce l'inspiration et la créativité, ainsi que l'estime de soi. Sur la carte, il est soutenu par le cube de Métatron (voir carte 18, **Le Cube de Métatron**, p. 84) car c'est au travers de cette figure que les cinq solides de Platon ont été révélés.

Interprétation de la carte

Lorsque **Le Tétraèdre** sort dans un tirage, cela signifie qu'il est temps de passer à l'action ! Cette carte t'encourage à retrouver la volonté et la détermination nécessaires pour créer *ta* réalité. Elle fait voler en éclats toutes les mauvaises raisons que tu te donnes pour ne pas agir ! **Le Tétraèdre** vient te bousculer avec sa force légendaire, car c'est par l'action que ton feu intérieur s'embrasera. Ce n'est plus le moment de douter ni de remettre tes projets à demain. C'est en allant de l'avant et en faisant le premier pas que tu prendras confiance. N'attends pas une validation extérieure, n'attends pas la reconnaissance, n'attends rien : va de l'avant ! Tu peux travailler avec le tétraèdre pour qu'il t'apporte cette force et cette stabilité intérieures qui te rendront inébranlable, ainsi tu pourras rayonner de ta pure lumière, et tu seras fier·ère de toi.

Méditation yantra yoga

Installe-toi dans une position confortable et place la carte face à toi. Je t'invite à adopter une respiration naturelle. Je te propose d'inspirer la détente, le calme, la paix, et d'expirer toutes les tensions, toutes les préoccupations du moment. Considère cet instant comme un véritable temps de retour à toi. Une fois que tu te sens centré·e et détendu·e, pose simultanément ton regard sur le tétraèdre jaune au centre de la carte et ta conscience sur ton plexus solaire. Pose mentalement l'intention de développer ta confiance, ta volonté et ta détermination pour passer à l'action. Élargis à présent ton champ visuel. Laisse-toi pénétrer par l'anneau de feu de couleur jaune orangé qui entoure la figure et visualise ta propre flamme intérieure qui ne demande qu'à grandir et à s'exprimer. Termine par trois profondes et longues respirations, et remercie **Le tétraèdre**.

Mantra

Je suis l'impulsion de vie, je suis le feu qui anime la force, la volonté et la confiance en moi. J'avance d'un pas ferme et assuré, et pose la première pierre ! Je me reconnecte à mon pouvoir créateur. Je sors de la cage, je prends mon envol. À présent, plus rien ne me retient. Je suis libre et capable de réaliser mes rêves les plus fous.

16

L'OCTAÈDRE (SOLIDE DE PLATON)

EXPRESSION ET OUVERTURE DU CŒUR

VALEUR NUMÉRIQUE : 8

Nombre pair associé à la Lune : polarité féminine, yin.
Le 8 est associé au juste équilibre ; il représente la vérité et la spiritualité. Le 8 est aussi le point culminant ; il symbolise l'état d'expérience maximale et nous invite à comprendre que la vie et la mort sont une seule et même polarité. Placé à l'horizontale, le 8 devient le signe de l'infini (la lemniscate : ∞) qui représente le cycle sans fin de la vie.

CORRESPONDANCE AVEC LE TAROT DE MARSEILLE : L'IMPÉRATRICE

L'Impératrice symbolise l'art de la communication, l'expression, la créativité, l'amour et l'équilibre.

Description de l'onde de forme

Le 8 nous amène à l'octaèdre qui est un des cinq solides de Platoniciens. Ces solides ont tous une forme tridimensionnelle, c'est-à-dire qu'ils possèdent trois dimensions (largeur, hauteur et profondeur) et peuvent être réalisées en 3d.

L'octaèdre est un polyèdre à huit faces triangulaires. Associé à l'élément Air, il est relié au chakra du cœur représenté par la couleur verte et situé au niveau de la poitrine et de la cage thoracique. Le chakra du

cœur, appelé *anahata* en sanskrit (« amour impartial »), est le chakra central : il fait le pont entre les trois chakras supérieurs (du haut du corps) et les trois chakras inférieurs (du bas du corps). Le chakra du cœur ne peut s'ouvrir qu'une fois que les trois chakras inférieurs sont équilibrés et harmonieux. Un chakra du cœur déséquilibré peut se traduire par de l'attachement, de la dépendance affective ou, au contraire, des doutes quant à l'existence de l'amour. Un chakra du cœur équilibré nous permet de renforcer non seulement l'amour que nous nous portons mais également le respect pour nous-mêmes ! Il nous aide à nous aimer avec bienveillance et compassion pour être en mesure d'aimer les autres, sans attentes et sans besoin de reconnaissance. À l'image de l'air que nous respirons, l'amour est vital pour notre épanouissement.
L'octaèdre est également relié au chakra de la gorge, aussi appelé *vishuddha* en sanskrit qui signifie « centre de la purification ». Il est associé à la couleur bleu clair. Un chakra de la gorge déséquilibré peut se traduire par de la manipulation verbale, de la timidité ou encore une certaine frustration liée à des difficultés de communication. Un chakra de la gorge équilibré nous permet d'être à l'écoute et d'entendre ce qui n'a pas été dit. Il nous aide aussi à exprimer notre vérité et à avoir une parole alignée avec nos pensées. Méditer avec l'octaèdre nous permet de travailler notre façon de communiquer avec les autres : développer la parole juste et exprimer notre vérité pour plus d'alignement.

L'octaèdre nous invite à prendre pleinement conscience de notre respiration et à observer notre souffle pour plus de sérénité intérieure. Enfin, il nous aide à ouvrir notre espace du cœur pour plus de compassion et de pardon.

Interprétation de la carte

Si **L'Octaèdre** apparaît dans le tirage, c'est certainement qu'il est nécessaire de te concentrer sur tes deux chakras de la gorge et du cœur, qui travaillent de concert et demandent un nettoyage et un rééquilibrage. Peut-être ressens-tu que ce que tu dis n'est pas en accord avec ce que tu penses. Il est possible que tu aies des difficultés à exprimer ta vérité. Ressens-tu de la frustration à ne pouvoir t'exprimer pleinement ? Qu'est-ce qui t'empêche d'être qui tu es ? Que redoutes-tu ? As-tu identifié les peurs archaïques qui te maintiennent dans ces mécanismes ? **L'Octaèdre** t'invite à te questionner sur tes schémas limitants. Peut-être est-il temps de te libérer de tout ce poids en pratiquant la communication non violente qui rétablit la fluidité et l'harmonie dans les échanges. Peut-être est-ce le moment de t'affranchir du regard des autres, d'accepter la personne que tu es et d'embrasser enfin toutes les parts de toi. Si ta gorge se libère, ton cœur s'ouvrira.

Méditation yantra yoga

Installe-toi dans une position confortable et place la carte face à toi. Je t'invite à adopter une respiration naturelle. Je te propose d'inspirer la détente, le calme, la paix, et d'expirer toutes les tensions, toutes les préoccupations du moment. Considère cet instant comme un véritable temps de retour à toi. Une fois que tu te sens centré·e et détendu·e, pose simultanément ton regard sur l'octaèdre vert au centre de la carte et ta conscience sur tes chakras de la gorge et du cœur. Pose mentalement l'intention de libérer ce qui n'a pas été verbalisé et d'ouvrir ton cœur.

Élargis à présent ton champ visuel. Laisse-toi pénétrer par la carte dans sa totalité. Termine par trois profondes et longues respirations, et remercie **L'octaèdre**.

Mantra

Je suis l'Air, je suis animé·e par le souffle de vie purificateur. J'ose dire ma vérité avec bienveillance. Je suis responsable de ce que je dis, et non de la façon dont cela est compris. Je libère ma parole et j'incarne pleinement l'authenticité. Je suis à présent soulagé·e et en paix, mon cœur s'ouvre pour plus d'amour envers moi-même et envers les autres.

17

Le dodécaèdre (solide de Platon)

LE SERVICE

VALEUR NUMÉRIQUE : 17

Nombre impair associé au Soleil : polarité masculine, yang.
Le 17 est un nombre très spirituel. Il symbolise l'immortalité, la clairvoyance, la beauté et l'espoir… à l'image du Grand Tout.

CORRESPONDANCE AVEC LE TAROT DE MARSEILLE : L'ÉTOILE

L'Étoile représente, entre autres, l'étoile à huit branches, aussi appelée « étoile de Vénus », symbole de paix et d'amour. Elle symbolise le don sans limites, la foi, la confiance et l'espérance. Elle ouvre le chemin vers une nouvelle conscience.

Description de l'onde de forme

Le dodécaèdre fait partie des cinq solides de Platon. Ces solides ont tous une forme tridimensionnelle, c'est-à-dire qu'ils possèdent trois dimensions (largeur, hauteur et profondeur) et peuvent être réalisées en 3d.
Le dodécaèdre est un polyèdre à douze faces en forme de pentagone ; il est constitué de vingt sommets et de trente arêtes.

Le dodécaèdre est associé d'abord au chakra du troisième œil, situé entre les deux sourcils, appelé en sanskrit *ajna* (« perception ») et représenté par la couleur bleu indigo. Il est le siège de notre intuition, de notre discernement et de notre vérité intérieure. Le dodécaèdre est ensuite associé au chakra couronne situé au sommet de notre tête. Représenté par la couleur violette et appelé en sanskrit *sahasrara* (« l'infini »), le chakra couronne est le siège de la connaissance et de la conscience. Il nous ouvre la porte vers notre être véritable, au-delà des masques et des costumes que nous acceptons de porter sur la gigantesque scène qu'est la planète Terre, chaque être humain acceptant de jouer tel ou tel rôle avec tel ou tel partenaire pour faire des expériences au travers desquelles chacun·e est censé·e apprendre et grandir. Le dodécaèdre est ici représenté avec un triangle pointe vers le bas en son centre, symbole de l'esprit qui descend dans la matière.

Le dodécaèdre, au même titre que les quatre autres solides platoniciens, est considéré comme sacré car il symbolise l'unité divine et la connexion entre les mondes spirituel et matériel. Cette figure se retrouve dans diverses civilisations antiques : en Égypte, en Chine, en Inde et chez les Mayas. Dans certaines traditions de magie celtique, il existe même des rituels établis sur ce symbole géométrique particulier !

Le dodécaèdre est un outil aux multiples champs d'action. Il nettoie notre aura en éliminant toutes les énergies nocives qui s'y accumulent. Il harmonise nos chakras et nous libère des peurs et de l'anxiété. Enfin, par des exercices méditatifs, il nous aide à ouvrir notre conscience à plus grand que nous.

Le dodécaèdre est également associé au *seva*, le « service » désintéressé. Apporter son savoir, sa main-d'œuvre, son aide de façon altruiste dans l'unique but de participer à l'élaboration d'un monde plus juste, valorisant l'humain et respectueux de la planète, c'est retrouver son essence et accepter d'être relié à plus grand que soi.

Interprétation de la carte

Le dodécaèdre t'annonce que tu es prêt·e à ouvrir ta conscience à plus grand que toi ! Il t'invite à incarner pleinement la dimension spirituelle de ta vie ! Il est temps d'être dans l'action consciente. Au même titre que le *seva*, très pratiqué en *ashram*, cette carte t'invite à être utile, à servir, à accompagner, à aider de façon totalement désintéressée, sans attendre quoi que ce soit en contrepartie. Toutes ces actions altruistes sont nécessaires à ton chemin de conscience, car plus tu donneras, plus ta joie grandira, plus ton cœur s'ouvrira et plus tu seras comblé·e. Si le service est offert avec le sens du sacré, il sera une occasion merveilleuse pour toi de trouver la paix véritable. C'est au travers de cette expérience que tu pourras ancrer ta spiritualité dans des actes nobles et utiles.

Méditation yantra yoga

Installe-toi dans une position confortable et place la carte face à toi. Je t'invite à adopter une respiration naturelle. Je te propose d'inspirer la détente, le calme, la paix, et d'expirer toutes les tensions, toutes les préoccupations du moment. Considère cet instant comme un véritable temps de retour à toi. Une fois que tu te sens centré·e et détendu·e, pose simultanément ton regard sur le dodécaèdre au centre de la carte et ta conscience sur ton chakra couronne. Pose mentalement l'intention de développer l'action consciente et désintéressée au service d'autrui. Élargis à présent ton champ visuel. Laisse-toi pénétrer par la couleur violette. Termine par trois profondes et longues respirations, et remercie **Le Dodécaèdre**.

Mantra

Je suis l'action consciente au service du bien commun. J'offre ma contribution avec joie, dans les petites comme dans les grandes œuvres. Le service me remplit d'un bonheur immense, je suis parfaitement à ma place. Par le seva, je suis le pont entre le plan matériel et le plan spirituel.

18

Le cube de Métatron

LA PROTECTION

VALEUR NUMÉRIQUE : 4

Nombre pair associé à la Lune : polarité féminine.
Le 4 évoque la réalisation, l'équilibre et la sécurité. Il invite l'individu à mieux se connaître et à trouver sa place dans le monde. Il est associé à la matière.

CORRESPONDANCE AVEC LE TAROT DE MARSEILLE : L'EMPEREUR

L'Empereur représente la force du pouvoir masculin, mais aussi la stabilité, la protection et l'ancrage. Il règne sur son domaine.

Description de l'onde de forme

Le fruit de vie, symbolisant l'abondance et la fertilité, est représenté en violet sur la carte. Il est à la base du cube de Métatron et se compose de treize cercles tangents de même diamètre, disposés en étoile.
Le 13, associé à la transformation et au changement, nous ramène à la valeur numérique 4 (1 + 3 = 4), associée au cube. Le chiffre 4 nous ancre dans le monde matériel. Il symbolise le monde manifesté, l'ancrage, mais également la sécurité et la protection.

C'est en reliant le centre de chacun des cercles du fruit de vie par des lignes droites qu'apparaît alors le cube de Métatron. Cette forme géométrique laisse se dessiner par superposition cinq formes tridimensionnelles, les cinq solides de Platon, représentés deux fois chacun. Le cube de Métatron est d'une grande importance car nous passons avec lui d'une géométrie bidimensionnelle (hauteur et largeur) à une géométrie tridimensionnelle (hauteur, largeur et profondeur).

Le cube de Métatron représente toutes les figures géométriques présentes dans le champ quantique. Il contient les figures mères de la géométrie sacrée et toutes celles qui en découlent : la graine de vie, la fleur de vie, la Merkaba, la grille 64 et, nous l'avons vu, les cinq solides de Platon.

Pour connaître les origines du cube, intéressons-nous de plus près à Métatron lui-même, appelé aussi « l'archange le plus proche de Dieu ». Selon certains textes mythiques (le Talmud babylonien) ou la kabbale, il serait le grand-prêtre du temple du Ciel et aurait créé l'Univers avec Dieu. Cela fait de lui l'archange des archanges. Métatron est ainsi le gardien de la force de vie humaine et le protecteur de l'arbre de vie, l'arbre des Sephiroth. On comprend alors mieux le rôle de véritable bouclier de protection qu'exerce son sceau, le cube de Métatron, sur notre structure humaine, mais également sur notre environnement.
Méditer avec le cube de Métatron, le porter sur soi ou le placer dans son lieu de vie est source de purification et de protection.

Interprétation de la carte

Le Cube de Métatron te signifie que, contrairement aux apparences, tu n'es jamais seul·e. Tu es accompagné·e à chaque instant ! L'archange Métatron souhaite t'initier à l'art de t'en remettre à plus grand que toi ! Cette carte te rappelle que tu n'es pas obligé·e de trouver des solutions par toi-même, contrairement à ce que te dicte ton ego. Qui s'en remet à l'archange Métatron s'allège de soucis superflus. Cette carte t'invite à l'abandon pour que tu retrouves confiance et liberté intérieure. C'est aussi le temps pour toi de te questionner sur ta foi. As-tu foi en plus grand que toi ? Ta foi est-elle solide et inébranlable, ou faible et incertaine ? Si tu doutes, remets-t'en au cube de Métatron : tu peux être assuré·e qu'il prendra soin de toi comme un père protecteur. Il bravera les tempêtes que tu traverses pour t'offrir protection et sécurité en tout temps et en tout lieu.

Méditation yantra yoga

Installe-toi dans une position confortable et place la carte face à toi. Je t'invite à adopter une respiration naturelle. Je te propose d'inspirer la détente, le calme, la paix, et d'expirer toutes les tensions, toutes les préoccupations du moment. Considère cet instant comme un véritable temps de retour à toi. Une fois que tu te sens centré·e et détendu·e, pose ton regard sur le fruit de vie représenté en violet au centre de la carte. Laisse venir à toi les sensations, sans rien chercher de particulier. Élargis à présent ton champ visuel et considère la carte dans sa totalité, puis plonge dans l'œil d'Horus, en haut de la carte. Termine par trois profondes et longues respirations, et remercie **Le Cube de Métatron**.

Mantra

Je ne suis pas seul·e. Je suis accompagné·e à chaque instant. Je m'allège de toutes mes difficultés du moment et les dépose aux pieds de l'archange Métatron. J'ai foi en plus grand que moi. Je retrouve confiance et liberté intérieure. Je ne laisse plus place au doute. Je suis en sécurité et parfaitement protégé·e.

19

LA FLEUR DE VIE

L'ÉLÉVATION

VALEUR NUMÉRIQUE : 19

Nombre impair associé au Soleil : polarité masculine.
Le 19 symbolise la voie spirituelle, l'homme qui s'unit à Dieu.
Si l'on décompose ce nombre : 1 + 9 = 10, et 1 + 0 = 1. Le 1, parfait et complet, représente le Créateur.

CORRESPONDANCE AVEC LE TAROT DE MARSEILLE : LE SOLEIL

Le Soleil représente le rayonnement, l'éclairage, la cohérence. Cet arcane symbolise l'apparition de l'homme qui a percé le monde matériel et qui commence à comprendre son lien avec Dieu et les mondes.

Description de l'onde de forme

La fleur de vie est la plus connue des formes de la géométrie sacrée. On retrouve sa trace sur des murs vieux de 5000 ans, au temple d'Osiris à Abydos, en Égypte, où elle est gravée dans la pierre. Elle est également présente sous la patte du lion de Fo, le gardien de la Cité interdite, à Pékin, et dans d'innombrables temples et sites sacrés de par le monde.

Elle est constituée de dix-neuf cercles de même diamètre qui se chevauchent. La fleur de vie représente la conscience cosmique, le champ de conscience unifié qui soutient toute forme de vie, sur terre et sur d'autres plans. C'est une matrice énergétique qui relie tous les règnes entre eux (minéral, végétal, animal et humain).

La fleur de vie incarne l'ordre, la cohérence, l'harmonie, l'équilibre, et contribue de ce fait à nous maintenir dans une haute fréquence vibratoire, renforçant la densité de notre champ magnétique. Elle a également un rôle purificateur. La fleur de vie nous invite à nous élever au-delà du monde des humains et de ses vicissitudes. Elle nous donne accès à des plans de fréquences supérieurs qui nous rapprochent de l'Unité.

Cette onde de forme, placée sous une carafe en verre, peut purifier l'eau. Elle est surtout utilisée pour nettoyer et protéger notre structure tout entière : physique, mais également psychique, émotionnelle et spirituelle. Elle est enfin très recommandée en *feng shui* pour équilibrer et harmoniser les énergies de notre lieu de vie ou de notre espace de travail.

Interprétation de la carte

La Fleur de vie t'encourage à faire un pas de côté pour observer ce qui se déroule sous tes yeux avec un regard conscient et responsable. Cette carte t'invite à mettre de la cohérence et de l'ordre dans une situation ou dans une relation qui te préoccupe. Elle te propose de changer ton fonctionnement intérieur, pour plus de cohérence au niveau du cerveau et du cœur. Maintiens un système de pensée tourné

vers une attitude positive, optimiste, et une ouverture de cœur dégageant des énergies d'amour, de joie, de gratitude et de compassion. Ne te laisse pas happer par les basses fréquences nourries par la critique, le découragement, le doute et le manque d'estime de soi. Le maillage énergétique de la fleur de vie t'aidera à être davantage relié·e au vivant et à ressentir plus d'amour et de compassion pour tous les règnes. La fleur de vie élève ta conscience vers l'Unité.
Si cette carte sort dans le tirage, c'est pour t'inviter à t'élever sur le plan vibratoire et à te rapprocher des mondes supérieurs. Tu peux alors utiliser cette magnifique onde de forme pour effectuer un rééquilibrage de tes énergies, densifier ton champ magnétique et renforcer ton système immunitaire ainsi que ta bonne humeur (car tu seras moins perméable à toutes les situations conflictuelles du moment).

Méditation yantra yoga

Installe-toi dans une position confortable et place la carte face à toi. Je t'invite à adopter une respiration naturelle. Je te propose d'inspirer la détente, le calme, la paix, et d'expirer toutes les tensions, toutes les préoccupations du moment. Considère cet instant comme un véritable temps de retour à toi. Une fois que tu te sens centré·e et détendu·e, pose ton regard sur la fleur de vie représentée en rouge orangé au centre de la carte. Laisse venir à toi les sensations, sans rien chercher de particulier. Élargis à présent ton champ visuel et considère la carte dans sa totalité : la fleur de vie t'invite à voir plus grand, plus haut. Elle t'aide à considérer les différents plans de conscience.

Où te positionnes-tu à l'instant présent ? Termine par trois profondes et longues respirations, et remercie **La Fleur de vie**.

Mantra

Je suis enfant de la Vie. J'observe avec attention et sans jugement mes pensées, mes paroles et mes actions de façon à les maintenir dans de hautes fréquences pour plus d'alignement et de cohérence à l'intérieur de moi comme à l'extérieur de moi. La fleur de vie me protège de toutes les énergies dysharmonieuses. Je retrouve équilibre et paix intérieurs. Je prends conscience que tout est Un.

20

Le Sri Yantra

DONNER ET RECEVOIR

VALEUR NUMÉRIQUE : 20

Nombre pair associé à la Lune : polarité féminine, yin.
D'un point de vue ésotérique, le 20 est associé à la séparation du haut (représentant l'esprit) et du bas (représentant la matière). Sur le plan physique, il représente la ligne d'horizon du plan de la manifestation.

CORRESPONDANCE AVEC LE TAROT DE MARSEILLE : TEMPÉRANCE

Tempérance invite à allier les opposés pour élever l'âme. Elle symbolise l'harmonie et l'équilibre des deux énergies, féminine et masculine. Elle peut aussi évoquer l'énergie de la Kundalini, énergie de la conscience.

Description de l'onde de forme

Le yantra est un support visuel utilisé en méditation. On compte près de 80 types de yantras en Inde – chacun représentant une qualité du monde –, mais le sri yantra est considéré comme l'origine de tous les autres car il englobe toutes les représentations qui existent. Depuis plus de 12 000 ans, il porte le nom d'« outil de sainteté. » Le sri yantra est réalisé suivant le nombre d'or. Il contient la fleur de vie et la Merkaba. Il est constitué de neuf triangles, dont quatre pointant vers le haut (représentant l'énergie montante de Shiva associé au principe masculin) et cinq pointant vers le bas (représentant l'énergie descendante de Shakti, associée au principe féminin).

Dans sa version tridimensionnelle, le sri yantra représente le mont Meru, une montagne mythique considérée comme l'axe du monde dans les mythologies persane, bouddhique, jaïne et surtout hindoue. D'une certaine manière, le sri yantra pourrait être comparé au principe hermétique du genre ou au principe taoïste du yin et du yang (voir la carte 11, **Le Yin et le yang**, p. 56). Le *bindù* situé au centre du sri yantra est assimilé à une porte multidimensionnelle réalisant la fusion des polarités féminine et masculine.

L'énergie de Shiva est tournée vers le monde extérieur, vers les autres, tandis que l'énergie de Shakti est tournée vers le monde intérieur, vers soi. Ces deux énergies indissociables l'une de l'autre sont complémentaires et font référence à l'énergie électrique, pour Shiva, et à l'énergie magnétique, pour Shakti. Ce courant d'énergie électromagnétique est à la base de toute manifestation dans la matière. Il exprime la loi de contraction et d'expansion associée à notre capacité à donner et à recevoir.

Interprétation de la carte

Le Sri yantra t'invite à observer ton attitude dans ta façon de donner et de recevoir. Quelles sont tes motivations à donner ? À qui donnes-tu ? Donnes-tu dans un état d'esprit altruiste, sans attendre en retour ? Partages-tu dans un esprit de fraternité et d'entraide ? Prends-tu soin de l'autre autant que de toi-même ? Acceptes-tu de recevoir dans un état d'esprit d'ouverture et d'accueil, sans te sentir redevable ? Reçois-tu ce que l'autre te donne dans l'instant, sans aucune attente quant à la manière dont il te le donne, ni aucune attente quant au moment où il te le donne ? Cette carte t'invite à t'interroger sur les croyances qui te limitent et t'empêchent de donner et de recevoir avec le cœur. N'oublie pas que tu recevras à la hauteur de ce que tu donnes, si et seulement si la joie t'anime lorsque tu fais le choix de donner et si et seulement si tu te sens légitime dans le fait de recevoir.

Méditation yantra yoga

Installe-toi dans une position confortable et place la carte face à toi. Je t'invite à adopter une respiration naturelle. Je te propose d'inspirer la détente, le calme, la paix, et d'expirer toutes les tensions, toutes les préoccupations du moment. Considère cet instant comme un véritable temps de retour à toi. Une fois que tu te sens centré·e et détendu·e, pose ton regard sur le point au centre du sri yantra (le *bindù*). En même temps, porte ton attention sur ton propre centre. Cette concentration vient activer et réveiller ta glande pinéale, et équilibrer les hémisphères gauche et droit de ton cerveau pour approfondir ta conscience. Termine par trois profondes et longues respirations, et remercie **Le sri yantra**.

Mantra

Je suis la balance cosmique, j'équilibre ma capacité à donner et à recevoir. L'un n'existe pas sans l'autre. Ma capacité à donner et à recevoir est motivée par la joie de l'entraide et du partage. Plus je donne, plus je reçois ! J'accepte de recevoir sans limites, car je le mérite grandement.

21

Le Tournesol

LE RAYONNEMENT

VALEUR NUMÉRIQUE : 3

Nombre pair associé à la Lune : polarité féminine, yin.
Le 3, issu du 21 (2 + 1 = 3), est associé à la créativité, la communication et l'enfant intérieur.

CORRESPONDANCE AVEC LE TAROT DE MARSEILLE : LE MONDE

Le Monde représente la réalisation, l'accomplissement de soi ou de quelque chose. C'est aussi l'énergie vitale, la spirale constitutive de toute évolution.

Description de l'onde de forme

La géométrie sacrée est omniprésente dans tout le vivant, et dans le règne végétal en particulier. Le tournesol en est le parfait exemple, avec ses spirales inversées construites d'après la suite de Fibonacci et le nombre d'or. Le tournesol, comme son nom l'indique, se tourne naturellement vers le soleil ; il honore cet astre qui contribue à maintenir la vie sur terre et, à son image, rayonne de mille feux.

Le soleil est associé à notre chakra du plexus solaire, représenté par la couleur jaune et situé autour du nombril, dans la région de l'estomac. Appelé *manipura* en sanskrit (« pierre brillante »), il régit l'estime de soi, la confiance et le pouvoir personnel. Associé à l'élément Feu, il est cette flamme intérieure qui ne demande qu'à s'exprimer. Relié à l'énergie masculine, il nous encourage à prendre des décisions et à passer à l'action.

Le tournesol, avec ses spirales inversées, symbolise l'évolution de l'être, qui n'a ni début ni fin, à l'image d'une fractale qui se reproduit à l'infini. Le tournesol représente notre créativité et notre relation à l'art – et, de façon plus large, au beau! Il nous relie à notre enfant intérieur.

Interprétation de la carte

Le tournesol t'invite à regarder dans le rétroviseur, à la rencontre de ton enfant intérieur. Cette carte te propose de te reconnecter à l'insouciance et à la légèreté de tes jeunes années. Elle t'encourage à cultiver la joie sans objet, si caractéristique de l'enfance. Peut-être est-ce le moment pour toi d'exprimer pleinement ta créativité par la peinture, la musique, la danse, la cuisine? Ou alors celui de revoir ta décoration intérieure ? Ou de te mettre à écrire?
Peu importent les moyens d'expression qui seront les tiens, une chose est sûre : si cette carte sort dans le tirage, c'est qu'il est urgent pour toi de cultiver tes talents artistiques et de faire rayonner ta créativité de façon plus large! Mets de la joie dans ton quotidien! La joie est la petite sœur de l'amour et, au même titre que l'air que tu respires et que l'eau que tu bois, elle est indispensable à la vie!

Méditation yantra yoga

Installe-toi dans une position confortable et place la carte face à toi. Je t'invite à adopter une respiration naturelle. Je te propose d'inspirer la détente, le calme, la paix, et d'expirer toutes les tensions, toutes les préoccupations du moment. Considère cet instant comme un véritable moment de retour à toi. Une fois que tu te sens centré·e et détendu·e, concentre-toi sur les spirales inversées qui constituent le cœur du tournesol. Plonge dans cet espace, abandonne-toi, entre en douceur dans cette transe hypnotique, ne cherche rien. À présent, ouvre ton champ d'observation et considère la carte dans sa globalité. Observe les pétales tournés vers l'extérieur : tels les rayons du soleil, ils t'invitent à rayonner de ta propre lumière. Termine par trois profondes et longues respirations, et remercie **Le Tournesol**.

Mantra

Je suis enfant du soleil. Je rayonne la lumière et laisse libre cours à ma créativité. Je vis le moment présent avec insouciance et légèreté. La joie est ma meilleure amie.

22

LA MERKABA

LE VOYAGE

VALEUR NUMÉRIQUE : 22

Nombre pair associé à la Lune : polarité féminine, yin.
Le 22 est un maître-nombre : il est le « maître d'œuvre » qui prend les risques et est capable de transformer les rêves en réalité. C'est aussi un nombre miroir : il reflète le chiffre 2, symbole de dualité, celle des mondes de la matière et de la non-matière, du manifesté et du non-manifesté, du visible et de l'invisible. Le 22 nous invite à explorer d'autres mondes.

CORRESPONDANCE AVEC LE TAROT DE MARSEILLE : LE MAT

Le Mat évoque la destinée, la spontanéité, le mouvement, le changement, l'exploration et le voyage.

Description de l'onde de forme

Le terme « Merkaba » serait originaire de l'Égypte antique et résulterait de la combinaison de trois termes. *Mer* signifierait « lumière » et représenterait le courant électrique (énergie masculine) ou l'onde sinusoïdale qui fait germer l'existence. *Ka* désignerait l'« esprit » et représenterait le magnétisme (énergie féminine). Les deux s'associeraient pour créer un champ électromagnétique qui donnerait naissance au *ba*, le « souffle de vie » qui manifeste la matière.

Le symbole de la Merkaba est constitué de deux tétraèdres. Chacun d'entre nous évolue dans sa propre Merkaba, située de façon éthérique (non visible) dans notre champ aurique ou électromagnétique, autour de nous. Activer notre Merkaba nous permet de voyager dans d'autres plans au travers des rêves lucides ou des voyages astraux. Notre Merkaba est souvent en sommeil, attendant d'être activée par une connexion consciente facilitant l'évolution spirituelle et la guérison. En l'activant, nous pouvons alors atteindre notre potentiel le plus élevé.

Considérée comme un véritable véhicule multidimensionnel, la Merkaba permet d'explorer d'autres plans de conscience et de passer de la 3d à la 5d. Tout cela n'a rien à voir avec de la science-fiction puisqu'Hermès Trismégiste lui-même, le fondateur de l'école des Mystères (aussi appelée « école des secrets »), enseignait aux chercheurs de vérité la manière d'activer leur Merkaba : ils apprenaient ainsi à passer en cinq dimensions et à accomplir des actions dans des états modifiés de conscience, le tout en utilisant les énergies du cœur, celles d'amour et de joie. Ils ont ainsi expérimenté l'extraordinaire sagesse multidimensionnelle et ont découvert, dans ces champs de conscience, l'existence de la géométrie sacrée.

Interprétation de la carte

La Merkaba t'invite à prendre conscience qu'un monde existe au-delà du monde matériel que nous connaissons. Nous avons beau croire uniquement ce que nous voyons, comme saint Thomas, il est illusoire de croire que seule la vie sur Terre existe. Cette carte te propose d'envisager, comme l'a démontré la physique quantique, que la vie existe sur d'autres plans de fréquences, invisibles pour nos yeux d'humains. Nous ne sommes pas seuls! Par extension, **La Merkaba** nous invite à explorer d'autres matrices, d'autres Univers.

Si cette carte apparaît dans le tirage, c'est qu'il est temps pour toi de sortir de ta zone de confort, de ton mode de vie routinier qui, certes, te sécurisent mais ne t'encouragent pas à aller vers d'autres horizons. Il est temps d'aller explorer le monde, tel l'oiseau qui a soif de liberté, au-delà de ton petit pré carré qui ne te permet pas de déployer tes ailes. Cette carte vient aiguiser ta curiosité, ton envie d'apprendre et de comprendre, ton désir d'expérimenter le monde qui t'entoure. Peut-être est-il temps pour toi de te former dans un domaine qui te tient à cœur, ou de partir en voyage, ou encore de quitter la région, déménager. **La Merkaba** t'invite au mouvement et à l'expression de ton plus haut potentiel.

Méditation yantra yoga

Installe-toi dans une position confortable et place la carte face à toi. Je t'invite à adopter une respiration naturelle. Je te propose d'inspirer la détente, le calme, la paix, et d'expirer toutes les tensions, toutes les préoccupations du moment. Considère cet instant comme un véritable moment de retour à toi. Une fois que tu te sens centré·e et détendu·e, concentre-toi sur le centre de la Merkaba. Plonge dans cet espace, abandonne-toi, entre en douceur dans cette transe hypnotique, ne cherche rien. À présent, ouvre ton champ d'observation et considère la carte dans sa globalité. Laisse la Merkaba pénétrer ton champ aurique et observe les sensations. Termine par trois profondes et longues respirations, et remercie **La Merkaba**.

Mantra

Je suis la Merkaba, j'explore d'autres Univers. Je découvre de nouvelles expériences, de nouvelles personnes et de nouveaux lieux qui me révèlent à moi-même. J'ouvre de nouvelles portes qui me font entrevoir de nouveaux horizons. Je suis le mouvement, j'exprime mon plus haut potentiel.

Mensch Körper XXL pocket

Autor
Heilpraktiker Christopher Thiele
mit eigener Heilpraktiker-Schule im Prana-Zentrum; Kirchplatz 2, 78089 Unterkirnach
E-Mail: ch.thiele@prana-zentrum.de

Redaktion: Dr. D. Lorenz-Struve
Herstellung: Petra Rau
Grafiken und Illustrationen: Ilka Barthauer, Dr. D. Lorenz-Struve, Jitka Klein, Petra Rau

Wichtiger Hinweis
Der Stand der medizinischen Wissenschaft ist durch Forschung und klinische Erfahrung ständig im Wandel. Autor und Verlag haben größte Mühe darauf verwandt, dass die Angaben in diesem Werk korrekt sind und dem derzeitigen Wissensstand entsprechen. Für die Angaben kann von Autor und Verlag jedoch keine Gewähr übernommen werden. Jeder Benutzer ist dazu aufgefordert, Angaben dieses Werks gegebenenfalls zu überprüfen und in eigener Verantwortung am Patienten zu handeln. Geschützte Warennamen (Warenzeichen) werden nicht besonders kenntlich gemacht. Aus dem Fehlen eines solchen Hinweises kann also nicht geschlossen werden, dass es sich um einen freien Handelsnamen handelt.

Die Deutsche Bibliothek verzeichnet diese Publikation in der Deutschen Nationalbibliografie; detaillierte bibliografische Daten sind im Internet über <http://dnb.ddb.de> abrufbar.

Nördliche Münchner Str. 28, 82031 Grünwald, www.media4u.com

1. Auflage August 2010
Printed in China through Colorcraft Ltd., Hong Kong
ISBN 978-3-89862-723-8

Vorwort

Schon während meiner Ausbildung zum Heilpraktiker war mir ein Vokabelheft sehr hilfreich, in das ich alles schrieb, was ich mir nicht gleich merken konnte (und das war viel, also musste ich klein schreiben). Dieses Vokabelheft wurde zu meinem ständigen Begleiter und war auch der Vorläufer zu dem Büchlein „Heilpraktiker Kompaktwissen pocket", das inzwischen in der 5. Auflage verkauft wird und erfreulich gute Resonanz findet.
Mit dem Börm Bruckmeier Verlag bin ich an Profis geraten, deren Markenzeichen unter anderem genial kleine Büchlein sind, die die Bezeichnung Taschenbuch wirklich verdient haben. Man kann sie überall dabei haben. So sind weder Wartezimmeraufenthalte noch Busfahrten „verlorene Lernzeit". Auch in Schwimmbad oder Urlaub lassen sich diese Büchlein gut mitnehmen (und wenn auch nur als Alibi).
Während sich das Heilpraktiker Kompaktwissen pocket eher an Heilpraktiker-Anwärter kurz vor der Prüfung richtet, ist dieses Werk für alle Anfänger und Fortgeschrittene der Medizin geeignet. Der menschliche Körper wird in seiner Anatomie, Physiologie und Pathophysiologie gut verständlich dargestellt. Sowohl die wichtigsten Erkrankungen als auch schulmedizinische und naturheilkundliche Therapieansätze werden klar und übersichtlich geschildert. Mensch Körper pocket führt so den medizinisch Interessierten durch alle Facetten des menschlichen Organismus.
Jetzt gibt es dieses Werk in 2 Ausführungen. Die vorliegende **XXL-Version** entspricht noch mehr meiner ursprünglichen Vorstellung:
1. Der Text ist größer gedruckt, für diejenigen, die mit der kleinen Schrift der ursprünglichen Ausgabe Schwierigkeiten haben. Gerade Texte, mit denen man viel arbeitet, sollten gut zu lesen sein.
2. Zu jedem Kapitel gibt es einen Fragen- und Antwort-Teil, um das erlernte Wissen zu trainieren und zu vertiefen. Er umfasst 2 Teile: Der erste Teil besteht aus Fragen wie sie in der mündlichen Prüfung gefragt werden könnten, der zweite aus Multiple-Choice-Fragen, wie sie in der schriftlichen Prüfung vorkommen.
3. Die Aufteilung in drei Bücher ermöglicht die Auswahl eines Themenbereichs, der dann den idealen Wegbegleiter darstellt ohne zu umfangreich zu sein.

Danksagung
Ich danke meinem Computer-Guru und Wahlbruder Jörg Neuhäusler. Ich danke meinen Lesern, Schülern und Freunden, die durch ihre Anregungen, Wünsche und aufmerksames Lesen zur Verbesserung dieses Büchleins beigetragen haben, besonders Jasmin Kretschmer, Mario und Margitta Schunke, HP Christine Winker, Coach Beate Schunk. Ich danke außerdem dem Börm Bruckmeier Verlag und insbesondere meiner Lektorin Frau Dr. Deborah Lorenz-Struve; und wir sollten nie vergessen, Dank „nach oben" zu schicken dafür, dass wir so wunderbare Wesen sind und unser eigenes Wachstum und das unserer Mitmenschen miterleben und bereichern können.
Wir freuen uns über Ihre Anregungen und Ergänzungen: ch.thiele@prana-zentrum.de
Vielleicht möchten Sie auch unseren Unterricht besuchen.
Im Prana-Zentrum Unterkirnach (Schwarzwald) gibt es neben der Heilpraktikerschule Christopher Thiele auch unterschiedlichste Fortbildungen über Angewandte Kinesiologie, Traditionelle Chinesische Medizin, Ohrakupunktur, Homöopathie, Schüssler-Salze, Traditionelle Thai-Massage u.v.m. Besuchen Sie unsere Homepage: www.prana-zentrum.de

Viel Spaß beim Lernen wünscht

Christopher Thiele im April 2010

Weitere Titel dieser Reihe:

pockets
Akupunktur pocket
Anamnese & Untersuchung pocket
Anatomie fast
Arzneimittel pocket 2010
Arzneimittel pocket plus 2010
Arzneimittel Infektionen pocket
Arzneimittel Pädiatrie pocket
Arzneimittel Phytotherapie pocket
Arzneimittel Rettungsdienst pocket
Arzneimittel Therapie pocket 2009-2010
Austria Arzneimittel pocket
Biologie fast
Chirurgie fast
Differenzialdiagnose pocket
EKG pocket
EKG Fälle pocket
GK 3 Termini pocket
Heilpraktiker Kompaktwissen pocket
Homöopathie pocket
Homöopathie für Kinder pocket
Labormedizin pocket
Medizinisches Englisch pocket
Medizinisches Französisch pocket
Medizinisches Italienisch pocket
Medizinisches Spanisch pocket
Medizin Translator pocket
Neurologie pocket
Normalwerte pocket
Notaufnahme Innere Medizin pocket
Pneumologie pocket
Psychiatrie fast
Wörterbuch Medizin pocket
Patientologie

XXS pockets
Affektive Störungen XXS pocket
Anästhesie XXS pocket
Antiinfektiva XXS pocket
Asthma XXS pocket
COPD XXS pocket
Diabetes mellitus XXS pocket
Hämatologie XXS pocket
Hypertonie XXS
Impfungen XXS pocket
Infektionen XXS pocket
Kardiologie XXS pocket
KHK XXS pocket
Neurologie XXS pocket
Notfallmedikamente XXS pocket
Pankreas XXS pocket
Pneumonie XXS pocket
Regionalanästhesie XXS pocket
Thrombose/Embolie XXS pocket

2 Fortpflanzung 46

1 Stoffwechsel

Der Energiegehalt der Nahrungsstoffe wird in (Kilo-)Kalorie (kcal) angegeben. 1 kcal entspricht der erforderlichen Energie, um 1 l Wasser von 14,5 auf 15,5 °C zu erwärmen. Die neuere Einheit ist Kilojoule, wobei 1 kcal 4,17 kJ entspricht. Pro aufgenommenem Gramm Kohlehydrat werden 4,2 kcal (17,5 kJ) gewonnen, auch aus 1 g Eiweiß werden 4,2 kcal (17,5 kJ) gewonnen; 1 g Fett hingegen liefert 9,2 kcal (38,5 kJ); 1 g Alkohol (1,27 ml) liefert 7,1 kcal Energie.

Nahrungsstoffe, die der Körper benötigt
- Kohlehydrate
- Fette
- Eiweiße
- Mineralstoffe und Spurenelemente
- Vitamine
- Wasser

Energiebedarf

Tätigkeit	Mann (70 kg) kcal/Tag (kJ/Tag)	Frau (60 kg) kcal/Tag (kJ/Tag)
Leicht (Büro)	2.500 (10.400)	2.100 (8.800)
Schwer (Bauarbeiter)	3.000 (12.500)	2.600 (10.800)
Schwerst (Ausdauer-, Leistungssport)	Bis weit über 4.000 (17.000)	
Letztes Schwangerschaftsdrittel (leichte Tätigkeit)	-	2.500 (10.400)
Stillen	-	2.800 (11.700)

Günstigste Nahrungszusammensetzung

Einfache Faustregel: zwei Drittel Kohlehydrate, ein Sechstel Fett, ein Sechstel Eiweiß
Genauer (aus Heilpraktikerprüfung): 55-60% Kohlehydrate, 25-30% Fett, 10-15% Eiweiß

Beurteilung des Körpergewichts

Im medizinischen Bereich wird das Körpergewicht mit dem Body-Mass-Index (engl. mass = Masse), kurz BMI, beschrieben:

Körpergewicht in kg/ Körpergröße ^{2} in m	Beispiel: Körpergewicht: 80 kg Körpergröße: 1,80 m	80/1,80 x 1,80 = 24,69

Normalwerte BMI: Frauen 19-24; Männer 20-25

Allerdings wird die sog. Broca-Formel aufgrund Ihrer Einfachheit nach wie vor häufig verwendet: **Broca-Formel**

- Normalgewicht in kg **geteilt** durch Körpergröße in cm **minus** 100, d.h. Größe 1,82 m → Normalgewicht 82 kg

- Idealgewicht in kg **geteilt** durch Normalgewicht **minus** 10-15%

Neuere Studien besagen, dass das Normalgewicht eine höhere Lebenserwartung verspricht.

Resorption der Nährstoffe

- **Passiver Transport durch Diffusion** aufgrund eines Konzentrationsgefälles. Dieses wird z.B. im Darm aufrechterhalten, indem die resorbierten Stoffe möglichst schnell vom Kapillarsystem der Darmzotten abtransportiert werden.
- **Aktiver Transport durch Trägermoleküle**, bei dem Energie verbraucht wird. Ein spezielles Trägermolekül schleust die zu transportierenden Stoffe durch die Zellmembran. Dies kann mit dem oder gegen das ein Konzentrationsgefälle geschehen.
- **Pinozytose:** Kleine Stärke- oder Proteinmoleküle und kleine Fetttröpfchen werden unverdaut durch Einschluss in die Zelle aufgenommen.

1.1 Kohlehydrate

Sie haben gemeinsam, dass sie aus Kohlenstoff, Wasserstoff und Sauerstoff bestehen (Hydrat, da H und O im festen Verhältnis 2 : 1 vorkommen). Aus diesen Bausteinen lassen sich die unterschiedlichsten Kombinationen formen. Die Zellulose der Pflanzen, z.B. ein Stück Holz, besteht aus Kohlehydraten. Interessant ist v.a. eine Form der Kohlehydrate, der **Zucker** (auch Stärke wird zu Zucker).

Kohlehydrate

- **Dienen der Energiegewinnung**, Glukose wird als universeller Energielieferant „verbrannt", dabei entsteht ATP, der Strom für die Zellen (so werden wertvolle Eiweiße nicht als Energielieferanten verwendet, ein Feuer brennt ja auch mit Kohlehydrat (Holz) und Sauerstoff;
- machen etwa 50% der normalen Ernährung aus;
- sind relativ kleine Moleküle aus Kohlenstoff und Wasser (Pflanzen bekommen Luft [mit CO_2] und Wasser [H_2O] und bilden in der Photosynthese unter Mithilfe von Licht Hexose [$C_6H_{12}O_6$]).

Eine Hexose enthält 6 Kohlenstoffatome. Eine Pentose, ein 5er-Zucker, ist z.B. die Ribose, ein Bestandteil der DNA, unserer Erbsubstanz. Beim Abbau von DNA kann es zu einer Stoffwechselstörung kommen, der Gicht.

Monosaccharide (setzen sich aus einer Hexose zusammen)

- Glukose (Traubenzucker)
- Fruktose (Fruchtzucker)
- Galaktose (z.B. Baustein der Laktose)

Disaccharide (aus zwei Hexosen)

- Maltose (Malzzucker)
- Saccharose (Rohrzucker)
- Laktose (Milchzucker)

Polysaccharide (bestehen aus vielen Hexosen und sind die **Speicherform der Glukose**)

- **Glykogen** - Speicherform bei Mensch und Tier
- **Stärke** - Speicherform bei Pflanzen

1.1.1 Abbau und Resorption von Kohlehydraten

Dies geschieht durch Amylasen, Enzyme, die aus Polysacchariden zunächst Dextrine (verschieden lange Bruchstücke) und Maltose (2er-Moleküle) machen.

- **Mund:** Die α–Amylase des Speichels (früher Ptyalin, Speicheldiastase) baut Kohlehydrate in Dextrine (Polysaccharidbruchstücke) und Maltose (Disaccharide) ab.
- **Magen:** Die Kohlehydratverdauung ist wegen des niedrigen pH-Werts unterbrochen.
- **Dünndarm:** α–Amylase des Pankreas baut zu Maltose ab, was noch nicht im Mund abgebaut wurde. **Disaccharidase (Glukosidase)** aus dem Bürstensaum der Dünndarmschleimhaut, baut weiter zu **Glukose** ab. Diese wird von den Dünndarmzotten aufgenommen und ins Blut abgegeben. Über die Pfortader gelangt sie zur Leber, wo sie zu ihrer Speicherform **Glykogen** verarbeitet wird, falls sie im Körper nicht benötigt wird.

1.2 Fette (Lipide)

Fette bzw. ihre Abbauprodukte sind neben der Glukose wichtige Energielieferanten für die Zelle. Fette enthalten mehr als doppelt so viel Energie wie Kohlehydrate (9,3 kcal/g statt 4,1 kcal/g). Sie dienen als **Reservestoffe, Aufbaustoffe (Wärmeisolation, Polsterung, halten als „Füllmaterial" z.B. die Nieren in ihrer Position) und Energielieferanten bzw. -speicher**.

Im Blutplasma enthaltene Lipide sind
- Glycerine (Mono-, Di- und Triglyceride),
- Cholesterin (freies und Estercholesterin),
- Phosphatide.

Da der Abbau von Fettsäuren jedoch schwieriger ist, lassen sie sich nicht so leicht freisetzen. Auch Fette unterscheiden sich im chemischen Aufbau. Ihre Gemeinsamkeit ist die Unlöslichkeit in Wasser und die Löslichkeit in organischen Lösungsmitteln.

Die größte Gruppe der natürlich vorkommenden Fette sind die Triglyceride, die aus einem **Glycerin**-Molekül und drei **Fettsäure**-Molekülen zusammengesetzt sind. Je nachdem, ob das Kohlenstoffgerüst der Fettsäuren Doppelbindungen enthält, unterscheidet man:

- **Gesättigte Fettsäuren:** Sie enthalten nur Einfachbindungen. Sie stammen aus tierischen Fetten und sind bei 20 °C von fester Konsistenz. Sie können einen Anstieg des Blutfettspiegels bewirken.
- **Einfach ungesättigte Fettsäuren:** Sie enthalten eine Doppelbindung. Sie sind in Pflanzenölen enthalten, bei 20 °C flüssig und können den Blutfettspiegel senken.
- **Mehrfach ungesättigte Fettsäuren:** Sie enthalten mehr als eine Doppelbindung. Sie **können vom Körper nicht hergestellt werden** und heißen daher auch **essentielle Fettsäuren**. Sie werden über die Nahrung zugeführt und dienen als Ausgangsstoff für die Synthese mehrerer körpereigener Stoffe. Sie sind in pflanzlichen Ölen (auch in Fischölen) in viel höherer Konzentration vorhanden als in tierischen Fetten.

1.2.1 Cholesterin

- Kann von der Leber auch selbst synthetisiert werden,
- ist wichtig für
  - den Aufbau von Zellmembranen,
  - die Synthese von Steroidhormonen,
  - die Bildung von Gallensäuren,
  - die Bildung von Vitamin D.
- wird im Blut von Lipoproteinen transportiert.
  - VLDL (Very Low Density Lipoprotein) und LDL (Low Density Lipoprotein) transportieren es zu den Zellen; bei einem Überschuss an Cholesterin lagern sie es an den Gefäßwänden ab.
  - HDL (High Density Lipoprotein) transportiert es aus den Körperzellen heraus und auch von den Gefäßwänden zurück.

Bildlicher Vergleich von Lipoproteinen mit Bussen
Ein LDL wäre ein Bus in Deutschland: Von den 52 Sitzplätzen sind schon alle besetzt, wenn nur 45 Leute im Bus sind, weil der eine noch Platz für seine Taschen, der nächste für seine Knie benötigt. Der arme Passagier am Straßenrand wird stehen gelassen.
Ein HDL wäre der gleiche Bus in Indien: Schon mit 70 Personen bestückt, hält er trotzdem für jeden Passagier am Straßenrand an und nimmt auch ihn noch mit.

Normwerte Lipide
- Cholesterin: 2,62-7,67 mmol/l = 115-260 mg/dl
- Gesamtlipide: 4,5-10 g/l = 450-1.000 mg/dl
- Fettsäuren: 8,5-15,5 mmol/l = 240-440 mg/dl
- Triglyzeride: 0,45-1,7 mmol/l = 40-150 mg/dl

1.2.2 Abbau und Resorption von Fetten

Fette sind schwer zu spalten. Dazu werden **Galle** und **Pankreassaft** benötigt und diese fließen erst im **Duodenum** in den Verdauungskanal.
Die **Gallensäure** emulgiert die Fette, d.h., sie verteilt sie in feinste Tröpfchen. Die **Lipase** des Pankreassafts baut die Fette zu **Fettsäuren** und **Glycerin** ab. Zum Teil wird dieser Prozess durch die Darmlipase in tieferen Darmabschnitten zu Ende geführt. Langkettige Fettsäuren werden von den Darmzotten in ihr zentrales Chylusgefäß aufgenommen und gelangen über das Lymphsystem in das Venensystem, wobei sie die Leber umgehen. Die kurzkettigen Fettsäuren gelangen über die Pfortader direkt in die Leber, wo sie entweder verbrannt oder in Triglyceride umgewandelt werden.

1 x Gylcerin + 3 x Fettsäuren = Triglycerid

1.3 Eiweiße (Proteine)

- Sie sind sowohl für die Struktur als auch für die Funktion des menschlichen Körpers von zentraler Bedeutung;
- sind entscheidende Bestandteile fast aller Organe, da sie z.B. als Hauptbestandteil der Muskeln für deren Beweglichkeit und Gestalt sorgen oder als Bluteiweiße Funktionen z.B. bei der Abwehr (Antikörper, Komplement), der Gerinnung und beim Transport erfüllen;
- bewahren als „Pforten" jeder Zellmembran die Individualität der Zelle, indem sie die Passage von Stoffen aus der Zelle heraus und in die Zelle hinein kontrollieren;
- beschleunigen als **Enzyme** (Biokatalysatoren) chemische Prozesse bis um das Hunderttausendfache und ermöglichen bzw. steuern diese im Körper.

Die tägliche Eiweißaufnahme, die eine normale Leistungsfähigkeit des Körpers gewährleistet, liegt bei ca. 1g/kg Körpergewicht: 1 g Protein = 4,2 kcal = 17,5 kJ.

Proteine bestehen aus verschiedenen **Aminosäuren** und enthalten neben C, H und O auch **N (Stickstoff)** und einen variablen Rest, z.B. Schwefel (S), Phosphor (P) oder Eisen (Fe). Durch diesen Rest unterscheiden sich die 25 Aminosäuren, die in menschlichen Proteinen vorkommen, voneinander. Davon sind 10 essentiell, d.h., sie können nicht vom Körper aus anderen Molekülen synthetisiert, sondern müssen von außen zugeführt werden.

Je nach Anzahl von verketteten Aminosäuren spricht man von

- Proteinen (Makropeptiden), die aus mehr als 100 Aminosäuren bestehen,
- Polypeptiden, die aus 10 bis 100 Aminosäuren aufgebaut sind und
- Oligopeptiden, die aus weniger als 10 Aminosäuren bestehen.

Proteide dagegen sind Eiweiße, die noch mit anderen chemischen Stoffen verbunden sind.

1.3.1 Abbau und Resorption von Eiweißen

Abbau und Resorption beginnen erst **im Magen** unter Einwirkung der Salzsäure (aus den Belegzellen), die die Eiweißfasern quellen lässt und somit für die Enzyme angreifbar macht. Außerdem wandelt die Salzsäure das Enzym Pepsinogen (die inaktive Vorstufe aus den Hauptzellen) in das Enzym **Pepsin** um, das Eiweißmoleküle in **Polypeptide** spaltet (Albumosen, Peptone).

Im Duodenum werden die Polypeptide durch die Verdauungsenzyme des Pankreas Trypsinogen und Chylotrypsinogen, die durch die Enterokinase des Dünndarms zu **Trypsin und Chymotrypsin** werden, weiter in **Peptide** gespalten. Die Peptide werden durch die Peptidasen der Dünndarmschleimhaut zu Aminosäuren, den kleinsten Bausteinen der Eiweiße. Besonders im Duodenum, aber auch im weiteren Verlauf des Dünndarms werden die Aminosäuren ins Blut aufgenommen und über die Pfortader zur Leber transportiert, die sie zu körpereigenen Eiweißen verarbeitet.

1.4 Vitamine

Vitamine sind organische Verbindungen, die vom Organismus für lebenswichtige Funktionen benötigt werden, aber im Stoffwechsel nicht oder nicht ausreichend synthetisiert werden können. Sie müssen daher regelmäßig mit der Nahrung zugeführt werden; Vitamine erfüllen nicht nur spezifische Funktionen (z.B. Vitamin A - Sehvorgang), sondern sind auch Bestandteile von Coenzymen, die den Zellstoffwechsel katalysieren.

- Wasserlösliche Vitamine B und C können im Körper nicht gespeichert werden.
- Fettlösliche Vitamine A, D, E und K (**Merke:** EDEKA) können im Körper gespeichert werden (v.a. in der Leber).

Da Vitamine in naturbelassenen Nahrungsmitteln ausreichend vorhanden sind (und waren), hat sich beim Menschen kein besonderer Steuerungsmechanismus für die Bedarfsdeckung entwickelt. Manche Vitamine können im Körper gespeichert oder sogar hergestellt werden wie die meisten Vitamine des B-Komplexes und das Vitamin K, die von der Darmflora synthetisiert werden können. Vitamin A und D können bei ausreichender Sonnenbestrahlung aus Provitaminen hergestellt werden.

Hypovitaminosen

Vitaminmangelzustände können schwere Funktionsstörungen verursachen, werden aber oft wegen ihrer unspezifischen Symptome nicht erkannt. Außer der Rachitis sind typische Vitaminmangelerkrankungen eher selten.

Ursachen für Vitaminmangel können sein:

- Falsche oder ungenügende Ernährung
- Malabsorption (z.B. Mangel an Intrinsic Faktor)
- Zerstörung der Darmflora (z.B. durch Antibiotika)
- Leberschäden, dadurch Störung des Stoffwechsels und der Fähigkeit, Vitamine zu speichern
- Erhöhter Bedarf durch Schwangerschaft, Stillzeit und Stress

Hypervitaminosen

Auch zu viele Vitamine können schaden. Diese Gefahr besteht allerdings eher bei den fettlöslichen Vitaminen, die nur begrenzt ausgeschieden werden und so zu Hypervitaminosen führen können (Leberschäden). Zu viele wasserlösliche Vitamine scheidet der Körper meist über den Urin aus.

1.4.1 Vitamin A (Retinol)

Es sichert den Aufbau und die normale Funktion der **Haut**. Es hilft beim Abdichten der Gewebeoberfläche und erhöht dadurch die Abwehrbereitschaft gegenüber Erregern (antiinfektiöses oder Epithelschutzvitamin).
Es beeinflusst das **Sehen** positiv, v.a. in der Dämmerung und in der Nacht, da es zusammen mit speziellen Eiweißkörpern Teile der Sehpigmente bildet. Schließlich ist es auch am **Wachstum** des ganzen Körpers, v.a. von Epithelien, Knorpel und des Skeletts und an der **Reproduktion** (Spermienbildung, Plazenta- und Fetalentwicklung) beteiligt.

Tagesbedarf: 1-2 mg.

Vorkommen:

Die Leber kann Vitamin A aus Provitaminen synthetisieren, z.B. aus β-**Carotin**, einem weit verbreiteten Pflanzenfarbstoff. Es ist enthalten in

- **dunkelgrünem Blattgemüse: Kohlarten, Spinat, Broccoli,**
- **Karotten, Kürbis, roten Paprika, Orangen, Minze.**

Fertiges Vitamin A in tierischen Produkten:

- **Leber und Lebertran, Eier (weniger), Käse, Butter**

Überschuss: embryotoxisch.

Wechselwirkungen: Mangan unterstützt die Verwertbarkeit von Vitamin A und β-Carotin. Zu viel Eisen hemmt die Resorption. Vitamin A hingegen fördert die Wirkung von Selen.

1.4.1.1 Vitamin-A-Hypovitaminose

Sie wird ausgelöst durch Alkohol, zu viel Eisen(präparate), Cortison, Störungen in Verdauungstrakt, Leber oder Galle (Vitamin A ist fettlöslich).

Symptome

- Anfangs **Sehstörungen** wie Nachtblindheit und Blendempfindlichkeit.
- Später **Atrophie** von Haut (und Hautanhangsgebilden) und Schleimhäuten und vermehrte und gestörte Verhornung.
- Dadurch können sich Mikroorganismen leichter ansiedeln → **erhöhte Infektanfälligkeit**. Außerdem werden Geruchs- und Geschmacksempfinden gestört.
- Bei Kindern kann es zu **Wachstumsverzögerungen** kommen und zu Störungen der Knochenbildung.
- Während der Schwangerschaft kann es zu Fehlbildungen des Fetus kommen.

1.4.1.2 Vitamin-A-Hypervitaminose

Akut	Chronisch
• Schmerzen • Schwindel • Erbrechen	• Mattigkeit, Schlafstörungen, Schwindel • Haarausfall, Hautjucken und rissig-spröde Lippen • Schmerzhafte Periostschwellung • Leberschwellung • Während Schwangerschaft Fruchtschädigung möglich

1.4.2 Vitamin-B-Komplex

Er besteht aus Thiamin (B_1), Riboflavin (B_2), Nikotinamid, Folsäure, Pantothensäure, Pyridoxin (B_6), Biotin (Vitamin H) und Cobalamin (B_{12}). Diese Vitamin kommen meist gemeinsam vor und ähneln sich in ihrer Wirkung. Sie bilden Teile von Stoffwechselenzymen.

B-Vitamine sind

- alle wasserlöslich,
- wichtig für das Blut (B_{12}, Folsäure),
- wichtig für die Nerven (B_1, B_{12}),
- wichtig für die Haut (Niazin).

Vorkommen
Sie sind v.a. in tierischen Lebensmitteln enthalten, z.B. in Eiern, Milch, Lachs, Huhn und Butter, aber auch in Kartoffeln, Grüngemüse und Vollkornprodukten.

1.4.2.1 Vitamin B_1 (Thiamin)

Hauptfunktionen: Kohlehydratstoffwechsel (Zitratzyklus), Resynthese des Neurotransmitters Acetylcholin (Nerventätigkeit)
Natürliches Vorkommen: in Keimanlagen von Getreide, v.a. Hafer (nicht aber in Weißmehl), ferner in Hefe, Gemüse und Kartoffeln, auch in tierischen Organen, v.a. Innereien

Tagesbedarf: 1-2 mg.

Mangelsymptome
- Vor allem neurologische Symptome:
  - Polyneuritis
  - Parästhesien
  - Reflexstörungen
  - Muskelschwäche v.a. der Beine (auch des Herzens)
- Osmolarität gestört:
  - Pleura- und Perikarderguss
  - Ödeme, auch Hirnödem → Demenz

Erkrankungen
- **Beri-Beri:** in Asien weit verbreitet, wo geschälter Reis das Hauptnahrungsmittel ist; oft aber auch bei chronischen Alkoholikern
  - **„Trockene Beri-Beri":** Neuropathie mit Muskelatrophie im Vordergrund
  - **„Feuchte Beri-Beri":** Ödeme im Vordergrund

Alkohol wird wie Zucker abgebaut, was ebenfalls viel Vitamin B_1 verbraucht. Ein schwerwiegender Mangel an Vitamin B_1 ist bei uns sehr selten (v.a. bei Alkoholikern und bei schwerer Fehlernährung). Wer jedoch v.a. geschälten Reis und Weißmehl statt Vollkornprodukte isst und häufig Stresssituationen ausgesetzt ist, kann einen leichten Vitamin-B_1-Mangel aufweisen, der sich z.B. in Schlaf- und Konzentrationsstörungen, Appetitlosigkeit, Reizbarkeit und Verdauungsstörungen äußert. Hält dieser Zustand über längere Zeit an, kann er zu Herz-Kreislauf-Störungen, Muskelkrämpfen und Depressionen führen.
Cave: Die intravenöse Injektion von Vitamin B_1 kann unter Umständen einen tödlich verlaufenden anaphylaktischen Schock auslösen.

1.4.2.2 Vitamin B_2 (Laktoflavin, Riboflavin)

Hauptfunktion
- Wirkt bei Zellatmung mit
- Hilft bei Sehfunktion (Lichtempfindlichkeit)
- Stoffwechselanregend/-regulierend
- Notwendig bei der Verarbeitung von Kohlenstoff, Fett und Eiweiß, Hormonproduktion

Natürliches Vorkommen
In allen tierischen und pflanzlichen Zellen, v.a. in Hefe, Getreidekeimen, Leber, Milch und Käse.

Tagesbedarf: 1-2 mg.

Info: kann in der Leber ca. 2 Wochen gespeichert werden, ist lichtempfindlich.

Mangelsymptome: auch durch Pille und Alkohol verursacht **(selten isoliert!)**
- Anämie, Mundwinkelrhagaden
- Dermatitis (v.a. Mundschleimautentzündung)
- Keratitis (Beeinträchtigung des Sehens)

1.4.2.3 Vitamin B_6 (Pyridoxol, Pyridoxal, Pyridoxamin)

Hauptfunktion
- Coenzym bei Aminosäurestoffwechsel
- Hilft bei Übertragung der Erbinformation bei der Zellteilung
- Hilft Antikörper zu bilden
- Wichtig im Magnesiumhaushalt
- Erhöht die Sauerstoffaffinität des Hämoglobins

Natürliches Vorkommen: in allen Zellen, v.a. Hefe, Körner, Grüngemüse, Innereien und Milch/-produkten.

Tagesbedarf: ca. 2 mg.

Info: Das Tuberkulosemedikament INH verursacht, ebenso wie Alkohol und Diabetes, einen erhöhten Vitamin-B_6-Bedarf; Vitamin B_6 ist licht- und hitzeempfindlich.

Mangelsymptome
- Epileptische Anfälle bei Kindern
- Neuritis
- Kopfschmerz
- Erhöhte Infektanfälligkeit
- Hyperaktive Talgdrüsen
- Stoffwechselstörungen
- Hautveränderungen

1.4.2.4 Vitamin B_{12} (Cobalamin, Extrinsic Faktor)

Cobalamin wird ausschließlich von Mikroorganismen synthetisiert.

Hauptfunktion
- Zellteilung ⇒ Blutbildung
- Nerven
- Coenzym bei Eiweiß- und Kohlehydratverstoffwechselung (ohne Vitamin B_{12} findet keine Proteinbiosynthese statt)

Natürliches Vorkommen: Leber, verschiedene Fischsorten, Huhn, Hefe, Hopfen, Algen, sauer Vergorenes wie Sauerkraut, Brottrunk©).

Tagesbedarf: 5-10 µg.

Info
- Kann nur in Verbindung mit Intrinsic Faktor aus den Belegzellen des Magens, v.a. im terminalen Ileum, aufgenommen werden
- Kann in der Leber in Verbindung mit Folsäure 3-5 Jahre gespeichert werden
- Ist hitzeempfindlich

Mangelsymptome

Ursachen

- Streng vegetarische Ernährung (möglicherweise erst nach 5- bis 10-jähriger cobalaminfreier Ernährung)
- Mangel- und Fehlernährung
- Resorptionsstörungen (z.B. Intrinsic-Faktor-Mangel)
- Angeborene Cobalamin-Transportstörung

Symptome

- Perniziöse Anämie mit Leuko- und Thrombopenie (makrozytäre Anämie) und gesteigerter Hämolyse → prähepatischer Ikterus (gelblich-graue Färbung der Haut)
- Neurologisch: Parästhesien (Missempfindungen), Verlust der Tiefensensibilität, evtl. Gangunsicherheit; Degeneration der Hinter- und Seitenstränge des Rückenmarks
- Epitheliale Veränderungen der Mukosa (Schleimhaut) des Verdauungstrakts
- Impotenz

Therapie: Substitution (bei Resorptionsstörung ist eine orale Gabe sinnlos).

Hypervitaminose: Sie ist weder alimentär bekannt, noch bei therapeutischer Anwendung von hohen Dosen.

1.4.2.5 Niazin, Nikotinamid, Nicotinsäure, PPF (Pellagra preventing factor)

Hauptfunktion

• Haut	• Stoffwechsel
• Nerven	• Zelldifferenzierung

Tagesbedarf: ca. 0,1 g.

Info: Niazin kann der Körper aus der Aminosäure Tryptophan selbst herstellen.

Natürliches Vorkommen: Niazin kommt fast überall vor (besonders in Champignons), aber nicht in Mais und Hirse. Azteken und Mayas legten ihren Mais nach der Ernte üblicherweise in Kalkwasser, um das im Mais enthaltene Niazin der Verdauung zugänglich zu machen. Die spanischen Eroberer nahmen den Mais nach Europa, Nordamerika und Afrika mit, achteten jedoch nicht auf diese Technik. Das hatte zur Folge, dass später ganze Bevölkerungsschichten, die auf Mais als Hauptnahrungsquelle angewiesen waren, Niazin-Mangelerscheinungen bekamen, die sogar zum Tod führen konnten.

Mangelsymptome (Pellagra)

durch Alkoholismus, hohe Antibiotikagaben, Mangelernährung, Resorptionsstörung

- Frühsymptome: Kopfschmerz, Appetitmangel, Konzentrations- und Schlafstörungen
- Schäden an Haut, Verdauungs- und Nervensystem
- **3 D**

  Dermatitis mit blauroten Flecken, Hyperpigmentierung und Hyperkeratose an sonnenexponierten Stellen (Gesicht und Hände) und an Druck- und Reibestellen (Achsel, Brust)

  Diarrhoe (wässrig-schleimig)

  Dementia (Verlust erworbener intellektueller Fähigkeiten)

1.4.2.6 Folsäure

Vitamine der B-Gruppe (B_9), die in der Darmflora hergestellt werden können. In tierischen Produkten wie Leber liegen sie als Monoglutamate vor, in pflanzlichen (z.B. in Spinat) als Polyglutamate (weniger gut vom Körper zu verwerten). Der gesunde Erwachsene verfügt über etwa 15 mg Folsäure, die hauptsächlich in der Leber gespeichert sind.

Hauptfunktionen

- Schlüsselposition im Protein- und Kohlehydratstoffwechsel als Überbringer kleinerer Kohlenstoffmoleküle
- Hilft bei Zellteilung (Biosynthese von Nukleinsäuren → Gene), besonders beim Bau der **Blutkörperchen** (erzeugt Hämoglobin) und der **Schleimhäute**
- Hilft beim Abbau der Säure Homocystein, die für das Herz-Kreilauf-System schädlich sein kann

Vorkommen: im Pflanzen- und Tierreich weit verbreitet; hitzeempfindlich (nicht kochen)

- Blattgemüse wie Spinat und Salat
- Tomaten, Kartoffeln, Brokkoli, Spargel, Radieschen
- In einigen Kohl- und Obstsorten
- Produkte aus Vollkornmehl
- Besonders reich an Folsäure sind **Weizenkeime** und **Sojabohnen**
- Leber

Tagesbedarf: ca. 0,1 g.

Info

- Licht-, sauerstoff- und hitzeempfindlich (in gekochtem Gemüse ist nur noch ein Drittel der ursprünglichen Folsäurekonzentration vorhanden) sowie gut wasserlöslich; daher sollten zu intensives Wässern und zu lange Lager- und Kochzeiten vermieden werden
- Wird über den Dünndarm aufgenommen.
- Kann in der Leber bis zu 2 Monate gespeichert werden.
- Das Fehlen von Eisen kann die Aufnahme von Folsäure erschweren.
- Folsäure kann die Aufnahme von Vitamin B_{12} erschweren.
- 80-90% der Bevölkerung erreichen nicht den Tagesbedarf alleine durch den Verzehr normaler, unangereicherter Lebensmittel, da die wenigsten Menschen täglich frisches (gehaltvolles) Gemüse essen.

Folsäure zählt allgemein zu den kritischen Nährstoffen in fast allen Bevölkerungsgruppen. Zu den Risikogruppen zählen besonders

- Säuglinge, die mit adaptierter Milch ernährt werden,
- Kinder in der Pubertät,
- Schwangere, stillende Frauen und Frauen, die die „Pille" nehmen,
- Alkoholkranke; Personen, die Medikamente nehmen (neben hormonalen Kontrazeptiva, z.B. auch Antiepileptika, Chemotherapeutika und Zytostatika),
- Mangel- und Fehlernährung,
- Patienten mit Magen-Darm-Erkrankungen oder chronischen Blutungen.

Symptome

- Anfangs unspezifisch mit Reizbarkeit, Konzentrationsschwächen und depressiven Verstimmungen.
- Spezifische Symptome erst nach mehreren Wochen.
- Schleimhautschäden und Wunden heilen langsamer.
- Die Verlangsamung der Zellteilung zeigt sich am stoffwechselaktivsten Gewebe, dem Knochenmark (→ Anämie), sehr ähnlich der perniziösen Anämie (aber ohne neurologische Symptomatik), begleitet von Durchfall und Gewichtsverlust.
- Erhöhtes Risiko von Herz-Kreislauf-Erkrankungen.
- In der Schwangerschaft kann Folsäuremangel zu Fruchtschädigungen, z.B. Neuralrohrdefekten („offener Rücken": Spina bifida) führen.

Folsäure-Hypervitaminose: alimentär (ernährungsbedingt) nicht bekannt; bei therapeutischer Anwendung hoher Dosierungen (ab ca. 15 mg) können gastrointestinale Störungen, Schlaflosigkeit, psychische Störungen und selten Allergien auftreten; bei Epilepsie können hohe Dosierungen epileptogen wirken, bzw. die Wirkung von Antiepileptika abschwächen.

1.4.2.7 Pantothensäure

- Ist weit verbreitet, findet sich v.a. in tierischen Lebensmitteln, aber auch in Hefe, grünem Gemüse und Getreide;
- ist Bestandteil des Coenzyms A, einer zentralen Substanz des gesamten Stoffwechsels;
- **Mangelerscheinungen sind beim Menschen nicht bekannt.**

1.4.2.8 Biotin (früher Vitamin H)

- Kommt in allen Zellen vor, besonders in Hefe, Innereien, Eigelb und Hülsenfrüchten,
- überträgt Carboxylgruppen (Kohlensäurereste) und
- wird ebenfalls von Darmbakterien synthetisiert.

Tagesbedarf: 2 mg.

Mangelerscheinung sind beim Menschen äußerst selten.

1.4.3 Vitamin C (Ascorbinsäure)

Hauptfunktionen

- Unterstützt Infektabwehr
- Dichtet Kapillare ab und unterstützt Blutgerinnung
- Hilft bei Eisenresorption und Bildung von Blutkörperchen
- Aktiviert Zellstoffwechsel
- Unterstützt Bindegewebestoffwechsel
- Unterstützt Stoffwechsel der Hormone, Aminosäuren, Kohlehydrate und Coenzyme

Natürliches Vorkommen: Kartoffeln, Gemüse, Obst.

Tagesbedarf: 50-100 mg.

Info: kann in der Leber ca. 2 Wochen gespeichert werden; benötigt keine Unterstützung bei der Aufnahme; ist licht- und hitzeempfindlich.

Mangelsymptome (Skorbut, alte Seefahrerkrankheit)

- Blutungen
  - in Haut und Schleimhäuten,
  - im Zahnfleisch,
  - in Periost und die Gelenke,
  - in Pleura und Perikard,
- schlechte Wundheilung und Vernarbung, Zahnausfall, Hautentzündungen sowie
- Anfälligkeit für Infektionen und Krebs.

Überdosierung

Der normale Tagesbedarf liegt bei maximal 1 g; zur Infektabwehr, z.B. bei einer Grippe, sollte man auf ca. 1,5 g erhöhen. Zur Überdosierung (über 10 g) kommt es meist durch Tabletten ⇒ **Durchfälle**; Langzeitüberdosierung ⇒ Nierensteine, Vitamin-B_{12}-Resorptionsstörung.

1.4.4 Vitamin-D-Hormon (Calciferol)

(Wachstumsvitamin, Sonnenvitamin)

Hauptfunktion

Konstanthaltung des Blutkalziumspiegels durch Förderung der Kalziumresorption im Dünndarm und der Rückresorption in der Niere.

Natürliches Vorkommen: (Fisch-)Leber, tierisches Fett, in geringen Mengen auch in Milch, Butter und Eigelb.

Tagesbedarf: 50 µg.

Info: Das Provitamin kann in der Leber aus Cholesterin gebildet werden. Aus diesem kann unter Einwirkung der Sonnenbestrahlung in der Haut Vitamin D hergestellt werden, das in der Niere in seine aktive Form umgewandelt wird (es funktioniert schon nach der Sonnenbestrahlung, aber so richtig gut erst, nachdem es in der Niere bearbeitet wurde). So fällt Vitamin D aus der Definition der Vitamine heraus. Heute wird es eher den Hormonen zugerechnet.

Mangelsymptome

Durch zu wenig Sonne, Alkoholismus, Leber- und Nierenerkrankungen.

Rachitis bei Kindern

- Kopfschweiß, Unruhe, Schreckhaftigkeit, Verstopfung
- „Rachitischer Rosenkranz" (Auftreibungen der Knochen-Knorpel-Grenzen der Rippen)
- Quadratschädel
- Krumme Beine (X- und O-Beine)
- „Froschbauch" (schlaffe Bauchdecke), Muskelhypotonie

Osteomalazie bei Erwachsenen

Entmineralisierung der Knochen mit Schmerz, Deformation und Größenverlust, Hypokalziämie (→ 39).

Hypervitaminose D
Zunächst Übelkeit, Gewichtsverlust, Reizbarkeit, später Entwicklungsverzögerung, Kalziumentzug aus Knochen und Gewebe und Hyperkalzämie (→ 43).

1.4.5 Vitamin E (Tokopherol)

Hauptfunktionen

- Antioxidationsmittel, d.h., es bindet freie (Sauerstoff-)Radikale; dadurch stabilisiert es (evtl.) Zellmembranen, Fettsäuren, Vitamin A u.a.
- Besonders wichtig an den Keimdrüsen (Ei- und Samenbildung).
- Eventuell auch Schutzfunktion für Gelenke.

Natürliches Vorkommen: besonders in pflanzlichen Lebensmitteln (Öle, Nüsse, Getreide, Gemüse), auch in tierischen Fetten.

Tagesbedarf: 15 mg.

Info: thermostabil, kann in der Leber ca. 6 Monate gespeichert werden.

Mangelerscheinungen sehr selten: Hämolyse
Bei Langzeitmangel: Muskelschwäche, neurologische Störungen durch Verfall der Nervenzellen, Fortpflanzungsschwierigkeiten.

Überdosierungserscheinungen
Laut Pschyrembel nicht bekannt, wenn doch, dann sehr selten:

- erhöhte Blutungsneigung,
- Kopfschmerzen, Schwindel,
- eventuell Durchfall.

1.4.6 Vitamin K (Phyllochinon)

Hauptfunktion
Wichtiges Glied in der Blutgerinnung (ohne Vitamin K keine Blutgerinnung), da es in der Leber an der Biosynthese von Gerinnungsfaktoren (Prothrombin II, Faktor VII, IX und X) mitwirkt.

Merkhilfe: Vitamin-K-assoziierte Gerinnungsfaktoren: neun, zehn, sieben und zwei - **1972**.

Natürliches Vorkommen: insbesondere in Gemüse (Sauerkraut, Tomaten, Kartoffeln, Rosenkohl), weniger in Obst, Getreide, Milch und Milchprodukten sowie Fleisch. Bedarf für Erwachsene: bis 2 mg/Tag; da Säuglinge häufig einen Vitamin-K-Mangel aufweisen, wird eine Vitamin-K-Prophylaxe empfohlen.

Tagesbedarf: bis 2 mg.

Mangel durch

- **Medikamente:** Antibiotika, Antikoagulantien der Cumaringruppe
- **Malabsorption:** M. Crohn, Zöliakie
- **Fettstoffwechselstörungen** (Vitamin K ist fettlöslich): z.B. durch Mangel an Gallensaft

Mangelerscheinungen: verlängerte Blutgerinnungszeit, Blutungen in verschiedene Gewebe und Organe sowie Hämorrhagie durch Schädigung der Darmflora.

Hypervitaminose: selten; kann Hämolyse, Erbrechen, Porphyrinurie und Thrombose hervorrufen.

Info: Vitamin K ist empfindlich gegen Antibiotika, Licht, Sauerstoff.

1.5 Stoffwechselerkrankungen

1.5.1 Magersucht (Anorexia nervosa)

Häufigste Form der Mangelernährung in Friedenszeiten.

Ursachen:
Meist bei Mädchen im Anschluss an die Pubertät (Postpubertätsmagersucht), zunehmend auch bei Jungen durch eine psychische Reifungskrise.

Symptome
Aus einer Abwehrreaktion gegen das Essen resultiert extreme Abmagerung, der schnell ein Ausbleiben der Regel folgt. Bald läuft der ganze Organismus „im Sparmodus": Blutdruck, Puls und Körpertemperatur sinken ab.

- Verlust von mindestens 25% des ursprünglichen Körpergewichts
- Fehlen einer somatischen Erkrankung als Ursache
- Fehlen psychiatrischer Erkrankungen wie Depressionen, Schizophrenie, Neurose und Phobien
- Mindestens zwei der folgenden Symptome: Amenorrhö, Bradykardie, Bulimie, Phasen körperlicher Aktivität, Abusus von Laxantien, Diuretika, evtl. Schilddrüsenhormonen

Weitere Informationen zu Anorexia/Bulimia

- Vorkommen 15-75/100.000 Menschen
- 95% davon Frauen
- Mortalitätsrate 0,5-1%

1.5.2 Ess-Brech-Sucht (Bulimia nervosa)

Ess-, Brech-Sucht, tritt noch häufiger auf als Anorexia nervosa; nicht nur bei jungen Mädchen, sondern auch bei Frauen. Der Erkrankungsgipfel liegt zwischen dem 18. und 35. Lj. Meist folgt sie auf Übergewicht oder Anorexia nervosa. Nach Phasen der Essensverweigerung kommt es zu unkontrolliertem, regelrechtem Fressen großer Mengen von Nahrungsmitteln. Nach diesen Fressphasen wird meist künstlich ein Erbrechen herbeigeführt und/oder es werden große Mengen Abführmittel eingenommen.

Therapie

Die Therapie sowohl der Anorexia nervosa als auch der Bulimia nervosa besteht überwiegend in psychischer Betreuung. Gute Erfolge wurden mit Hypnose erzielt. Allerdings muss meist langfristig therapiert werden.

In spezialisierten Kliniken werden zum Teil nach mehrmonatigen Behandlungen 40% der Betroffenen geheilt, bei 30% der Betroffenen tritt eine Besserung ein, bei 20% bleibt die Situation unverändert und 10% der Betroffenen sterben an den Folgen der Unterernährung.

1.5.3 Fettsucht (Adipositas)

- Bei Überschreiten des Normalgewichts um über 10%.
- Multifaktorell.
- Frauen, v.a. in zweiter Lebenshälfte, sind häufiger betroffen als Männer.
- Fettsucht ist ein Risikofaktor für Hypertonie, Diabetes mellitus, Hyperlipidämie, Gicht, Arteriosklerose u.a.

Ursachen

Die Kalorienzufuhr ist im Verhältnis zum Bedarf zu groß → Ablagerung als Depotfett z.B. im Unterhautfettgewebe, im Bereich des Bauchfells („Fettschürze"), zwischen Muskeln und um Niere und Herz herum; außerdem wird in die Leberzellen Fett eingelagert (Fettleber).

Unterstützt wird die Adipositas durch psychische Faktoren: Stress, Frustration, Einsamkeit, Nikotinverzicht u.a., manchmal hat sie jedoch auch organische Ursachen: Schiddrüsenunterfunktion, M. Cushing, Testosteronmangel bei Männern u.a. (sekundäre Adipositas).

Symptome

Durch die vermehrte Arbeit, die das Herz zu leisten hat, entwickeln sich:

- Atemnot
- Pulsbeschleunigung
- Ödeme in der Knöchelgegend
- Fast immer erhöhter Blutdruck
- Vermehrte Schweißneigung
- Schäden an Gelenken und Bändern, die extrem belastet sind
- Erhöhte Cholesterin- und Triglyzeridwerte im Blut
- Eventuell ein verminderter Selbstwertgefühl

Therapie

Energiebilanz negativieren, d.h., entweder weniger Kalorien zuführen oder mehr verbrauchen. Meist ist eine psychische Betreuung erforderlich.

1.5.4 Störungen des Fettstoffwechsels

1.5.4.1 Hyperlipidämie, Hyperlipoproteinämie

Bei der Hyperlipidämie ist der Gehalt an Fetten im Blut erhöht. Da die Lipide im Blut an Eiweißstoffe gebunden sind, spricht man auch von Hyperlipoproteinämie. Bei den Blutfetten unterscheidet man Glycerine (Mono-, Di- und Tryglyceride), Cholesterin (freies und Estercholesterin) und Phosphatide. Diagnostisch sind Triglyceride und Cholesterin am wichtigsten.

Ursachen

Bei der **primären** Hyperlipidämie vermutet man eine ererbte Störung des Fettstoffwechsels.

Die **sekundäre** Hyperlipidämie ist vermutlich multifaktorell bedingt, wobei folgende Faktoren eine Rolle spielen:

- Adipositas
- Diabetes mellitus
- Alkoholmissbrauch
- Gicht
- Hyperthyreoiditis
- Nierenerkrankungen

Symptome

- **Xanthelasmen:** plattenartige, lipidhaltige Gebilde an den oder um die Augenlider.
- **Xanthome:** lipidhaltige, stecknadelkopf- bis bohnengroße Knötchen, mehr oder weniger erhaben. Bei Hypercholisterinämie kommen sie eher als tuberöse Xanthome (Knie, Ellenbogen) oder als Sehnenxanthome (Achilles- und Fingerstrecksehnen) vor; planare Xanthome (Zwischenfingerfalten); bei Hypertriglyceridämie treten sie als eruptive Xanthome (Gesäß, Unterarmstreckseiten) auf.
- **Kornealring:** eine ringförmig weißlich-gräuliche Trübung der Hornhaut des Auges, die durch Cholesterinablagerungen bedingt ist.
- Meist gleichzeitig Fettleber und Übergewicht.

Folgen

Da sich die Blutfette leicht in den Gefäßen ablagern, besteht die Hauptgefahr in der Bildung einer Arteriosklerose. Diese birgt wiederum die Risiken eines Bluthochdrucks, eines Herzinfarkts, einer Apoplexie, eines Nierenschadens und peripherer Durchblutungsstörungen.

Therapie

Ernährungsumstellung mit Vermeidung gesättigter Fettsäuren. Normalisierung des Gewichts, Alkohol sollte gemieden, die Aufnahme von Kohlehydrate und Cholesterin reduziert werden. Zudem ist ausreichende körperliche Bewegung wichtig. Meist muss auch die Leber behandelt werden.

1.5.4.2 Hypolipidämie, Hypolipoproteinämie

Ein zu geringer Gehalt von Blutfetten ist sehr selten. Er wird von einem genetischen Defekt ausgelöst und führt zu verzögertem Wachstum, Muskelschwäche und Nervenstörungen.

1.5.5 Diabetes mellitus

Primär

- **Typ I** (juvenile Form): IDDM (insuline dependent diabetes mellitus), in 10% der Fälle; meist akut zwischen dem 15. und 20. Lj. nach Infektionskrankheit; der Patient ist meist schlank; vermutete Ursache: Autoantikörper gegen B-Zellen des Pankreas.
- **Typ II** (Altersdiabetes): NIDDM (Non-IDDM), meist zwischen dem 50. und 65. Lj.; der Patient ist meistens (zu 80%) übergewichtig.

Typ III (sekundär): als Symptom einer übergeordneten Krankheit; hierzu gehören Pankreaserkrankung oder -entfernung, Hyperthyreoidismus, Akromegalie, M. Cushing, Phäochromozytom

Typ IV (Schwangerschaftsdiabetes; Gestationsdiabetes): bei 1 bis 5% der Schwangeren; er ist ebenfalls insulinpflichtig, da orale Antidiabetika kontraindiziert sind. Unbehandelt sind Früh- oder Totgeburten möglich.

Ursachen

- **Absoluter Insulinmangel (Typ I):** zu wenig/völliges Fehlen von Insulin im Blut.
- **Relativer Insulinmangel (Typ II):** ausreichend Insulin im Blut, aber
  - **Ansprechbarkeit der Zellen auf Insulin ist vermindert** und damit auch die der Organe, die Blutglukose als Glykogen speichern (v.a. Leber, Muskeln, Fettgewebe); Pathophysiologie: durch zu häufiges und zu viel Essen kommt es zu hohen Insulinspiegeln, die die Sensibilität und Dichte der Insulinrezeptoren vermindern (Downregulation); deshalb muss der Insulinspiegel weiter gesteigert werden (Circulus vitiosus), bis die B-Zellen erschöpft sind.
  - **Insulin-Antagonisten sind vermehrt:** Glukagon, Cortison, Adrenalin, somatotropes Hormon (STH).
  - **Insulinantikörper** blockieren die Insulinwirkung (Autoimmunerkrankung).

DD Diabetes mellitus	Typ 1	Typ 2
	Insulinpflichtig	Nicht insulinpflichtig
Pathogenese	Insulinmangel	Insulinresistenz
Körperbau	Schlank	Adipös
Manifestationsalter	15.-24. Lj.	> 40. Lj.
Beginn	Rasch	Langsam
B-Zellen	Auf < 10% vermindert	Nur mäßig vermindert
Autoantikörper	Vorhanden	Nicht vorhanden
Stoffwechsellage	Labil	Stabil

Insulin senkt den Blutzucker und fördert Glukoseabbau/-verwertung. Es

- steigert den Transport der Glukose durch die Zellmembran,
- steigert die Glykogenbildung (Speicherform der Glukose) in Leber und Muskel,
- steigert die Eiweiß- und Fettbildung aus Kohlehydraten,
- fördert im Fettstoffwechsel die Aufnahme freier Fettsäuren, die dann als Depotfett in Form von Triglyceriden gespeichert werden,
- steigert nicht die Glukoseresorption im Darm.

Symptome

Frühsymptome

- **Polyurie (Ausscheidung großer Harnmengen**, da der Körper versucht, den überschüssigen Zucker auszuscheiden - dies kann er aber nur, wenn der Zucker in Wasser gelöst ist) ⇒ **Polydipsie (vermehrter Durst)**
- Da Zucker als Energielieferant fehlt: **Müdigkeit**, **Leistungsminderung**, **Gewichtsabnahme** (Glukosurie, Hyperglykämie)
- Heißhunger, Schwitzen, Kopfschmerzen durch passagere Hypoglykämien
- **Rubeosa diabetica** (diabetische Gesichtsröte)
- **Juckreiz,** besonders im Genital-/Analbereich
- **Furunkel oder Karbunkel**, v.a. im Nacken durch:
  - **Schlechte Abwehrkraft, Infektanfälligkeit ↑**
  - **Schlechte Wundheilung**
  - **Häufige Pilzinfektion**
- Ferner: **Sehstörungen** (durch Elektrolytverschiebungen kommt es zu verschieden Quellungszuständen der Linse)
- Nächtliche Wadenkrämpfe
- Potenzstörungen, Amenorrhö

Falls der Diabetes zu spät erkannt wird oder die Einstellung nicht gelingt, kommt es zu Spätfolgen.

- **Makroangiopathien:** Arteriosklerose v.a. der Herzkranz-, Nieren-, Gehirn- oder Beingefäße (Gangränbildung!); **80% der Betroffenen sterben an Komplikationen im Bereich des Gefäßsystems wie Herzinfarkt oder Apoplex**
- **Mikroangiopathien** (Schäden an Kapillaren):
  - **Neuropathie** (Nervenerkrankung), u.a. „Burning Feet" aber auch „autonome diabetische Neuropathie", z.B. Fehlsteuerung der autonomen (glatten) Muskulatur im Verdauungstrakt bis hin zum „stummen Herzinfarkt" oder zur nekrotisierenden Zehe, wobei die Schmerzen nicht wahrgenommen werden (Polyneuropathie, s.u.)
  - **Retinopathien** (Netzhauterkrankungen) durch Ernährungsstörungen
  - **Katarakt (Linsentrübung**, grauer Star)
  - **Nephropathien** (Nierenerkrankungen)

Komplikationen: Kimmelstiel-Wilson-Niere ist eine diabetische Glomerulosklerose (meist erst nach 10 Jahren und bei schlecht eingestellter Diabetes); knötchenartige Verdickung der Glomeruli mit nachfolgender fibrinoider Ablagerung ⇒ massive Proteinurie und Hypertonie bis hin zur Dialysepflicht.

Polyneuropathie

Erkrankung der peripheren Nerven mit meist distal symmetrisch betonten, sensiblen, motorischen und vegetativen Störungen. In Europa sind der Diabetes mellitus und die Alkoholkrankheit die häufigsten Ursachen für die Entstehung einer Polyneuropathie.

Klinik

- Frühsymptome: Vibrationsempfindungsstörung (Messung über Stimmgabel)

- Schmerzen und symmetrische Missempfindungen in Füßen und Händen
- Parästhesien (Gefühlsstörungen) distal, symmetrisch als strumpf- oder handschuhförmige Sensibilitätsstörungen (meist der unteren Extremität): unangenehme Temperaturempfindungen, Ameisenlaufen, quälendes Kribbeln, Brennen der Füße („Burning Feet")
- Vegetativ-trophische Störungen (z.B. auch Blasenfunktionsstörungen)
- Eventuell Lähmungen (z.B. distal betonte Lähmungen aller Extremitäten: **Tetraparese**)
- Eigenreflexe an unterer Extremität sind meist herabgesetzt oder erloschen (Achillessehnenreflex fehlt oft schon, bevor sensible/motorische Schäden nachweisbar sind)
- Eventuell Hirnnervenbefall
- Eventuell Schwankschwindel und nächtliche Muskelkrämpfe

Notfall

Hypoglykämischer Schock	**Coma diabeticum**
Blutzucker unter 40 mg%* Komplikationen: Gehirnschaden und Tod	Blutzucker > 400-600, evtl. > 1.000 mg%
Beginnt schnell mit Symptomen einer verminderten Gehirnleistung; evtl. Krampfanfälle oder Adrenalinausschüttung (s.u.)	Beginnt langsam (über Tage)
Puls schnell	Puls kaum tastbar
Blutdruck normal	Blutdruck niedrig
Haut feucht, schwitzend	Haut rot und trocken, evtl. Fieber
Atmung normal	Kussmaulatmung (vertiefte, regelmäßige Azidoseatmung), bei der verstärkt CO_2 abgeatmet wird; ausgeatmetes Aceton riecht nach Obst
Keine Glukose und kein Aceton im Urin	Glukose und Aceton im Urin
Keine Exsikkose	Exsikkosezeichen (trockene [Schleim-]Haut, weiche Augenbulbi)
	Hypotone Muskulatur, keine Krämpfe, herabgesetzte Reflexe (ggf. Urämie)
Venöse Zugänge und Glukose i.v.; Glukagon i.c., i.m., i.v.; **Niemals Insulin spritzen ⇒ Verschlimmerung des Schocks!**	Flüssigkeitssubstitution; Insulingabe durch Arzt (Fachmann!)
Ursache: Insulinüberdosierung, ungenügende Nahrungsaufnahme, Fasten, Erbrechen, Durchfälle, übermäßige Muskelarbeit, Alkoholmissbrauch, Leberfunktionsstörung	**Ursache:** Insulinmangel

* Jeder BZ-Wert < 40 mg/dl ist eine Hypoglykämie, unabhängig davon, ob Symptome bestehen; 40-50 mg/dl (mit Nachweis zerebraler Symptome) = Unterzuckerung; 50-60 mg/dl kommt auch bei gesunden Menschen gelegentlich vor (bei Fasten > 24 Stunden regelmäßig)

Im Zweifelsfall einem bewusstlosen Diabetiker immer Glukose verabreichen, da die Hypoglykämie der akut lebensbedrohlichere Zustand ist; innerhalb von Minuten kommt es zur Zerstörung von Hirnzellen (i.v. Gabe von 40%iger Glukoselösung; falls nicht vorhanden 0,9%ige NaCl-Lösung).
Leichte Hypoglykämien lassen sich über eine orale Glukosezufuhr abfangen; am besten geeignet ist Glukoselösung, zur Not auch andere schnell resorbierbare Zucker, z.B Traubenzucker(-tee). Bei einem verwirrten, desorientierten Patienten ist von einem **Notfall** auszugehen. Er kann innerhalb weniger Sekunden in ein hypoglykämisches Koma rutschen.
Im Notfall keine orale Medikation, die Gefahr von Erbrechen und Aspiration(spneumonie) ist zu groß. Außerdem werden oral verabreichte Medikamente im Notfall nicht (sicher) resorbiert. Die Gabe von Insulin wäre bei einer Hypoglykämie lebensgefährlich! Die Glukosezufuhr im Coma diabeticum ist weit weniger gefährlich als die Insulingabe im hypoglykämischen Schock.

Diagnose

Die Diagnose eines Diabetes mellitus Typ 2 ist etwas schwieriger, da die Patienten oft recht physiologische Nüchternblutzucker-Werte aufweisen. Liegt dieser Wert bei zweimaliger Messung beide Male unter 80 mg/dl, ist ein Diabetes mellitus unwahrscheinlich. Bei über 120 mg/dl ist von einem manifestem Diabetes auszugehen. Erst wenn die Nierenschwelle von ca. 180 mg/dl überschritten ist, befindet sich auch Glukose im Harn und wird mit dem Urin-Teststreifen feststellbar. Bei Nüchternblutzucker-Werten zwischen 100 und 120 mg/dl ist ein Glukosetoleranztest oder die Erstellung eines Blutzuckertagesprofils sinnvoll.
Hier wird der Blutzucker des Patienten nüchtern, kurz vor und eine Stunde nach jeder Mahlzeit (postprandial) kontrolliert. Der postprandiale Glukosewert beim Gesunden liegt unter 120 mg/dl, beim Diabetiker über 180 mg/dl.

Glukosetoleranztest

Subklinische und unklare Fälle lassen sich durch den oralen Glukosetoleranztest (OGTT) erfassen. Dabei wird dem Patienten 75 g Glukoselösung verabreicht, nachdem der Nüchternblutzucker bestimmt wurde (sofern dieser nicht schon pathologisch ausgefallen ist). Dazu muss der Patient 10 Stunden vor dem Test nüchtern bleiben, nachdem er sich 3 Tage relativ normal mit ca. 250 g Kohlehydraten/Tag ernährt hat (dabei darf der Patient keine febrile Erkrankung haben und Frauen keine Menstruation).

Glukosetoleranztest	Nüchtern	Nach 1 h	Nach 2 h
Normal	< 110 mg/dl	< 200 mg/dl	> 140 mg/dl
Pathologisch	110-120 mg/dl	> 200 mg/dl	140-200 mg/dl
Diabetes mellitus	> 120 mg/dl	> 200 mg/dl	> 200 mg/dl

Langzeitüberwachung

Die Diabetiker-Diät ist für die meisten Patienten buchstäblich kein Zuckerschlecken. Damit aber der Arzt nicht schimpft, schummeln manche Patienten ein wenig: Gelebt wird in Saus und Braus, aber kurz bevor der Arztbesuch bevorsteht und damit eine Blutzuckerbestimmung ist der Patient ernährungstechnisch wieder ganz brav.
Falls die Schädigungen fortschreiten, obwohl die Glukosewerte vorbildlich sind, bestimmt der Arzt den **HbA1c-Wert**, der auch als Glykohämoglobin (GHb) bezeichnet wird und eine Form des roten Blutfarbstoffs (Hämoglobin) darstellt, an den Glukose gebunden ist. Da die Reaktion von der Glukosekonzentration im Blut und von der Lebensdauer der Erythrozyten (ca. 120 Tage) abhängt, spiegelt der HbA1c-Wert die Blutzuckerwerte der letzten 3 Monate wieder und dient somit der Verlaufskontrolle bei Diabetikern (gut eingestellter Diabetes: HbA1c unter 6%; schlecht eingestellter: HbA1c über 9,5%). Ferner sollte der Patient jährlich augenärztlich und neurologisch untersucht werden.

Therapie/Ernährung bei Diabetes

Kalorienbedarf bei Diabetikern	
Stark Übergewichtige	1.200 kcal (10-12 BE)
Kinder bis ca. 50 kg	1.500 kcal (12-13 BE)
Ältere, Normalgewichtige	1.700 kcal (15-17 BE)
Normalgroße mit mittlerer körperlicher Belastung und Schwangere	1.800-2.500 kcal (16-21 BE)
Große, körperlich schwer Arbeitende	Bis 3.000 kcal (25-30 BE)
Zur Gewichtsreduktion	Zwei Drittel der o.g. Werte
1 BE (Broteinheit) = 12 g Kohlehydrate	

Zusammensetzung der Nahrung

- Eiweiß: 10-15% der Gesamtkalorien (fettarmes Fleisch, Fisch, pflanzliche Eiweiße), bei diabetischer Nephropathie eiweißarme Diät.
- Fett: 30% der Gesamtkalorien (möglichst hoher Anteil an ungesättigten Fettsäuren); bei zusätzlichen Fettstoffwechselstörungen (häufig) kann der Fettanteil auf < 25% gesenkt werden.
- Kohlehydrate: 50-60%; Berechnung nach BE, keine schnell resorbierbaren Zucker (Mono- oder Disaccaride).
- Keine mit Zucker, Traubenzucker, Honig, Saccharose gesüßten Speisen oder Getränke, sondern mit Zuckeraustauschstoffen wie Fruktose, Laktose, Sorbit, Xylit oder gesüßte Nahrungsmittel.
- Langsam resorbierbare Kohlehydrate (Polysaccharide), z.B. Stärke aus Kartoffeln, Vollkornprodukten und Reis, erhöhen den Blutzuckerspiegel langsam, aber länger anhaltend.
- Sechs bis sieben kleinere Mahlzeiten täglich statt drei große.
- Einschränkung des Alkoholkonsums, trockene Weine und Diabetikerbier sind erlaubt.

In frühen Stadien lässt sich Altersdiabetes über eine entsprechende Diät aufhalten. Später werden orale Antidiabetika verordnet.

- Sulfonylharnstoffe (meist verordnet) regen die Bauchspeicheldrüse zu vermehrter Insulinausschüttung an.
- Guarmehle und Enzymhemmer verlangsamen die Kohlehydratverdauung, so dass es zu einem langsamen Anstieg des Blutzuckers und nicht zu Blutzuckerspitzen kommt.

Wenn Diät und orale Medikation nicht (mehr) ausreichen oder ein Typ-1- oder Schwangerschaftsdiabetes vorliegt, wird eine Insulintherapie erforderlich. Da Insulin ein Eiweiß ist und im Verdauungstrakt abgebaut würde, muss es subkutan gespritzt werden. Die Dosierung wird in Internationalen Einheiten (IE) angegeben:

- Altinsulin mit schnell einsetzender (nach 15-30 Minuten) und kurz anhaltender Wirkung
- Verzögerungsinsuline mit einem Wirkungsbeginn nach 30-90 Minuten und einer Wirkungsdauer von 12-24 Stunden
- Langzeitinsuline mit spät einsetzender (nach 3-4 Stunden) und lang anhaltender Wirkung (> 28 Stunden)
- Mischinsuline bestehen aus Alt- und Verzögerungsinsulin

1.5.6 Gicht (Arthritis urica)

Serum-Harnsäure > 6,4 mg/dl (> 380 mmol/l). Die Erkrankung beruht auf einer Störung des Purinstoffwechsels. Beim Abbau von Zellkernen in der Leber fallen Purine an. Diese werden in Harnsäure überführt, damit sie von der Niere ausgeschieden werden können.
Bei der Gicht liegt eine übermäßige Harnsäurekonzentration im Blut vor und die Harnsäure kristallisiert sich zu Salzen (Urate), die sich insbesondere in der Gelenkflüssigkeit ablagern, aber auch an anderen Körperstellen.

Ursachen

- **Primäre Hyperurikämie (90%):** genetisch; in 99% der Fälle manifestiert sich die Erkrankung in einer **gestörten renalen Ausscheidung**, nur in 1% der Fälle ist die endogene Harnsäureproduktion vermehrt.
- Sekundäre Hyperurikämie
  - Vermehrte Harnsäurebildung durch Leukämie, Polyzythämie, Tumoren, Zytostatika- und Strahlentherapie
  - Verminderte renale Ausscheidung durch Nierenerkrankungen, Hyperlaktat-, Ketoazidosen (Fasten) und Medikamente (Thiazid-, Schleifendiuretika, Sylicylate, Nicotinsäurederivate, L-Dopa)

Daneben spielt die **(Über-)Ernährung** eine wichtige Rolle **(Wohlstandserkrankung)**. Ist eine Lösung übersättigt, fällen Salze aus, die sich ablagern. Männer erkranken 20-mal so oft wie Frauen. Gicht tritt selten alleine auf, meist zusammen mit Adipositas, Diabetes mellitus, Hyperlipidämie oder Hypertonie.

Symptome

Das erstes Stadium, die Erhöhung des Harnsäurespiegels verläuft symptomlos.

Chronische Gicht

Sie ist durch Ablagerung von Harnsäure im Gewebe gekennzeichnet.

- Beispielsweise sind diese als **Gichttophi** an den Ohrmuscheln zu finden oder als
- **Gichtknoten** an Sehnen, Schleimbeuteln (Weichteiltophi) und gelenknahen Knochenbezirken (Knochentophi), gefolgt von
- fortschreitenden **Gelenkdeformationen** (wird seltener), z.B. Finger in Beugestellung,
- in der Niere bilden sich Harnsäuresteine; es kommt zur **Gichtniere** mit Albuminurie und gesteigertem Blutdruck.

Gichtanfall

Er kann z.B. durch zu reichliches Essen, exzessiven Alkoholkonsum, körperliche Überbeanspruchung oder Fasten ausgelöst werden (auch beim Abbau körpereigener Zellen fallen Purine an). Der Anfall beginnt **meist nachts** mit Befall eines Gelenks (Monarthritis), v.a. des **Großzehengrundgelenks (Podagra)**, seltener des Daumengrund-oder anderen Gelenks. Über **mehrere Stunden** bestehen **heftige Schmerzen mit Rötung und Schwellung** des betroffenen Gelenks. Es kommt zum **Temperaturanstieg**, **Leukozytose** und Störung des Allgemein-befindens. Der Urin hat einen sehr niedrigen pH-Wert (Teststreifen). Unbehandelt kann die Schwellung noch mehrere Tage, die Schmerzempfindlichkeit länger anhalten.

Warum kann ein Anfall durch Alkohol ausgelöst werden?
- Alkohol vermindert die Fähigkeit der Niere, Harnsäure auszuscheiden.
- Ein halber Liter Bier enthält durch die Hefe selbst 170 mg Purinäquivalent.
- Ferner kommt es durch Alkohol zu einer Übersäuerung des Bluts (Hyperlaktatazidämie), was die Löslichkeitsgrenze der Harnsäure herabsetzt.

Therapie

- Ernährungsumstellung
  Am besten ovolaktovegetabile Kost, purinhaltige Nahrungsmittel meiden; basenreiche Ernährung fördert die Ausscheidung, Vitamin C und Folsäure verhindern die Ablagerung in den Gelenken; Übergewicht sollte abgebaut werden, aber **nicht durch totales Fasten,** da auch körpereigene Zellen Purine enthalten.
  - Nur wenig Fleisch, nicht fettig, keine Innereien, Wild, Sardinen und Fleischextrakte
  - Spargel und Hülsenfrüchte meiden
  - Alkoholkarenz, Kaffekonsum ↓, aber **Flüssigkeitszufuhr > 2 l/Tag**
- **Beim akuten Gichtanfall** haben sich Akupunktur und Homöopathie bewährt.
  - Kalte Umschläge, Güsse und „Cold packs"
  - Phytotherapie: Herbstzeitlose (Colchicum autumnale) wirkt analgetisch und antiphlogistisch, ist verschreibungspflichtig, Heilpraktiker kann erst ab D4 verordnen
- Die Nieren sollten angeregt werden (z.B. durch Solidago virgaurea, die Goldrute).

1.5.7 Störungen des Knochenstoffwechsels

Neben ihrer Stütz- und Schutzfunktion dienen die Knochen auch der Regulation des Mineralhaushalts, indem sie **Kalzium**, **Phosphor**, **Magnesium** und **Natrium** speichern und bei Bedarf an den Organismus abgeben.

Die Steuerung des Knochenstoffwechsels regeln die Hormone **Parathormon**, **Kalzitonin** und **Vitamin D** (→ 27). **Östrogen** (→ 64) und **Testosteron** (→ 51) unterstützen beim Erwachsenen den Knochenerhalt.
Vitamin A, B_{12} und C beeinflussen die Osteoblasten- und Osteoklastentätigkeit und die Aufrechterhaltung der Knochenmatrix.

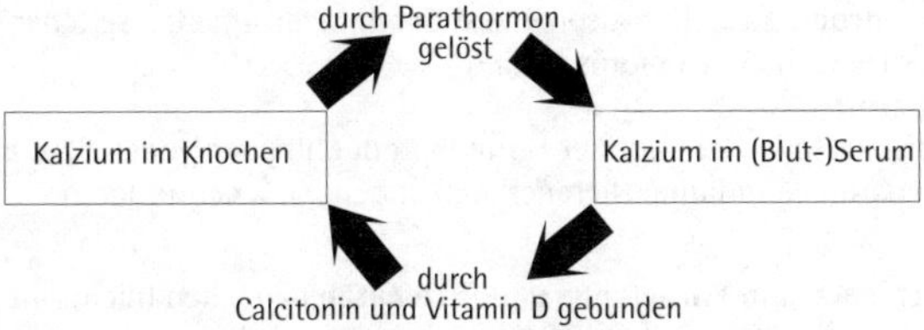

Kalziumstoffwechsel
Referenzbereich 2,25-2,6 mmol/l, dieser wird konstant gehalten durch:
- **Parathormon** der Nebenschilddrüse; fördert Kalziumresorption im Darm, Rückresorption in den Nieren und Freisetzung aus den Knochen **(Grobeinstellung)**.
- **Vitamin D** reguliert ebenfalls den Kalzium- und Phosphatstoffwechsel. Es fördert die Kalziumresorption im Darm und sorgt für den Einbau von Kalzium, Phosphor u.a. Mineralien in die Knochen.
- **Kalzitonin** aus der Schilddrüse senkt den Blutkalziumspiegel, indem es dessen Einlagerung in die Knochen bewirkt **(Feineinstellung)**.

Zu wenig **Kalzium:** Tetanie - zu viel **Kalzium:** „Stein-, Bein- und Magenpein"

Auch nach Beendigung des Längenwachstums findet ein reger Knochenstoffwechsel statt (Umbaustoffwechsel). Spezielle Bindegewebszellen, die Osteo**b**lasten, **b**auen Knochengewebe auf, für den Abbau sind vielkernige Riesenzellen verantwortlich: Osteo**k**lasten **k**lauen. Ein übermäßiger Abbau von Knochengewebe heißt **Osteoporose**. Ist in erster Linie die Mineralisation gestört, spricht man von **Osteomalazie**; bei ungeordnetem Knochenwachstum, der **Osteodystrophie**, wachsen Zellen und Bindegewebe vom Markraum in die Spongiosabälkchen ein.

1.5.7.1 Osteoporose

Mengenmäßige Verminderung des Knochengewebes bei erhaltener Knochenstruktur durch verminderten Knochenaufbau und/oder verstärkten Knochenabbau.

Ursachen
Osteoporose ist keine eigenständige Erkrankung, sondern ein Symptom, das bei verschiedenen Grundkrankheiten auftreten kann.

Primäre Osteoporose (v.a. Frauen nach Wechseljahren)
- **Östrogenmangel**, v.a. durch Rückgang der Östrogenproduktion mit einsetzendem Klimakterium (25% aller Frauen über 60 leiden unter Osteoporose)
- **Altersosteoporose**

Sekundäre Osteoporose (nur ca. in 5% aller Osteoporosefälle)

- **Inaktivitätsosteoporose** bei Bewegungsarmut, z.B. durch Lähmungen (z.B. Poliomyelitis)
- **Mangelernährung:** Malabsorption, Alkoholismus
- **Hyperparathyreoidismus**, also Überfunktion der Nebenschilddrüse (**Merkhilfe:** Parathormon macht Kalzium parat
- **Cushing-Syndrom:** zu viel Cortison, meist durch Medikamente, seltener durch Überfunktion der Nebenniere (tumurös bedingt)
- **Diabetes mellitus**
- Hypogonadismus (mit verminderter Hormonproduktion der Hoden bzw. Eierstöcke), Langzeit-Heparinbehandlung, Nierenerkrankungen, Knochentumoren

Symptome

- Ziehende Schmerzen in Wirbelsäule und Extremitätenknochen (nicht mit Rheumatismus verwechseln); anfangs nur bei Belastung, später als Dauerschmerz.
- Durch die Verminderung der Knochensubstanz kommt es leicht zu Knochenbrüchen; bei schweren Erkrankungen treten häufig Spontanfrakturen bzw. Spontanverformungen der Wirbelsäule auf; bei Altersosteoporose kommt es oft zum Schenkelhalsbruch des Oberschenkelknochens.

Therapie

Wichtig ist eine ausreichende **Kalzium- und Vitamin-D-Zufuhr**. Bei erhöhter Beanspruchung kann sich Knochensubstanz wieder aufbauen, es ist also vorsichtiges Bewegungstraining anzuraten, evtl. ergänzt durch Hydrotherapie und Massage. Bei klimakterischer Osteoporose hat sich die Homöopathie mit Aristolochia clematitis D12 bewährt. Schüssler-Salze: "Osteoporose-Schema" u.a. mit Nr. 2 Calcium phosphoricum. Die Schulmedizin therapiert mit Hormonen, v.a. Östrogen und Kalzitonin.

1.5.7.2 Osteomalazie

Störung in der Mineralisation des Knochengewebes, d.h., es wurden zu wenig Kalzium und Phosphor in die Knochensubstanz eingebaut. Dadurch kommt es leicht zu Verbiegungen der Knochen (im Gegensatz zur Osteoporose, wo es eher zu Brüchen kommt). Häufig treten Osteoporose und Osteomalazie zusammen auf.

Ursachen

- Vitamin-D-Mangel bzw. -Stoffwechselstörung
- Hyperparathyreoidismus

Symptome (beim Erwachsenen)

- Zunächst Empfindlichkeit des Brustkorbs bei Husten, Niesen und leichter Kompression
- Dann starke Knochenschmerzen, v.a. im Bereich des Beckengürtels

Bei fortschreitender Erkrankung:

- Größenverlust
- Gehstörung („Watschelgang") durch Schmerzen bedingt
- Deformierungen von Brustkorb und Becken
- Muskelschwäche

1.5.7.3 Rachitis

Tritt bei Kindern durch eine gestörte Kalkeinlagerung durch Vitamin-D-Mangel auf.

- Kopfschweiß, Unruhe, Schreckhaftigkeit, Verstopfung
- „Rachitischer Rosenkranz (Auftreibungen der Knochen-Knorpel-Grenzen der Rippen)
- Quadratschädel
- Krumme Beine (X- und O-Beine)
- „Froschbauch" (schlaffe Bauchdecke), Muskelhypotonie

Therapie: hohe Gaben von Vitamin D (Achtung: Überdosierungserscheinungen).

1.5.8 Mineralstoffe

- **Mengenelemente** kommen mit Gewichtsanteilen von 25 bis 1.000 g beim Erwachsenen vor, dazu gehören: **Natrium, Kalium, Kalzium, Phosphor, Chlor und Schwefel.**
- **Spurenelemente** werden vom Körper nur in kleinsten „Spuren" (1 mg bis 5 g beim Erwachsenen) benötigt. Dazu gehören: **Eisen, Kupfer, Selen, Zink, Jod, Kobalt, Molybdän, Chrom u.a.**

1.5.8.1 Natrium

Natrium ist für die **Erregungsleitung** (im EZR, Gegenspieler von Kalium im IZR) und den **Wasserhaushalt zuständig.** Da Natrium so eng mit dem Wasserhaushalt verknüpft ist, bringen Abweichungen im Natriumhaushalt meistens auch Veränderungen im Wasserhaushalt mit sich bzw. umgekehrt.
Eine Lösung mit dem gleichen Salzgehalt wie dem des Bluts, wird als isoton bezeichnet. Enthält sie weniger Salz, ist sie hypoton, enthält sie mehr, ist sie hyperton.
Hypotone Lösungen können entstehen durch:

- Erhöhung der Wassermenge (bei gleichbleibender Natriummenge) → **hypotone Hyperhydration;** als Verdünnungshyponatriämie häufig durch inadäquate Infusionstherapie, auch bei Herzinsuffizienz, Leberzirrhose
- Senkung der Natriummenge, die allermeist auch mit der Senkung des Wassergehalts einhergeht → **hypotone Dehydration** z.B. bei
  - extrarenalen Natriumverlusten, z.B. bei Erbrechen, Diarrhoe, Pankreatitis, Schwitzen → Natriumkonzentration im Harn < 5 mval/l,
  - renales bzw. zentrales (zerebrales) Salzverlustsyndrom, Diuretikatherapie, Nebennierenerkrankungen (Hypoaldosteronismus), Syndrom der inadäquaten ADH-Sekretion, Alkalose → Natriumkonzentration im Harn > 5 mval/l.

Hypertone Lösungen können entstehen durch:

- Senkung der Wasser-, aber nicht der Natriummenge → hypertone Dehydration
- Erhöhung des Natriumgehalts (selten), meist auch der Wassermenge → hypertone Hyperhydration

Hyponatriämie < 135 mmol/l–145 mmol/l < Hypernatriämie	
Hypotone Dehydration = kombinierter Natrium- und Wassermangel	**Hypertone Dehydration** = Hypernatriämie bei Wassermangel
Ursache: Saluretika, Flüssigkeitsansammlung im Gewebe (Ileus, Peritonitis, Ödeme)	**Ursache:** zu wenig Durst (Babys und alte Leute), Wasserverluste (Diarrhoe, Verbrennung, Diabetes mellitus, Nierenerkrankungen)
Symptome: s.u., oft ohne Durst	**Symptome:** s.u., mit Durst
Apathie, Kopfschmerz, Erbrechen, Zeichen des Volumenmangels: Oligurie bis Anurie, trockene Haut und Schleimhäute, Fieber, Verwirrtheit, Krämpfe, fadenförmiger Puls, RR ↓, zentraler Venendruck ↓, Konzentrationsanstieg von Zellen und Substanzen im Blut (Erythrozyten, Kreatinin etc.) **Therapie:** schrittweiser Natriumersatz unter Berücksichtigung der Kreislaufsituation	
Hypotone Hyperhydration = Verdünnungshyponatriämie	**Hypertone Hyperhydration** (selten) = kombinierte Natrium- und Wasserzunahme
Ursache: mangelnde Wasserausscheidung bei Niereninsuffizienz; Herzinsuffizienz (Ödeme), Leberzirrhose (Aszites), zu hohe Wasserzufuhr (Infusionen), Hormonstörungen (ADH ↑)	**Ursache:** falsche Infusionen, Cortisontherapie, Störung im Aldosteronhaushalt
Symptome: Gewicht ↑, gestaute Halsvenen, Konzentrationssenkung im Blut (Erythrozyten, Hämoglobin etc.)	

1.5.8.2 Kalium

Kalium befindet sich zu 98% in den Zellen (IZR = Interzellulärraum) und ist für die Erregungsleitung in Nerven und zum Muskel, im Herzmuskel und für den osmotischen Druck in der Zelle verantwortlich.

Hypokaliämie < 3,5 mmol/l–5,5 mmol/l < Hyperkaliämie	
Ursache: durch Laxanzien, Diuretika, Cortison, Antibiotika, Erbrechen, Diarrhoe, Ileus, akute Pankreatitis, Diabetes mellitus, M. Cushing, Leberzirrhose, Alkalose	**Ursache:** Kalium verlässt die Zellen durch Trauma, Verbrennung, Hämolyse, Zytostatika, M. Addison, Niereninsuffizienz, Azidose
Symptome: Arrhythmien, Brady-, Tachykardie, Hypotonie, **Muskelschwäche**, schwache Reflexe, Obstipation, **Parästhesien**, Polyurie, -dipsie	**Symptome:** Herzrhythmusstörungen, Ohrensau-sen, Taubheit, schlaffe Lähmung, Zittern, schwa-che Reflexe, Parästhesien
Komplikationen: Ileus, Koma, Digitalisempfindlichkeit ↑	**Komplikationen:** Herzstillstand, Verwirrtheit bis Koma, Digitalisempfindlichkeit ↓
Blockierte Erregungsleitung	**Blockierte Erregungsleitung**

1.5.8.3 Kalzium

Kalzium ist wichtig für den Aufbau von Knochen und Zähnen und ein wichtiger Faktor bei der Muskelkontraktion, der Blutgerinnung und Gefäßabdichtung; es wirkt außerdem antiallergisch und antientzündlich und verstärkt die Wirkung von Digitalis.

Hypokalzämie < 2,25 mmol/l–2,6 mmol/l < Hyperkalzämie	
Ursache: durch Schwangerschaft, Stillzeit, Wachstum, Ernährung, Hormonhaushalt: Vitamin-D-Hormonmangel, Hypoparathyroidismus, Hyperventilation: Abatmung von zu viel $CO_2 \Rightarrow$ Blut-pH ↑ (respiratorische Alkalose), durch diese Alkalisierung sinkt die Löslichkeit und damit Verfügbarkeit von Kalzium, andere Formen der Alkalose (metabolische), Diuresestörungen, Nierenversagen, Medikamente, Pankreatitis, Sepsis, Verbrennungen	**Ursache:** Osteolyse (Tumore, Immobilisation), Tbc, Hyperparathyreoidismus, M. Addison, Vitamin D ↑, gestörte Ausscheidung, zu lange gestaut bei Blutentnahme, paraneoplastisch (parathormonähnliches Protein)
Symptome **Akut: Tetanie** (Krampfanfälle) bei erhaltenem Bewusstsein; dabei Pfötchenstellung (Geburtshelferhand), Spitzfußstellung, QT-Verlängerung im EKG; **chronisch:** Osteomalazie, Katarakt (grauer Star, Linsentrübung)	**Symptome: Stein-, Bein- und Magenpein** (Nierensteine), Arteriosklerose, **Muskelschwäche**, Obstipation, Ulkus, Übelkeit, Erbrechen, Polyurie, Polydipsie
Komplikationen: hypokalzämische Krise mit Tetanie und Synkope	**Komplikationen:** Coma hypercalcämicum, Exsikkose, Fieber, Herzstillstand
Muskeln übererregt und steif	**Muskeln untererregt und schwach**

1.5.8.4 Magnesium

Magnesium ist der Gegenspieler von Kalzium und Kofaktor von Stoffwechselenzymen; es erhöht die Permeabilität der Zellmembran.

Hypomagnesiämie < 0,8 mmol/l–1,3 mmol/l < Hypermagnesiämie	
Ursache: häufig mit Hypokalzämien vergesellschaftet, durch parenterale Ernährung, Hungern, Alkoholismus, Schwangerschaft (Frühgeburt), Pille, Diuretika, Diarrhoe, Pankreaserkrankung	**Ursache:** Niereninsuffizienz, orale Zufuhr, Laxantien
Symptome: Gebärmutterspasmen, Tremor, Tetanie (v.a. Wadenkrämpfe), Migräne, Herzrhythmusstörungen, Angina pectoris, Arteriosklerose	**Symptome:** Lähmungen

Komplikation: Koma	
Ähnelt Hypokalzämie	Ähnelt Hyperkalzämie

	Element	Anteil am Körpergewicht	Biologische Funktion
Etwa 96% „Schlüsselelemente"	Sauerstoff (O)	65%	Bestandteil von Wasser und vielen organischen Molekülen
	Kohlenstoff (C)	18,5%	Bestandteil jedes organischen Moleküls
	Wasserstoff (H)	9,5%	Bestandteil von Wasser und organischen Molekülen; als Ion (H^+) für die Säureeigenschaft einer Lösung verantwortlich
	Stickstoff (N)	3,2%	Bestandteil vieler organischer Moleküle, z.B. aller Proteine und Nukleinsäuren
Etwa 3% Mengenelemente	Kalzium (Ca)	1,5%	in Knochen und Zähnen; vermittelt Synthese und Freisetzung von Neurotransmittern; an allen Muskelkontraktionen beteiligt
	Phosphor (P)	1%	Bestandteil von Knochen und Zähnen und vieler Biomoleküle wie Nukleinsäure, ATP
	Kalium (K)	0,4%	Weiterleitung von Nervenimpulsen und für Muskelkontraktionen
	Schwefel (S)	0,3%	Bestandteil vieler Proteine, besonders der kontraktilen Elemente des Muskels
	Natrium (Na)	0,2%	Hauption des Extrazellulärraums, wesentlich zur Aufrechterhaltung der Wasserbilanz, für Weiterleitung von Nervenimpulsen, Muskelkontraktionen
	Chlor (Cl)	0,2%	Wie Natrium wesentlich an der Aufrechterhaltung der Wasserbilanz zwischen den Zellen verantwort-lich
	Magnesium (Mg)	0,1%	Bestandteil vieler Enzyme
Etwa 1% Spurenelemente	Eisen, Zink, Kupfer, Mangan, Molybdän, Jod, Kobalt, Selen, Chrom, Fluor		Siehe Tabelle nächste Seite

Element	Funktion(en)	Mangelerscheinung(en)	Körperbestand	Tagesbedarf
Eisen	Bestandteil des Hämoglobins und von Faktoren der Atmungskette	Hypochrome Anämie	3-5 g	5-30 mg
Zink	Wichtig für die Aktivität vieler Enzyme (sitzt meist im aktiven Zentrum)	Wachstumsstörungen, Wundheilungsstörungen, Haarausfall, Unfruchtbarkeit	1,4-2,3 g	0,5-5 mg
Kupfer	Bestandteil von Oxidasen	Mikrozytäre Anämie, Störung der Eisenresorption und der Kollagensynthese	Etwa 0,1 g	1,5-3 g
Mangan	Unter anderem Bestandteil von Enzymen des Kohlehydratstoffwechsels	Unfruchtbarkeit, Störungen der Knochenbildung	Etwa 0,02 g	2-5 mg
Molybdän	Bestandteil von Redox-Enzymen	Unbekannt	Etwa 0,02 g	Etwa 0,5 mg
Jod	Bestandteil der Schilddrüsenhormone	Kropf (sehr häufig), seltener Schilddrüsenunterfunktion	Etwa 0,02 g	Etwa 0,15 mg
Kobalt	Bestandteil von Vitamin B_{12}	Anämie	Etwa 0,01 g	< 1 mg
Selen	Wirkt evtl. mit Vitamin E zusammen; soll die Ausscheidung von Toxinen fördern (z.B. Quecksilber aus Amalgam) bindet freie Radikale und hat eine Funktion im Schilddrüsenhormonstoffwechsel	Abwehrschwäche, Herzmuskelerkrankungen, Osteoarthropathie (Knochen-/Gelenkerkrankungen), **übermäßige Zufuhr** (> 0,5 mg) kann toxisch wirken; diskutiert werden Missbildungen, Erbgutveränderungen, Krebs	Etwa 0,1 g	Etwa 0,05 mg
Chrom	Unbekannt	Unbekannt	< 0,006 g	< 5 µg
Fluor	Verbessert Zahnmineralisierung	Lebensnotwendigkeit nicht vollkommen gesichert	5-10 mg	1 mg Kariesprophylaxe

2 Fortpflanzung

Das **Fortpflanzungssystem** fasst alle Organe (innen wie außen) zusammen, die dazu dienen, Leben hervorzubringen und somit den Fortbestand der Art zu sichern.

Aufgaben:

- Produktion von Geschlechtszellen: **Ei- bzw. Samenzellen**
- Bildung von **Sekreten**, die die **Gleitfähigkeit** der Geschlechtsorgane bei der Vereinigung (Kohabitation, Koitus) unterstützen und ein **optimales Milieu** für den Transport, die Ernährung und Vereinigung von Samen- und Eizelle schaffen
- Produktion von **Sexualhormonen**, die u.a. Differenzierung, Reifung und Funktion der Keimzellen ermöglichen (Östrogen, Progesteron, Testosteron)

2.1 Geschlechtsmerkmale

- **Primäre Geschlechtsmerkmale** dienen der Fortpflanzung direkt. Sie sind schon bei der Geburt vorhanden.
  - **Beim Mann:** Hoden, Nebenhoden, Samenwege, Penis, Geschlechtsdrüsen
  - **Bei der Frau:** Eierstöcke, Eileiter, Gebärmutter, Scheide, Vulva
- **Sekundäre Geschlechtsmerkmale** dienen nicht direkt der Fortpflanzung, sondern prägen das geschlechtliche äußere Erscheinungsbild. Sie sind bei der Geburt noch nicht vorhanden, sondern entwickeln sich erst in der Pubertät.
  - **Beim Mann:** Körperbehaarung, Bart, tiefe Stimme
  - **Bei der Frau:** Brüste, Art der Behaarung, Stimme, Fettverteilung
- Tertiäre Geschlechtsmerkmale sind v.a. angeborene und anerzogene geschlechtstypische Verhaltensweisen, aber auch Körperbau und -größe.

2.2 Männliche Geschlechtsorgane

- **Äußere Geschlechtsorgane:** Penis und Hodensack
- **Innere Geschlechtsorgane: Geschlechtsdrüsen** wie Hoden, Bläschendrüse, Cowper-Drüse, Prostata
  Ableitende Ausführungsgänge wie Nebenhoden, Samenleiter, Ausspritzgang, Harn-Samen-Röhre

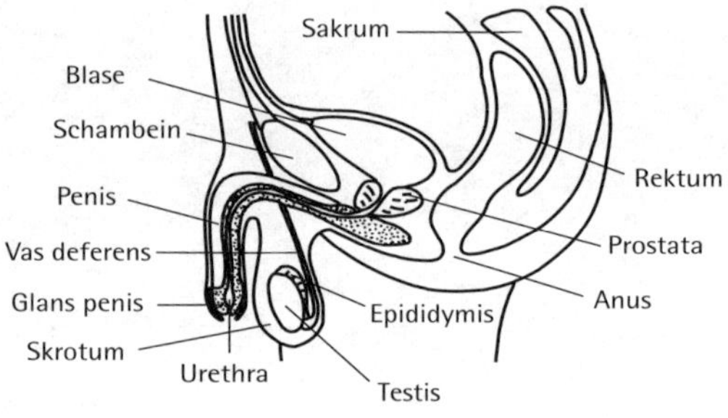

2.2.1 Hoden (Testis)

2.2.1.1 Anatomie und Physiologie

Paarig angelegt, eiförmig, liegen im Skrotum (Hodensack), umgeben von einer bindegewebigen Hülle, von der Septen (Trennwände) ins Innere ziehen und jeden Hoden in ca. 250 Läppchen (Lobuli) unterteilen. In jedem Läppchen liegen 2-3 vielfach gewundene Hodenkanälchen, die im hinteren Teil des Hodens in Ausführungsgänge münden, das Hodennetz (Rete testis). In ihnen werden die Spermien hergestellt (Spermatogenese).

- **Exokriner Teil ⇒ Spermien** reifen in den Hodenkanälchen: Am Rand liegen die unreifen Vorstufen, die sich weiterentwickeln (diploider Chromosomensatz wird zu haploidem reduziert), wobei sie zur Mitte wandern. Die reifen Geschlechtszellen wandern weiter zu den Nebenhoden.
- **Endokriner Anteil ⇒ Testosteron** wird in den Leydig-Zwischenzellen produziert, die als Zellhäufchen zwischen den Samenkanälchen im interstitiellen Bindegewebe des Hodens liegen.

2.2.1.2 Hodenabstieg (Descensus testis)

In der Embryonalzeit werden die Hoden an der hinteren Bauchwand angelegt (entwicklungsgeschichtlich entsprechen sie den Eierstöcken). Meist senken sie sich vor der Geburt (3.-10. Monat) zusammen mit ihren Versorgungsgefäßen (sog. Samenstrang) durch den Leistenkanal in den Hodensack ab, wobei sie alle Schichten der Bauchwand einschließlich Bauchfell in den Leistenkanal ausstülpen. Die einzelnen Schichten entwickeln sich zu Hodenhüllen.

Im Skrotum sind die Hoden „ausgelagert", da die Temperatur der Bauchhöhle für die Spermienreifung etwa 3 °C zu hoch liegt. Um die Betriebstemperatur konstant zu halten, zieht der M. cremaster die Hoden bei Kälte näher an die Bauchhöhle bzw. entfernt sie bei Wärme durch Erschlaffung.

Nach Absinken der Hoden ins Skrotum schließt sich der Sack bis auf die Durchtrittsstelle für den Samenstrang. Ist dies nicht der Fall, besteht eine offene Verbindung zwischen Bauchhöhle und Hodensack (angeborener Leistenbruch), durch die die Baucheingeweide absinken können. Meist fällt erst das große Netz hinein, bei zunehmender Erweiterung evtl. auch Darmteile, wobei dann die Gefahr eines Ileus (Darmverschluss) besteht. Bei erworbenem Leistenbruch wird die Leiste aufgrund hoher Druckbelastungen (Bauchpresse, z.B. bei schwerem Heben) an der schwächsten Stelle des Bindegewebes durchbrochen, nicht an der o.g. Durchtrittstelle (Maldescensus testis, → 52).

2.2.2 Nebenhoden (Epididymis)

2.2.2.1 Anatomie und Physiologie

Liegen dem hinteren oberen Teil des Hodens an. Sie bestehen aus zahlreichen gewunden Kanälchen, in denen die Spermien gespeichert werden. Außerdem wird hier ein Sekret produziert, das die Spermien unbeweglich macht. Bei der Ejakulation werden sie durch peristaltische Bewegungen der glatten Wandmuskulatur des Nebenhodengangs in den Samenleiter getrieben.

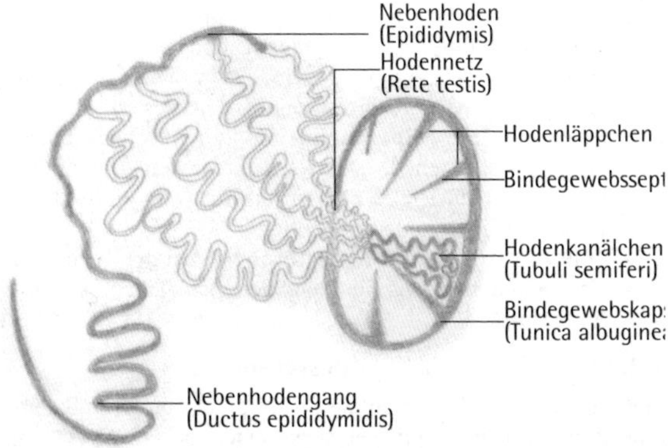

2.2.3 Samenleiter (Ductus deferens)

2.2.3.1 Anatomie und Physiologie

Sie sind die Fortsetzung des Nebenhodens. Mit einer Länge von 50-60 cm steigen sie vom Hoden durch den Leistenkanal in die Bauchhöhle, laufen seitlich an der Harnblase vorbei und kommen zwischen Harnblase und Harnleiter zu liegen. Bevor sie in die Prostata einmünden, erweitern sie sich zu einer Ampulle. In der Prostata nehmen sie die Ausführungsgänge der Bläschendrüse auf und heißen dann ab hier **Ausspritzgänge**. Sie münden schließlich in die Harn-Samen-Röhre. Die glatte Muskulatur der Samenleiter zieht sich während des Samenergusses kräftig zusammen (Spermien → Harn-Samen-Röhre).

2.2.4 Spermien

Sie werden in den Hodenkanälchen gebildet und bestehen aus Kopf, Mittelstück und Schwanz (s. Abb.).
Der Kopf enthält den Zellkern mit den Chromosomen.
Die Kopfkappe am vorderen Teil enthält Enzyme, die das Durchdringen des Schleimpfropfs im Gebärmutterhals ermöglichen.
Das Mittelstück enthält viele Mitochondrien zur Energieversorgung, liefert also die Bewegungskraft.
Der Schwanz bewegt das Spermium durch schlängelnde Bewegungen vorwärts.

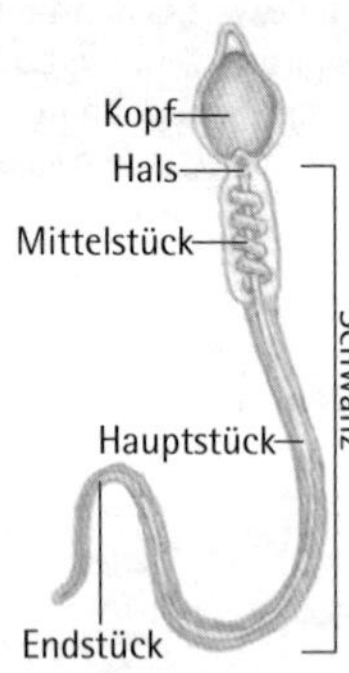

2.2.4.1 Spermatogenese

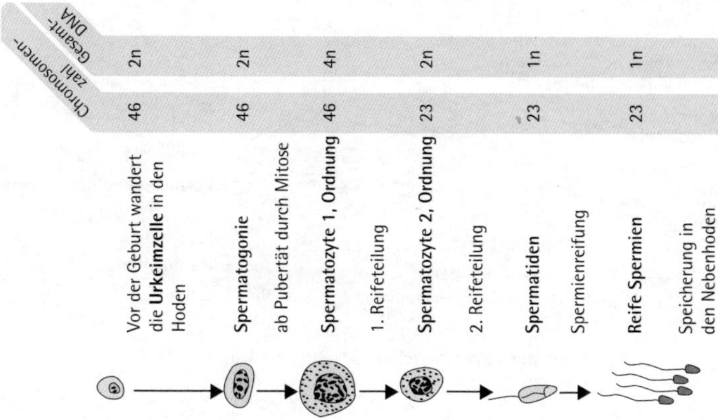

2.2.5 Cowper-Drüsen

Sie sind paarig angelegt, etwa erbsengroß und liegen im bindegewebigen Beckenboden. Sie produzieren ein leicht basisches Sekret, das dem Samenerguss vorausgeht und dazu dient, das saure Milieu der Harnröhre zu neutralisieren.

2.2.6 Prostata (Vorsteherdrüse)

Sie liegt als kastanienförmiges, derbes Organ direkt unterhalb der Blase und umschließt die Harnröhre. Sie besteht aus ca. 40 einzelnen Drüsen, die über 15-30 Ausführungsgänge direkt in die Harn-Samen-Röhre ein **dünnflüssiges, milchiges Sekret** abgeben, das die Beweglichkeit der Spermien stimuliert. Es bildet den Hauptanteil der Samenflüssigkeit. Die Rückfläche der Prostata kann mit dem Finger bei der rektalen Untersuchung getastet werden (s. Abb.).

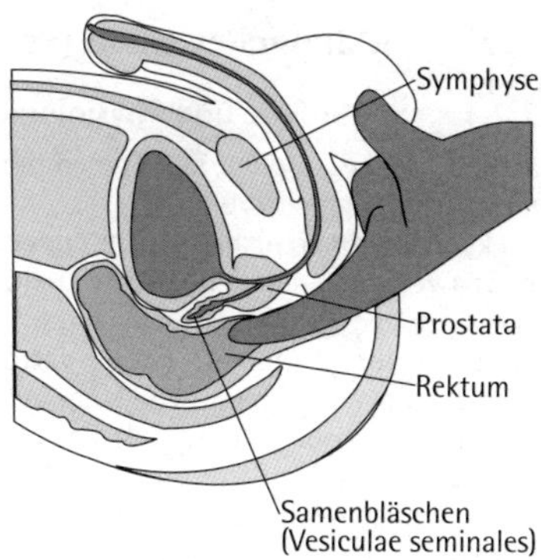

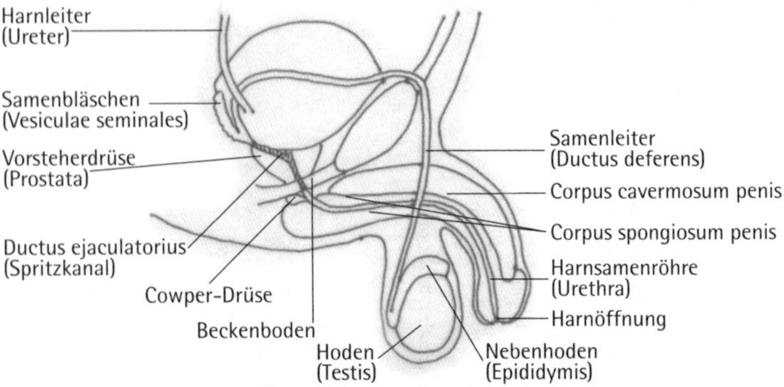

Lage der akzessorischen Geschlechtsdrüsen

Sperma besteht aus:

- Spermien (ca. 20% des Gesamtvolumens); 3-5 ml Sperma enthalten etwa 60 bis 300 Mio. Spermien. Auch bei gesunden Männern sind bis zu 30% davon abnorm (Zwerg-, Riesenformen, mehrköpfig oder -schwänzig).
- Sekret der:

  Cowper-Drüse: Es schützt die Spermien vor dem sauren Milieu der Harn-Samen-Röhre und der Scheide.

  Prostata: Es ist alkalisch und schützt so auch die Spermien.

  Bläschendrüse: Es enthält v.a. Fruktose und dient der Ernährung der Spermien.

2.2.7 Männliches Glied (Penis)

2.2.7.1 Anatomie und Physiologie

Der Penis hat die Aufgabe, den Samen tief in die Scheide möglichst unmittelbar vor den Gebärmuttermund einzubringen.
Dazu kann er erigieren, also versteifen, sich verlängern und verdicken. Dies erreicht er über **drei Schwellkörper**, in denen bei sexueller Erregung das Blut gestaut wird: Die Schwellkörper bestehen aus unterschiedlich großen, untereinander in Verbindung stehenden Bluträumen. Ihre Wand besteht aus glatter Muskulatur und Bindegewebe, umgeben von bindegewebigen Hüllen und von einer äußeren, besonders glatten und dünnen Haut.
Bei sexueller Erregung stellen sich die zuführenden Arterien und Arteriolen weit, so dass das Blut in die Bluträume fließt und sie dehnt. Die abführenden Venen werden komprimiert, so wird der größte Teil des Bluts in ihnen gestaut.
Unterhalb der paarigen Schwellkörper (Corpora cavernosa) verläuft der dritte, schwammförmige Schwellkörper (Corpus spongiosum), der nur zu einer „weichen" Schwellung fähig ist, wie auch die Eichel, in der er endet. Somit wird ein Abdrücken der Harn-Samen-Röhre verhindert, die hier verläuft.

Am Penis unterscheidet man **Penisschaft** und **Eichel**. Eine dehnbare Haut in Form einer Duplikatur (**Vorhaut** oder **Präputium**) überzieht die Eichel und bedeckt diese.
Der Erektionsreflex wird vom Parasympathikusnerv gesteuert und besitzt sein Zentrum im Rückenmark auf Höhe des Kreuzbeins, wobei auch übergeordnete ZNS-Bereiche eine Rolle spielen: Bei 25% der Männer, bei denen es zur Zerstörung des Sakralmarks gekommen ist, bleibt die Erektionsfähigkeit erhalten.

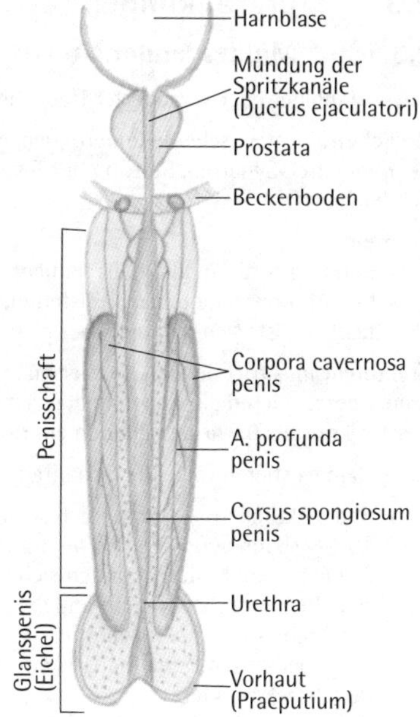

2.2.8 Männliche Sexualhormone

Ab der Pubertät schüttet der Hypothalamus Gonadotropin Releasing Hormon (Gn-RH) aus, das im Hypophysenvorderlappen die Ausschüttung von FSH und LH anregt.

- **FSH** (follikelstimulierendes Hormon) regt beim Mann über die Sertoli-Stützzellen die Spermatogenese an. Die Sertoli-Stützzellen bilden ein androgenbindendes Globulin (ABG), das als Trägerprotein für die Wirkung des Testosterons an den Zielzellen dient, also für die Spermatogenese notwenig ist.
- **LH** (luteinisierendes Hormon) regt die Leydig-Zwischenzellen zur Ausschüttung von Testosteron an (kleine Mengen hiervon werden auch in der Nebennierenrinde gebildet).

Testosteron ist das Sexualhormon des Mannes und gehört zusammen mit seinen Varianten zur Gruppe der Androgene. Chemisch ist es den weiblichen Hormonen Östrogen und Progesteron ähnlich. Testosteron unterstützt folgende Vorgänge:

- Penis- und Hodenwachstum in der Pubertät
- Spermienreifung (im Verbund mit FSH)
- Ausbildung der sekundären Geschlechtsmerkmale (Stimmbruch, Bartwuchs, Körperbehaarung, Knochen- und Muskelwachstum)
- Stimulation des Geschlechtstriebs (Libido), in gewissem Umfang auch die Aggressionsbereitschaft
- Förderung der Blutbildung (der Hämoglobinwert des Mannes ist höher als der Hämoglobinwert der Frau)
- Glatzenbildung im höheren Alter

2.3 Erkrankungen

2.3.1 Maldescendens testis, Kryptorchismus

Unvollständiger oder verzögerter Hodenabstieg.

Ursachen: mechanische Behinderungen, gonosomale Chromosomenaberrationen (häufig bei Klinefelter-Syndrom, Störung der Testosteronsynthese, verminderte LH-Sekretion (auch bei der Mutter).

Formen

- Retentio testis abdominalis (Bauchhoden): nicht tastbarer Hoden in der Bauchhöhle
- Retentio testis inguinalis (Leistenhoden): Hoden befindet sich im Leistenkanal, ist tastbar, lässt sich manuell aber nicht ins Skrotum schieben (vgl. Gleithoden, u.)

Kryptorchismus tritt bei ca. 3% aller männlichen Neugeborenen auf; bei einem Teil der Kinder deszendieren die Hoden in den ersten Lebensmonaten noch spontan, so dass am Ende des 1. Lj. nur bei 0,8% aller Jungen ein Hodenhochstand beobachtet wird.

Außerdem existieren folgende Varianten.

- Hodenektopie: Hoden hat nach seiner Passage durch den Leistenkanal die regelhafte Abstiegsbahn verlassen und liegt auf der Aponeurose des M. obliquus externus.
- Pendelhoden: Hoden befinden sich nicht ständig im Hodensack, sondern pendeln zwischen der Leistenregion und dem Hodensack hin und her. Ausgelöst wird dies durch den Kremasterreflex (auch durch Kälte oder durch Schamgefühl begünstigt). In der Regel bedarf ein Pendelhoden keiner Therapie, da er mit der Zeit von selbst in den Hodensack wandert.
- Gleithoden: Der Hoden lässt sich zwar in den Hodensack herabschieben, gleitet jedoch aufgrund eines zu kurzen Gefäßstrangs nach dem Loslassen wieder in den Leistenkanal zurück. Daher ist auch bei einem Gleithoden eine Behandlung erforderlich.

Folgen
Durch vermehrten Druck und erhöhte Temperatur können keine befruchtungsfähigen Spermien reifen; zusätzlich besteht ein erhöhtes Risiko der malignen Entartung.

Therapie: hormonell, sonst operativ.

2.3.2 Vorhautverengung (Phimose)

- Meist angeboren
- Erworben als Folge von Entzündungen des Penis oder durch frühzeitige Versuche in der Kindheit, die Vorhaut zurückzuziehen

Symptome: Bei der vollständigen Phimose kann die Vorhaut nicht über die Eichel zurückgezogen und damit nicht gründlich gereinigt werden. Bei höhergradigen Verengungen sind Störungen der Harnentleerung und wiederholte Entzündungen von Eichel und Vorhaut (Balanitis) möglich. Bei der unvollständigen Phimose kann die Vorhaut bei Erektion nicht über die Eichel zurückgezogen werden. Als Folge der Entzündungen kann es zu narbigen Verklebungen zwischen Eichel und Vorhaut kommen.

Therapie: wenn keine Beschwerden vorliegen tägliches Einreiben mit z.B. Aloe Vera oder Öl (Rhizinusöl) und vorsichtiges Zurückziehen der Vorhaut, ggf. im warmen Bad (Risiko: Paraphimose). Falls die sanfte Herangehensweise nicht funktioniert oder es zu Beschwerden kommt: Beschneidung (Zirkumzision), bei der die verengte Vorhaut entfernt wird.

2.3.3 Paraphimose („Spanischer Kragen")

Schnürringbildung hinter der Eichel durch zu enge Vorhaut.

Symptome: Beim Zurückstreifen der Vorhaut über die Eichel bildet sich ein Schnürring hinter dem Eichelkranz und die Vorhaut kann nicht mehr vorgestreift werden ⇒ ödematöse Schwellung und Durchblutungsstörung, was zu Nekrose der Glans penis und Vorhautgangrän mit deformierender Narbenschrumpfung führen kann.

Therapie: manuelle Reposition unter Analgetikagabe, Auspressen der Eichel, evtl. dorsale Inzision (Einschnitt).

2.3.4 Entzündung der Eichel (Balanitis)

Meist kombiniert mit einer Vorhautentzündung (Balanoposthitis); oft als Folge ungenügender Hygiene, begünstigt durch eine Phimose oder Diabetes mellitus.

Symptome: Eichel und Vorhaut sind gerötet, jucken und schmerzen, oft besteht übelriechender Ausfluss.

Diagnose: Abstrich; Urinkultur; Tbc wird durch spezielle Kulturen, Syphilis durch serologische Untersuchungen ausgeschlossen.

2.3.5 Peniskarzinom

Meist in der Furche zwischen Eichel und Penisschaft (Kranzfurche, Corona glandis); Häufigkeitsgipfel zwischen dem 50. und 60. Lj.; histologisch handelt es sich bei 90% um ein Plattenepithelkarzinom und bei 10% um ein Basalzellkarzinom; durch die rituelle Beschneidung tritt das Peniskarzinom fast nie bei Juden und Muslimen auf.

Ursache: möglicherweise durch eine Phimose (mit chronischer Balanitis) und Retention von Smegma[3]; als Präkanzerosen gelten Leukoplakie (weiße, nicht abwischbare Schleimhautflecken).

Symptome: Im Frühstadium lässt sich die Vorhaut nicht über die Eichel zurückschieben und es tritt übelriechender, evtl. eitriger Ausfluss aus. Außerdem kommt es zu Schwellung und Induration von Glans und Präputium, evtl. zu Kontaktblutungen, in fortgeschrittenen Stadien evtl. zur Ulzeration des Tumors.

Diagnose: Biopsie.

Therapie: in Abhängigkeit vom Tumorstadium evtl. lokale Exzision; bei fortgeschrittenem Peniskarzinom mit Lymphknotenmetastasen (partielle) sind eine Penisamputation und Lymphadenektomie indiziert, außerdem die Gabe von Zytostatika, Strahlentherapie, Lasertherapie.

Differenzialdiagnose: Syphilis, Lymphogranuloma venereum, Granuloma inguinale, Herpes simplex, Genitaltuberkulose, Condylomata acuminata.

[3] Smegma (gr. σμῆγμα, Salbe, Seife): Bezeichnung für weißlichgelbe, talgige Absonderung der Eichel- und Vorhautdrüsen beim Mann bzw. Ansammlung von Sekreten im Bereich von Klitoris und kleinen Schamlippen bei der Frau; kann bei mangelnder Genitalhygiene zur Entzündung führen, kanzerogene Wirkung fraglich.

2.3.6 Orchitis und Epididymitis

- **Orchitis**, Hodenentzündung: meist durch hämatogene Erregerstreuung bei Allgemeininfekten (z.B. Mumps)
- **Epididymitis**, Nebenhodenentzündung: i.d.R. durch fortgeleitete Infektionen von Prostata und Harnwegen, durch Gonorrhöinfektion; eine Linderung der Beschwerden bei Hochlagerung des Hodens (positives Prehn-Zeichen) ist typisch

Anfangs kann der Arzt noch durch Tasten die Lokalisationen unterscheiden, im fortgeschrittenen Stadium ist keine Abgrenzung mehr möglich.

Symptome bei Orchitis und Epididymitis
- Zunehmende Schwellung mit Rötung der Skrotalhaut
- Starke Schmerzen im Hodenbereich und besonders bei Epididymitis Ausstrahlung in Samenstrangbereich und Leiste
- Eventuell allgemeines Krankheitsgefühl und Fieber

Therapie
- Antibiotikatherapie sofort nach Abnahme von Blut und Anfertigung einer Urinkultur, ohne das Ergebnis abzuwarten (bei Erregerresistenz spätere Anpassung).
- Gabe antientzündlicher Medikamente.
- Bei Mumpsorchitis nur symptomatische Behandlung, evtl. Antibiotikagabe zur Prophylaxe einer Superinfektion.
- Bei chronisch rezidivierender Epididymitis oder Abszendierung (aufsteigende Infektion mit Abszessbildung) ist eine Entfernung der Nebenhoden erforderlich.

Prognose: insgesamt gut, doch eine mögliche nachfolgende Samenstrangverklebung ist eine der häufigsten Ursachen für Unfruchtbarkeit beim Mann.

2.3.7 Hodendrehung (Hodentorsion)

Meist einseitige Stieldrehung von Hoden und Samenstrang aufgrund abnormer Beweglichkeit; meist bei Säuglingen, Kindern und Jugendlichen.

Symptome
- Plötzlich hochakutes Krankheitsbild mit
  - heftigen Hodenschmerzen, die in den Unterbauch ausstrahlen,
  - Hoden geschwollen, gerötet und sehr druckempfindlich,
- Schmerz verstärkt sich durch Hochheben des Hodens (negatives Prehn-Zeichen).

Therapie: sofortige Klinikeinweisung; wird das Problem nicht innerhalb von 6 Stunden behoben, drohen Sterilität oder gar Nekrose des Hodens.

2.3.8 Akuter Hoden

Akute, schmerzhafte Hodenschwellung durch Orchitis, Epididymitis oder Hodentorsion.

2.3.9 Varikozele

Krampfaderähnliche Erweiterung, Verlängerung und Schlängelung der Hodenvene (V. testicularis) und des Venengeflechts im Hodensack (Plexus pampiniformis); Altersgipfel: 15.-25. Lj.
Die Fruchtbarkeit kann über mehrere Mechanismen, u.a. durch Erhöhung der Hodentemperatur, beeinträchtigt werden.

Symptome
- Meist keine Beschwerden
- Eventuell ziehende Schmerzen, v.a. bei körperlicher Anstrengung

Therapie: nur bei zunehmenden Beschwerden oder unerfülltem Kinderwunsch erforderlich; Venenverödung.

2.3.10 Hydrozele

Angeborene oder erworbene Ansammlung seröser Flüssigkeit zwischen den Hodenhüllen, meist ohne Symptome oder evtl. ziehende Schmerzen (v.a. bei körperlicher Anstrengung)

2.3.11 Hodentumoren

- Benigne Hodentumoren: selten (5%), z.B. Teratom, Fibrom, Rhabdomyom, Adenom
- Maligne Hodentumoren (1-2% aller Krebsformen des Mannes); häufigste maligne Tumorart bei jüngeren Männern

Ursache: unbekannt, evtl. endokrin bedingt; ein erhöhtes Erkrankungsrisiko besteht bei Maldescensus testis (→ 52).

Symptome
- Schmerzlose Hodenvergrößerung und Schweregefühl
- Tumor als derber, meist nicht druckschmerzhafter Knoten tastbar

Metastasierung
- Lymphogen in regionäre Lymphknoten
- Hämatogen in Skelett, Leber und Lunge

Therapie: Operation.

2.3.12 Entzündung der Vorsteherdrüse (Prostatitis)

Grundsätzlich: Erkrankungen der Prostata sind häufig.

Ursachen
- Keimbesiedlung über urogenen Weg oder über Blut- und Lymphweg
- Selten Übergreifen einer Entzündung von Nachbarorganen

Symptome

- **Beschwerden beim Wasserlassen**
  - Häufiger Harndrang
  - Abgeschwächter Strahl
  - Harnträufeln
  - Schmerzen beim Wasserlassen
- **Beschwerden beim Absetzen des Stuhls**
  - Schmerzhafter Stuhlgang
  - Druck- und Spannungsschmerzen
- **Bei akuter Prostatitis evtl. Fieber und Schüttelfrost**

2.3.13 Prostataabszess

Lebensbedrohlich: Er kann Folge einer eitrigen Einschmelzung sein, die sich aus einer akuten Prostatitis entwickelt hat.

2.3.14 Vergrößerung der Vorsteherdrüse (Prostataadenom)

Bei 60% der Männer über 50; Zunahme der Drüsenzellzahl.

Ursache: unbekannt.

Symptome

- **Stadium I** (typisch): v.a. nachts erst nach längerem Warten Harnentleerung mit **abgeschwächtem und verdünntem Strahl**. Die Bauchpresse muss eingesetzt werden, um die Blase vollständig zu entleeren.
- **Stadium II:** keine vollständige Blasenentleerung mehr möglich. Der Restharn begünstigt die Ansiedlung von Bakterien.
- **Stadium III:** Überlaufblase mit Rückstau bis in die Nieren. Gefürchtet ist die sich evtl. einstellende Niereninsuffizienz mit einer sich schleichend entwickelnden Urämie. Es kann zur Blutdrucksteigerung kommen.

• Häufiger Harndrang • Nykturie	• Zu geringer Druck beim Wasserlassen

2.3.15 Prostatakarzinom

Bösartiger Tumor der Prostata. Es gibt keine Frühsymptome, daher ist die Früherkennung nur durch die Vorsorgeuntersuchung möglich.

Symptome

- Wie beim Prostataadenom.
- Eventuell Schmerzen beim Stuhlgang und Blutungen.
- Da das Prostatakarzinom zu frühzeitiger Metastasierung in das Skelettsystem neigt, können **Kreuzschmerzen** bei älteren Männern ein Hinweis auf Knochenmetastasen sein.

> Dritthäufigste Krebsart des Mannes (nach Lungen- und Magen-Darm-Krebs). Jeder zweite Mann über 70 erkrankt. Symptome wie beim Prostataadenom. Tumormarker: **PSA**, Prostata Spezifisches Antigen.

2.3.16 Gynäkomastie

Meist beidseitige Vergrößerung der Brustdrüse beim Mann.

Ursachen

- Leberzirrhose
- Hormonerkrankungen (M. Basedow [→ 130], primäre Hypothyreose, Akromegalie)
- Hodentumor (→ 55)
- Medikamente (z.B. Hormonbehandlung bei Prostatakarzinom)
- In der Pubertät meist ohne Krankheitswert, geht von alleine zurück
- „Falsche Gynäkomastie" bei Adipositas (→ 30)
- „Pseudogynäkomastie" v.a. bei gutartigen Geschwulsten (Lipom, Fibrom)
- Mammakarzinom (s.u.)
- Klinefelter-Syndrom

Therapie: je nach Ursache.

2.3.17 Mammakarzinom des Mannes

2% aller Mammakarzinome treten bei Männern auf. Betroffene sind fast ausschließlich fortgeschrittenen Alters.

Symptome: werden oft erst bemerkt und ernst genommen, wenn es durch Metastasierung zu beispielsweise Kopf- oder Kreuzschmerzen kommt. Die Tumoren infiltrieren frühzeitig in Haut und Thoraxwand.

Prognose: meist wesentlich schlechter als bei der Frau.

2.3.18 Sexualstörungen des Mannes und der Frau

2.3.18.1 Impotenz

- Sammelbegriff für die Unfähigkeit zur Fortpflanzung
- Im eigentlichen Sinn: Unvermögen, den Geschlechtsakt auszuüben

2.3.18.2 Erektionsstörungen

Die fehlende oder unzureichende Versteifung des Penis (Impotentia coeundi) kann begleitend bei vielen organischen Erkrankungen auftreten.

2.3.18.3 Ejakulationsstörungen

- Meist psychisch bedingt:
  - Vorzeitiger Samenerguss (Ejaculatio praecox), d.h. der Samenerguss findet vor (Ejaculatio ante portas) oder unmittelbar nach Einführen des Glieds statt
  - Verspätete oder ausbleibende Ejakulation (Ejaculatio retardata)
- Fast nur nach Prostataoperationen
  - Samenerguss in die Harnblase (retrograde Ejakulation)

2.3.18.4 Priapismus

- Schmerzhafte Dauererektion über mehr als 3 Stunden
- Muss sofort vom Arzt behandelt werden, da sie sonst zu Thrombose, Fibrose oder Impotenz führen kann

Ursache: idiopathisch, lymphatische Leukämie, Sichelzellenanämie, Psychopharmaka, Schwellkörper-Autoinjektionstherapie u.a.

2.3.18.5 Libidomangel

- Fehlender Drang nach Sexualität
- Meist durch psychosexuelle Hemmung wie bei der Orgasmusstörungen bedingt
- Organische Ursachen: nach schweren Erkrankungen oder Operationen im Genitalbereich
- Durch Medikamente: z.B. Cortison, Chemotherapie, Psychopharmaka

2.3.18.6 Anorgasmie

- Unfähigkeit, zum Orgasmus zu gelangen.
- Primäre Anorgasmie: es wurde noch nie ein Orgasmus erlebt.
- Sekundäre Anorgasmie: Orgasmus nicht mit bestimmtem Partner möglich.
- Orgasmusstörungen der Frau nannte man früher Frigidität.

2.3.18.7 Vaginismus

Scheidenkrampf. Er ist meist die Folge psychosexueller Konflikte. Die Frau verkrampft so stark, dass der Penis nicht eindringen kann.

2.3.18.8 Dyspareunie

Schmerzhafter Geschlechtsverkehr, dem oft organische Ursachen zugrunde liegen.

2.4 Weibliche Geschlechtsorgane

Innere Geschlechtsorgane

- Eierstöcke (Ovarien)
- Eileiter (Tuben)
- Gebärmutter (Uterus)
- Scheide (Vagina)

Äußere Geschlechtsorgane (Vulva)

- Große Schamlippen (Labia majora pudeni)
- Kleine Schamlippen (Labia minora pudeni)
- Scheidenvorhof (Vestibulum vaginae)
- Kitzler (Klitoris)

Milchdrüsen (Brüste, Mammae)

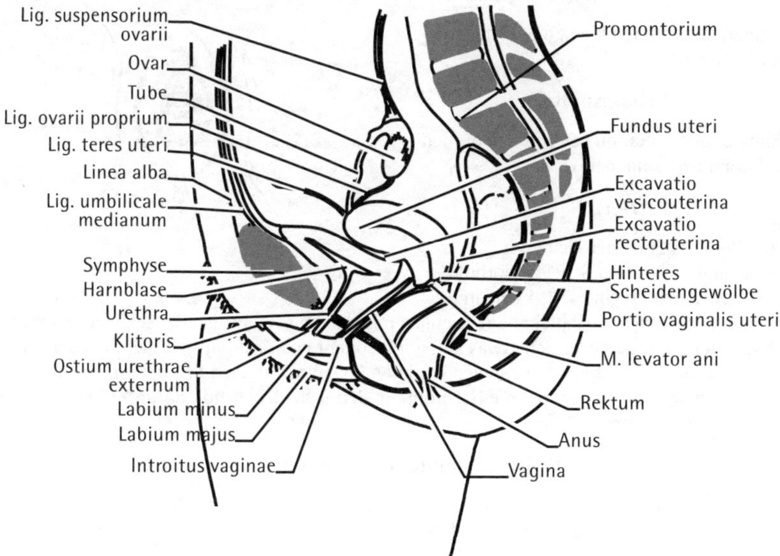

2.4.1 Äußere Geschlechtsorgane (Vulva)

Schamberg (Mons pubis), Venusberg (Mons veneris)

Hautbedecktes Fettpolster über der Schambeinfuge, das hinten im Damm ausläuft. Mit Eintritt der Geschlechtsreife bildet sich hier eine Behaarung aus.

Große und kleine Schamlippen (Labia majora pudendi und Labia minora pudendi)

Die großen Schamlippen sind zwei von Fettgewebe unterpolsterte Hautfalten, die entwicklungsgeschichtlich dem Hodensack des Mannes entsprechen. Sie enthalten viele Talg-, Schweiß- und Duftdrüsen. Die kleinen Schamlippen sind gut mit Talgdrüsen, Nerven und Schwellkörpern versorgt.

Scheidenvorhof (Vestibulum vaginae)

Gebiet, das von den kleinen Schamlippen umfasst wird.

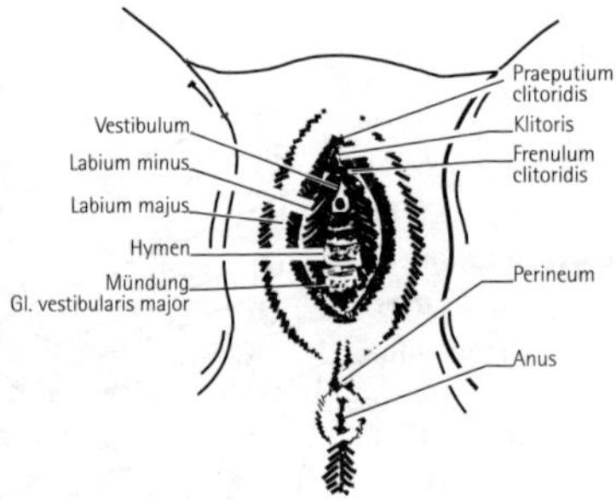

Schamspalte

Rima pudendi; Raum, der von den großen Schamlippen umgeben wird.

Kitzler

Am vorderen Ende der kleinen Schamlippen liegt im Scheidenvorhof die **Klitoris (Kitzler)**: ein ca. 3-4 cm langer Schwellkörper, dessen Schleimhaut reichlich mit Nerven versorgt ist. Bei sexueller Erregung schwillt er an und richtet sich etwas auf. Er entspricht entwicklungsgeschichtlich dem Penis des Mannes. Er wird teilweise von den vorderen Enden der kleinen Schamlippen bedeckt. Unterhalb der Klitoris mündet die Harnröhre in den Scheidenvorhof, darunter befindet sich die Scheidenöffnung.

Bartholin-Drüsen (Glandulae vestibulares majores)

Zwei kleine muköse Drüsen, eingebettet in das untere Drittel der großen Schamlippen; sie sezernieren **präkoitale Flüssigkeit**, die den Scheidenvorhof gleitfähig macht.

2.4.2 Innere Geschlechtsorgane

2.4.2.1 Scheide (Vagina)

8-12 cm langer elastischer Schlauch aus Bindegewebe und Muskulatur. Die Scheide verbindet das äußere Genitale und den Uterus. Sie dient als Begattungsorgan und Geburtskanal. Im Kindesalter ist die Scheidenöffnung meist durch eine dünne Membran, das Jungfernhäutchen (Hymen), weitgehend verschlossen. Es reißt fast immer beim ersten Geschlechtsverkehr.

Das Sekret der Scheide stammt aus den Drüsen des Gebärmutterhalses und abgestoßenen vaginalen Epithelzellen. Das in ihnen enthaltene Glykogen wird von Milchsäurebakterien in Milchsäure (Laktat) umgewandelt. Milchsäure ist für das typisch saure Milieu der Vagina verantwortlich und schützt diese somit vor aufsteigenden Krankheitserregern.

In der Scheidenvorderwand befindet sich die sog. G-Zone (Gräfenberg-Zone), die anatomisch nicht genau definiert ist, aber entwicklungsgeschichtlich der Prostata entspricht und bei den meisten Frauen bei Stimulation anschwillt. Bei einigen gibt sie während des Orgasmus ein Ejakulat ab.

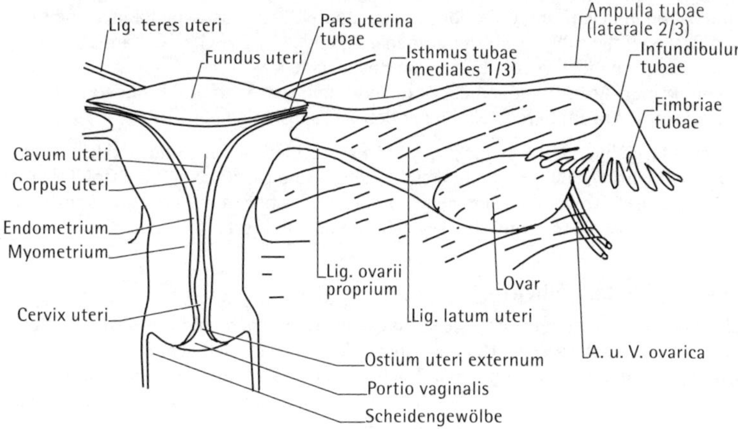

2.4.2.2 Gebärmutter (Uterus)

Sie ist in etwa birnenförmig und ca. 7-9 cm lang. Sie wird in verschiedene Abschnitte eingeteilt. Der hintere Teil wird als Kuppel (Gebärmuttergrund [Fundus uteri]) bezeichnet, ihm schließt sich der Corpus uteri an. Gemeinsam bilden sie die **Gebärmutterhöhle** (Cavum uteri). Der untere Teil ist der Gebärmutterhals, **Cervix** uteri. Er reicht bis in die Vagina. Der Teil, der in die Scheide hineinreicht, wird **Portio** bzw. Muttermund genannt.

Während der Schwangerschaft beherbergt die Gebärmutter die Frucht und ist am Aufbau des Mutterkuchens (Plazenta) beteiligt.

Wandaufbau

- **Außen** befindet sich das Peritoneum, hier **Perimetrium** genannt.
- **Mittlere Muskelschicht, Myometrium:** Der Gebärmutterkörper besteht aus kräftiger Muskulatur, die sich dem wachsenden Fetus anpassen kann, indem sich ihr Gewicht von 50 g auf ca. 1 kg erhöht. Ihre Kontraktionen verursachen am Ende der Schwangerschaft die Geburtswehen.
- **Innere Schleimhautschicht:** Die Gebärmutterhöhle ist mit **Endometrium** ausgekleidet, in das sich das befruchtete Ei einnistet. Das Endometrium unterliegt einem hormonell gesteuerten monatlichen Auf- und Abbau. Hat sich kein Ei eingenistet, wird die Funktionsschicht (Lamina functionalis) während der Menstruation abgestoßen, die Basalschicht (Lamina basalis) hingegen nicht. Die Drüsen der Zervixschleimhaut bilden einen zähen Schleim, der als Pfropf vor dem Gebärmuttermund sitzt und nur während der fruchtbaren Tage so dünn wird, dass ihn die Spermien durchdringen können.

Nachbarorgane der Gebärmutter: vorne die Harnblase, hinten der Mastdarm, unten die Scheide und oben die Bauchhöhle mit Dünndarm.

2.4.2.3 Eierstöcke (Ovarien)

Sie sind paarig angelegt und etwa dörrpflaumengroß. Durch elastische Bänder sind sie im kleinen Becken unterhalb der Eileiter aufgehängt, und zwar zwischen Gebärmutter und Beckenwand. Sie haben, wie der männliche Hoden, einen

- **endokrinen Anteil:** Bildung der Sexualhormone **Östrogen** und **Progesteron**;
- **exokrinen Anteil:** Bereitstellung der befruchtungsfähigen **Eizelle**.

Die innere Markschicht der Eierstöcke besteht v.a. aus Bindegewebe und Gefäßen, während die Rindenschicht die Follikel enthält. Bei der Geburt sind ca. 200.000 Primärfollikel vorhanden. Nach der Geburt werden keine neuen produziert, es finden nur noch Reifungs- und Wachstumsprozesse dieser Primärfollikel zu Sekundär- und Tertiärfollikeln (Bläschenfollikel) statt.

2.4.2.4 Eileiter (Tuben)

Sie sind ebenfalls paarig angelegt, bleistiftdick und 10-17 cm lang. Ihr weit geöffneter Anfangsteil, der Eileitertrichter (Ampulla tubae) fängt das Ei nach dem Eisprung auf. Außerdem finden in den Eileitern die Befruchtung des Eis und sein Transport zur Gebärmutter statt. Die Wand der Eileiter besteht aus einer stark gefälteten Schleimhaut- und einer dünnen Muskelschicht, die das Ei durch peristaltische Bewegungen in Richtung Gebärmutter transportiert.

2.4.2.5 Eizellbildung (Oogenese)

Die Eizellen liegen schon bei der Geburt in der äußeren Rindenschicht der Eierstöcke vor. Jedes Ei wird von einer Gruppe von Zellen umgeben, den Follikelzellen. Zusammen werden sie Eierstockfollikel, kurz Follikel genannt.
In den Follikelzellen werden die weiblichen Geschlechtshormone Östrogen und etwas Progesteron gebildet, außerdem spielen sie vermutlich bei der Ernährung der Eizelle eine Rolle.

Bis zur Pubertät passiert hier nicht viel, lediglich kleine Mengen Östrogen werden ausgeschüttet. Ab der Pubertät kommt es unter Einfluss des Hypophysenvorderlappenhormons FSH (follikelstimulierendes Hormon) zur monatlichen Heranreifung eines Eis in einem Eierstock. Die umgebenden Follikelzellen beginnen sich dabei zu vermehren und Hormone zu produzieren. Der Primärfollikel wird zum Sekundär- und schließlich zum Tertiärfollikel (Bläschenfollikel, s. Abb. unten links). Während dieser Reifungsphase wandert der Follikel zum Eierstockzentrum, danach wieder zur Rinde, so dass der nun sprungreife **Graaf-Follikel** die Eierstockwand sicht- bzw. tastbar auswölbt. Der Eisprung wird dann durch das Hypophysenvorderlappenhormon LH (luteinisierendes Hormon) ausgelöst.

2.4.2.6 Eisprung (Ovulation)

Der Graaf-Follikel platzt (in der Mitte eines Monatszyklus) auf und schleudert das Ei heraus, das vom Fransentrichter des Eileiters aufgefangen wird. Innerhalb der 12 bis 18 Stunden, in denen das Ei den Eileiter entlangwandert, kann es befruchtet werden. Der entleerte Graaf-Follikel bildet sich zum **Gelbkörper** (Corpus luteum) um (s. Abb. 1-3 unten rechts).

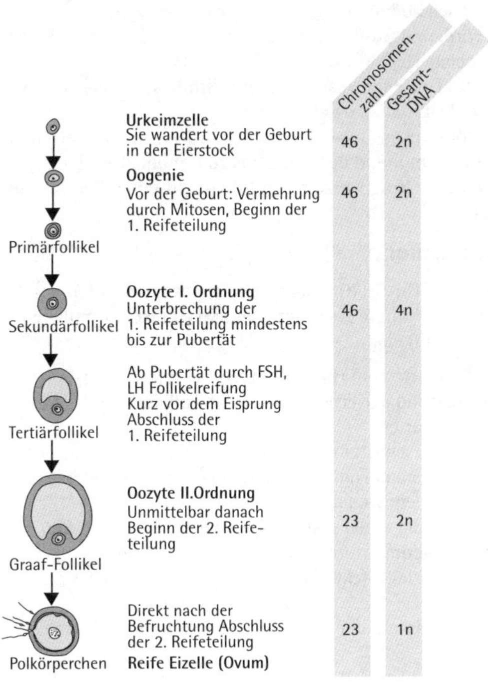

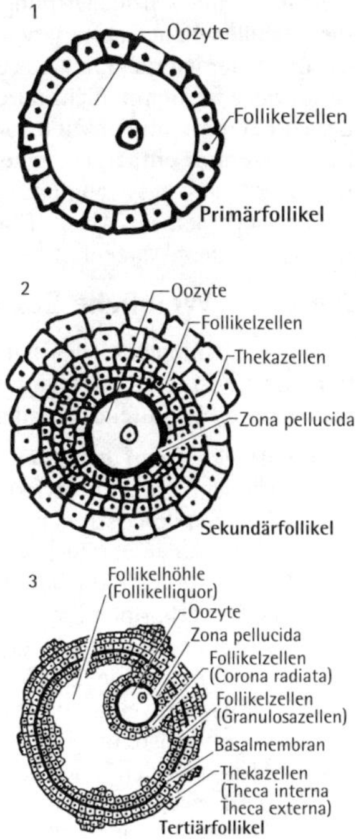

2.4.3 Brust(-Drüsen) (Mammae)

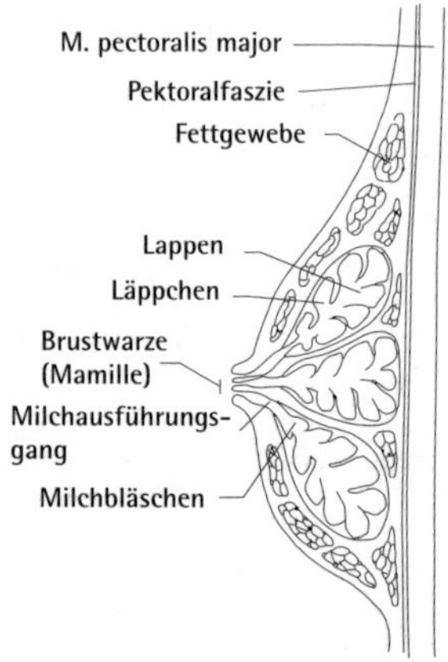

Sie gehören (wie Talg- oder Schweißdrüsen) zu den Hautdrüsen, denn das sezernierende Drüsengewebe liegt im Unterhautgewebe und das Sekret gelangt über Ausführungsgänge an die Außenhaut.
Ab Beginn der Pubertät bildet sich die Brustdrüse unter dem Einfluss von Östrogen und Progesteron innerhalb von 1-3 Jahren aus. Sie ist aus 15-20 Drüsenlappen aufgebaut, die durch lockeres Bindegewebe voneinander getrennt sind.
Die Lappen setzen sich aus kleineren Läppchen zusammen, diese bestehen aus den Milchbläschen, die mit Zylinderepithel ausgekleidet sind. Die Milch gelangt über Ausführungsgänge, die sich kurz vor der Brustwarze zu Ampullen (Milchsäckchen) erweitern, über winzige Öffnungen nach außen. Die Ampullen dienen als Reservoir. Form und Größe der Brust werden v.a. durch das eingelagerte Fettgewebe bestimmt, nicht durch das Drüsengewebe. Form und Größe stehen also nicht in Beziehung mit ihrer Funktionstüchtigkeit.
Der **Warzenhof** enthält in kleinen Höckerchen Talg- und Schweißdrüsen zum Einfetten und Anfeuchten, um besseren Kontakt mit dem Mund des Säuglings zu ermöglichen. Ein schraubenförmiges Netz aus Muskelfasern in der Brustwarze schiebt diese auf einen Berührungsreiz hin aus dem Warzenhof heraus.

2.4.4 Weibliche Sexualhormone

Durch Vermittlung des Releasinghormons Gn-RH (Gonadotropin Releasing-Hormon aus dem Hypothalamus) setzt bei Beginn der Pubertät die Sekretion von FSH (follikel-stimulierendes Hormon) und LH (luteinisierendes Hormon) ein.

- **FSH** wird v.a. in der ersten Zyklushälfte vom HVL (Hypophysenvorderlappen) ausgeschüttet und bewirkt die Reifung der Eizelle zum Graaf-Follikel und die Ausschüttung von Östrogen aus den Ovarien.
- **LH** wird v.a. in der Zyklusmitte ausgeschüttet und bewirkt zusammen mit FSH den Eisprung und die Umwandlung des Graaf-Follikels zum Gelbkörper, der seinerseits das Gelbkörperhormon Progesteron und ein wenig Östrogen produziert.
- **Östrogene** werden schwerpunktmäßig in der ersten Zyklushälfte sezerniert. Sie
  - steuern den Wiederaufbau des Endometriums nach der Menstruation,
  - besitzen eiweißaufbauende (anabole) Effekte (allerdings schwächer als das männliche Testosteron),
  - fördern in der Pubertät die Ausprägung der primären und sekundären Geschlechtsmerkmale,
  - steigern die Libido (Sexualtrieb).

- **Progesteron** wird größtenteils vom Gelbkörper in der zweiten Zyklushälfte sezerniert, bei Schwangerschaft später von der Plazenta (ein wenig auch in der Nebennierenrinde, ebenfalls beim Mann),
  - bewirkt die Vorbereitung des Endometriums auf die Aufnahme der Frucht,
  - bewirkt eine vermehrte Wassereinlagerung in das Gewebe,
  - bereitet die Milchbildung in den Brustdrüsen vor,
  - unterstützt in der Frühschwangerschaft die Einnistung und das Wachstum des Embryos,
  - besitzt schwangerschaftserhaltende Wirkung.
- **Prolaktin** aus dem HVL stimuliert das Brustdrüsenwachstum und setzt nach der Geburt die Milchsynthese in Gang.
- **Oxytocin** aus dem HHL stimuliert beim Geburtsvorgang die Gebärmuttermuskulatur zu rhythmischen Kontraktionen, den Wehen, und führt zur Kontraktion der Milchausführungsgänge der Brustdrüsen und damit zur Milchejektion.

	Östrogen	Progesteron
Knochen	Fördert Knochenaufbau	-
Weibliche Brust	Fördert Brustentwicklung und -wachstum	Fördert Drüsenentwicklung
Lipidstoffwechsel	Führt zum Anstieg der Triglyceridkonzentration im Blut	Führt zum Abfall der Triglyceridkonzentration im Blut
Primäre Geschlechtsorgane	Baut Uterusschleimhaut auf, stellt Zervix weit, fördert Eileiterbeweglichkeit	Fördert Drüsenentwicklung in der Uterusschleimhaut

2.4.5 Weiblicher Zyklus

2.4.5.1 Phasen

- **1.–4. (–6.) Tag: Menstruation** oder Regelblutung, auch Desquamations- oder Abschuppungsphase, während der die oberen Zellschichten des Endometriums (Lamina functionalis) abgestoßen werden, um mit (ca. 50 ml) Blut vermischt unter teilweise schmerzhaften Gebärmutterkontraktionen ausgeschieden zu werden.
- **5.–14. Tag: Proliferationsphase** oder Aufbauphase, in der sich die Endometriumschicht wieder aufbaut.
- **15.–28. Tag: Sekretionsphase**; sie beginnt mit dem Eisprung und dauert bis zur Regelblutung: Vervollständigung des Endometriums mit Drüsen und Nährstoffen zur optimalen Versorgung des evtl. befruchteten Eis. Die Schleimhaut erreicht eine Dicke von 6–8 mm.

Unterbleibt eine Befruchtung, bildet sich der Gelbkörper zurück, der Progesteronspiegel (schwangerschaftserhaltend) im Blut sinkt und die Gebärmutterschleimhaut wird mit einer Regelblutung abgestoßen.

2.4.5.2 Störungen des Menstruationszyklus

- **Amenorrhö:** Ausbleiben der Regel
- **Dysmenorrhö:** schmerzhafte Regelblutung (unabhängig von der Blutungsstärke), organisch bedingt, z.B. bei Endometriose, Tumorerkrankung, Entzündung u.a., oder funktionell, v.a. durch hormonale und vegetative Störungen
- **Hypermenorrhö:** zu starke Regelblutung (> 150 ml)
- **Oligomenorrhö:** Menstruationsblutung von normaler Dauer und Stärke, aber mit einem Abstand von mehr als 35 Tagen
- **Menorrhagie:** verlängerte Regelblutung (> 6 Tage), z.B. bei Endometriose, Myomen, Uteruspolypen oder Gerinnungsstörungen
- **Metrorrhagie:** Blutung außerhalb der Regel
- **PMS** (prämenstruelles Syndrom): charakteristische körperliche und psychische Veränderungen unbekannter Ursache, die meist einige Tage nach Zyklusmitte auftreten und mit Beginn der Menstruation nachlassen

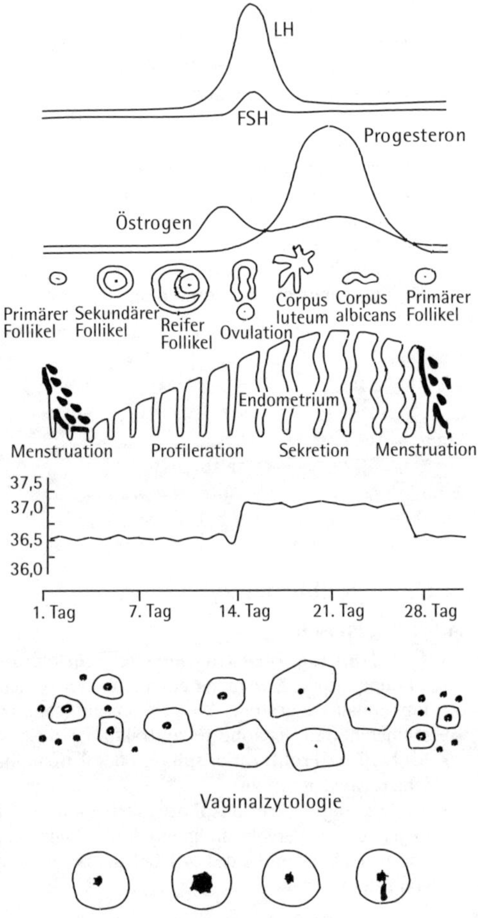

Weiblicher Zyklus

Symptome

- Nervosität, seelische Verstimmung, Kopf- und Rückenschmerzen
- Schmerzhafte Spannungen und Schwellungen der Brust
- Völlegefühl, Verdauungsbeschwerden, Hautveränderungen, Hitzewallungen, Gewichtszunahme durch Flüssigkeitseinlagerung, Gelenkschwellungen

Therapie schulmedizinisch: Abschirmung vor äußeren Belastungen, Medikamentengabe (Hormone; symptomatisch nichtsteroidale Antiphlogistika, Diuretika)
Naturheilkunde: Akupunktur gemäß Diagnose, z.B. Du 20, Ma 36, Gb 21, Gb 34, Ma 36, Le 3; Schüssler-Salze, z.B. Nr. 7 Magnesium bei scharfen, blitzartig einschießenden Schmerzen; Homöopathie, z.B. Chamomilla (bei kolikartigen Schmerzen); Phytotherapie: Mönchspfeffer, Hirtentäschelkraut

2.5 Erkrankungen

2.5.1 Bartholinitis

Meist einseitige Entzündung der Bartholin-Drüse(n) und ihrer Ausführungsgänge (entzündliche Verklebung des Ausführungsgangs an der Innenseite der kleinen Schamlippe);
Erreger: z.B. Escherichia coli, Gonokokken, Staphylococcus aureus, Chlamydia trachomatis.

Symptome

- Ausbildung eines bis tischtennisballgroßen Empyems (sog. Bartholin-Abszess) im unteren Drittel der großen Schamlippe, das dann den Scheidengang verlegt.
- Haut dünn, gerötet und (bei Berührung) schmerzhaft.
- Patientin kann schlecht sitzen oder laufen.

Therapie

- Falls noch keine Abszessbildung vorliegt: Umschläge, Rotlicht, Zugsalbe, Antibiotika
- Liegt ein Abszess vor: Inzision (Schnitt) mit Entleerung unter Vollnarkose, Nachbehandlung mit Sitzbädern (z.B. Kamille, Kaliumpermanganat)

Differenzialdiagnose/Komplikationen: Bei chronisch rezidivierender Bartholinitis kann es zur Entwicklung einer Bartholin-Zyste mit Verlegung des Ausführungsgangs durch Sekretansammlungen und Vergrößerung der Drüse (aber ohne Entzündungszeichen) kommen.

2.5.2 Vulvitis und Kolpitis, meist zusammen als Volvovaginitis

Vulvitis: Entzündung der äußeren weiblichen Geschlechtsorgane.
Kolpitis: Entzündung der Scheide (Scheidenkatarrh, Vaginitis).

- **Primäre Vulvitis:** durch Reizung der äußeren Genitale, z.B. mechanisch (zu enge Wäsche, ungewöhnliche Sexualpraktiken), chemisch (Seifen oder Deos), infektiös (z.B. Herpes- oder Papilloma-Viren)
- **Sekundäre Vulvitis:** als absteigende Infektion, z.B. bei Kolpitis, bei Östrogenmangel oder Allgemeinerkrankungen (z.B. Diabetes mellitus [D.m.])
  Leitsymptom: brennende Schmerzen und Juckreiz der Vulva
- **Kolpitis:** Ausbreitung von Erregern (z.B. Entero-, Staphylo-, Streptokokken, Trichomonaden, Pilze) meist auf dem Boden eines gestörten Scheidenmilieus (nach Antibiotika, Scheidenspülungen); begünstigend wirken Östrogenmangel oder D.m.
  Symptome: Schmerzen (v.a. beim Wasserlassen und Geschlechtsverkehr) und Wundgefühl der Vagina (Rötung und Schwellung);

Fluor vaginalis (gelblich-schaumig mit üblem Geruch bei Trichomonaden; weiß-gelblich krümelig bei Pilzbefall; eitrig-trüb bis gelblich-grün und dickflüssig bei Gonokokken).
Therapie: bei sexuell übertragbaren Krankheiten Behandlungsverbot für Heilpraktiker laut §24.

2.5.3 Karzinome von Vulva und Vagina

- Eher seltenes Karzinom; Altersgipfel über 65 Jahre
- Tumor meist als Verhärtung, Knoten oder Geschwür sicht- und tastbar
- Rasche lymphogene Metastasierung, daher regionale Lymphknoten abtasten

Ursache: noch unklar; bei 90% der Fälle werden auch Papilloma-Viren (HPV) nachgewiesen.

Symptome
- Bei Vulvakarzinom meist quälender, chronischer Scheidenjuckreiz
- Bei Vaginalkarzinom: **fleischwasserfarbener Ausfluss**, Blutungen und Beschwerden beim Wasserlassen; bei großen Tumoren Druckgefühl oder Schmerzen

Therapie: Operation.

2.5.4 Brustdrüsenentzündung (Mastitis)

Sie entsteht zu 70% im Wochenbett und wird meist durch Staphylokokken verursacht; in 75% der Fälle einseitig auftretend; begünstigend wirken bei stillenden Müttern Milchstau, unzureichende Stillhygiene, Rhagaden (Einrisse).

Symptome
- Beginn mit druckschmerzhaftem Knoten, dem eine schmerzhafte Schwellung mit Rötung und Überwärmung folgt
- Hohes Fieber und schmerzhafte Schwellung der Achsellymphknoten
- In 50% der Fälle bildet sich ein Abszess

Therapie: Im Anfangsstadium lässt sich die Erkrankung evtl. durch Brustentleerung, Kühlung, Schonung, Ruhigstellung der Brust (fester BH) aufhalten; später werden Antibiotika, evtl. auch Prolaktinhemmer gegeben; bei Abszessbildung Inzision.

2.5.5 Gutartige Brusttumoren

2.5.5.1 Fibroadenome

Sie setzen sich aus Drüsen- und Bindegewebe zusammen und kommen bei knapp einem Drittel aller Frauen (vor Menopause, oft junge Frauen) meist multipel vor. Sie erhöhen das Brustkrebsrisiko nicht.

2.5.5.2 Milchgangspapillome

Zottenartige Wucherungen (vom Milchgangepithel ausgehend) mit blutiger oder seröser Sekretion aus der Brustwarze. Sie kommen v.a. im mittleren Lebensalter vor. Hier muss stets ein Karzinom ausgeschlossen werden.

2.5.5.3 Zysten

Sie sind epithelumkleidete Hohlräume, die sich durch Sekretstau gebildet haben und mit flüssigem, durch Einblutung häufig blau-grünlich verfärbtem Inhalt gefüllt sind.

2.5.5.4 Fibrös-zystische Mastopathie

Eine hormonbedingte Veränderung des Brustgewebes mit Vermehrung des Bindegewebes (Fibrosierung), Proliferationen (Wucherung) des Milchgangsepithels, Milchgangerweiterung und Zystenbildung. **Vorkommen:** bei 40-50% aller Frauen, Altersgipfel zwischen 45. und 55. Lj. In schweren Fällen fühlt sich die Brust knotig an. Bei Mastopathie Grad I und II besteht kein erhöhtes Brustkrebsrisiko, bei Grad III (10% der Fälle) ein dreifaches Risiko.

2.5.6 Mammakarzinom

Bösartiger Tumor der Brust. Mit knapp 25% aller Tumoren der häufigste bösartige Tumor bei Frauen überhaupt und bei den 40- bis 50-Jährigen die häufigste Todesursache.
Erkrankungsgipfel: 45.-70. Lj.

Risikofaktoren

- Mammakarzinom der anderen Brust
- Mammakarzinom bei engen Verwandten wie der Mutter
- Krebs von Gebärmutter, Eierstöcken oder Darm
- Übergewicht und Diabetes mellitus
- Menarche vor dem 12. Lj.
- Menopause nach dem 50. Lj.
- Kinderlosigkeit
- Erste Schwangerschaft nach dem 35. Lj.
- Mastopathie

Symptome

- Nicht obligat: 75% der Fälle verlaufen schmerzlos
- Sezernierende Mamille
- Einziehungen der Brustwarze oder der Haut
- Orangenhautphänomen mit Lymphödem
- Unverschieblichkeit über einer Verhärtung
- Offene Ulzerationen
- Unterschiedliches Verhalten der Brüste beim Heben der Arme, neue Asymmetrien

Leitsymptom: einseitiger Knoten, v.a. wenn derb und/oder höckerig und/oder unverschieblich.

Lokalisation
Mindestens 50% im äußeren oberen Quadranten, etwa 15% innen oben, ca. 12% außen unten, ca. 6% innen unten, ca. 15% um die Brustwarze herum (s. Abb.).

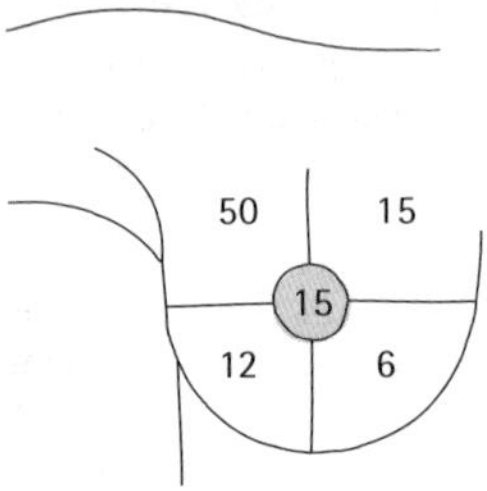

Metastasierung: zunächst in regionäre Lymphknoten; bereits bei einer Knotengröße von 2 cm liegen in 60% der Fälle Lymphknotenmetastasen vor. Außerdem können Wirbelsäule, Becken, Leber, Lunge, Pleura und Ovarien betroffen sein.

Prognose: bei 50% der Patientinnen Rezidivbildung, davon sterben 70% innerhalb von 3 Jahren.

Diagnose
- Regelmäßige Inspektion und Palpation von Brüsten und Lymphknoten der Achselhöhlen, am Hals sowie ober- und unterhalb des Schlüsselbeins. Die Prognose wird entscheidend verbessert, da bei Erkennung der Tumoren im Frühstadium die 5-Jahres-Überlebensrate bei ca. 90% liegt.
- Sonographie, Mammographie, Kontrolle der allgemeinen Tumormarker.
- Gesichert wird die Diagnose durch die histologische Untersuchung, die meist während der Operation durchgeführt wird. Bei einer Tumorgröße unter 2 cm wird oft brusterhaltend operiert.

Während der Operation werden auch die axillären Lymphknoten entfernt und untersucht. Dabei werden ableitende Lymphbahnen durchtrennt, wodurch es zu Lymphödemen kommen kann. Da am betroffenen Arm leicht Ödemen und Entzündungen entstehen können, sollten an ihm keine Blutabnahmen und keine Blutdruckmessungen erfolgen.

Anmerkung: Manche Behandler forschen bei Mammakarzinom auch nach einer gestörten Mutter-Tochter-Beziehung.

2.5.7 Adnexitis

Eine **Eierstockentzündung (Oophoritis)** tritt fast nie allein auf, sondern meist infolge einer **Eileiterentzündung (Salpingitis)**. Dann liegt eine **Adnexitis** vor. Sie entsteht durch eine aufsteigende Infektion (z.B. mit Chlamydien, Ricketsien, Gonokokken) aus der Gebärmutter; gelegentlich ist eine Infektion auch über Blut und Lymphwege möglich.

Bei **unklaren Bauchbeschwerden**, v.a. bei jüngeren Frauen, immer auch an eine **Adnexitis** denken.

Akut
- Plötzliche Schmerzen im Unterbauch
- Temperaturerhöhung
- Übelkeit, Verstopfung (selten Durchfälle)
- Verstärkte Regelblutung
- Druckschmerzhaftigkeit im rechten und linken Unterbauch
- Gelblich-grünlicher, übelriechender Fluor (Ausfluss)

Mögliche **Komplikationen**: Dickdarm- und Blasenentzündung, Perforationen.

Chronisch

- Druck- und Schweregefühl im Unterbauch
- Eventuell Fieberschübe oder subfebrile Temperaturen
- BSG erhöht

Durch eine Eileiterentzündung kann es zur Verklebung der Eileiter kommen. Verkleben beide, folgt eine dauernde Sterilität. Die Neigung zu Eileiterschwangerschaften ist dann erhöht.

Fluor vaginalis (Ausfluss)
Physiologisch: leichter, farb- und geruchloser, glasig-schleimiger Ausfluss, der die Scheide feucht hält und vor Bakterien und Pilzen schützt; nimmt bei bei sexueller Erregung zu
Pathologisch
Fleischwasserfarben oder blutig, evtl. fauliger Geruch: Verdacht auf Gebärmutterkarzinom

- **Krümelig, weiß-gelblich:** Verdacht auf Pilzinfektion
- **Schaumig, gelblich, übelriechend:** Verdacht auf Trichomonadeninfektion
- **Fischartiger Geruch:** Verdacht auf Haemophilusinfektion
- **Eitrig gelblich-grün, dickflüssig:** Verdacht auf Gonokokkeninfektion

2.5.8 Eierstockzysten

Follikelzysten entstehen, wenn der Eisprung aufgrund einer Hormonschwäche ausbleibt. Dies kommt am häufigsten während einer hormonellen Umstellungen vor, also während und kurz nach der Pubertät und im Klimakterium. **Corpus-luteum-Zysten** bilden sich aus dem Gelbkörper meist zu Beginn einer Schwanger-schaft. Sie sind größtenteils gutartig und verursachen selten Beschwerden. Sie können sich durch Zyklusstörungen und geringe Unterbauchschmerzen bemerkbar machen und evtl. faustgroß werden.
Hauptkomplikationen sind Zystenruptur oder Stieldrehung, die beide zu akuten Unterbauchschmerzen führen. Gutartige Zysten können sich spontan zurückbilden, meist innerhalb von 2-3 Zyklen. Falls nicht, werden im nächsten Zyklus Hormone verabreicht.

Hier besteht Tumorverdacht, der abgeklärt werden sollte. Bei gut- oder bösartigen Tumoren sind **keine Frühzeichen vorhanden**.

Unterbauchschmerzen bei Eierstockzysten (akutes Abdomen) werden oft mit einer Appendizitis verwechselt.

2.5.9 Ovarialkarzinom

Vom Oberflächenepithel ausgehender bösartiger Tumor mit Altersgipfel zwischen dem 50. und 60. Lj.; es können auch Mädchen erkranken.
Unabhängig davon, ob der Tumor gut- oder bösartig ist, führt er erst sehr spät zu Beschwerden. Er kann eine erhebliche Größe erreichen, bevor er andere Organe, z.B. die Harnleiter, beeinträchtigt. Ovarialkarzinome werden daher oft nur zufällig diagnostiziert.

Symptome

- Meist unspezifisch:
  - Unklare Unterbauchschmerzen
  - Fremdkörpergefühl
  - Blasenbeschwerden
  - Darmsymptome

Eine Metastasierung erfolgt vorwiegend diffus intraperitoneal. Die häufigsten hämatogenen Fernmetastasen sind in Lunge, Leber, Skelett und Gehirn zu finden.

2.5.10 Uterusmyom (Myoma uteri)

Muskelgeschwulst; häufige gutartige Neubildung; bei ca. 20% der Frauen über 30 zu finden.

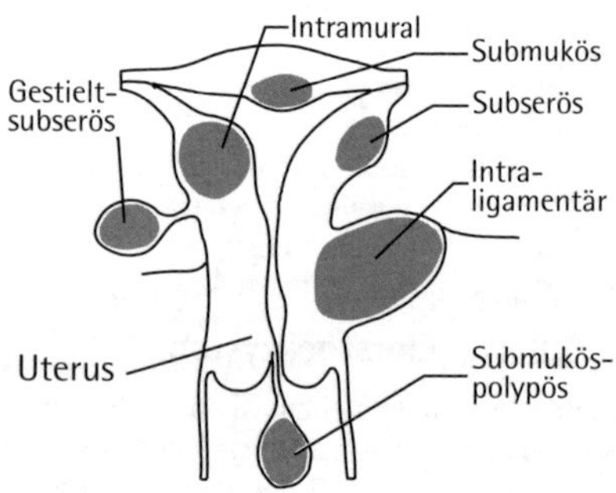

Ursache: unklar. Es gilt aber als gesichert, dass das Myomwachstum durch Östrogene gefördert wird (Rückbildung nach Menopause).

Meist Beschwerdefreiheit, sonst

- verlängerte und/oder zu starke Menstruationen (Menorrhagie, Hypermenorrhö), Zwischenblutungen und Dysmenorrhö;
- bei Druck auf Blase oder Darm Harnstau, Schmerzen beim Wasserlassen, Obstipation;
- Fehlgeburten;
- Druckgefühl im Unterleib;
- bei Stieldrehung Bild des akuten Abdomens.

2.5.11 Uteruskarzinom

Bösartiger Tumor der Gebärmutter.

- **Zervixkarzinom**, Kollumkrebs (25% der Genitalkarzinome): Altersgipfel zwischen 45. und 55. Lj.; Entstehung aus einer Dysplasie (Abweichung der Gewebestruktur vom normalen Gewebe) über ein Carcinoma in situ (25.-40. Lj.); bevorzugt am Übergangsbereich zwischen Plattenepithel der Portio und Zylinderepithel der Zervix gelegen; zu 95% Plattenepithelkarzinome, zu 4% Adenokarzinome; enger Zusammenhang mit Infektionen durch Papillomavirus, frühem erstem Geschlechtsverkehr, häufigem Partnerwechsel und mangelnder Hygiene, Rauchen.
  Symptome: fleischwasserfarbener, süßlich riechender Fluor; unregelmäßige Zwischenblutungen; Kontaktblutungen; Schmerzen (sehr spät).
- Korpuskarzinom (30% der Genitalkarzinome): Altersgipfel zwischen 55. und 60. Lj.; selten vor der Menopause; ausgehend vom Endometrium (meist Adenokarzinom).
  Symptome: Blutungen nach Menopause; Metrorrhagien; eitriger, blutiger oder fleischwasserfarbener Fluor.

Eine **Metastasierung** erfolgt lymphogen in benachbarte Lymphknoten und hämatogen v.a. in Lunge, Leber, Skelett und Gehirn.

Anmerkung: Es gibt keine Impfung gegen Gebärmutterkrebs. Seit Oktober 2006 steht in Deutschland allerdings eine erste Impfung zur Verfügung, die vor der Infektion mit den beiden häufigsten an der Krebsentstehung beteiligten HPV-Typen schützt, HPV16 und 18.

2.5.12 Gebärmuttersenkung (Descensus uteri)

Senkung der Gebärmutter und meist auch der Vaginalwände aufgrund einer Schwäche des bindegewebigen Halteapparats.
Sinkt sie so weit ab, dass ein Teil von Uterus und Scheide vor die Vulva fällt, spricht man vom **Gebärmuttervorfall (Uterusprolaps)**. Bei einem Totalprolaps ist das ganze Scheidenrohr nach außen gestülpt und tritt vor die Vulva. In ihm liegt die Gebärmutter wie in einem Sack. Durch die Verbindung von Gebärmutter und Vagina mit Harnblase und Rektum können diese mit heruntergezogen werden.

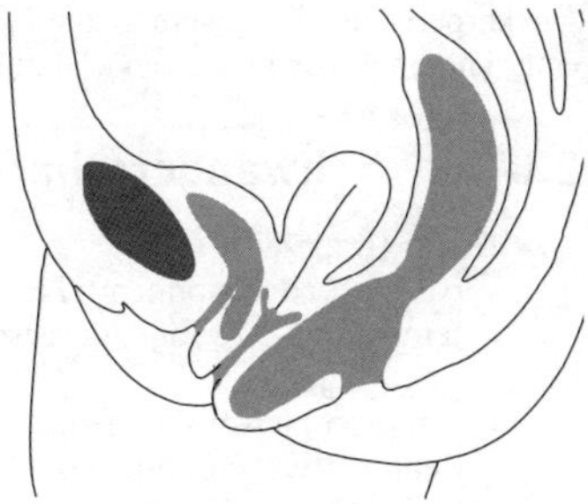

Descensus uteri und vaginae

Symptome
Viele Patientinnen haben keine Beschwerden. Hauptsymptome sind:

- Druckgefühl nach unten bzw. das Gefühl, dass „alles da unten rausfällt"
- Uncharakteristische Schmerzen in Unterbauch und Kreuz
- Fluor, da Scheidenwände und Zervix häufig gereizt oder entzündet sind
- Wird an Blase und Darm gezogen: Harnwegsinfekte, Obstipation
- Harninkontinenz
- Geh- und Sitzbehinderung

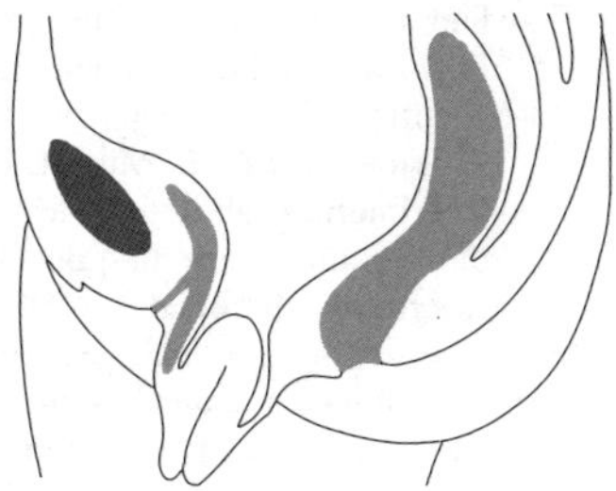

Uterusprolaps

Therapie: in leichten Fällen hilft Beckenbodengymnastik; evtl. Hormongabe; sonst Operation.

2.5.13 Endometriose

Ektope (am falschen Ort befindliche) Gebärmutterschleimhaut, z.B. im Bereich der Eierstöcke, Eileiter, des Myometriums, aber auch auf anderen Organen wie Harnblase, Darm oder Lunge.

Ursache: unbekannt.

Diese versprengte Gebärmutterschleimhaut baut sich zyklusgemäß genauso auf und ab wie die im Uterus.

Symptome je nach Lokalisation

- Sterilität (evtl. einziges Symptom)
- Endometrioseherde im Myometrium: Dysmenorrhö und verstärkte Menstruationen
- Lokalisation dorsal (hinter) der Zervix: Kreuzschmerzen und Schmerzen beim Geschlechtsverkehr
- Blase: Makrohämaturie
- Darm: Blutung aus dem Darm
- Dauerschmerzen bei Verwachsungen infolge der Endometriose

Alle körperlichen Beschwerden, die zyklusabhängig auftreten, können auf das Vorliegen einer Endometriose hinweisen und müssen vom Gynäkologen abgeklärt werden.

2.6 Schwangerschaft (Gravidität)

- **Dauer** (Tragezeit)
  - p.c. (post conceptionem): Zeit von der Konzeption (Empfängnis) bis zum Geburtstermin: 263-273 Tage (durchschnittlich 266 Tage = 38 Wochen = 9,5 Lunarmonate zu 28 Tagen)
  - p.m (post menstruationem): Zeit vom ersten Tag der letzten Regel bis zum Tag der Geburt, etwa 280 Tage (40 Wochen, 10 Lunarmonate)
- **Einteilung in 3 Abschnitte**
  - **1. Trimenon: 1.-3. Monate bzw. 1.-12. SSW** (Schwangerschaftswoche); die Zygote (befruchtete Eizelle; sie wird dann bis zum Abschluss der Organbildung Embryo genannt) wird zur Morula und am 5.-6. Tag zur Blastozyste, die sich am Endometrium anlagert; vom 8.-10. Tag Entwicklung von zwei, in der 3. Woche Entwicklung von drei Keimschichten; in den ersten 8 Wochen werden alle lebenswichtigen Organe angelegt.
  - **2. Trimenon: 4.-6. Monat, bzw. 13.-26. SSW.**
  - **3. Trimenon: ab dem 7. Monat bzw. ab der 27. SSW bis zur Geburt**; Wachstum und Feindifferenzierung der Gewebe.
- **Gewichtszunahme:** i.d.R. 6-11 kg (Fruchtwasser 0,5-1 kg; Mutterkuchen 0,5 kg; Gebärmutter 1-1,5 kg; neu gebildetes Blut 1 kg; neu gebildetes Gewebe 2 kg; Wassereinlagerungen 1-3,5 kg); in den ersten 3 Monaten keine Gewichtszunahme; im 2. Drittel bis zu 4 kg, im letzten Drittel 6-8 kg (auch bei Zwillingen in etwa gleiche Gewichtszunahme). Eine schnelle Gewichtszunahme von > 2,5 kg/Woche kann ein Hinweis auf eine Gestose (s.u.) sein

Wichtige Komplikationen

- **Schwangerschaftsdepression**
  Allerdings treten psychotische Störungen im Allgemeinen häufiger nach der Entbindung auf, da eine Schwangerschaft (besonders im 2. Trimenon) psychisch eher stabilisierend zu wirken scheint. **Therapie:** ggf. Gabe von Neuroleptika bzw. Antidepressiva unter Beachtung der Kontraindikationen (diaplazentare Passage).

- **Schwangerschaftsdiabetes**
  Diabetes mellitus, der erstmals während einer Schwangerschaft (in 1-2% der Fälle, meist im 2. Trimenon) auftritt; erhöhtes Risiko bei übergewichtigen Patientinnen und familiär prädisponierten Frauen; **Therapie:** diätetisch oder über Insulingabe mit häufigen Blutzuckerkontrollen; Behandlungsziel ist ein präprandialer Blutzuckerwert von < 90 mg/dl, ein postprandialer Wert von < 140 mg/dl (Mittelwert < 100 mg/dl) und ein HbA_{1C}-Wert von < 7%; **Cave:** je fortgeschrittener der Diabetes mellitus ist und je schlechter die Stoffwechseleinstellung der Mutter, desto geringer die fetale Überlebenschance.
  Fallbeispiel: Frühgeborenes mit 35 vollendeten Schwangerschaftswochen zeigt z.B. Makrosomie, cushingoides und „pausbäckiges" Gesicht. **Differenzialdiagnose:** physiologische Schwangerschaftsglukosurie.
- **Präeklampsie (Toxikose, EPH-Gestose)**
  Die Präeklampsie bezeichnet eine hypertensive Erkrankung in der Schwangerschaft (Schwangerschaftshypertonie). Sie gilt als Vorstufe der Eklampsie und muss deshalb so früh wie möglich erkannt werden. Charakteristisch für die Präeklampsie ist ein erhöhter Blutdruck, eine Proteinurie (Eiweiß im Urin) und Ödeme (Wassereinlagerungen) bei einer schwangeren Frau. Aus diesen drei Leitsymptomen ergibt sich auch der heute nicht mehr gebräuchliche Name EPH-Gestose:
  - Edema (engl.) für die Ödeme
  - Proteinuria (engl.) für Proteinurie
  - Hypertension (engl.) für den Bluthochdruck

  Ödeme können auch relativ häufig bei gesunden Schwangeren auftreten. Bei ca. 10% aller Schwangeren liegt eine Präeklampsie vor, unter Umständen in Kombination mit Krampfanfällen (Eklampsie); ein Vorkommen vor der 20. SSW ist sehr selten, meist tritt die Präeklampsie erst im letzten Trimenon auf. Das Auftreten von Krämpfen ist nicht notwendigerweise mit der Schwere der Präeklampsie assoziiert.
  Ätiologie/Pathogenese: multifaktorielles Geschehen (Erstgebärende, höheres Lebensalter, familiäre Hochdruckdisposition, Mehrlingsschwangerschaften, Blasenmole, Hydramnion, präexistente Gefäßveränderungen bei essentieller Hypertonie, chronische Nephropathie oder Diabetes mellitus u.a.); pathophysiologisch liegen uteroplazentare Durchblutungsstörungen mit Veränderungen im Bereich des Plazentabetts und Änderungen der Gefäßreagibilität vor. Die plazentare Minderperfusion (vaskuläre Gestose durch übermäßige Spannung der Uteruswand) wird auch als ein auslösender Faktor für den Hochdruck angesehen; in Folge kommt es hier zur Wachstumsretardierung des Kindes, auch zu einer vorzeitigen Plazentalösung sowie Gerinnungsstörungen.
  Die häufigste mütterliche Todesursache in Zusammenhang mit einer Gestose ist die Gehirnblutung.
  Therapie: Blutdrucksenkung, Ödemausschwemmung, bei Proteinurie proteinreiche Ernährung, bei drohender Eklampsie antikonvulsive Therapie, Überwachung des Fetus und Feststellung des kindlichen Reifegrads zur Beurteilung einer kindlichen Gefährdung und Abwägung einer vorzeitigen Beendigung der Schwangerschaft.

- **Vena-cava-Kompressionssyndrom**
  Schocksymptome (Blässe, Schwitzen, Atemnot, reduziertes Herzminutenvolumen) während der Schwangerschaft, v.a. in Rückenlage, durch Kompression der V. cava inferior durch den Uterus ⇒ venöser Blutrückstrom ↓ ⇒ Herzminutenvolumen ↓ ⇒ Uterusdurchblutung ↓, evtl. Sauerstoffversorgung des Fetus ↓ (Abnahme der fetalen Herzfrequenz). Leichte Formen treten bei 30-40% der Schwangeren im letzten Trimenon in Rückenlage auf. **Therapie:** linke Seitenlage

2.6.1 Infektionskrankheiten

Während und nach der Schwangerschaft sind die folgenden Erkrankungen besonders gefährlich.

Röteln

Die Wahrscheinlichkeit einer Rötelnembryopathie bei Rötelninfektion während der Schwangerschaft: Sie liegt im 1. Monat bei 50%, im 2. Monat bei 25%, im 3. Monat bei 15%, im 4. Monat bei 7% und danach bei 3% ⇒ **Gefahr v.a. im 1. Trimenon**. Mögliche Schäden: Abort; Frühgeburt; in 70% der Fälle Augenschäden, z.B. Katarakt; in 60% der Fälle (Innen-)Ohrenschäden; in 50% der Fälle ZNS-Schäden; in 50% der Fälle Herzschäden.

Toxoplasmose

Erreger: Parasit Toxoplasma gondii. **Übertragung**: **Nahrungsaufnahme** (Verzehr des Zwischenwirts [z.B. Schwein], v.a. als rohes Hackfleisch oder ungenügend erhitztes Fleisch), **fäkal-oral durch Katzenkot** (deswegen sollten Schwangere nicht die Katzentoilette putzen); **diaplazentar**. **Symptome: meist keine** (bei Immunkompetenten); sonst Lymphknotentoxoplasmose mit generalisierter Lymphknotenschwellung besonders in der Hals- und Nackenregion; seltener Milz- und Leberschwellung; evtl. grippale Symptome bei schwerer Abwehrschwäche (z.B. Aids); Enzephalitis; Myokarditis; Pneumonie; Gastroenteritis. **Angeborene Toxoplasmose:** in der Regel nur, wenn sich die Mutter während der Schwangerschaft erstmals infiziert; hier hängen das fetale Infektionsrisiko und das klinische Bild von verschiedenen Faktoren wie z.B. vom Zeitpunkt der Infektion, der Infektionsdosis, der Erregervirulenz sowie der immunologischen Kompetenz, einschließlich der mütterlichen diaplazentaren Antikörperübertragung ab. Mit der Dauer der Schwangerschaft nimmt einerseits die Wahrscheinlichkeit der pränatalen Übertragung zu und andererseits die Schwere des Krankheitsbilds beim Fetus ab.

- Eine im ersten Drittel der Schwangerschaft eingetretene Infektion der Mutter kann auf den Embryo bzw. Fetus übergehen, dann unter Umständen das Kind schwer schädigen oder einen Abort bewirken.
- Eine Erstinfektion im 2. oder 3. Drittel der Schwangerschaft kann sich beim Neugeborenen unterschiedlich manifestieren:
  - In etwa 1% der Fälle entsteht das Schadensbild der klassischen Trias: Retinochorioiditische Narben, Hydrozephalus, intrazerebrale Verkalkungen, postenzephalitische Schäden.
  - In bis zu 10% der Fälle sind mehrdeutige Krankheitsbilder mit Zeichen der floriden Entzündung (Fieber, Splenomegalie, Hepatomegalie, Lymphadenitis, Retinochorioiditis, Anämie, Ikterus) zu sehen.

- Bei etwa 90% der Fälle ist der Verlauf symptomlos; es können sich aber in den folgenden Monaten oder Jahren Symptome, am häufigsten Retinochorioiditis und mentale Retardierung, entwickeln.

Puerperalfieber

(Lat. puerpera, Wöchnerin, Gebärende): Kindbettfieber, Wochenbettfieber.
Bezeichnung für einen (heute selten auftretenden) fieberhaften Krankheitsprozess, der durch das Eindringen von pathogenen Bakterien in die Geburtswunden entsteht und nach der Geburt bzw. nach einem Abort auftreten kann.

Erreger: v.a. Streptokokken, auch Staphylo- und Gonokokken, Escherichia coli.

Symptome: hohes, meist remittierendes Fieber mit Schüttelfrost; stark beschleunigter, weicher Puls; Tachypnoe; hochgradige Anämie mit Leukozytose und Linksverschiebung; Benommenheit wechselnd mit Euphorie; bei ungünstigem Verlauf Kreislaufversagen und Tod im septischen Schock **(Puerperalsepsis).**

2.7 Entwicklung des Kindes

Alter	Gewicht	Länge	Körperliche Fähigkeiten	Sprache
Bei Geburt	Junge: 3.450 g Mädchen: 3.350 g	53 cm (48-60 cm)		
6 Wochen			Kann den Kopf in Bauchlage kurzzeitig anheben	
3 Monate		61 cm	Hebt den Kopf in Bauchlage über längere Zeit an	
5 Monate	Gg. verdoppelt		Sitzt mit Unterstützung	
7 Monate			Kann frei sitzen	
9 Monate			Geht mit Unterstützung	Versteht „Nein"
10 Monate			Sitzt frei und krabbelt; steht mit Unterstützung	Spricht einfache Worte nach
12 Monate	Gg. verdreifacht (ca. 10 kg)	75 cm	Läuft mit Festhalten an einer Hand, isst Fingermahlzeiten selbständig	Kann 2-3 Worte („Mama", „Papa")
14 Monate			Steht ohne Unterstützung	
18 Monate			Läuft ohne Hilfe; versucht, alleine mit Löffel zu essen	2-Wort-Sätze („Mama traurig")
2 Jahre			Gelegentlich tagsüber sauber und trocken	
2,5 Jahre	Gg. vervierfacht			
3 Jahre			Sauber und trocken bei Tag, oft auch bei Nacht	Kann evtl. bis zehn zählen; kann etwa 1.000 Worte; benutzt ganze Sätze
4 Jahre		Verdoppelt		

Gg. = Geburtsgewicht: 2.800-4.000 g

3 Nervensystem

Das Nervensystem ist eine funktionelle Einheit und lässt sich nicht trennen oder eindeutig zuordnen. Zum besseren Verständnis gibt es zwei Herangehensweisen.

Topographische Einteilung

- **Zentralnervensystem (ZNS, s. Abb.)**
  - Gehirn
  - Rückenmark
- **Peripheres Nervensystem (PNS)**
  - 12 Hirnnervenpaare
  - 31 Rückenmarknervenpaare

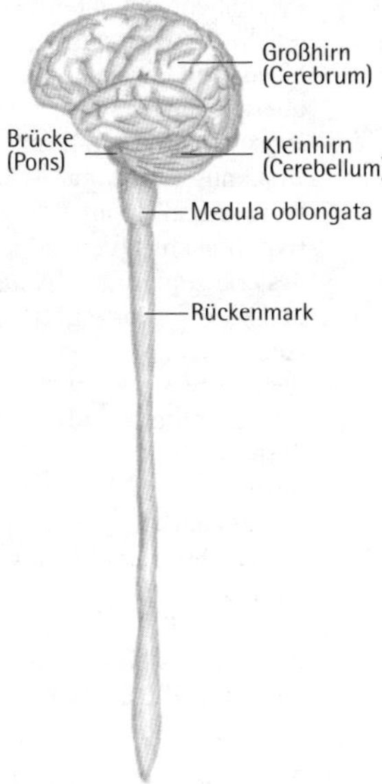

Funktionelle Einteilung

- **Willkürliches** (animales, somatisches) Nervensystem
- **Unwillkürliches** (autonomes, vegetatives) Nervensystem (mit Sympathikus- und Parasympathikusnerv)

Nervengewebe besteht aus zwei Arten von Zellen.

- **Nervenzellen (Neurone):** sind für die Reizaufnahme, -verarbeitung und -weiterleitung zuständig, haben sich aber so sehr darauf spezialisiert, dass sie lebenswichtige Funktionen wie Ernährung und Schutz vernachlässigen. Das übernehmen die
- **Gliazellen (Neuroglia):** das Nervenhüllgewebe, das die weichen und empfindlichen Neurone stützt, mit Nährstoffen versorgt, elektrisch isoliert und vor Fremdstoffen schützt. Je nach Lokalisation sind die Gliazellen in Aufbau und Aussehen unterschiedlich, z.B. isolieren, schützen und ernähren die Schwann-Zellen die Axone der peripheren Nervenzellen.

Nervenzellen: graue Substanz; Neuroglia: weiße Substanz.

Insbesondere dort, wo viele Nervenzellen zu finden sind, nämlich im ZNS, lassen sich graue Substanz (v.a. aus Neuronen bestehend) und weiße Substanz (v.a. aus Neuroglia bestehend) voneinander abgrenzen: Im Rückenmark liegt die graue Substanz schmetterlingsförmig in die weiße Substanz eingebettet. Die graue Substanz enthält die Nervenzellen, die z.B. für Reflexe zuständig sind (→ 98). In der weißen Substanz verlaufen die Leitungsbahnen, die die Signale vom Gehirn an die Peripherie und umgekehrt leiten. Der weißen Substanz des Großhirns liegt die graue Substanz wie ein Zuckerguss außen auf.

3.1 Zentrales Nervensystem (ZNS)

- Gehirn
  - Großhirn: „Sitz des Bewusstseins" (→ 80), mit Pyramidenbahnen (→ 82), die die Steuerung der bewussten Bewegungen übermitteln
  - Zwischenhirn (→ 84) mit Thalamus („Tor zum Bewusstsein") und Hypothalamus (Verbindung des ZNS zum Hormonsystem und Koordinator vegetativer Funktionen)
  - Kleinhirn (→ 84): zuständig für Feinmotorik und Körperhaltung
  - Mittelhirn (→ 85): extrapyramidalmotorisches System, Substantia nigra, Nucleus ruber

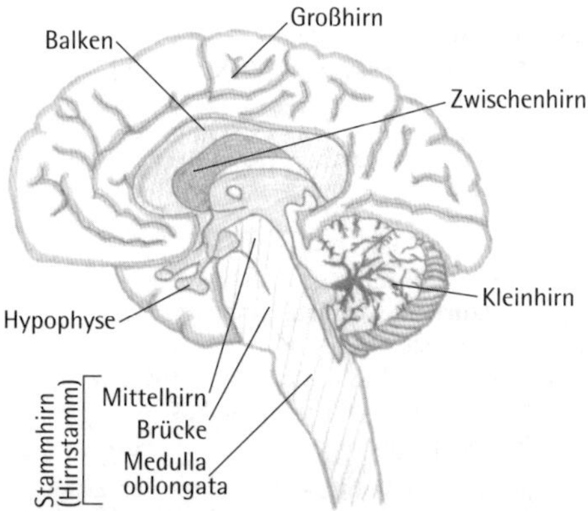

  - Brücke (→ 85): zwischen Groß- und Kleinhirn
  - Verlängertes Mark (→ 85): mit Zentren für Atmung, Herzschlag, Blutgefäßweite, Reflexe und Stoffwechsel
- Rückenmark (→ 86)

3.1.1 Großhirn (Endhirn, Telenzephalon)

- „Sitz des Bewusstseins".
- Alle Reize und Informationen, die bewusst werden sollen, gelangen zum Großhirn. Alle bewussten Handlungen gehen vom Großhirn aus.
- Größter und jüngster Hirnteil.
- Stülpt sich wie ein Pilzkopf über Stamm- und Zwischenhirn.
- Innen befindet sich eine weiße Substanz aus Nervenfasern, die sich über die gesamte Länge erstrecken; darin eingelagert finden sich Kerne (Nuclei), z.B. Basalganglien (extrapyramidalmotorisches System).
- Außen befindet sich graue Substanz in der 1,5-3 mm dicken Großhirnrinde; sie besteht zu 70% aus Nervenzellkörpern, die einzigartig verknüpft sind.
- Oberflächenvergrößerung durch Windungen (Gyri) und Furchen (Sulci).

Besonders tiefe Furchen heißen Fissuren. Die größte ist die tiefe Längsspalte, die **Fissura longitudinalis cerebri**. Sie teilt das Großhirn in zwei **Hemisphären** (rechte und linke Hirnhälfte), die nur durch den **Balken (Corpus callosum)** an der Unterseite verbunden sind. Weitere Fissuren unterteilen das Großhirn in vier Lappen: Die **Zentralfurche (Sulcus centralis)** liegt zwischen Stirn- und Scheitellappen. Die seitliche Großhirnfurche (Sulcus lateralis) trennt Schläfen- von Scheitellappen und der Hinterhauptlappen wird von vorne durch die Scheitel-Hinterhauptfurche (Sulcus parieto-occipitalis) begrenzt.

- **Stirnlappen (Lobus frontalis)** mit dem **primär motorischen Rindenfeld** (auf der vorderen Zentralwindung, Gyrus praecentralis), dem Sitz der Willkürmotorik, außerdem dem **Broca-Sprachzentrum** und weiteren Regionen, die der zentralen **Informationsverarbeitung** dienen. Hier starten und enden die Pyramidenbahnen.
- **Scheitellappen (Lobus parietalis)** mit dem **primär sensorischen Rindenfeld** (auf der hinteren Zentralwindung, Gyrus postcentralis), das Tast-, Druck- und Schmerzempfindungen bewusst werden lässt (Körperfühlsphäre); er ist das höchste Integrations- und Koordinationszentrum für sensorische Informationen. Außerdem sitzen hier das Wernicke-Sprachzentrum und das Lesezentrum.
- **Hinterhauptlappen (Lobus occipitalis)** mit der **Sehrinde**.
- **Schläfenlappen (Lobus temporalis)** mit der **Hörrinde**.

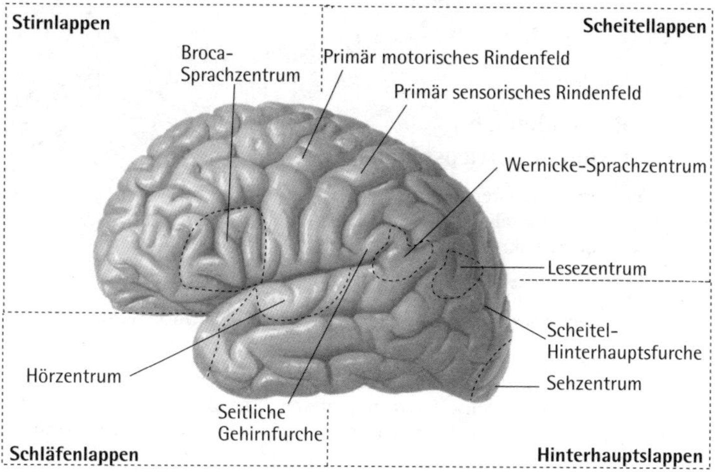

Homunkulus
Die Motorik z.B. der Finger oder der Zunge ist weitaus komplexer, als z.B. die des M. biceps. Dementsprechend wird ein weitaus größeres Areal des primär motorischen Rindenfelds für deren Steuerung benötigt. Ebenso ist es mit dem primär sensorischen Rindenfeld (vergleichen Sie einmal Ihr Gefühl in den Fingern mit dem im Rücken).

Primär motorisches Rindenfeld

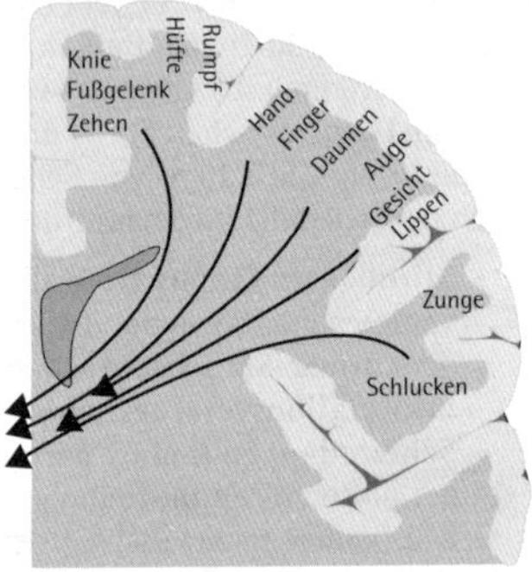

Primär sensorisches Rindenfeld

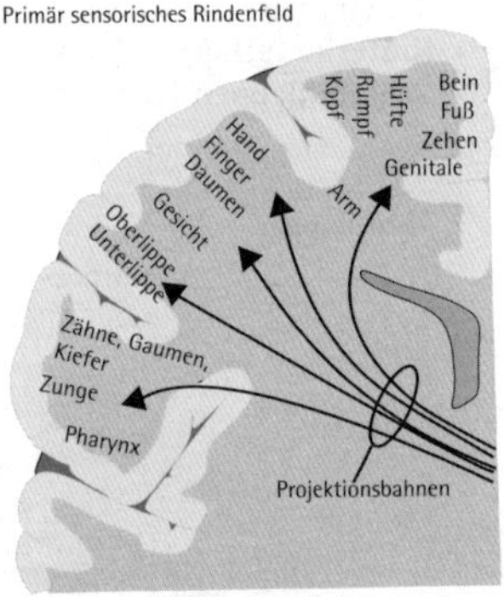

3.1.1.1 Funktionelle Hirnrindenareale

In ca. 90% der Fälle ist die linke Hemisphäre dominant, was sich meistens in einer Rechtshändigkeit zeigt, da die rechte Körperhälfte durch Überkreuzung der Nervenfasern auf die linke Hemisphäre projiziert wird.
Die Hirnhälften unterscheiden sich auch nach intellektuellen Fähigkeiten.

Links - Intellekt - Ratio	Rechts - Kreativität
Sitz der Sprache, der Zahlenkenntnis, des logischen Denkens, Lesen und Schreiben	Künstlerische Begabungen, Einsicht und Vorstellungskraft, Musikgefühl

3.1.2 Pyramidenbahn (Truncus corticospinalis)

Von den Neuronen im primären motorischen Rindenfeld (im Lobus frontalis) ziehen die Nervenfasern über eine große Bahn, die Pyramidenbahn, zu den motorischen Kernen von Hirnnerven und zu Motoneuronen im Rückenmark.
Die Pyramidenbahn übermittelt also die Steuerung der bewussten Bewegung.

Pyramidenbahnkreuzung
In der Medulla oblongata kreuzen über 80% der Pyramidenbahnfasern zur anderen Seite und ziehen dann als **Pyramidenseitenstrangbahnen** durch die weiße Substanz des Rückenmarks. Die übrigen Fasern verlaufen ungekreuzt als **Pyramidenvorderstrangbahnen** und kreuzen erst im Zielsegment des Rückenmarks zur anderen Seite (s. Abb. nächste Seite).

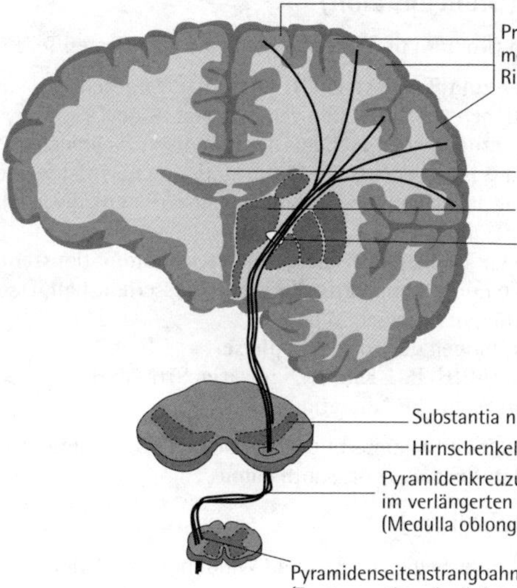

Schädigungen der Pyramidenbahnen

Sie führen zu Störungen der Feinbewegungen, zur Schwächung der Willkürbewegungen, Lähmungen, Steigerung der Eigenreflexe, Abschwächung bis Verlust der Fremdreflexe und pathologischen Reflexe, Massenbewegungen.

Extrapyramidale Bahnen

Während das pyramidale Leitungssystem v.a. willkürliche Bewegungen steuert, gibt es ein weiteres Leitungssystem vom Gehirn zum Rückenmark, das extrapyramidale System, das v.a. die **unwillkürlichen Muskelbewegungen** steuert, z.B. den Muskelgrundtonus. Inzwischen weiß man, dass es auch in die Willkürmotorik eingreift, z.B. die bewusste Bewegung modifiziert.

Die Neurone des extrapyramidalen Systems liegen in Kerngebieten unterhalb der Hirnrinde (u.a. die Basalganglien) und stehen in Verbindung mit Kleinhirn, Mittelhirn (z.B. Substantia nigra und Nucleus ruber) und Formatio reticularis. Durch die vielfältigen Verschaltungen mit dem visuellen System und dem Gleichgewichtssinn können z.B. auch komplexere Bewegungen präzise ausgeführt werden.

3.1.3 Zwischenhirn (Diencephalon)

Es liegt als Schaltstelle zwischen Großhirn und Hirnstamm. Seine wichtigsten Teile sind:

- **Thalamus (Sehhügel, „Tor zum Bewusstsein"):** wichtigste Verarbeitungs- und Schaltstation für Informationen aus der Außenwelt, z.B. von Auge, Ohr, Nase, Haut (Schmerz, Temperatur, Berührung), aber auch aus der Innenwelt (Schmerzen). Er stellt zudem einen Filter dar, damit nur „bedeutsame" Informationen bewusst werden.
  Der Thalamus besteht hauptsächlich aus grauer Substanz (Neuronen), die in knapp 200 Kerngebiete (Thalamuskerne) unterteilt ist.
- **Hypothalamus** mit zentralem Höhlengrau: übergeordnetes Koordinationszentrum der vegetativen Funktionen wie Körpertemperatur, Kreislauf, Wasserhaushalt, Essen, Trinken, Sexualität → Regulierung des inneren Milieus
  Verbindung zum ZNS → hormonell über die **Hypophyse**
  Hypophysenvorderlappen: ACTH, TSH, FSH, LH, Prolaktin, STH, MSH
  Hypophysenhinterlappen: Oxytocin, Adiuretin

Zum Zwischenhirn zählen auch der Epithalamus mit seiner kleinen Vorwölbung, die Epiphyse (Zirbeldrüse) sowie der Metathalamus und Subthalamus.

3.1.4 Kleinhirn (Cerebellum)

Es liegt in der hinteren Schädelgrube. Seine Furchen und Windungen sind viel feiner als die des Großhirns.

- **Kleinhirnrinde: graue Substanz**
- **Kleinhirnmark: weiße Substanz**, in die beidseits **vier Kleinhirnkerne** eingelagert sind

Das Kleinhirn regelt zusammen mit dem Großhirn über Fasern des extrapyramidalen Systems die Grundspannung der Muskeln. Das Großhirn setzt eine Bewegung in Gang, das Kleinhirn sorgt für die Koordination und regelmäßige Ausführung der Bewegung.

Das Kleinhirn ist das Kontrollzentrum der Bewegung, es kontrolliert
- Zielbewegung,
- Körperhaltung,
- Muskeltonus (steigernd).

Zum besseren Verständnis der Aufgaben des Kleinhirns, siehe Kapitel Schädigungen des Kleinhirns (→ 119).

3.1.5 Hirnstamm (Mittelhirn, Brücke und verlängertes Mark)

3.1.5.1 Mittelhirn (Mesenzephalon)

Mit 1,5 cm ist das Mittelhirn der kleinste Hirnabschnitt zwischen Brücke und Zwischenhirn. Es besteht größtenteils aus weißer Substanz, also aus auf- und absteigenden Leitungsbahnen **(Pyramidenbahnen)** und Großhirn-Kleinhirn-Bahnen. In der grauen Substanz entspringen **der III. und IV. Hirnnerv**. Außerdem befinden sich hier der **Nucleus ruber** (roter Kern) und die **Substantia nigra** (schwarze Substanz), die wichtige Kerne für die Bewegung darstellen **(extrapyramidalmotorisches System).**

Das Mittelhirn enthält:
- Pyramidenbahnen
- Ursprung des III. und IV. Gehirnnervs
- Extrapyramidalmotorisches System

3.1.5.2 Brücke (Pons)

Sie liegt direkt über der Medulla oblongata. In ihr setzen sich die längsverlaufenden Bahnsysteme vom Großhirn zum Rückenmark (und umgekehrt) fort. In querverlaufenden Faserbündeln **verbindet die Brücke das Großhirn mit dem Kleinhirn**. In der Brücke liegen die **Kerne des V.** bis **VII. Hirnnervs.**

Die Brücke
- verbindet das Großhirn mit dem Kleinhirn,
- enthält die Kerne des V. bis VII. Hirnnervs.

3.1.5.3 Verlängertes Mark (Medulla oblangata)

Dieser unterste Teil des Hirnstamms mit einer Länge von ca. 3 cm bildet den Anschluss an das Rückenmark. Seine weiße Substanz wird von sensiblen und motorischen Nervenfasern gebildet, die auf- und absteigen. Der größte Teil der Pyramidenbahnfasern (Steuerung der bewussten Bewegung von der motorischen Rinde) kreuzt hier auf die andere Seite **(Pyramidenbahnkreuzung)**.

Die lebenswichtigen Zentren der grauen Substanz (s. Kasten) erhalten ihre nötigen Informationen über afferente Fasern des vegetativen Nervensystems, u.a. des X. Hirnnervs (N. vagus). Ihre **Pressorezeptoren** im **Aortenbogen** und am **Karotissinus** liefern Daten über den Blutdruck an das Kreislaufzentrum. Andere Rezeptoren informieren das Atem-zentrum über den Dehnungszustand der Lungen. Zum Teil befinden sich die Sensoren (z.B. für pH-Wert, Sauerstoff- und Kohlendioxidpartialdruck) auch direkt im verlängerten Mark.

Die graue Substanz enthält lebenswichtige Zentren für:
- **Stoffwechsel**
- **Atmung**
- **Herzschlag und -kraft**
- **Blutgefäßweite**
- **Reflexe** (Husten, Niesen, Brechen, Schlucken, Lidschluss, Saugen des Säuglings)
- Außerdem enthält sie die Ursprungskerne der **VIII.–XII. Hirnnerven** und die **Pyramidenbahnkreuzung**

3.1.6 Hirnnetz (Formatio reticularis)

Sie ist durchflochten von grauer und weißer Substanz. Sie reicht von der Medulla oblongata bis ins Zwischenhirn. Die Formatio reticularis vereinigt motorische Teilfunktionen zu einer komplizierten Gesamtleistung; sie wirkt fördernd oder hemmend auf Groß-, Klein- und Zwischenhirn. Sie spielt eine Rolle bei der Steuerung des Bewusstseins- und des Wach-Schlaf-Zustands, moduliert Wahrnehmungen der Sinnesorgane und beeinflusst über die Magoun-Zentren Haltung und Bewegung.

3.1.7 Limbisches System

Das limbische System (Limbus = Saum) umgibt den Hirnstamm und den Balken. Es besteht aus Teilen des Groß-, Zwischen- und Mittelhirns. Dazu gehören u.a. der Hippocampus (Ammonshorn), Teile des Riechhirns, der Mandelkern und Teile des Zwischenhirns. Allerdings ist die genaue Zugehörigkeit bestimmter Hirnareale noch nicht geklärt. Das limbische System ist entwicklungsgeschichtlich ein sehr alter Hirnteil. Viele Psychopharmaka setzen hier in ihrer Wirkung an. Der Limbus wird auch als emotionales Gehirn bezeichnet, da er eine führende Rolle bei der Entstehung von Gefühlen wie Furcht, Aggression, Wut und von sexuellen Wünschen spielt sowie bei den damit evtl. verbundenen vegetativen Reaktionen (Durchfall bei Angst, Blutdruckanstieg bei Stress). Er beeinflusst das affektive Verhalten und bewertet Erlebnisse emotional. Außerdem soll er das Lernen und die Gedächtnisfunktionen beeinflussen (Verbindung Emotion und Riechhirn: „Jemanden nicht riechen können").

3.1.8 Rückenmark (Medulla spinalis)

Das Rückenmark ist ein im knöchernen Wirbelkanal eingeschlossener Teil des ZNS und reicht von der Medulla oblongata bis zur Grenze L1/L2. Es ist etwa 40-50 cm lang und im Schnitt oval mit etwa 1 cm Durchmesser. Im Hals- und Lendensegment weist es allerdings Anschwellungen auf, die durch die vielen motorischen und sensiblen Nerven, die von hier zu den Extremitäten ziehen, bedingt sind.
Das Rückenmark wird in 31 Segmente entsprechend ihrer Abgänge unterteilt:

- 8 Segmente des Halsrückenmarks
- 12 Segmente des Brustrückenmarks
- 5 Segmente des Lendenrückenmarks
- 5 Segmente des Kreuzbeinrückenmarks
- 1 Segment des Steißbeinrückenmarks

Aufgaben des Rückenmarks
- **Leitungsapparat**, der das Gehirn mit den Rückenmarknerven verbindet (weiße Substanz)
- **Umschaltstation** für Reize (graue Substanz)
- Selbständige **Schaltstelle für Reflexe** (graue Substanz)

Unterhalb von L1/L2 befindet sich die **Cauda equina („Pferdeschweif")**, die aus den Rückenmarknerven des Lenden-, Kreuzbein- und Steißbeinrückenmarks im Wirbelkanal besteht. Da das Rückenmark auf Höhe des 2. Lendenwirbels endet, sind alle Rückenmarksegmente gegenüber den Wirbelkörpern nach oben versetzt.

Beispiel: Bei Verletzung des 12. Brustwirbels ist nicht das 12. Brustwirbelsegment, sondern das 1. Lendenwirbelsegment gefährdet.

Dermatome und Rückenmarksegmente

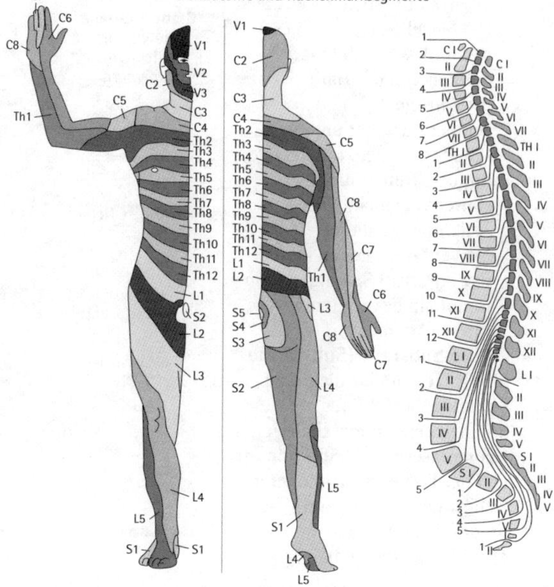

Im Schnitt durch das Rückenmark erkennt man folgende Bestandteile:

- **Graue Substanz (Substantia grisea):** Sie ist schmetterlingsförmig eingebettet in die weiße Substanz und besitzt eine dunkle Farbe durch die Ansammlung von Nervenzellkernen, die u.a. für **Reflexe** zuständig sind. Die graue Substanz besteht aus dem:
  - **Vorderhorn** (Cornu anterius) mit Zellkörpern der **motorischen** Zellen (Motoneurone). Seine Axone treten als Vorderwurzeln aus und ziehen im Spinalnerv bzw. seinen Ästen zur quergestreiften Muskulatur;

    > **Merkhilfe:** Wenn Sie bei Ihrem Auto den vorderen Deckel aufmachen, finden Sie einen Motor; Vorderhorn → motorisch.

  - **Seitenhorn** (Cornu laterale), das nur in den Segmenten C8-L2 (Ursprung des Sympathikusnervs) und in S2-S4 (Ursprung des Parasympathikusnervs) zu finden ist. Die Bahnen treten ebenfalls über die Vorderwurzel aus, trennen sich aber kurz nach Austritt aus dem Wirbelkanal von den Spinalnerven, um Anschluss an die Grenzstrangganglien (→ 97) zu finden;

- Hinterhorn (Cornu posterius): Es enthält Kerne der sensiblen Nervenzellen (2. sensibles Neuron), weshalb Empfindungen von der Haut (Berührung, Schmerz, Temperatur) hier umgeschaltet werden. Die nervalen Impulse treten über die Hinterwurzel ein. Viele Zellkörper zu diesen Nervenfasern liegen im (korngroßen) Spinalganglion innerhalb des Foramen intervertebrale.

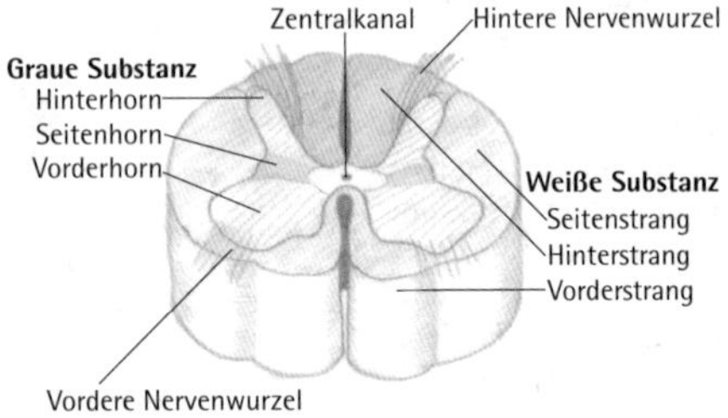

- **Weiße Substanz (Substantia alba):** Sie umhüllt die graue Substanz, besteht aus durchziehenden markhaltigen Nervenfasern und leitet Impulse von der Peripherie zu höheren Gehirnteilen weiter und umgekehrt (auf- und absteigende Bahnen).

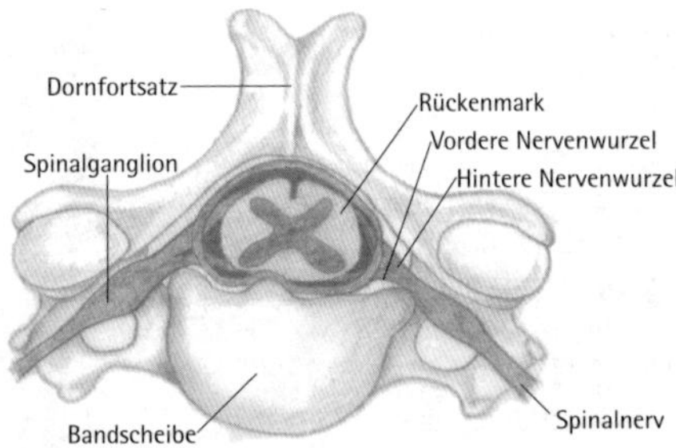

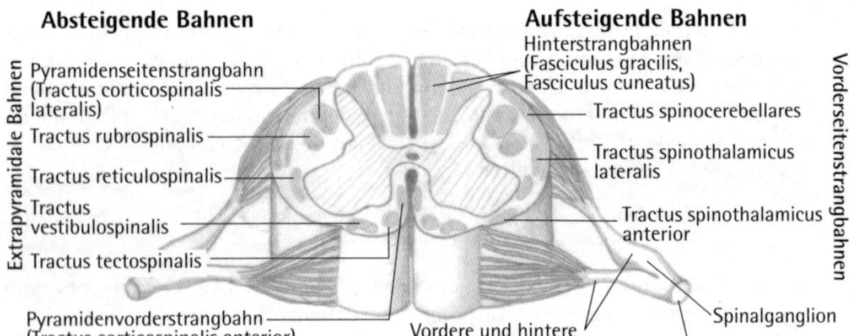

Wie das Gehirn ist das Rückenmark ebenfalls von den Hirnhäuten (Meningen) umgeben.

3.1.9 Ventrikelsystem und Liquor

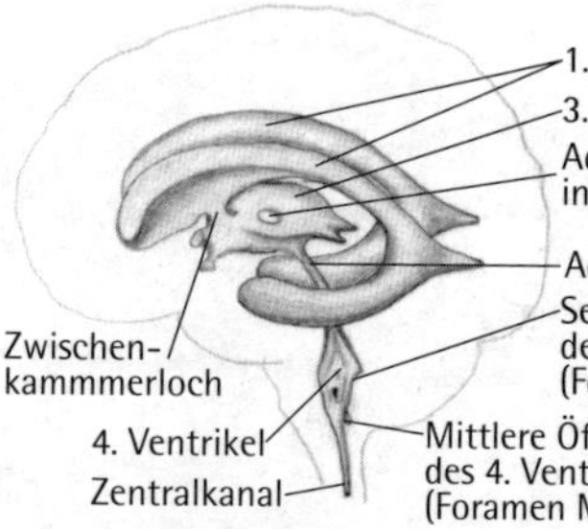

Gehirn und Rückenmark liegen sozusagen in einem Wasserbett, d.h., sie sind umgeben von einer Flüssigkeit (Liquor cerebrospinalis), die sie schützt und versorgt.
Liquor ist eine klare, farblose Flüssigkeit, die eiweißarm ist und sehr wenig weiße Blutkörperchen und Glukose enthält. Ihre Ionenkonzentration entspricht in etwa der des Bluts.
Etwa 150 ml Liquor zirkulieren um das, aber auch im ZNS, denn im Gehirn gibt es vier Hohlräume (Hirnkammern bzw. Ventrikel [zwei Seitenventrikel, ein 3. und ein 4. Ventrikel]), die alle miteinander in Verbindung stehen, aber auch mit dem Hirnwasserraum (Subarachnoidalraum). Von den Adergeflechten dieser Hirnkammern wird der Liquor weitestgehend gebildet, umfließt Gehirn und Rückenmark und wird über Arachnoidalzotten dem Sinus und somit wieder dem venösen Blut zugeführt. Normalerweise herrscht zwischen Liquorbildung und -absorption ein Gleichgewicht (500-700 ml/Tag).

Wasserkopf (Hydrocephalus)
Kann der Liquor nicht abfließen, kommt es zu einer Drucksteigerung im Ventrikelsystem (Hydrocephalus internus) oder im Subarachnoidalraum (Hydrocephalus externus).
Bei Kleinkindern gibt der Schädel nach und es kommt zu einer Schädelvergrößerung. Der erhöhte Druck auf das Gehirn führt bei den Kindern zu schweren Intelligenz- und Entwicklungsstörungen, beim Erwachsenen oft zu Demenz. Deshalb wird z.B. operativ ein Kunststoffschlauch gelegt, damit der Liquor abfließen kann.

3.1.10 Hirnhäute (Meningen)

Sie umgeben das ZNS, also Gehirn und Rückenmark.

- **Pia mater** (weiche Hirnhaut): Sie liegt dem Hirn und Rückenmark direkt auf, enthält viele Blutgefäße und endet mit dem Rückenmark auf L1/L2.
- **Arachnoidea** (Spinnwebenhaut): Sie liegt mit einer Membran auf der Pia mater, ist fast gefäßfrei und über Bindegewebsbälkchen mit der weichen Hirnhaut verbunden. Der Raum zwischen Arachnoidea und Pia mater heißt **Subarachnoidalraum**. Hier zirkuliert der Liquor, die Hirn-Rückenmark-Flüssigkeit.
- **Dura mater** (harte Hirnhaut): Sie besteht nur im Rückenmarkbereich aus zwei Blättern, einem äußeren, das dem Wirbelkanal von innen anliegt, und einem inneren, das als derber bindegewebiger Sack das Rückenmark und den ersten Abschnitt der austretenden Rückenmarknerven umgibt. Die Dura mater reicht weiter als die Pia mater hinunter, nämlich bis auf Höhe des 2. Kreuzbeinwirbels (S2). So kann auf Höhe von L3-L4 Liquor entnommen werden, ohne dass die Gefahr besteht, die graue Substanz des Rückenmarks zu verletzen.

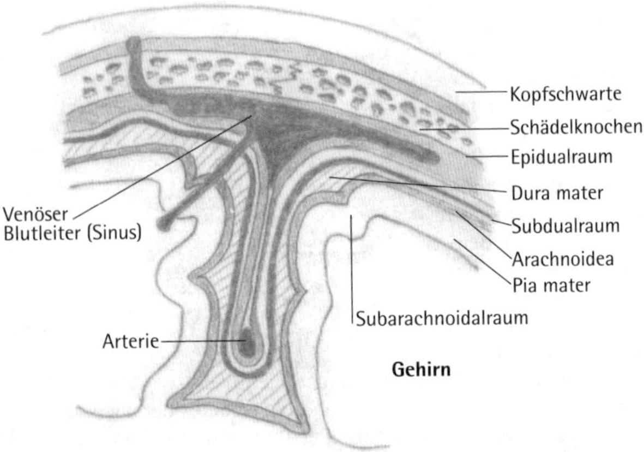

3.1.11 Blutversorgung des Gehirns

3.1.11.1 Arterielle Versorgung

Aufgrund des hohen Sauerstoff- und Nährstoffbedarfs des Gehirns, kann schon eine Unterbrechung der Blutversorgung von wenigen Minuten zu irreversiblen Schäden wie Lähmungen, Sensibilitätsstörungen oder sogar zum Tod führen. Eine kurze Minderversorgung löst bereits Ausfallerscheinungen (TIA, → 113) aus.

Vom Hals ziehen die Halsschlagadern **(Aa. carotis internae)** in Richtung Gehirn, von denen unterwegs Äste zur Hypophyse und zu den Augen abzweigen und als vordere und mittlere Großhirnarterie **(Aa. cerebri anterior et media)** weiter verlaufen.
Der hintere Hirnanteil und die Hirnbasis werden über die Wirbelschlagadern **(Aa. vertebrales)** versorgt, die Äste an das Rückenmark abgeben, bevor sie durch das große Hinterhauptloch in den Schädelraum eintreten.
Sie vereinigen sich an der Hirnbasis zur Schädelbasisarterie. Diese gibt Zweige zum Kleinhirn ab und teilt sich dann in die beiden Großhirnschlagadern auf.
Die Äste der A. carotis und A. vertebralis sind durch kleine Verbindungsarterien zu einem Kreis verbunden, dem **Circulus arteriosus Willisii**. Dieser Gefäßring sorgt dafür, dass es bei einer Unterbrechung eines der Gefäße nicht gleich zum Absterben von Hirngewebe kommt. Bei vielen Menschen ist dieser Gefäßring jedoch unvollständig ausgebildet, so dass ein einseitiger Gefäßverschluss dennoch zu einem Hirnschlag führen kann.

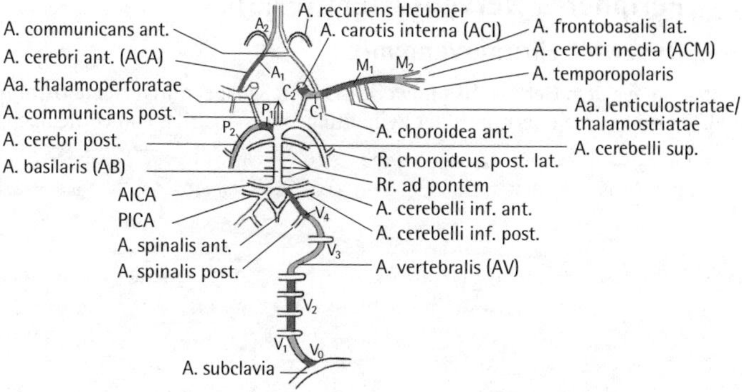

3.1.11.2 Blut-Hirn-Schranke

Astrozyten (sternförmige Zellen und weitere Vertreter der Neuroglia) bilden in Gehirn und Rückenmark ein stützendes Netzwerk für die Nervenzellen. Sie stehen mit den Blutkapillaren des ZNS in enger Verbindung und kontrollieren den Übergang von Stoffen aus dem Blut zu den Nervenzellen. Alle Stoffe, die aus dem Blut zu den Gehirnzellen gelangen sollen, müssen die **Blut-Hirn-Schranke** überwinden.
Diese Schranke lässt allerdings auch einige Medikamente, die am Gehirn wirken sollen, nicht passieren. **Die Blut-Hirn-Schranke hat die Aufgabe, schädliche Stoffe vom Gehirn fernzuhalten**. Ihre Durchlässigkeit kann durch bestimmte Bakteriengifte, Fieber, Sauerstoffmangel oder auch **Handystrahlung** ungünstig beeinflusst werden.

3.1.11.3 Venöser Abfluss

Während das arterielle Blut das Gehirn von der Hirnbasis aus versorgt, erfolgt der venöse Abfluss weitestgehend über die Hirnoberfläche. Die Kapillaren verlassen das Gehirn und vereinigen sich in starrwandigen Venenkanälen, den **Sinus**.
Diese führen das Blut dicht unter der Schädeldecke bzw. an den Rändern der Hirnsicheln (Falx cerebri) der harten Hirnhaut zur rechten und linken V. jugularis interna.

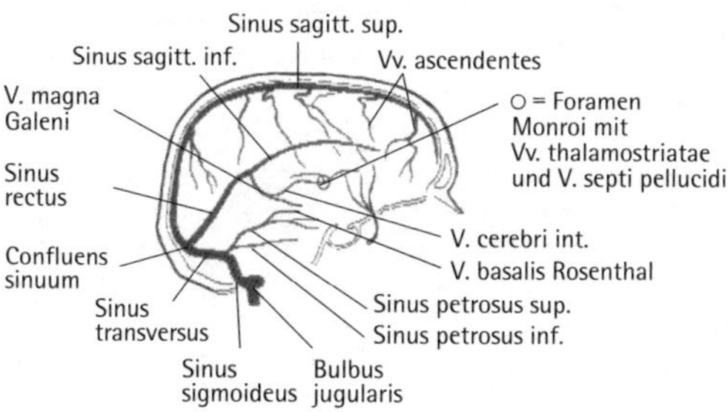

3.2 Peripheres Nervensystem (PNS)

3.2.1 Die zwölf Hirnnervenpaare

Sie treten paarig aus dem Gehirn aus und verlassen den Schädel durch kleine Öffnungen (Foramina). Sie sind nummeriert nach der Reihenfolge ihres Austritts von vorne nach hinten:

I	Nervus **o**lfactorius (Geruchsnerv): rein sensibler Nerv, der von der Riechschleimhaut im Nasendach zum Bulbus olfactorius (Riechkolben, schmaler Fortsatz des Stirnhirns) zieht.
II	N. **o**pticus (Sehnerv): rein sensibler Nerv, beginnt in der Netzhaut des Auges und kreuzt teilweise im Chiasma opticum; nach der ersten Umschaltung im Thalamus laufen die Bahnen zur primären Sehrinde im Hinterhauptlappen.
III	N. **o**culomotorius (Augenbewegung): vorwiegend willkürmotorischer Nerv; versorgt den Lidhebermuskel und vier der sechs äußeren Augenmuskeln. Er hat parasympathische Anteile, die den Ziliarmuskel bei der Anpassung der Augenlinse an unterschiedliche Entfernungen (Nah-Fern-Akkomodation) steuern und über den Sphinktermuskel der Iris die Pupille verengen.
IV	N. **t**rochlearis (Augenrollnerv): willkürmotorischer Nerv, der den oberen schrägen Augenmuskel innerviert.
V	N. **t**rigeminus (Drillingsnerv): teilt sich nach dem Austritt aus der Schädelhöhle. • N. ophthalmicus: versorgt sensibel Augenhöhle und Stirn (tritt aus dem Foramen supraorbitale); • N. maxillaris: versorgt sensibel die Gesichtshaut unterhalb der Augenhöhle, die Schleimhaut der Nase, die Oberlippe und die Zähne des Oberkiefers (tritt aus dem Foramen infraorbitale); • N. mandibularis (gemischter Nerv): versorgt sensibel den Unterkieferbereich mit Unterlippe, Zahnfleisch und Zähnen und motorisch alle Kau- und Mundbodenmuskeln (tritt aus dem Foramen mentale).
VI	N. **a**bducens: motorischer Nerv für äußere, gerade Augenmuskeln.
VII	N. **f**acialis (Gesicht): teils motorischer Nerv für mimische Gesichtsmuskulatur, teils sensorischer Nerv (Geschmacksnerven der Zunge), teils parasympathischer Nerv zur Tränen-, Unterkiefer- und Unterzungendrüse.
VIII	N. **v**estibulocochlearis (Höhren/Gleichgewicht): rein sensorisch.
IX	N. **g**lossopharyngeus (Zunge/Rachen): motorische Fasern für die Rachenmuskeln; sensible Fasern für die Rachenschleimhaut und das hintere Zungendrittel; parasympathische Innervation für die Ohrspeicheldrüse.
X	N. **v**agus (Umherschweifender): v.a. parasympathische Fasern zu Halsorganen und Brusteingeweiden, hauptsächlich aber zu Baucheingeweiden; leitet sensible Impulse von Organen zum ZNS und efferente motorische Impulse zur glatten Muskulatur; für Sekretion innerer Organe zuständig; wenige motorische und sensible Fasern für den Kehlkopfbereich.
XI	N. **a**ccessorius (Beinerv): motorischer Nerv für Halsmuskeln (v.a. M. trapezius und M. sternocleidomastoideus).

XII	N. **h**ypoglossus (Unterzunge): überwiegend motorisch für die Zunge.

Merksatz
Onkel **O**tto **O**periert **T**ag **T**äglich, **A**ber **F**eiertags **V**ertritt er **G**erne **V**iele **A**lte **H**ebammen.

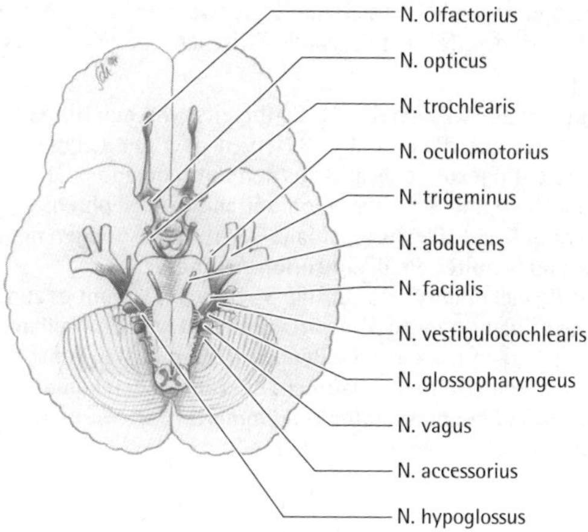

12 Hirnnervenpaare

3.2.2 Rückenmarknerven (Spinalnerven)

Die 31 Nervenpaare, die aus dem Rückenmark austreten, werden nach ihrer Austrittsstelle aus dem Zwischenwirbelloch der Wirbelsäule bezeichnet (C1-C8, Th-Th12, L1-L5, S1-S5 und Co1).

Erinnerung: Das Rückenmark wächst nicht so schnell wie die Wirbelsäule. Das Rückenmark des Erwachsenen endet auf Höhe von L2. Die Spinalnerven sind jedoch an ihre Austrittsstellen gebunden. Während sie also im oberen Bereich der Wirbelsäule noch auf der entsprechenden Höhe des Rückenmarksegments liegen, müssen die unteren im Wirbelkanal als Cauda equina nach unten ziehen, um zu ihren Zwischenwirbellöchern zu gelangen.

Wurzeln der Rückenmarknerven

Aus jedem Rückenmarksegment geht links und rechts je eine vordere und eine hintere Nervenwurzel hervor (vgl. Abb. → 88).

- Die **vordere Wurzel (Vorderwurzel)** führt efferente Fasern. Die Zellkörper der motorischen Efferenzen liegen im Vorderhorn des Rückenmarks (motorische Vorderhornzellen, Motoneurone), die der vegetativen Efferenzen beim Sympathikusnerv in den Seitenhörnern des Rückenmarks C8-L2, beim Parasympathikusnerv in Hirnstamm und Sakralmark.
- Die **hintere Wurzel (Hinterwurzel)** führt afferente Fasern. Sie bildet vor dem Eintritt in den Wirbelkanal einen Nervenknoten, das **Spinalganglion (Ganglion spinale)**, das

aus einer Ansammlung von sensiblen Nervenzellkörpern (1. sensibles Neuron) besteht.

Merke: afferent - zuführend (hier von der Peripherie zum ZNS)
efferent - wegführend (hier vom ZNS zur Peripherie)

Nach wenigen Millimetern schließen sich die Nervenwurzeln zu einem Spinalnerv zusammen und treten als periphere Nerven durch die Zwischenwirbellöcher aus.

Man unterscheidet:

- 8 Halsnervenpaare, Zervikalnerven C1-C8 (bereits zwischen Hinterhauptbein und Atlas tritt ein Spinalnerv aus, daher gibt es 8 Nerven, aber nur 7 Halswirbel).
  - Das Halsgeflecht (Plexus cervicalis) aus den Halssegmenten C1-C4 versorgt Haut und Muskeln der Hals- und Schulterregion und mit dem N. phrenicus das Zwerchfell.
  - Aus dem Armgeflecht (Plexus brachialis C 5-Th1) entspringen neben kleineren Ästen zu Nacken und Schulter die **drei großen Armnerven**.
    N. radialis (Speichennerv): v.a. für die Streckseite; kommt es zur Schädigung, kann die Hand nicht mehr handrückenwärts gestreckt werden (Fallhand).
    N. ulnaris (Ellennerv): v.a. für die Beugeseite; ein Ausfall führt zur Krallenhand.
    N. medianus: Beugeseite mit Daumen; bei Lähmungen kommt es zur Schwurhand, wobei v.a. die Daumenmuskulatur verkümmert.

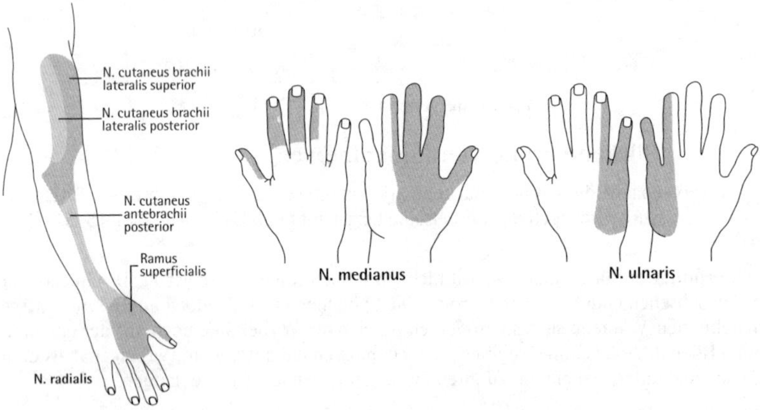

Merkspruch: Ich schwöre bei Medianus, wenn ich vom Rad Falle, kralle ich mir die Ulna

- **12 Brustnervenpaare (Thorakalnerven) Th1-Th12.**
- **5 Lendennervenpaare (Lumbalnerven) L1-L5** mit Plexus lumbalis (L1-L4), der die untere Bauchwand sowie die äußeren Geschlechtsorgane versorgt und aus dem auch der N. femoralis entspringt, der u.a. den M. quadriceps femoris innerviert.

- **5 Kreuzbeinnervenpaare (Sakralnerven) S1-S5**. Aus dem Plexus sacralis L4-S3 entspringt **der längste und dickste Nerv des Menschen, der Ischiasnerv (N. ischiadicus)**, der v.a. die Beugemuskeln versorgt und sich oberhalb der Kniekehle in den Schienbeinnerv und den Wadenbeinnerv aufteilt. Verletzungen des N. ischiadicus, z.B. durch fehlerhafte i.m.-Injektion, können dazu führen, dass das Knie nicht mehr gebeugt werden kann und alle Muskeln unterhalb des Knies gelähmt sind.
- **1 Steißbeinnervenpaar (Kokzygealnerven) Co1**.

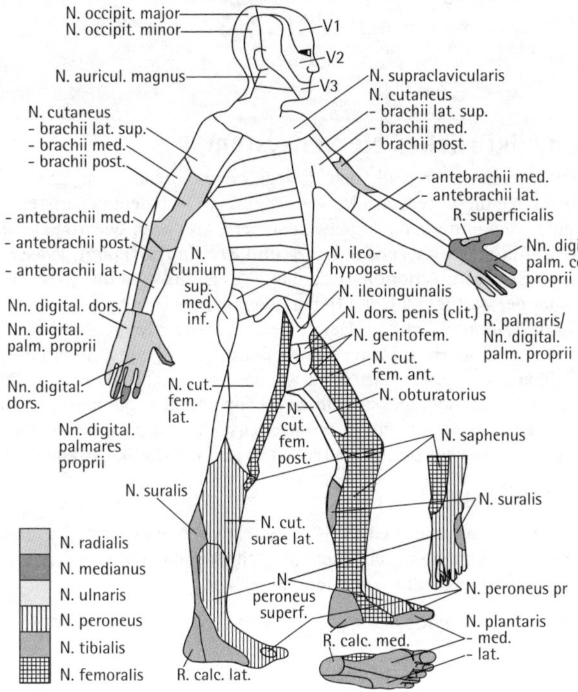

Nicht vergessen: Es besteht eine enge Wechselwirkung innerhalb des Nervensystems, so auch zwischen dem willkürlichen und dem unwillkürlichen Nervensystem. Die folgende Aufteilung dient dem besseren Verständnis.

3.3 Willkürliches Nervensystem

Das willkürliche Nervensystem wird auch als animalisches oder somatisches Nervensystem bezeichnet. Diese Anteile des Nervensystems unterliegen dem bewussten Willen.

- **Es dient der Wahrnehmung von Reizen** über die Sinnesorgane, Informationen werden über die Spinalnerven über das Rückenmark, über die Hirnnerven direkt zum Gehirn (Großhirnrinde) geleitet.
- **Es dient der Verarbeitung von Reizen.**
- **Es dient der Steuerung der Willkürbewegung** (bei der Feinabstimmung hilft z.B. das Kleinhirn).

Damit ein Reiz bewusst wird, muss er zur Großhirnrinde. Bei jeder willentlichen Bewegung wird die motorische Rinde des Großhirns aktiv.

3.4 Unwillkürliches Nervensystem

Das unwillkürliche Nervensystem wird auch als vegetatives oder autonomes Nervensystem bezeichnet. Dazu zählen die Anteile des Nervensystems, die sich dem bewussten Einfluss weitestgehend entziehen und v.a. die Innenwelt steuern, also lebenswichtige Funktionen wie **Atmung, Verdauung, Stoffwechsel, Herz- und Kreislauftätigkeit, Wasserhaushalt und zum Teil auch Sexualfunktionen**. Dazu nimmt es Einfluss auf die glatte Muskulatur (z.B. des Darms oder der Blutgefäße), den Herzmuskel und die Drüsen.

Das sog. intramurale System besteht aus Geflechten vegetativer Nervenfasern und Ganglien in der Wand der Hohlorgane (Herz, Magen, Darm, Blase, Uterus), die in ihrer Funktion eine gewisse Selbständigkeit aufweisen. Dazu zählt z.B. das enteritische Nervensystem (ENS) mit dem Meißner-Plexus (Plexus submucosus), der Sekretion und Bewegung im Verdauungstrakt steuert, und dem Auerbach-Plexus (Plexus myentericus), der zwischen den Muskelschichten von Magen und Dünndarm liegt und für deren Tonus und Peristaltik zuständig ist.

3.4.1 Sympathikus

Der Sympathikus bewirkt insgesamt eine Leistungssteigerung des Organismus (Ergotropie). Er versetzt den Körper in eine hohe Leistungsbereitschaft und bereitet ihn so auf Angriff, Flucht oder andere außergewöhnliche Anstrengungen vor.

Der Sympathikus „Kampf oder Flucht" (Aktivität nach außen gerichtet)

- Er beschleunigt Atmung und Herzschlag,
- erweitert Bronchien und die Gefäße, die Herz und Skelettmuskulatur versorgen,
- bewirkt einen Blutdruckanstieg, indem er u.a. periphere Gefäße verengt (daher fühlt sich die Haut in Stresssituationen kalt an),
- hemmt Darmbewegung, Verdauungsdrüsen, Blasen- und Darmentleerung,
- erweitert die Pupillen (Mydriasis).

3.4.2 Parasympathikus

Er ist der Gegenspieler des Sympathikus.

Der Parasympathikus (Aktivität nach innen gerichtet)
- verlangsamt Atmung und Herzschlag,
- verengt Herzkranzgefäße und Bronchien,
- senkt den Blutdruck,
- regt Verdauungsdrüsen und Magen-Darm-Bewegung an,
- regt die Ausscheidung über Darm und Blase an,
- verengt die Pupillen (Miosis).

	Sympathikus	Parasympathikus
Herzfrequenz	Erhöhung	Erniedrigung
Koronargefäße	Dilatation	Konstriktion
Gefäße	Konstriktion	Dilatation
Pupillen	Dilatation	Konstriktion
Bronchien	Dilatation	Konstriktion
Ösophagus	Erschlaffung	Anregung
Magenperistaltik/ -drüsentätigkeit	Hemmung	Anregung
Darmperistaltik	Hemmung	Anregung
Leber	Fördert Glykogenabbau	-
Blase	Urinretention, Hemmung des Detrusors, Erregung des Sphinkters	Urinentleerung, Anregung des Detrusors, Erschlaffung des Sphinkters
Genitalien	Vasokonstriktion	Vasodilatation und Erektion
Nebennieren	Anregung der Adrenalinsekretion	Hemmung der Adrenalinsekretion
Stoffwechsel	Steigerung der Dissimilation	Steigerung der Assimilation
Insulinsekretion	Hemmung	Anregung
Schilddrüse	Anregung	Hemmung

- **Sympathikus - Stressnerv, Rennen oder kämpfen, Aktivität außen**
- **Parasympathikus - Ruhe, Verdauen und ausscheiden, Aktivität innen**
- Intramurales System - direkt in der Wand von einigen Hohlorganen

Anatomische Lage des (peripheren) Sympathikus
- **Ursprungsort Rückenmark (Seitenhörner C8-L2,** daher auch die Bezeichnung thorakolumbales System), wo die Zellkörper des 1. efferenten Neurons sitzen; von dort verlaufen Fasern über die Vorderwurzel zum
- **Grenzstrang** (Truncus sympathicus), der wichtigsten Schaltstelle des Sympathikus („Perlenkette" neben der Wirbelsäule), bestehend aus Ganglien (Nervenknoten), die links und rechts neben der Wirbelsäule liegen. Sie besitzen eine Verbindung zum

Rückenmarkabschnitt sowie zum oberen und unteren Ganglion (hier oder auch in Organnähe sitzt der Zellkern des 2. efferenten Neurons). Sie führen dann weiter zu den

- **Erfolgsorganen** oder auch zu **Nervengeflechten** (z.B. Sonnengengeflecht [Solarplexus], das um den Truncus coeliacus herum liegt).

Anatomische Lage des Parasympathikus

Er bildet keine morphologische Einheit wie der Sympathikus. Seine Ursprungskerne liegen im Hirnstamm und in den Seitenhörnern des Sakralmarks (daher die Bezeichnung „kranio-sakrales System"). Von dort ziehen die Fasern zu Ganglien, die entweder in der Wand des Zielorgans liegen (intramurale Ganglien) oder in dessen Nähe (z.B. Solarplexus).

Der wichtigste parasympathische Nerv ist der X. Hirnnerv **(N. vagus)**. Seine Verzweigungen innervieren den gesamten Brustraum (Speiseröhre, Lungen, Herz) und große Teile des Bauchraums (Magen und Darm). Weitere Hirnnerven, die parasympathische Fasern führen, sind der III. (Miosis und Linsenanpassung), VII. und IX. Hirnnerv (Tränen und Speichel).

3.5 Reflexe

Ein Reflex ist die stets gleichbleibende (stereotype), unwillkürliche Reaktion auf einen Reiz, den das ZNS aus der Umwelt oder dem Körperinneren erhält.

Reflexbogen (s. Abb. unten)

1. **Rezeptor:** die Sinneszelle, die den Reiz aufnimmt, z.B. in der Haut.
2. **Afferente Nervenbahn:** Sie leitet den Reiz zum ZNS (hier: zum Hinterhorn des Rückenmarks).
3. **Schaltzelle:** Sie dient beim Fremdreflex der Erregungsübertragung im Rückenmark; sie fehlt beim Eigenreflex.
4. **Efferente Nervenbahn:** Sie zieht vom ZNS, also aus dem Vorderhorn des Rückenmarks, zum Erfolgsorgan.
5. **Effektor:** das ausführende Organ, also meist ein Muskel oder eine Drüse.

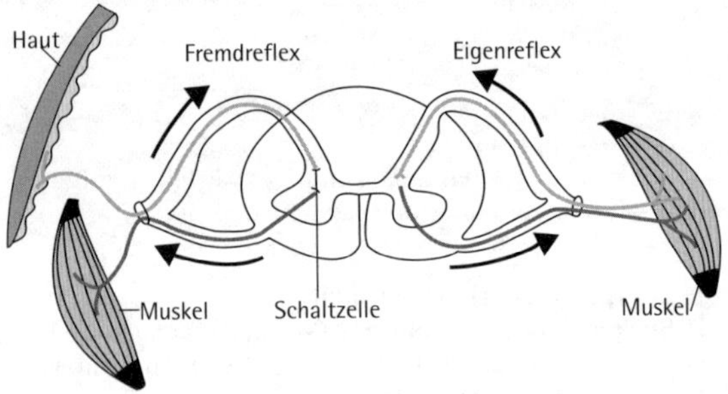

Da der gesamte Reflexbogen auf dem gleichen Rückenmarkniveau liegt, kann man unter Umständen durch die Überprüfung der wichtigsten Reflexe die Segmenthöhe einer Schädigung des Rückenmarks bestimmen.

	Eigenreflex	Fremdreflex
Anzahl beteiligter Organe	1 (Muskel)	2 (Haut/Schleimhaut und Muskel)
Anzahl beteiligter Nervenfasern	2	Mindestens 3
Synapsen	1 (monosynaptisch)	Mindestens 2 (polysynaptisch)
Rezeptor	Muskelspindel	Thermo- oder Mechanorezeptor der Haut
Reflexzeit	Kurz	Etwas länger (mehrfache Umschaltung)
Reflexantwort	Unabhängig von Reizstärke	Nimmt mit steigender Reizstärke zu
Ermüdbarkeit des Reflexes	Nein	Ja

3.5.1 Eigenreflexe

Der Ort der Reizung und der Ort der Reaktion befinden sich im gleichen Organ. In vielen Muskeln liegen Muskelspindeln, die als Dehnungsrezeptoren wirken. Ein Reiz wird über afferente Nerven zum Hinterhorn geleitet und dort direkt auf Vorderhornzellen umgeschaltet, so dass die Folge eine Kontraktion des gedehnten Muskels ist.
Nicht nur kurze Dehnungen, z.B. mittels Reflexhammer, geben Dehnungsreize.
Sie laufen ständig ab und sorgen so für den Ruhetonus und die Körperhaltung. Das Ausmaß der Muskeleigenreflexe wird durch höhergelegene Hirnzentren begrenzt und beeinflusst, damit es nicht zu überschießenden Reaktionen kommt (fällt diese Kontrolle weg, führt dies zur spastischen Lähmung).

Eigenreflexe zeichnen sich aus durch
- **kurze Refraktärzeit**, weil monosynaptisch: Impuls wird nur einmal im Rückenmark umgeschaltet,
- **Unfähigkeit zur Summation** (Reflexantwort unabhängig von Stärke des Reizes),
- **Unermüdbarkeit**.

Typische Eigenreflexe
- Bizepsreflex
- Radiusreflex
- Trizepsreflex
- Patellarsehnenreflex
- Achillessehnenreflex

Pathologische Reflexantworten sind z.B.:
- **Hyporeflexie oder Areflexie:** verminderter oder fehlender Reflex
- **Überschießende Reaktionen** wie **Hyperreflexie** oder **Klonus (Klonus:** rhythmische Kontraktion durch Störung der Hemmungsmechanismen; erschöpfliche Kloni hören nach der Prüfung allmählich auf, unerschöpfliche schlagen weiter und gelten als sicheres Zeichen für eine Pyramidenbahnschädigung)
- **Seitendifferenzen**

Bizepsreflex (BSR, Bizepssehnenreflex [1]): Schlag auf Bizepssehne bei leicht angewinkelter Ellenbeuge. Wenig lebhafter Eigenreflex mit Beugung des Unterarms (Segmenthöhe C5-C6)

Radiusreflex (RPR, Radiusperiostreflex [2]): Schlag gegen Seitenkante des distalen Radiusrands, dadurch leichte Beugung im Ellenbogengelenk (Segmenthöhe C5-C6)

Trizepsreflex (TSR): Schlag auf die Sehne des M. triceps brachii oberhalb des Olecranons bei angewinkeltem Unter- und abgewinkeltem Oberarm; führt zur Streckung im Ellenbogengelenk (Segmenthöhe C6/C7/C8 [Th1])

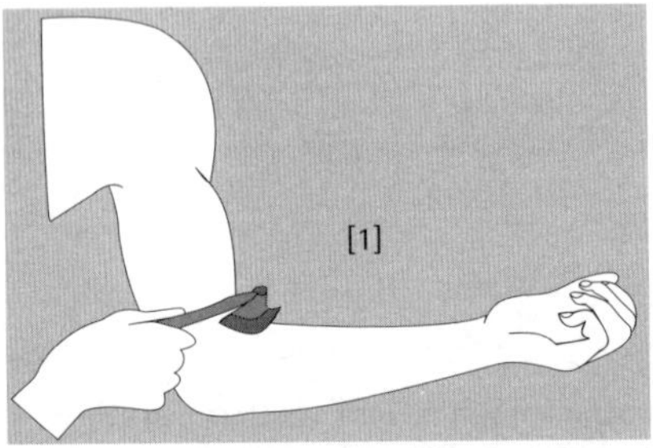

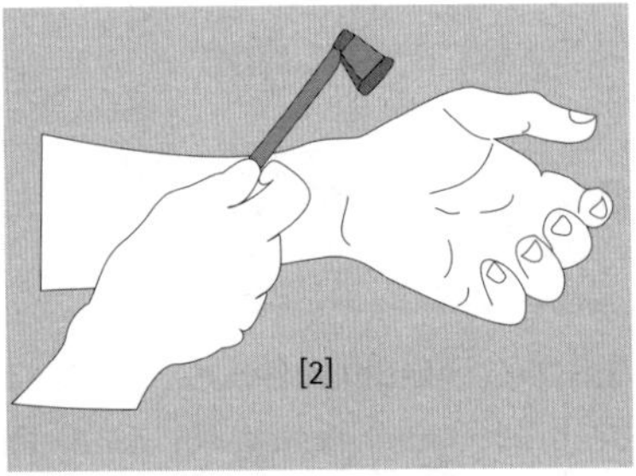

Patellarsehnenreflex (PSR, Quadrizepsreflex [3])
Schlag auf Sehne des M. quadriceps femoris unterhalb der Patella führt zur Streckung im Kniegelenk (Segmenthöhe [L2]/L3/L4, N. femoralis)

Achillessehnenreflex (ASR, [4])
Schlag auf Achillessehne bei abgewinkeltem Bein führt zur Plantarflexion des Fußes (Segmenthöhe [L5]/S1/[S2])

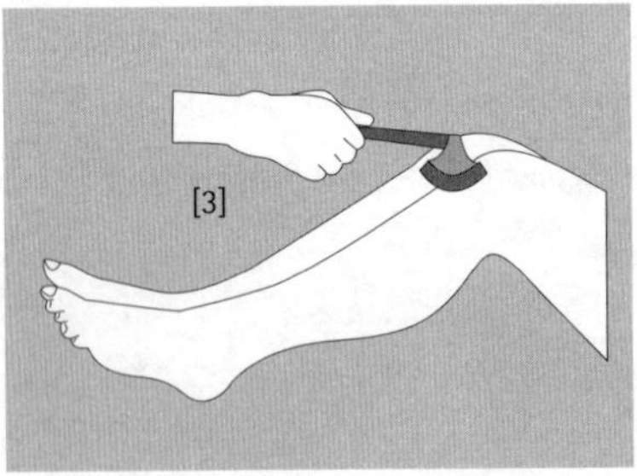

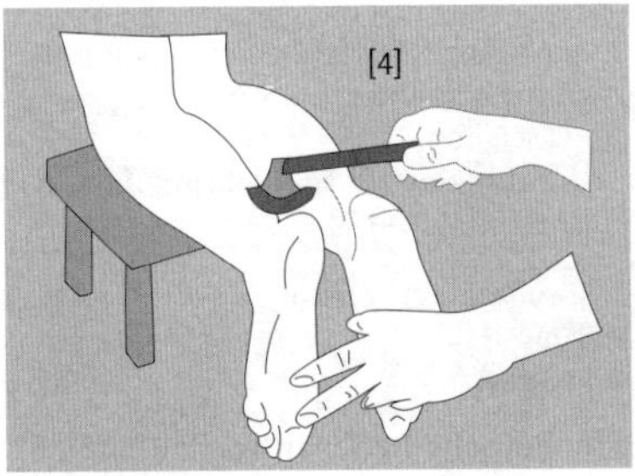

Merkhilfe
Die Austrittssegmente der Nerven für die bekannten Eigenmuskelreflexe lassen sich von eins bis acht durchzählen.

Eigenmuskelreflexe der Wirbelsäulensegmente	
ASR (Achillessehnenreflex)	**S1/2**
PSR (Patellarsehenreflex)	**L3/4**
BSR (Bizepssehnenreflex)	**C5/6**
TSR (Trizepssehnenreflex)	**C7/8**

3.5.2 Fremdreflexe

Reizort und Erfolgsorgan befinden sich nicht am gleichen Ort, z.B. löst ein Reiz der Haut durch Verbrennung der Finger eine Reaktion des Muskels aus und der Arm wird weggezogen. Hier durchläuft die Erregung ein zusätzliches Neuron, ein Schaltneuron im Rückenmark, das nicht nur afferente und efferente Bahnen verbindet, sondern auch Kontakt mit benachbarten Segmenten hat. So können durch Steigerung der Reizintensität weitere Muskelgruppen aktiviert werden (Summation).

- Fähigkeit zur örtlichen und zeitlichen **Summation**
- **Ermüdbarkeit**

Die wichtigsten physiologischen Fremdreflexe

Bezeichnung	Zuordnung	Auslösung (A) und Effekt (E)
Pupillenreflex	N. opticus	A: Belichtung des Auges E: Verengung der Pupille
Kornealreflex	N. trigeminus	A: Betupfen der Kornea mit Wattebausch E: Lidschluss
Würgereflex (Gaumenreflex)	N. glosso-pharyngeus, N. vagus	A: Berühren der Rachenhinterwand mit Spatel E: Hochziehen des Gaumens, Kontraktion der Pharynxmuskulatur
Bauchhautreflex (BHR), (kutaner Bauchdecken-reflex, BDR)	Th6-Th12	A: kurzes Bestreichen der Bauchdecke mit spitzem Gegenstand E: Kontraktion der ipsilateralen Bauchmuskulatur
Kremasterreflex	L2-L3	A: Bestreichen der Oberschenkelinnenseite E: Hochziehen des ipsilateralen Hodens
Analreflex	S3-S5	A: Bestreichen der Dammhaut E: Kontraktion des M. sphincter ani externus

Bauchdeckenreflex (BDR), Bauchhautreflex (BHR)

Rasches Bestreichen z.B. mit einem Zahnstocher von der Lende zur Bauchmitte hin, wodurch der Nabel zur Reizseite verzogen wird.

Fehlender oder abgeschwächter Bauchdeckenreflex z.B. bei:
- **Pyramidenbahnschaden**
- **Schädigung im Reflexbogen**
- Mechanische Ursachen (zu straffe/schlaffe Bauchdecke, Narben)

Die wichtigsten pathologischen Fremdreflexe

Bezeichnung	Bedeutung	Auslösung (A) und Effekt (E)
Okulozephaler Reflex	Diffuse Hirnschädigung	A: passive Drehung des Kopfs E: Zurückbleiben der Bulbi (Puppenaugenphänomen)

Orbicularis-oculi-Reflex (Glabella-, Nasopalpebralreflex)	Läsion kortikopontiner Bahnen, Erkrankung des extrapyramidalen Systems	A: Schlag auf die Glabella E: Kontraktion des M. orbicularis oculi
Orbicularis-oris-Reflex (Schnauzreflex)	Wie Orbicularis-oculi-Reflex	A: Perkussion der perioralen Muskulatur E: Kontraktion des M. orbicularis oris
Die wichtigsten pathologischen Fremdreflexe		
Saugreflex	Diffuse Hirnschädigung	A: Bestreichen des Mundbereichs E: Saug- und Schluckbewegung
Palmomentalreflex	Diffuse Hirnschädigung, Erkrankung des extrapyramidalen Systems	A: Bestreichen der Handinnenfläche mit spitzem Gegenstand E: Kontraktion der ipsilateralen Kinnmuskulatur

Babinski-Zeichen (wichtiges Pyramidenbahnzeichen)
Beim Bestreichen der Fußsohle von der Ferse über die seitliche Fußsohle in Richtung Kleinzehe kommt es zu einer der folgenden Reaktionen:
- Langsame Dorsalflexion der Großzehe
- Spreizung der Zehen (Fächerphänomen)

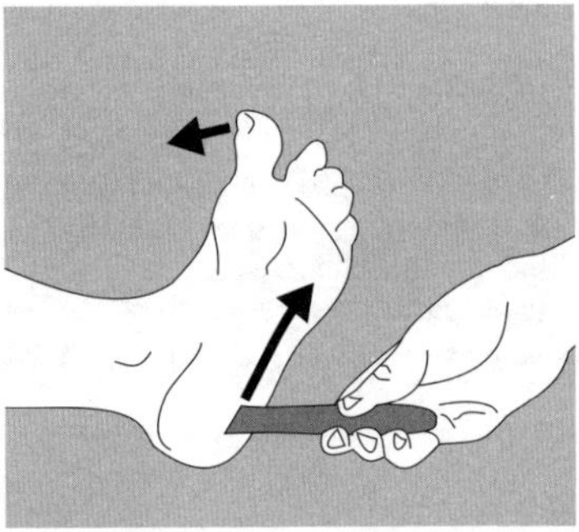

Babinski-Zeichen positiv
- Physiologisch bis ins 2. Lj.
- Bei Pyramidenbahnschaden
- Bei Multipler Sklerose
- Bei Urämie (Anfangsstadium)

3.6 Erkrankungen des Nervensystems

3.6.1 Schäden der peripheren Nerven

3.6.1.1 Polyneuropathie

(Nichttraumatische) Erkrankungen der peripheren Nerven mit meist distal symmetrisch betonten sensiblen, motorischen und vegetativen Störungen.

Häufigste Ursachen in Europa: **Diabetes mellitus und Alkoholkrankheit**.

Außerdem: Urämie, Malabsorption/Malnutrition (Beriberi, Pellagra, Zöliakie u.a.), Infektionskrankheiten (Lepra, Borreliose, HIV-Erkrankung); endokrine Erkrankungen, z.B. Hypothyreose, Akromegalie; exogen-toxisch (neben Alkohol auch Blei-, Thalliumvergiftung und Medikamente); als Polyneuritis bei Kollagenosen und immunologischen Erkrankungen, z.B. Sarkoidose, Panarteriitis nodosa u.a. Vaskulitiden, rheumatoide Arthritis; bei paraneoplastischem Syndrom.

Symptome/Klinik

- Schmerzen und symmetrische Missempfindungen der Füße und Hände
- Parästhesien (Gefühlsstörungen) distal, symmetrisch als strumpf- und handschuhförmige Sensibilitätsstörungen (meist der unteren Extremität): unangenehme Temperaturempfindungen, „Ameisenlaufen", quälendes Kribbeln, Brennen der Füße („Burning Feet")
- Vegetativ-trophische Störungen (z.B. auch Blasenfunktionsstörungen)
- Eventuell Lähmungen (z.B. distal betonte Lähmungen aller Extremitäten: „Tetraparese")
- Eigenreflexe an der unteren Extremität meist herabgesetzt oder erloschen (Achillessehnenreflex fehlt oft schon, bevor sensible oder motorische Schäden nachweisbar sind)
- Eventuell Hirnnervenbefall
- Eventuell Schwankschwindel und nächtliche Muskelkrämpfe

Therapie: Behandlung der Grundkrankheit, Physiotherapie.

3.6.1.2 Trigeminusneuralgie

Trigeminus: Drillingsnerv im Gesicht (Hirnnerven, → 92)
Neuralgie: Nervenschmerzen im Ausbreitungsgebiet eines Nerven

Symptome

- **Schmerzen:** plötzlich einschießend und äußerst stark; die Attacken dauern meist nur einige Sekunden, können sich aber in kurzen Abständen (Minuten) wiederholen und so den Patienten zermürben
- Eventuell Hyperästhesien und Sensibilitätsstörungen
- Eventuell Kontraktion der mimischen Gesichtsmuskulatur (Tic douloureux)
- Eventuell Rötung des Gesichts
- Eventuell Tränen- und Schweißsekretion

Formen

- **Idiopathisch:** Ursache nicht bekannt (vermutet wird eine Kompression der sensiblen Trigeminuswurzel durch ein Gefäß)
  - Auftreten meist nach dem 50. Lj., v.a. bei Frauen
  - Auslöser: Kältereize, Sprechen oder Niese, aber auch das Berühren bestimmter Hautzonen (Trigger-Zonen)
  - Meist im Ausbreitungsgebiet des Ober- und Unterkiefernervs
  - Meist einseitig
- **Symptomatisch:** bei Erkrankungen der Augen (z.B. Glaukom) oder Zähne, bei Sinusitis, Kollagenosen, Stoffwechselkrankheiten, Intoxikationen, mechanischen Schäden (Fraktur, Kompression, Tumor), als Begleiterscheinung von Infektionen, vaskulären Erkrankungen oder Multipler Sklerose
  - Auftreten meist vor dem 40. Lj.
  - Auch im Bereich des N. ophthalmicus, oft auch beidseitig
  - Meist Dauerschmerz nach Abklingen der Schmerzattacken

Therapie symptomatisch: Behandlung der Grunderkrankung.
Therapie idiopathisch:
SM: Antiepileptika, v.a. Carbamazepin; evtl. Zerstörung des sensorischen Ganglions durch Thermokoagulation; sehr selten Operation.

NHK: nach Störfeldern (z.B. Zähne, Tonsillen, Narben) suchen; Akupunktur, Reiki, Homöopathie (z.B. Aconitum), Argentum nitricum, Belladonna, Chamomilla, Colocynthis, Gelsemium, Ignatia, Magnesium phosphoricum; Mercurius, Natrium muriaticum, Rhus toxicodendron, Silicea, Sepia); evtl. Johanniskraut und B-Vitamine austesten.

3.6.1.3 Fazialislähmung (Fazialisparese)

Periphere Fazialisparese

Sie ist die häufigste periphere Nervenlähmung.

Ursache: 80% idiopathisch, Herpes-simplex-Viren werden diskutiert.

Symptome: Entwicklung meist in wenigen Stunden.
- Typisches Herabhängen des Mundwinkels
- Unfähigkeit, das Auge zu schließen (Lagophtalmus, sog. Hasenauge)
- Unfähigkeit, die Stirn zu runzeln
- Verstrichene Nasolabialfalte
- Oft Sensibilitätsstörungen
- Oft Störungen in der Speichel- und Tränensekretion

Meist bilden sich die Symptome spontan zurück, Restsymptome können bleiben.

Zentrale Fazialisparese

Die Schädigung liegt nicht im Bereich des N. facialis, sondern stimulierende motorische Rindenfelder oder deren Axone fallen aus (z.B. bei Schlaganfall). Hierbei fällt die mimische Muskulatur der Gegenseite (meist) **mit Ausnahme der Stirnmuskulatur** aus, der Patient kann also hier noch die Stirn runzeln. Außerdem sind die Muskeln der Lidspalte intakt.

3.6.1.4 Horner-Symptomenkomplex

Ursache: Lähmung der zum Auge laufenden Sympathikusfasern, z.B. bei wirbelsäulennaher Schädigung des Plexus brachialis (Armnervengeflecht); durch Stellatumblockade (gezielte lokale Leitungsanästhesie des Ganglion stellatum und damit Blockade) bei Neuraltherapie als Zeichen der korrekten Injektion (Symptome verschwinden nach 20-30 Min.).

Trias
- **Enophthalmus** (abnorm tiefliegender Augapfel)
- **Ptosis** (Herabsinken des Oberlids)
- **Miosis** (Pupillenverengung)

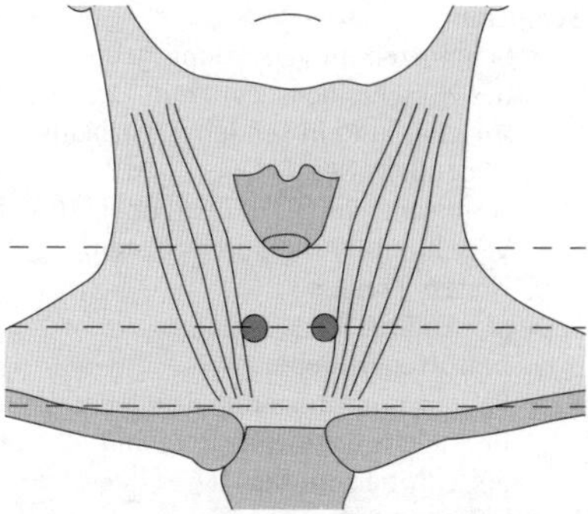

Indikation für Stellatumblockade (s. Abb.): Migräne, halbseitiger Kopfschmerz, postkommotionelle Beschwerden, Osteochondrose der HWS, Periarthritis humeroscapularis, Brachialgia nocturna, Hyperemesis gravidarum, Trigeminus- und Zosterneuralgie. Als Zeichen des Wirkungseintritts kommt es zum Horner-Syndrom.

3.6.1.5 Nervenwurzelsyndrome

(Ischialgie, s.u.)

Typische Symptomenkombination bei Schädigung einer Nervenwurzel.

Häufigste Ursache im Bereich der unteren HWS: degenerative Veränderungen im Bereich der unteren LWS (Bandscheibenvorfälle; im Bereich der gesamten Wirbelsäule müssen Tumoren und Metastasen in Betracht gezogen werden).

Symptome: im Versorgungsgebiet der betroffenen Nerven

- motorische Ausfälle bis Muskelatrophie,
- abgeschwächte Reflexe,
- Schmerzausstrahlung und Sensibilitätsausfälle im entsprechenden Dermatom,
- gestörte Schweißsekretion u.a. vegetative Ausfälle bei Schädigung der Wurzel ab Th2-L2.

- Abklärung durch Neurologen über CT, MRT, EMG
- Therapie nach Ursache

3.6.1.6 Ischialgie, Ischiassyndrom

- Schmerzen im Versorgungsgebiet des Ischiasnervs
- Fast immer einseitig auftretend, außer bei Polyneuropathie (z.B. bei Diabetes mellitus oder Alkoholismus)

Ursachen:

- Meistens Reizung bzw. Kompression des Nervs durch Bandscheibenprotusion oder -vorfall im Bereich L4, L5 (Schmerzausstrahlung in Fußrücken), S1 (Schmerzausstrahlung in Fußrand und -sohle)

Selten:

- **Rückenmarktumoren**
- Geschwülste des Beckens (weibliche Genitalien, Prostata, Rektum)
- Spondylolisthesis (Wirbelgleiten), Spondylose
- Traumen mit Subluxationen (teilweise Verrenkung)
- Schwangerschaft
- **Infektionskrankheiten** (Meningitis, Lepra, Lyme-Borreliose, AIDS, Scharlach, Herpes Zoster)
- Nervengifte (Alkohol, Tabak, Arsen, Blei, Thallium)

Symptome

- Schmerzen im Versorgungsgebiet des N. ischiadicus, evtl. mit Ausstrahlung in Lenden-Kreuzbein-Gegend, in Gesäß, Ober- und Unterschenkel bis in den Fuß; evtl. Verschlimmerung durch Husten, Niesen, Pressen
- Muskulärer Hartspann im betroffenen Gebiet
- Patient nimmt Schonhaltung ein (mit leicht angewinkeltem und außenrotiertem Bein)

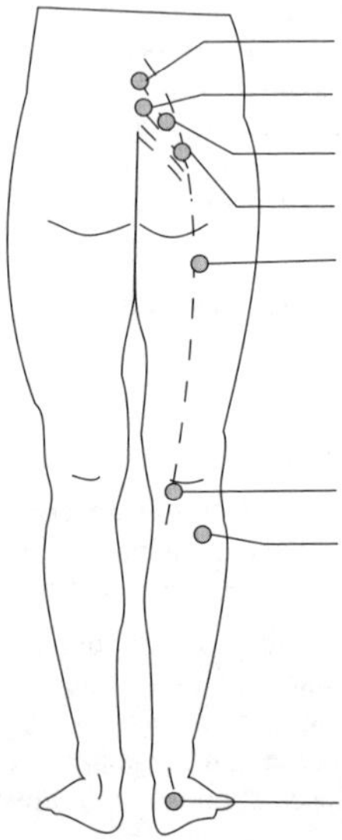

Möglicherweise:

- Parästhesien, Kältegefühl
- Schlaffheit der Wadenmuskulatur
- Abgeschwächter oder fehlender Achillessehnenreflex

In schweren Fällen möglicherweise sensorische und motorische Ausfälle wie Lähmung der Zehen.

Diagnose

- **Valleix-Punkte** druckschmerzhaft (s. Abb.)
- **Lasègue-Zeichen** positiv (Anheben des gestreckten Beins ⇒ Schmerz im Verlauf des Nervs auf befallener Seite)
- **Reflexe abgeschwächt** (Achilles-, evtl. Patellarsehnenreflex)
- Moutard-Martin-Zeichen („kontralaterales Lasègue": beim Anheben des gesunden Beins kommt es zu Schmerzen im geschädigten)
- Minor-Zeichen: Benutzung ausschließlich des gesunden Beins beim Aufstehen aus dem Liegen (bei Lumbago beide Beine)
- Reflektorische Skoliose (Vanzetti-Zeichen)
- Bragard-Gowers-Zeichen: Schmerzen bei Dorsalflexion des Fußes (durch Dehnung des Nervs)

Therapie

- Entlastende Lagerung, z.B. durch Stufenbett; Patient legt in Rückenlage die Unterschenkel hoch, so dass in Knien und Hüfte jeweils ein 90°-Winkel entsteht; evtl. auch Bauchlage mit herabhängenden Beinen.
- Wärmeanwendungen (Fango, Rotlicht etc.).
- Akupunktur, Neuraltherapie, Schröpfen und Baunscheidtieren zeigen gute Erfolge.
- Wirbelsäulentherapie nach Dorn (Vorsicht).

3.6.1.7 Nervenschäden im weiteren Verlauf peripherer Nerven

Ursachen

- Meist Traumata: Quetschung, Schnitt oder Stich
- Seltener Entzündung, Durchblutungsstörungen oder Tumoren

Symptome: Je nach Lokalisation kommt es im betroffenen Gebiet zu

- Störungen der Sensibilität und
- Störungen der Motorik, da Rückenmarknerven gemischte Nerven sind.

Therapie

Solange die Zellkörper nicht beschädigt sind, haben die Nervenfasern ein gutes Regenerationsvermögen. Bei ihrem Wachstum dienen die Schwann-Zellen als Leitstrukturen.
Häufig treten folgende Symptome auf:
Peronaeuslähmung: oft durch äußere Druckschädigung am Fibulaköpfchen (z.B. Gipsverband, langes Arbeiten im Knien) nach Traumen oder Knie-Operationen, selten durch Minderdurchblutung oder endogenen Druck (z.B. Baker-Zyste in Kniekehle).
Leitsymptom: Steppergang mit Fallfuß (Spitzfußstellung); betroffenes Bein wird übermäßig angehoben, weil die Dorsalextensoren von Fuß und Zehen gelähmt sind → Fuß kann im Sprunggelenk nicht in Richtung Tibia angehoben werden und schlägt beim Abrollen auf den Boden. Sensibilitätsstörungen bestehen am seitlichen Fußrand und am Fußrücken.

3.6.2 Lähmungen

Parese: Funktionsminderung
Paralyse: Funktionsausfall eines Körperteils oder Organsystems

	Spastische Lähmung (zentrale Lähmung)	Schlaffe Lähmung (periphere Lähmung)
Ort der Schädigung	1. motorisches Neuron; ab Hirnrinde über Pyramidenbahn bis Vorderhornzelle	2. motorisches Neuron; Vorderhornzelle, peripherer Nerv bis motorische Endplatte
Mögliche Ursachen	Arterienverschluss, Hirnblutung meist noch vor der Pyramidenbahnkreuzung	Durchtrennung eines peripheren Nervs, Zerstörung des Motoneurons im Rückenmark (z.B. bei Polio)
Ruhetonus der Muskulatur	Hyperton (heraufgesetzt)	Hypoton (herabgesetzt)
Muskeleigenreflexe	Gesteigert	Herabgesetzt/erloschen
Muskelatrophie	Nein	Ja
Mitbewegungszeichen	Ja	Nein
Pyramidenbahnzeichen (z.B. Babinski)	Ja	Nein
Entartungsreaktion	Nein	Ja (Veränderung der normalen elektrischen Erregbarkeit von Nerven/Muskeln als Zeichen einer Schädigung des 2. motorischen Neurons)

Beispiele

- **Schlaganfall:** Eine anfangs schlaffe Lähmung wird nach Tagen bis Wochen spastisch.
- **Multiple Sklerose:** typischerweise spastische Lähmungen, aber auch schlaffe Lähmung möglich.
- **Poliomyelitis:** typischerweise schlaffe Lähmungen, nur sehr selten (bei enzephalitischer Verlaufsform) auch spastische Lähmungen möglich.

3.6.3 Multiple Sklerose (MS)

- Frauen sind häufiger als Männer betroffen; Erstmanifestation zwischen 20. und 40. Lj.
- Mit 1: 2.000 Einwohnern häufigste neurologische Erkrankung in unseren Breiten
- Prognose umso ungünstiger, je früher der Beginn

Ursache: unbekannt, familiäre Häufung (genetische Disposition). Vermutungen: Quecksilberbelastung, Viren, autoimmun, Allergie, Ernährung, Umweltfaktoren

Pathogenese

MS ist eine entzündliche, demyelinisierende und degenerative Erkrankung des zentralen Nervensystems. Es handelt sich um eine Entmarkungskrankheit, d.h., die weiße Substanz im ZNS löst sich auf; es entstehen stecknadelkopf- bis markstückgroße Herde mit Markscheidenzerfall (Demyelisation) und Gliawucherung; es kommt außerdem zu Infiltrationen und Verdickungen der Gefäße. Ohne Markscheiden ist keine geordnete Erregungsweiterleitung möglich, somit kommt es zu unterschiedlichsten Funktionsausfällen.
Eine Prädilektionsstelle befindet sich in Bereich der Brücke mit den Kernen der Hirnnerven, die für die Steuerung der äußeren Augenmuskeln zuständig sind. Zu Veränderungen kommt es auch am Kleinhirn, an den Pyramidenbahnen und Sehnerven.

Verlauf

- **Akuter schubweiser Verlauf (häufig):** Symptomatik entwickelt sich innerhalb weniger Tage bis zu 2 Wochen, bleibt einige Tage bis Wochen unverändert und bildet sich dann zurück (Remission), allerdings nicht vollständig. Das Intervall zwischen den Schüben beträgt meist 1-2 Jahre, aber auch wenige Monate oder 10-15 Jahre.
- **Chronisch progredienter Verlauf (selten):** schubartige Verschlimmerung ohne Remissionen (v.a. bei Patienten in mittleren Jahren).

Symptome

- **Sehstörungen**
  - Doppeltsehen durch Augenmuskellähmung oder
  - Sehstörung zeitweise oder bleibend durch ein- oder beidseitige Entzündung des Sehnervs; „Sehen wie durch Milchglas oder Schleier", bis hin zum zeitweisen oder dauerhaften Erblinden, meist vorübergehender einseitiger Verlust des Sehvermögens
- **Parästhesien** in verschiedenen Hautgebieten, evtl. verminderte Berührungs- und Schmerzempfindlichkeit
- **Blasenschwäche**, Potenzstörungen, Darmstörungen durch Beteiligung des Rückenmarks
- **Vorübergehende Gliederschwäche**, Unbeholfenheit und Schwerfälligkeit der Bewegungen

Charcot-Trias
- **Nystagmus** (Augenzittern)
- **Skandierende Sprache** (langsam und schleppend, ähnlich einem buchstabierenden Kind; ein Symptom, das eher in Lehrbüchern als in der Praxis beschrieben wird)
- **Intensionstremor** (Zittern bei Zielbewegungen, am stärksten kurz vor dem Ziel)

- **Steife in den Gliedmaßen**
- **Spastische Lähmungen**, v.a. der Beine (Kombination aus Koordinationsstörungen und spastischen Lähmungen führen zu einem typischen, veränderten, breibeinig-steifen Gangbild)
- **Fehlende Bauchdeckenreflexe**, auch abgeschwächt oder seitendifferent
- **Psychische Veränderungen:** Euphorie (selten depressive Verstimmungen), Verminderung des Verantwortungsbewusstseins, später selten Psychosen
- **Kopfschmerzen**
- **Trigeminusneuralgie** mit Dauerschmerzen ist die häufigste Form der auftretenden Gesichtsschmerzen
- **Nachlassen der Gedächtnisleistung**, im späteren Verlauf evtl. Demenz

Diagnose

Lange Zeit gab es keinen sicheren diagnostischen Test für MS. Die Diagnose wurde im Wesentlichen aufgrund der Beschwerden und nach Ausschluss aller anderen Möglichkeiten gestellt. Auch heute kann die Diagnose erst relativ sicher gestellt werden, nachdem einige Schübe stattgefunden haben und mehrere Herde nachgewiesen wurden. Dabei helfen MRT, Liquoruntersuchung, Kernspin- und Computertomographie und EEG (evozierte Potenziale). Möglicherweise ist das Lhermitte-Zeichen (Nackenbeugezeichen) positiv: Parästhesien (z.B. „wie elektrisiert") in den Armen und im Rücken bei starker (passiver) Beugung des Kopfs nach vorn.

Therapie

- Ursächliche Therapie bisher nicht möglich
- Symptomatische Behandlung durch entzündungshemmende und/oder immunsuppressive Medikamente und z.B.:
  - Baclofen gegen Spastik
  - Corbachol bei Blasenentleerungsstörungen
  - Carbamazepin bei Trigeminusneuralgie
  - Antidepressiva bei reaktiver Depression
- Krankengymnastik und Ergotherapie zur Funktionserhaltung

Prognose

Mittlerer Krankheitsverlauf > 25 Jahre. 5 Jahre nach Krankheitsbeginn sind 70%, nach 20 Jahren noch 36% der Betroffenen berufs-tätig.

3.6.4 Parkinson-Syndrom

Schüttellähmung, Paralysis agitans, akinetisch-rigides Syndrom, extrapyramidales Syndrom.

- Häufigste neurologische Erkrankung im fortgeschrittenen Lebensalter.
- Sie ist langsam fortschreitend und zählt zu den degenerativen Erkrankungen des extrapyramidalmotorischen Systems.
- Ausgelöst wird sie durch das Absterben von Zellen in der Substantia nigra, einer Struktur im Mittelhirn, die den Botenstoff Dopamin herstellt; der Mangel an Dopamin führt letztlich zu einer Verminderung der aktivierenden Wirkung der Basalganglien auf die Großhirnrinde.

Ursache

- Primärer (idiopathischer) Parkinsonismus (häufigste Ursache)
- Sekundärer (symptomatischer Parkinsonismus) durch:
  - Medikamenteneinnahme (Neuroleptika, Antiemetika, Reserpin) zweithäufigste Ursache
  - Hirnarteriosklerose
  - Folge einer Enzephalitis
  - Vergiftungen (Mangan, Kohlenmonoxid, Methylalkohol)
  - Selten: Traumen, Tumoren

Symptome

Trias

- **Hypokinese bis Akinese** (Bewegungsarmut bis -losigkeit), Verlangsamung (Bradykinese) und Verminderung der Bewegungsfähigkeit; durch mangelnde Mimik: **Maskengesicht;** während des Schreibens wird die Schrift kleiner; **Sprache leise und monoton; Haltung gebückt, Gang kleinschrittig und schlurfend ohne physiologische Mitbewegung der Arme; erhöhte Fallneigung** (im Frühstadium Startschwierigkeiten beim Gehen; in schweren Fällen kann der Erkrankte einmal begonnene Bewegungen nicht abbremsen).
- **Rigor** (Muskelsteifheit) durch Muskelhypertonie mit **Zahnradphänomen**: Bewegt man ein Glied des Patienten, schießen immer wieder flüchtige Impulse ein, die den Ablauf der passiven Bewegung ruckartig bremsen (Kopffalltest: Kopf des liegenden Patienten wird passiv angehoben und losgelassen, er bleibt „eingefroren" oder sinkt nur langsam zurück).
- **Tremor** (Gliederzittern): grobschlägiger Ruhetremor von 4-6 Schlägen pro Sekunde, vermindert sich bei zielgerichteten Bewegungen und im Schlaf, verstärkt sich bei Erregung, **„Pillendrehertremor", „Münzzählertremor"**

- **Stimmungslabilität:** Die Kranken reagieren emotional lang anhaltend und ausgeprägt; häufig besteht das Unvermögen, Affekte zurückzuhalten; oft verhalten sich Betroffene egozentrisch und in sich gekehrt, oft depressiv.
- **Salbengesicht**: glänzendes Aussehen der Gesichtshaut durch erhöhte Talgabsonderung; weitere vegetative Störungen: **Speichelfluss, Schwitzen**.

Der **Tod tritt oft durch einen Unfall ein** oder durch einen hinzukommenden Infekt.

Therapie: Medikamente (L-Dopa, Anticholinerga u.v.m.).

3.6.5 Demenz

Organische, in der Regel über Monate bis Jahre verlaufende, chronisch progrediente, degenerative Veränderungen des Gehirns mit Verlust von erworbenen kognitiven Fähigkeiten. In 70% der Fälle handelt es sich um Alzheimer-Demenz, in 20% der Fälle um sekundäre Demenzen (8% Multiinfarktdemenz, 4% parkinson assoziierte Demenz, 8% Demenzen anderer Ursache) und in 10% der Fälle um Mischformen.

Die Demenz ist die häufigste Einzelursache für Pflegebedürftigkeit im Alter (betroffen sind über 7% der über 65-Jährigen und 30% der über 80-Jährigen).

3.6.5.1 Alzheimer-Krankheit

Degenerative Atrophie der Großhirnrinde, die zur Demenz führt.
Beginn meist zwischen dem 50. und 60. Lj.; w > m.

Pathophysiologie
Das Gehirn schrumpft auf bis zu einem Drittel, die Hirnkammern sind stark erweitert, die normalerweise engen Hirnfurchen klaffen weit auseinander; die Nervenzellen in großen Hirnbereichen sterben größtenteils ab; es bilden sich „senile Plaques" (Proteine), die als Alzheimer-Fibrillen bezeichnet werden.

Ursache
Unklar, diskutiert werden genetische und metabolische Störungen, eine Slow-Virus-Infektion und die Belastung durch Aluminium (nicht nur aus Tuben, Töpfen und Dosen, sondern z.B. über Deoroller).

Symptome

- Schleichender Beginn: **Zerstreutheit, Vergesslichkeit** (anfangs kompensiert über Merkzettel); im weiteren Verlauf drastische Merkfähigkeitsstörungen und Verlust des Tag-Nacht-Rhythmus
- **Räumliche und zeitliche Orientierungsstörungen**
- **Persönlichkeitsveränderungen:** interesselos, ängstlich, stimmungslabil, apathisch, evtl. auch erhöhte Reizbarkeit und Aggressivität
- **Demenz:** z.B. Störungen des Erkennens und Unfähigkeit, einfachste Handlungen auszuführen

Schließlich ist der Betroffene völlig desorientiert und versteht nicht mehr, was gesprochen wird, obwohl er hören kann. Außerdem erkennt er seine nächsten Familienangehörigen (Kinder, Ehepartner) nicht mehr und ist harn- und stuhlinkontinent.

Diagnose: absolut sicher erst nach dem Tod durch Obduktion zu stellen.
EEG: normal oder unspezifische Allgemeinveränderungen.
CCT: normal oder Nachweis der Hirnschrumpfung.
Neurologische Untersuchung: normal oder Pyramidenbahnzeichen oder Hinweise auf extrapyramidale Syndrome.
PET (Positronen-Emissions-Tomographie): nuklearmedizinisches Schnittbildverfahren.

Differenzialdiagnose: Creutzfeldt-Jakob-Krankheit, Demenzen anderer Ätiologie, Hirntumoren u.a.

Therapie: Rivastigmin (verschreibungspflichtig) kann den Verlauf verlangsamen.

Buchtipp: „Small World" von Martin Suter
Filmtipp: „Iris"

3.6.6 Schlaganfall (Apoplex)

Gehirninfarkt (apoplektischer Insult)
Schlagartiger Ausfall bestimmter Hirnfunktionen (je nach betroffenem Bereich) durch mangelnde Blutversorgung.

80% als Hirninfarkt - 20% als Hirnblutung

Je nach Ausmaß der Gehirnschädigung kann sofort der Tod eintreten oder es können schwere neurologische Ausfälle entstehen (v.a. Lähmungen). Das Auftreten geringer Schädigungen ist ebenfalls möglich. Unter Umständen können die Aufgaben eines ausgefallenen kleineren Hirnteils von anderen Bereichen im Gehirn übernommen werden.

Risikofaktoren
- **Hypertonie**
- **Arteriosklerose**
- **Diabetes mellitus**
- Fettstoffwechselstörungen
- Rauchen
- Ovulationshemmer („Pille")

Pathogenese: Das Gehirn ist eines der am besten durchbluteten Organe (am Kopf verliert ein Taucher die meiste Wärme). Die Gehirnzellen reagieren sehr empfindlich auf eine mangelnde Sauerstoffversorgung; so genügt ein leichter Blutdruckabfall, um Ohnmacht oder Bewusstlosigkeit auszulösen.
Besteht der O_2-Mangel 3-5 Minuten lang, kommt es zu ersten Zellnekrosen in der Hirnrinde. Andere Nervenzellen, z.B. im Hirnstamm, haben eine etwas längere Überlebenszeit.
Nach 9-11 Minuten tritt irreversibel der Hirntod ein (bei 37 °C Körpertemperatur; bei Unterkühlung ist allerdings der O_2-Bedarf erheblich reduziert, der Hirntod tritt also später ein). Bestehen geringe Restkreisläufe, verlängert sich die regenerationsfähige Phase. Besteht ein Restkreislauf von über 15%, kommt es sehr wahrscheinlich zu gar keiner Schädigung von Hirngewebe.

3.6.6.1 Hirninfarkt (ischämischer zerebraler Insult)

Akuter Verschluss einer Hirnarterie durch Arteriosklerose und arterielle Thrombose (70%) oder durch einen Embolus (z.B. aus dem linken Herzen) aus extrakraniellen Gefäßen (zwischen Aortenbogen und Schädelbasis, z.B. im Bereich des Halses). Das Ausmaß der Schädigung hängt von der Geschwindigkeit ab, mit der sich der Gefäßverschluss ausgebildet hat (geschieht dies langsam, haben sich evtl. Kollaterale gebildet), sowie von der Größe des betroffenen Gebiets und von Blutdruck und -viskosität.
Betroffen sind v.a. ältere Menschen (55.-64. Lj.: 3/1.000; 65.-74. Lj.: 8/1.000). Der Hirninfarkt belegt in der Todesursachenstatistik den dritten Platz (nach der koronaren Herzkrankheit und Malignomen) und ist eine der häufigsten Ursachen für Invalidität im Alter.

Stadieneinteilung

- **TIA** (transitorische ischämische Attacken): neurologische Symptome, die sich meist innerhalb von einer Stunde (maximal 24 Stunden) zurückbilden, wie Schwächegefühle in Extremitäten, plötzliche Sensibilitäts-, Sprach- oder Sehstörungen. Auslöser ist zeitweise eine Thrombozytenaggregation in arteriosklerotisch veränderten Gefäßen. 50% der Patienten, bei denen es zum kompletten Hirninfarkt kommt, hatten vorher TIA, daher unbedingt sofortige Abklärung.

Achtung: TIA sind Vorboten des Hirninfarkts!

- **PRIND** (prolongierte reversible ischämische neurologische Defizite): wie TIA, jedoch Rückbildung der Symptome erst innerhalb einer Woche.
- **Kompletter Hirninfarkt:** kein vollständiges Verschwinden der neurologischen Symptome.

Symptome

Die Entwicklung geschieht langsam (meist nachts) durch einen Thrombus oder plötzlich durch einen Embolus. Der Betroffene ist meist bei Bewusstsein (oder nur kurz bewusstlos). Der Puls ist beschleunigt, die Atmung normal, die Gesichtsfarbe blass. Die Patienten wirken im Allgemeinen nicht krank.

Symptome je nach betroffenem Gefäß

- **Mittlere Großhirnarterie** (A. cerebri media): häufigste Lokalisation, die zur kontralateralen Halbseitenlähmung mit Sensibilitätsstörungen führt. Sie ist oft armbetont und wird von einer Fazialisparese begleitet. Die Lähmung ist anfangs schlaff und wird nach Tagen bis Wochen spastisch. Ist die sprachdominante Hemisphäre betroffen, treten Sprachstörungen auf. Es kann zu Harninkontinenz, Verwirrtheit und Apathie kommen.
- **Vordere Großhirnarterie** (A. cerebri anterior): kontralaterale, beinbetonte Halbseitenlähmung mit Sensibilitätsstörung, psychische Störung und Verlangsamung
- **Hintere Großhirnarterie** (A. cerebri posterior): Gesichtsfeldausfälle, Verwirrtheit, Apathie, Kopfschmerzen

Diagnose: bei Verdacht sofort Notarzt verständigen → Diagnose in der Klinik durch CT, ergänzend durch Doppler-Sonographie.

Erstmaßnahmen

Bewusstlosen oder erbrechenden Patienten in stabile Seitenlage bringen und Atmung sichern; ist der Patient bei Bewusstsein, Oberkörper hochlagern und Notarzt alarmieren (lassen); Überwachung von Blutdruck, Puls und Bewusstsein; sicheren venösen Zugang legen.

3.6.7 Hirnblutungen

Durch Gefäßruptur tritt Blut ins Gehirn aus, also in das Gehirngewebe oder Ventrikelsystem.

3.6.7.1 Intrazerebrale Massenblutung

Krankheitsbild Schlaganfall

Ursache
Meist reißt ein durch Bluthochdruck arteriosklerotisch verändertes Hirngefäß, das der erhöhten Druckbelastung nicht mehr gewachsen ist. Seltener wird der Schlaganfall durch ein intrakranielles Aneurysma oder eine hämorrhagische Diathese hervorgerufen.

Symptome
Sie setzen akut ein und verschlimmern sich durch stetige Hirndrucksteigerung. Je nach Lokalisation und Ausmaß: Lähmungen, Sensibilitäts- und Bewusstseinsstörung bis hin zum Koma. Kennzeichen des Komas durch Hirnblutung: rotes gedunsenes Gesicht, blasend-schnarchende Atmung, völlige Muskelerschlaffung und Fehlen der Reflexe.

3.6.7.2 Epiduralblutung

Blutung zwischen Dura mater und Schädelknochen.

Ursache
- Meist arteriell (oft durch Ruptur der A. meningea media)
- Meist durch Kopfverletzungen, z.B. durch einen Schlag auf den Kopf

Symptome
- Eventuell vorübergehende Bewusstseinsstörung gefolgt von einem **symptomfreien Intervall** von Minuten bis Tagen, danach erneute Bewusstseinstrübung bis hin zum Koma
- Möglicherweise kontralaterale Halbseitenlähmungen und Zeichen der Hirndrucksteigerung

3.6.7.3 Subduralblutung

Blutung zwischen Dura mater und Arachnoidea.

Ursache
- Meist venöse Sickerblutung
- Meist durch geringes Trauma ausgelöst, z.B. durch Anstoßen beim Einsteigen ins Auto

Symptome
- Wochen bis Monate beschwerdefrei (durchschnittlich 60 Tage)
- Sonst wie bei der Epiduralblutung, aber langsame Entwicklung innerhalb von Tagen bis Wochen: Persönlichkeitsveränderung, Bewusstseinstrübung, Halbseitenlähmung

3.6.7.4 Subarachnoidalblutung

Blutung in den Hirnwasserraum.
- Zu 80% durch Ruptur eines Aneurysmas bei Anstrengung wie Bauchpresse (Heben, Niesen, Stuhlgang), aber auch im Schlaf; zu 5% wegen eines arteriovenösen Angioms, auch durch hämorrhagische Diathese, Leukämie, Hirntumor, mykotisches Aneurysma

- Spontan, ohne vorausgegangene Kopfverletzung
- Schlagartig „meningeales Syndrom" mit schwersten Kopfschmerzen, Erbrechen im Schwall, Nackensteife ohne Fieber, je nach Schwere evtl. Bewusstseinsverlust bis Koma

Hirndrucksteigerung
Pathologisch erhöhter intrakranieller Druck, z.B. bei Hydrozephalus, Hirnödem, traumatischen, entzündlichen und raumfordernden intrakraniellen Prozessen (v.a. durch Hirntumoren)
Ursachen
• Hirntumore • Abszesse • Hirnblutungen (auch Hirninfarkt) • Hirnödem: entzündlich (Meningitis, Enzephalitis), traumatisch (Schädel-Hirn-Trauma), toxisch (z.B. Hypervitaminose A), metabolisch, hypoxisch • Hydrocephalus durch Behinderung des Liquor-Abflusses (z.B. durch angeborene Fehlbildung, postentzündliches Verkleben der Hirnhaut, Aquäduktstenose)
Symptome
• Kopfschmerzen (evtl. mit Meningismuszeichen) • Schwindel • Erbrechen im Schwall (Nüchternerbrechen) • Bewusstseinsstörungen • Bradykardie, Blutdruckabfall oder -anstieg möglich • Anfangs Miosis, später Mydriasis mit fehlender Lichtreaktion • Hirnnervenstörungen wie Doppelbilder durch Augenmuskellähmungen • Augenmuskellähmungen und Stauungspapillen (knopfförmiges Vorwölben der Sehnervpapille, sichtbar bei Augenhintergrundspiegelung)

3.6.8 Hirntumor

Auch gutartige Tumoren sind gefährlich, da das Gehirn nur wenig Ausweichmöglichkeiten hat und jeder raumfordernde Prozess auf Kosten des Nervengewebes geht.

Ursachen

- Wucherungen von Hirnparenchym, Hirnhäuten (Meningeom), Gliazellen, Hypophyse, Hörnerv (Akustikusneurinom) oder von knöchernem Schädel bzw. Wirbelkanal.
- 25% der Hirntumoren sind Metastasen von Karzinomen außerhalb des Schädels, v.a. von Bronchial-, Mamma- und Nierenkarzinomen.

Symptome
Lokalsymptome: je nach Lage des Tumors Ausfallerscheinungen wie Lähmungen, Sensibilitäts-, Sprach- und Sehstörungen; schon kleine Tumoren können Krampfanfälle (epileptische Anfälle) auslösen.
Symptome durch Drucksteigerung: Im Endstadium kommt es sowohl bei bösartigen als auch bei gutartigen Tumoren zu Zeichen der Drucksteigerung im Kopf.

Mögliche Frühsymptome eines Hirntumors

- **Epileptische Anfälle**
- **Kopfschmerzen, zunehmende psychische Veränderung**
- **Neurologische Ausfallerscheinungen**
- **Hirnnervenlähmungen**
- **Stauungspapillen**

3.6.9 Epilepsie (Fallsucht, Anfallsleiden)

Anfallsweise chronisch rezidivierende Funktionsstörung des Gehirns mit gesteigerter Erregbarkeit der zentralen Nervenzellen und erhöhter Krampfneigung.
Etwa 5% aller Menschen erleiden im Lauf ihres Lebens einen epileptischen Anfall. Die meisten Betroffenen führen ein normales Leben und zeigen zwischen den Anfällen keinerlei Symptome. Bei einem Anfall kommt es zu ungesteuerten, chaotischen elektrischen Entladungen der Nervenzellen.
Auslöser können Schlafentzug oder Lichtblitze sein, oft sind jedoch keine erkennbar. Dem Anfall kann die sog. Aura vorausgehen. Der Betroffene empfindet Vorbotenzeichen wie Unruhe, Reizbarkeit oder Unbehagen. Manchmal hat er schon Tage vorher Wahrnehmungen wie Farben, Lichtblitze oder Töne und fühlt sich besonders gut oder schlecht.

Ursachen

- Oft ohne erkennbare Ursache.
- Erbliche Disposition.
- Im Zusammenhang mit Schlafentzug, Fieber (v.a. bei Kindern), Medikamenteneinnahme, **Hirntumoren**, Kopfverletzungen, Geburtsverletzungen, Gefäßmissbildungen, Apoplexie, Meningitis, Enzephalitis, Multipler Sklerose, Hypoglykämie, Urämie, Drogenvergiftung oder -entzug, Alkoholentzug.
- Man vermutet das Zusammenwirken innerer und äußerer Ursachen.

> Epileptische Anfälle, die erstmals ab dem 25. Lj. auftreten, sind oft das erste Symptom eines Hirntumors!

Symptome: Die Anfälle können mit Zuckungen, Krämpfen, Bewusstseinstrübungen bis -verlust, Stereotypien und vegetativen Störungen einhergehen.
Mögliche Erscheinungsformen sind:

- **Absencen:** Bewusstseinsstörungen von bis zu 30 Sekunden ohne motorische oder vegetative Symptome. Der Betroffene starrt ins Leere und reagiert nicht auf Umweltreize. Es kann zu Zitterbewegungen der Augenlider kommen. Die Sprache kann für einige Sekunden stoppen oder der Betroffene nickt kurz mit dem Kopf vornüber. Danach fährt er mit seiner vorherigen Beschäftigung fort. Absencen beginnen zwischen dem 6. und 10. Lj. und führen pro Tag zu zahlreichen Anfällen, wodurch die Schulleistung stark beeinträchtigt werden kann.
- **Petit mal** (kleines Übel):
  - Bei Kindern im Vorschulalter kommt es oft zu ruckartigen Bewegungen des Kopfs, der Arme oder Beine. Gehaltene Gegenstände können dabei herunterfallen. Beim Sitzen kann der Kopf plötzlich vornüberkippen und evtl. auf dem Tisch aufschlagen; beim Gehen können Betroffene schlagartig zu Boden stürzen.
  - Säuglinge krümmen plötzlich den Körper zusammen und verdrehen die Augen.
- **Grand mal** (großes Übel); schwere Form der Epilepsie
  Typischer Anfall:
  - Eventuell mit **„Aura"**.
  - Patient wird blass.
  - Augen sind starr und weit geöffnet.

- ◦ **Initialschrei:** oft durchdringender Schrei bei Beginn.
- ◦ **Bewusstseinsverlust**.
- ◦ **Betroffener stürzt zu Boden**.
- ◦ **Tonische Phase:** Muskelstarre, Arme und Beine versteifen.
- ◦ Atemstillstand für einen kurzen Augenblick.
- ◦ Patient verfärbt sich bläulich.
- ◦ Blasen- und Darmentleerung sind häufig bei dieser ersten Phase, die etwa 10-30 Sekunden dauert; es hat den Anschein, als würde der Patient sterben.
- ◦ **Klonische Phase: Muskelzuckungen** folgen der Muskelstarre, erst kurz und schnell, dann langsamer und kräftiger, nach einigen Minuten lassen sie nach.
- ◦ Betroffener schnappt nach Luft und hat Schaum vor dem Mund, der durch einen Zungen- oder Wangenbiss blutig sein kann.
- ◦ Nach der zweiten Phase von meist einigen Minuten fällt der Betroffene in einen tiefen stundenlangen Schlaf **(Terminalschlaf)**.
- ◦ Danach erinnert sich der Patient nicht an den Anfall.

- **Status epilepticus: Lebensgefahr - Notfall - Notarzt**. Besonders lang andauernder Anfall von mehr als 20 Minuten oder bei mehreren Anfällen nacheinander, zwischen denen nur kurze anfallsfreie Intervalle liegen.

Erste-Hilfe-Maßnahmen bei Grand-mal-Anfall

- Gegenstände beseitigen, auf die der Betroffene stürzen könnte (Verletzungsgefahr)
- Beengende Kleidung öffnen
- Notarzt verständigen bei schwerem Anfall und v.a. Status epilepticus
- Stabile Seitenlagerung nach Anfallsende, damit Speichel und Erbrochenes abfließen können

Ein Holzstück, ein zusammengelegtes Taschentuch o.Ä. zwischen die Zähne zu klemmen, um einen Zungenbiss zu verhüten, birgt eine Verletzungsgefahr für den Helfer und wird heute nicht mehr empfohlen.

Therapie

Betroffene sollten regelmäßig essen, ausreichend schlafen und Alkohol vermeiden. Der Arzt verabreicht Medikamente, durch die der größte Teil der Epileptiker anfallsfrei bleibt.
Es sollte in jedem Fall ein Hirntumor ausgeschlossen werden.

Gängige Antiepileptika

- Carbamazepin (UAW: Leberschäden, Ödeme, bei Überdosierung Schwindel, Ataxie, Doppelbilder, Verschwommensehen)
- Ethosuximid (UAW: Magenbeschwerden, Schluckauf, Kopfschmerz, Schlafstörungen, psychotische Symptome)
- Gabapentin (UAW: Schwindel, Ataxie u.a.)
- Lamotrigin (UAW: Hautausschläge, Sehstörungen, Schwindel, Kopfschmerz)
- Phenorbital/Primidon (UAW: Schwindel, Ataxie, psychische Störungen)
- Phenyton (UAW: Zahnfleischwucherung u.a.)
- Valproinsäure (UAW: Gewichtszunahme, Haarausfall, Tremor, seltenes aber oft tödliches Leberkoma)
- Vigabatrin (UAW: Gewichtszunahme, psychische Veränderungen)

3.6.10 Schädel-Hirn-Trauma

Sammelbezeichnung für Schädelverletzungen mit Gehirnbeteiligung.

Vorkommen: 800 : 100.000 Einwohner jährlich, eine der häufigsten Todesursachen < 40 Jahre, meist durch Verkehrsunfälle.

Einteilungen
Ältere, aber noch geläufige Einteilung in:

- **Commotio cerebri** (Gehirnerschütterung) ohne feststellbare Schädigung des Gehirns (in Struktur oder Form)
- **Contusio cerebri** (Gehirnprellung) mit organischen Gehirnschäden, aber ohne Perforation der Dura
- **Compressio cerebri** (Gehirnquetschung), Schädigung des Gehirns durch Druck

Neue Einteilung

- **SHT Grad I** (leichtes SHT)
  - Bewusstlosigkeit < 5 Minuten, Amnesie (Erinnerungslücke), vegetative Störungen (Kopfschmerzen, Schwindel, Übelkeit, Erbrechen)
  - Vollständige Rückbildung aller Symptome innerhalb von 5 Tagen
- **SHT Grad II** (mittelschwer)
  - Bewusstlosigkeit 5-30 Minuten, nachweisbar leichte organische Hirnschäden
  - Völlige funktionelle Rückbildung oder Defektheilung mit geringen bleibenden Störungen innerhalb von 30 Tagen
- **SHT Grad III** (schwer)
  - Bewusstlosigkeit > 30 Minuten, Substanzschädigung des Gehirns, teils schwere neurologische Störungen, evtl. Störungen der Vitalfunktionen durch Hirnstammbeeinträchtigungen, stets Defektheilung mit bleibenden Funktionsstörungen
- **SHT Grad IV** (schwerst)
  - Lang anhaltende Bewusstlosigkeit, danach schwere neurologische Defekte mit dauerhafter Pflegebedürftigkeit des Patienten, oft apallisches Syndrom (s. Kasten)

Notfallmaßnahmen bei schwerem SHT

- Notarzt alarmieren
- Vitalfunktionen sichern (Notfall-ABC)
- Lagerung mit erhöhtem Kopf und Oberkörper (Schocklagerung würde intrakraniellen Druck steigern!)
- Gegebenenfalls Flüssigkeitssubstitution

Symptome
Schon bei Verdacht an Arzt überweisen, ggf. Notarzt rufen.

- **Unspezifische Symptome:** Kopfschmerz, Schwindel, Übelkeit, Erbrechen oder Hörstörung
- **Bewusstseinsstörung:** weist als Kardinalsymptom auf diffuse Störung der Hirnfunktion hin
- **Amnesie:** Erinnerungslücke für die Zeit kurz vor dem Unfall (retrograde Amnesie) und die Zeit kurz nach dem Unfall (anterograde Amnesie)

- **Neurologische Ausfälle**, z.B: Halbseitensymptome, Pupillenstörungen oder Hirnnervenausfälle als Folge einer lokal begrenzten Schädigung
- **Verletzungen:** Prellmarken, Hämatome, offene Wunden
- **Krampfanfälle**
- **Hirndruckzeichen**
- **Liquorrhoe** bei offenem SHT: Ausfließen von Liquor über eine Liquorfistel, d.h., pathologische Verbindung zwischen Liquorräumen und Außenwelt, meist im Bereich von Nase oder Ohren

Apallisches Syndrom (Dezerebrationssyndrom, Coma vigile, Enthirnungsstarre) nach schwerem SHT. Funktionsausfall der Großhirnrinde bei noch bestehenden lebenswichtigen Zentren. Der wache Patient zeigt keinerlei kognitive Funktion, d. h. keine emotionalen Regungen, keine Reaktion auf Aufforderungen. Seine Augen sind geöffnet, aber der Blick ist starr ins Leere gerichtet. Die Extremitäten bewegen sich sehr langsam und orale Automatismen treten auf (Saugen, Lecken, Schmatzen).

3.6.11 Schädigungen des Kleinhirns

Ursachen: meist Vergiftungen, v.a. durch Alkohol (das Kleinhirn ist das Kontrollzentrum der Bewegung).

Symptome

- Hypotonus (Mangel an Muskelspannung)
- Intensionstremor (Zittern bei zielgerichteten Bewegungen)
- Dyssynergie (gestörte Muskelkoordination) mit Ataxie (Gangunsicherheit) sowie Bewegungen, die über das Ziel hinausschießen
- Eventuell Gleichgewichtsstörungen und/oder Schwindelanfälle

3.6.12 Differenzialdiagnose Kopfschmerz

1. **Migräne** ohne und mit Aura
2. **Spannungskopfschmerz**
3. **Cluster-Kopfschmerz** (heftige, anhaltende Schmerzen in den Augenhöhlen und im Gesicht treten im Verlauf von mehreren Wochen mehrmals täglich anfallsweise und für jeweils kurze Zeit auf)
4. **Organisch bedingter Kopfschmerz** bei:
    - Wassermangel im Körper
    - Infektionskrankheiten (z.B. Enzephalitis, Meningitis)
    - Allgemeinerkrankungen (z.B. Hypertonie)
    - Wirbelsäulenaffektionen
    - Gesichtsneuralgie
    - Subarachnoidalblutung
    - Arteriitis temporalis
    - Apoplexie
    - Intrakranieller Raumforderung (z.B. Hirntumoren, intrakranielles Hämatom, Hirnabszess)
    - Liquorzirkulationsstörungen (z.B. bei Liquorunterdrucksyndrom, Hydrozephalus)

  - Schädelhirntrauma
  - Augenerkrankungen (z.B. Glaukom, Ametropie)
  - Hals-Nasen-Ohren-Erkrankungen (z.B. Sinusitis, Otitis, Stenosekopfschmerz)
  - Zahnschmerzen, die ausstrahlen
  - Medikamentös oder toxisch bedingt (z.B. Analgetika-Kopfschmerz, durch Methanol, Kohlenmonoxid u.a.)

Je nach Ursache gehört der Patient in ärztliche oder klinische Obhut.
NHK-Therapie: je nach Ursache

- Wasser trinken lassen
- Wirbelfehlstellungen korrigieren, Muskelverspannungen lösen
- Elektrolyte kontrollieren, z.B. Magnesium (wirkt u.a. spasmolytisch)
- Akupunktur, z.B. Du 20, Di 4, Ex 1, Ma 36; viele Formen von Spannungskopfschmerz und Migräne rühren aus chinesischer Sicht von Störungen von Leber und Gallenblase her, daher z.B. Gb 21, Gb 20, Gb 43, Gb 34, Le 3
- Homöopathie
- Ab- und Ausleitungsverfahren
- Phytotherapie

Differenzialdiagnose Kopfschmerz

Form	Lokalisation	Alter, Geschlecht	Zeitpunkt	Dauer	Charakteristik	Provokation	Begleitsymptome
Migräne ohne Aura	Einseitig, oft Schläfen	Ab Pubertät w > m	Morgens	12-72 Stunden	Pulsierend, pochend	Alkohol, Stress, Wochenende	Übelkeit, Erbrechen, Photophobie
Migräne mit Aura	Einseitig, Schläfen und frontal	Ab Pubertät w > m	Morgens	12-36 Stunden	Pulsierend, pochend	Stress, Alkohol, Ernährung, Wochenende	Gesichtsfeld-defekt, Dysästhesien, Übelkeit, Erbrechen
Cluster-Kopfschmerz	Einseitig, hinter Augen	> 30 Jahre 80% Männer	Meist nachts	30-120 Minuten	Unerträglich, stechend, bohrend	Alkohol, Nitrate	Ptosis, Miosis, Tränen, Nasenlaufen, motorische Unruhe
Spannungs-kopfschmerz	Diffus, frontal, parietal	w > m	Tagsüber	12-16 Stunden	Dumpf, drückend	Alkohol, Stress	Schlafstörungen, diffuser Schwindel
Analgetika-Kopfschmerz	Diffus	Erwachsene w > m (10 : 1)	Morgens	Ganztags	Dumpf, drückend, stechend	Analgetika-entzug	Graue Gesichtsfarbe, Anämie, Nierenschäden
Arteriitis temporalis → 197	Schläfen, ein- oder beidseitig	> 60 Jahre	Tagsüber und nachts	Wochen, Monate	Dumpf, stechend	Kauen	BKS, Fieber, Leukozytose, Gelenkschmerzen
Trigeminus-neuralgie	Einseitig, V2 > V3	Höheres Alter, w > m	Tagsüber	Sekunden bis Minuten, evtl. länger	Heftig, stechend, brennend	Kälte, Kauen, Berührung, Schlucken	Gewichtsverlust, Sprechunfähigkeit

4 Auge, Ohr

Die Sinnesorgane informieren den Menschen über die Umwelt und sich selbst.

- Ein Reiz wirkt auf einen Sinnesrezeptor und erregt diesen:
  - Exterozeptive Rezeptoren werden durch Reize aus der Außenwelt stimuliert (z.B. Augen durch Lichtreize; Ohren durch Schallwellen; Haut durch Wärme, Kälte, Berührung, Schmerz u.a.).
  - Interozeptive Rezeptoren liefern Signale aus dem Körperinneren, z.B. liefert der Gleichgewichtssinn Informationen über Haltung und Stellung des Körpers oder der Bewegungssinn Informationen über die Stellung einzelner Gelenke.
- Nervenimpulse leiten den Reiz zum ZNS.
- Von den ca. 1 Mio. Rezeptorsignalen, die pro Sekunde eintreffen, filtert der Thalamus die unbedeutenden heraus, so dass nur die Reize in der Großhirnrinde bewusst werden, die für das Individuum wichtig sind.

Einen wichtigen Teil der Sinneseindrücke erhalten wir über das Auge. Ein Drittel der Großhirnrinde zählt zum visuellen System. 40% aller Leitungswege zum ZNS gehören zur Sehleitung. Über das Auge erhalten wir Informationen über Größe, Form, Farbe, Bewegung und Oberflächenbeschaffenheit eines Objekts. Durch das Sehen mit zwei Augen entsteht ein räumliches Bild von der Außenwelt.

4.1 Äußeres Auge

Eingebettet in das schützende Fettgewebe der Augenhöhlen (Orbitae) liegen die Augäpfel. Über jeweils sechs äußere Augenmuskeln werden sie bewegt. Vorne wird der Augapfel von Ober- und Unterlid mit den Wimpern geschützt, z.B. vor Licht, Schmutz und Verletzung. Der von den Lidern umfasste Raum heißt Lidspalte. Die Lider enthalten für ihre Festigkeit eine Bindegewebeplatte (Tarsus) und für ihre Gleitfähigkeit Talgdrüsen, die sie einfetten.

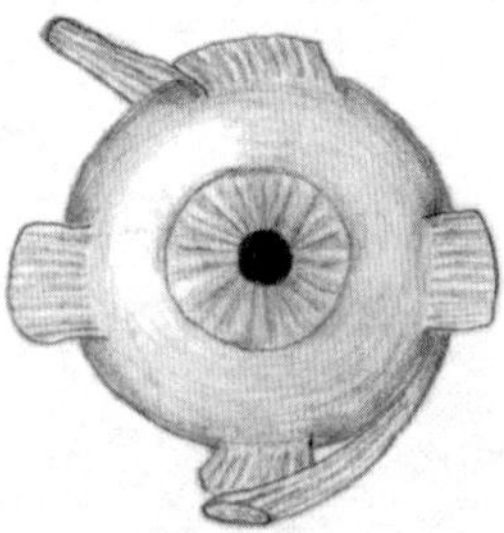

Konjunktiva
Die Augenbindehaut kleidet die Lider innen aus und setzt sich nach einer Umschlagfalte über den sichtbaren weißen Anteil des Auges fort, um sich am Limbus fest mit der Kornea zu verbinden; **Limbus:** am Übergang von Lederhaut zur Hornhaut existiert ein Saum um den klaren bzw. farbigen Anteil, wo die Bindehaut mit der Kornea verwachsen ist (Konjunktivitis, → 131).

Die Hornhaut (Kornea) des Auges ist nicht mit Bindehaut überzogen. Die Bindehaut wird zu einem Teil der Kornea und ist hier gefäßfrei.

Tränen

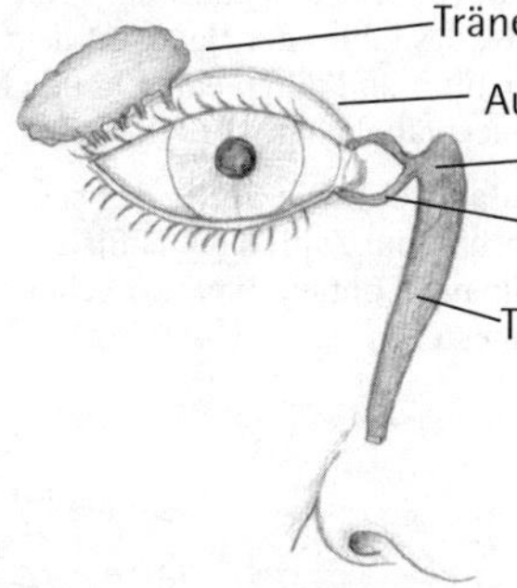

Die Tränenflüssigkeit wird von den Tränendrüsen gebildet, die mandelförmig außen oben in den Augenhöhlen liegen und mehrere Ausführungsgänge besitzen, die im äußeren Augenwinkel in die obere Umschlagfalte einmünden.
Tränen sorgen für die Ernährung, Befeuchtung und Reinigung der Hornhaut und verbessern die optischen Eigenschaften, indem sie Unebenheiten ausgleichen.
Tränenflüssigkeit dient den Lidern als Gleitmittel, während sie von diesen gleichmäßig über das Auge verteilt wird.
An der Nasenseite des Auges liegen zwei kleine Mündungen von Tränenkanälchen im oberen und unteren Lidrand, die die Tränenflüssigkeit aufnehmen und zum Tränensack weiterleiten, von dem aus sie über den Tränennasengang in die Nasenhöhle geleitet wird.

4.2 Aufbau des Augapfels (Bulbus oculi)

Die äußere Augenhaut besteht aus:

- **Sklera (Lederhaut):** festes Bindegewebe, das den gesamten Augapfel als formende, schützende Hülle umgibt. Beim Sehnerv geht die Sklera in eine Duraschicht über, die den Nerv umgibt. Im vorderen Bereich geht die Lederhaut in die Hornhaut über.
- **Kornea (Hornhaut):** Der gefäßlose, transparente vordere Anteil ist stärker gewölbt und maßgeblich an der Lichtbrechung beteiligt.

Der sichtbare vordere Anteil der Lederhaut wird von der Bindehaut (Konjunktiva) bedeckt und geschützt.

Die mittlere Augenhaut (Uvea) besteht aus:

- **Aderhaut (Chorioidea):** Ihre schwarzbraune Pigmentierung verhindert den Lichteinfall außerhalb der Pupille und Reflektionen innerhalb des Augapfels. Sie enthält reichlich Gefäße, die auch die Netzhaut versorgen.
- Der **Ziliarkörper (Strahlenkörper)** setzt sich aus folgenden Bestandteilen zusammen:
  - Gefäßreiche Bindegewebsfortsätze der Aderhaut, die das Kammerwasser bilden und die Linse in ihrer Position halten.
  - Ziliarmuskel, der die Krümmung der Linse reguliert und somit die Nah- und Fernanpassung (Akkommodation).
- **Iris (Regenbogenhaut):** Der farbige Anteil besteht aus strahlenförmigen, glatten Muskeln. Das Loch in der Mitte, die **Pupille**, wirkt wie die Blende des Fotoapparats und passt die Pupillenweite dem Lichteinfall an.

Die innere Augenhaut besteht aus:

- **Retina (Netzhaut)** mit den bildaufnehmenden Sinnesrezeptoren (→ 125)
- **Pigmentepithel**, das hinter der Netzhaut liegt, den Stoffwechsel zwischen Ader- und Netzhaut unterstützt und durch einen hohen Melaninanteil die durchtretenden Lichtstrahlen absorbiert (ähnlich der Aderhaut)

Gelber Fleck (Macula lutea): Die Stelle des schärfsten Sehens liegt auf der Netzhaut in der Sehachse und enthält nur Zapfen (→ 125).
Blinder Fleck (Papilla nervi optici): Hier, wo Sehnerv und Blutgefäße den Augapfel verlassen, liegen keine Sinneszellen.

Der Glaskörper
Zwischen Linse und Netzhaut ist der Augapfel mit dem durchsichtigen, gallertartigen Glaskörper ausgefüllt. Er besteht zu 98% aus Wasser, in das ein Fibrillengerüst eingelagert ist, das sich nach außen hin zu einer Membran verdichtet.
Der Glaskörper sorgt durch seinen Druck für den notwendigen engen Kontakt zwischen Netzhaut und den sich anschließenden Augenhäuten. Außerdem ist er nicht komprimierbar, so kann der Augapfel erheblichem Druck standhalten.

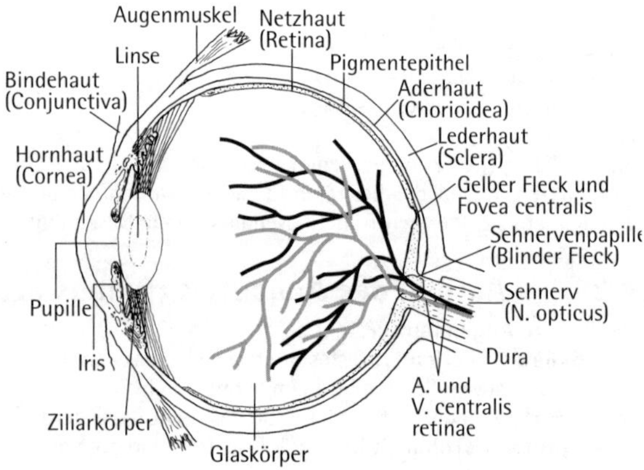

Die Linse
Sie ist der durchsichtige bikonvexe Körper zwischen Glaskörper und Kammer.

Kammer und Kammerwasser
Die Ziliarkörper sind reich an Blutgefäßen. In ihnen wird das Kammerwasser gebildet, das dem Liquor ähnelt und Hornhaut und Linse ernährt.
Es füllt die kleinere hintere und die größere vordere Kammer. Am Rand der vorderen Kammer liegt zwischen Hornhaut und Iris der **Schlemm-Kanal**, über den das Kammerwasser zurück ins venöse Blut fließt.
Der Augeninnendruck beträgt etwa 15 mmHg. Die krankhafte Steigerung des Augeninnendrucks (Glaukom, → 134) beruht meist auf einer Abflussbehinderung im Schlemm-Kanal.

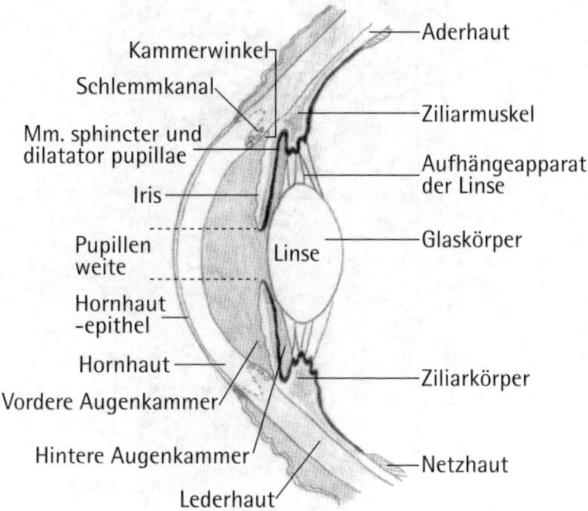

Die Netzhaut
Sie ist aus mehreren Schichten aufgebaut (s. Abb. nächste Seite), die unterschiedliche Arten von Nervenzellen enthalten. Neben der Nervenzellschicht ist v.a. die Sinneszellenschicht wichtig.
Die Sinneszellenschicht enthält:

- **Zapfen:** Sie nehmen Farbunterschiede und genaue Abbildungen wahr; sie sind v.a. für das Sehen bei Tag zuständig und befinden sich hauptsächlich im Zentrum der Netzhaut, direkt gegenüber der Pupille. Dort liegt auch das zapfenreichste Gebiet, der gelbe Fleck (Macula lutea), die Stelle des schärfsten Sehens.
- **Stäbchen:** Sie erkennen unterschiedliche Helligkeitsstufen und schemenhafte Bewegungseindrücke. Sie sind besonders für das Dämmerungssehen geeignet und eher in der Netzhautperipherie angesiedelt. Ihr Sehpurpur besteht aus einem Eiweißkörper und einem Vitamin-A-Abkömmling.

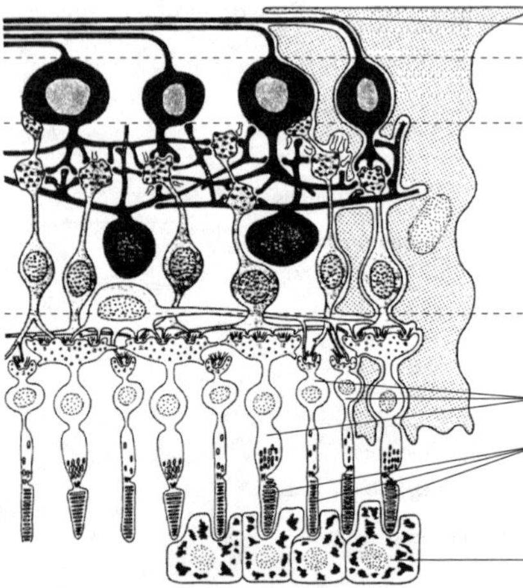

Netzhaut

4.3 Untersuchung der Augen

4.3.1 Inspektion

- Bei guter Beleuchtung.
- Augenlidhaut, Lidbeweglichkeit und Lidstellung.
- Bindehaut: normalerweise zartrosa gefärbt, durchsichtig, glänzend, glatt, besitzt hellrote Gefäße.
- Hornhaut: Patient sitzt mit Gesicht zum Fenster, das sich in der Hornhaut spiegelt. Das Spiegelbild sollte glatte Konturen und scharfe, glänzende Kanten aufweisen. Da es stehen bleibt, lässt sich durch Bewegung der Augen die ganze Hornhaut beurteilen.
- Iris: Sie wird mit der Lupe (seitlich einfallendes Licht) anhand ihrer Oberfläche, auf Lücken und evtl. Farbeinlagerungen untersucht und beurteilt.
- Pupillen: normalerweise gleich rund und gleich groß (kleiner bei Helligkeit).
- Augenmuskeln: Patient wird aufgefordert, mit beiden Augen in alle 9 Blickrichtungen zu schauen (8 Pfeile des Kompasses und Mitte). Abweichungen weisen auf eine Schwächung des entsprechenden Augenmuskels hin.

4.3.2 Augenhintergrundspiegelung (Ophthalmoskopie)

Beurteilung des Augenhintergrunds (durch die Pupille) mittels eines Ophthalmoskops. Da hierbei in das Auge geleuchtet wird, muss die Engstellung der Pupille mittels eines Mydriatikums verhindert werden. Da diese Mittel verschreibungspflichtig sind, sollte diese Untersuchung besser dem Augenarzt überlassen werden.

4.3.3 Überprüfung des Gesichtsfelds

Sollte durch den Augenarzt erfolgen (spezielles Untersuchungsverfahren, sehr verlässliche Ergebnisse).
Ablauf: Untersucher sitzt dem Patienten in ca. 0,5 m Abstand so gegenüber, dass er sich mit ihm auf gleicher Augenhöhe befindet; er fordert ihn auf, ihn direkt anzuschauen. Nun deckt der Patient ein Auge ab (z.B. rechts), der Untersucher deckt sein entsprechendes Auge ab (in diesem Fall links), so dass die beiden Gesichtsfelder in etwa übereinstimmen. Dann führt der Untersucher einen Gegenstand (z.B. Bleistift) von der Seite her aus verschiedenen Richtungen in das Gesichtsfeld (gleicher Abstand zwischen Patient und Untersucher). Normalerweise ist es möglich, auch wenn man geradeaus sieht, ein sich bewegendes Objekt bereits in einem Winkel von 90° wahrzunehmen.
Der Patient wird gebeten mitzuteilen, wann das Objekt in seinem Gesichtsfeld erscheint. Der Untersucher vergleicht mit seinem eigenen Gesichtsfeld. Bei Auffälligkeiten sollte eine Überweisung zum Augenarzt erfolgen.

4.4 Erkrankungen/Anomalien des Auges

4.4.1 Weitsichtigkeit (Hyperopie)

Der Brennpunkt liegt hinter der Netzhaut, d.h. nahegelegene Objekte können nicht mehr scharf gesehen werden. Es muss eine Brille mit konvexen Gläsern getragen werden.

Ursachen

- **Alter:** Die Elastizität der Linse nimmt im Alter ab und es kommt zur Altersweitsichtigkeit. Der Abstand, in dem z.B. ein Bild gehalten werden muss, um es scharf zu sehen, wird immer größer. Ein Buch muss mit ausgestreckten Armen gelesen werden („Meine Augen sind in Ordnung, nur meine Arme sind zu kurz!").
- **Zu kurzer Augapfel**.

4.4.2 Kurzsichtigkeit (Myopie)

Der Brennpunkt erreicht die Netzhaut nicht, d.h., er liegt vorverlagert im Glaskörper. Gegenstände in einer bestimmten Entfernung können nicht scharf gesehen werden („Die Welt wird klein"). Eine Brille mit konkaven Gläsern wird erforderlich.

Ursachen

- **Augapfel zu lang und/oder**
- **Linse zu stark gekrümmt.**

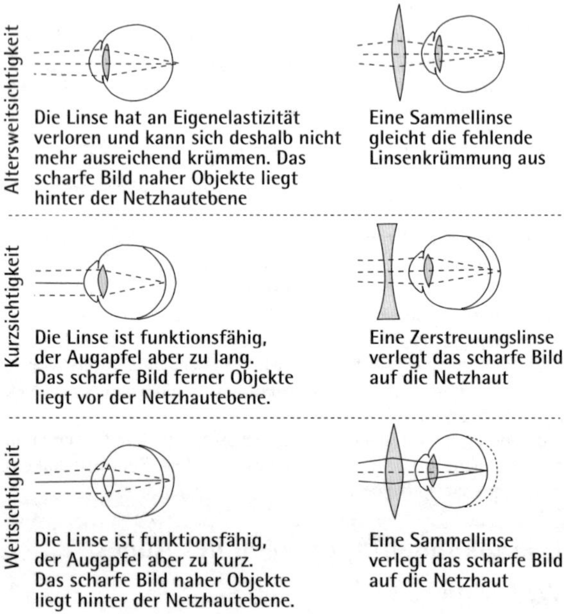

	Weitsichtigkeit	Kurzsichtigkeit
Brennpunkt	Hinter der Netzhaut	Vor der Netzhaut
Linsenkrümmung	Zu schwach	Zu stark
Augapfel	Zu kurz	Zu lang

4.4.3 Astigmatismus (Stabsichtigkeit)

Unregelmäßige Krümmung der Hornhaut (Kornea), wodurch die Abbildung eines Punkts stabförmig verzerrt ist. Abhilfe bringen Zylindergläser oder Kontaktlinsen (Tränenflüssigkeit sammelt sich zwischen Linse und Kornea). In schweren Fällen ist evtl. eine Hornhauttransplantation notwendig.

4.4.4 Augenzittern (Nystagmus)

Unwillkürliches, rhythmisch schnelles Zucken der Augäpfel (waagerecht, senkrecht oder drehend).

- Angeboren bei Schwachsichtigkeit und Blindheit
- Erworben bei Multipler Sklerose, Kleinhirntumor, Verletzung des Labyrinths und bei Schädigung des VIII. Hirnnervs (N. vestibulocochlearis) durch Entzündung oder Tumor

4.4.5 Schielen (Strabismus)

Die Augenachsen liegen nicht parallel, was sie normalerweise beim Blick in die Ferne tun.
- Meist in den ersten Lebensjahren durch Schwäche der äußeren Augenmuskulatur
- In späteren Lebensjahren möglicherweise Hinweis auf Multiple Sklerose, Hirntumor oder Diabetes mellitus

Man unterscheidet:
- **Beidseitiges Schielen** (alternierendes Schielen): Beide Augen können abwechselnd fixieren.
- **Einseitiges Schielen** (häufiger): Nur ein Auge ist in Schielstellung. Es ist meist auch schwachsichtig und es besteht die Gefahr, dass sich diese Schwachsichtigkeit verschlimmert. Deshalb muss das kindliche Schielen rechtzeitig durch den Augenarzt behandelt werden. Dieser deckt das führende Auge zeitweilig ab, damit das Kind mit dem schwächeren Auge sehen muss. Damit dabei nicht das bisher gesunde Auge geschwächt wird, wird abwechselnd abgedeckt, bis beide Augen eine gleiche Sehschärfe erreicht haben.

Durch das Schielen kommt es zu **Doppelbildern**. Bei geringer Störung kann durch Willenskraft und Anstrengung eine Deckung der Netzhautbilder erreicht werden.
Möglicherweise kann der betrachtete Gegenstand durch **Schiefhalten des Kopfs** auch im muskelschwachen Auge an die Stelle des schärfsten Sehens projiziert werden.

4.4.6 Farbenfehlsichtigkeit

Geschlechtsgebundene Erbkrankheit, die von normalsichtigen Frauen auf ihre Söhne übertragen werden kann:
- 4% der Männer sind rotgrünblind, weitere
- 6% der Männer haben eine Rotgrünschwäche.

4.4.7 Farbenblindheit

Es können überhaupt keine Farben unterschieden werden, sondern nur verschiedene Helligkeitsgrade. Mögliche Ursachen sind:
- Netzhauterkrankungen
- Schädigung der Sehnervenbahnen
- Schäden der Hirnrinde

4.4.8 Tränenträufeln (Epiphora)

Überlaufen der Tränen über den Lidrand bei
- vermehrtem Tränenfluss durch Fremdkörper (z.B. Wimper), Gase, grelles Licht, Wind, Kälte, seelische Erregung,
- Verschluss des Tränennasengangs.

4.4.9 Enophthalmus

Zurücksinken des Augapfels in die Augenhöhle durch
- Fraktur der knöchernen Augenhöhle,
- Schwund des Augenhöhlenfettgewebes durch extreme Abmagerung,

- Lähmung der Augenmuskulatur, die vom Sympathikus innerviert wird, als Teil des Horner-Symptomenkomplexes zusammen mit Ptosis und Miosis.

4.4.10 Exophthalmus

Hervortreten der Augäpfel („Glotzaugen")
- beidseitig meist durch M. Basedow (autoimmune Hyperthyreose),
- einseitig durch
  - Tumoren oder Entzündungen hinter dem Auge,
  - Gefäßschäden (Aneurysmen, Thrombosen).

Tritt das Auge sehr weit hervor, ist die Beweglichkeit des Augapfels eingeengt und es ist kein völliger Lidschluss mehr möglich. Dadurch kann die Hornhaut austrocknen. Ferner drohen Seheinschränkungen, wenn es in schweren Fällen zu einem überhöhten Augendruck kommt, wodurch die Blutversorgung des Sehnervs behindert wird.

4.4.11 Hasenauge (Lagophthalmus)

Erweiterte Lidspalte mit unvollständigem Lidschluss durch Narben, Exophthalmus, Koma oder Fazialisparese mit Lähmung des ringförmigen M. orbicularis oculi → der normalerweise geschlossene Tränenfilm reißt auf und die Hornhaut trocknet aus. Ohne Behandlung entwickeln sich Hornhautentzündung und Hornhautgeschwür.

4.4.12 Tränensackentzündung (Dakryozystitis)

Wird fast immer ausgelöst durch die Verlegung des Tränenkanälchens oder des Tränennasengangs, der den Tränensack mit der Nasenhöhle verbindet.
- Bei akuter Entzündung ist die Haut über dem Tränensack schmerzhaft geschwollen, gerötet, warm und druckschmerzhaft. Manchmal besteht Fieber.
  Therapie: Der Augenarzt kann die Verlegung evtl. durch Spülung beseitigen.
  Bei deutlicher Eiteransammlung kann der Abszess durch einen Schnitt eröffnet werden. Eventuell wird die Infektion mit Antibiotika bekämpft.
- Beim Neugeborenen wird die Verlegung evtl. durch eine übriggebliebene Membran im Tränenkanal ausgelöst.
  Therapie: Eventuell genügt eine Massage des Tränensacks, um die Blockierung zu überwinden, sonst muss der Kanal vor dem 3. Lebensmonat mit einer Sonde durchgängig gemacht werden.

4.4.13 Lidrandentzündung (Blepharitis)

Ursachen
- Bakterielle Infektion (meist durch Staphylokokken)
- Mechanische Reizung (Rauch, Staub)
- Seborrhö

Symptome
- Rötung des freien Lidrands mit weißen Schüppchen
- Brennen und Jucken
- Eventuell Ausfallen der Wimpern

- Bei bakterieller Infektion (meist Staphylokokken) zusätzlich gelbliche Eiterkrusten

Komplikationen
Abheilung mit Narbenbildung und Verziehung der Lidränder.
- Entropium: Lidrand ist nach innen gerollt → Wimpern kratzen und reizen das Auge
- Ektropium: Lidrand ist nach außen gestülpt

Therapie: Je nach Ursache Vermeidung der Exposition (Schutzbrille), Schuppenentfernung, desinfizierende Augensalben, ggf. lokale Antibiotikagabe.

Differenzialdiagnose: Talgdrüsenkarzinom der Lider.

4.4.14 Gerstenkorn, Hagelkorn

Gerstenkorn (Hordeolum)	Hagelkorn (Chalazion)
Schmerzhafter Abszess am Lidrand	Schmerzlose Zyste im Lid
Platzt nach einigen Tagen spontan, Schmerz lässt nach (evtl. kleiner Schnitt notwendig)	Im Anfangsstadium bildet es sich evtl. zurück, aber **meist operative Entfernung**
Entzündung, meist durch Staphylokokken oder Verstopfung der Moll- oder Zeis-Drüse, die an jeder Wimper sitzt und Gleitmittel produziert	Sekretstau in der Meibom-Drüse, die am Lidrand sitzt und ihn einfettet (z.B. durch chronische Follikulitis); **Merke: Hagel im Mai;** (länglich) bis erbsengroß, an Lidinnenseite, die sich nach außen wölbt; Haut über der Zyste frei verschieblich, evtl. Druck auf die Kornea → Sehverzerrung
Eventuell Antibiotikagabe erforderlich; Homöopathie: Staphysagria	Eventuell Komplikationen: Infektion, dadurch Rötung, Schwellung und Schmerz (dann leichte Verwechslung mit Gerstenkorn)

4.4.15 Bindehautentzündung (Konjunktivitis)

- Häufigste Augenerkrankung
- Primär oder sekundär (als Begleiterkrankung einer Infektion, z.B. Masern; Begleiterscheinung rheumatischer Erkrankungen, z.B. PCP, M. Bechterew und Kollagenosen)
- Akut oder chronisch
- Infektiös (eher bei Kindern)
- Nichtinfektiös, z.B. bei Reizung der Bindehaut durch Fremdkörper, Wind, Staub, Dämpfe, Säuren oder Laugen
- Allergisch (eher bei Erwachsenen), häufig bei Heuschnupfen

Symptome
- Rötung, besonders ausgeprägt in den Übergangsfalten des Ober- und Unterlids.
- Einzelne, kräftig gezeichnete Gefäße werden sichtbar, die sich mit der Bindehaut verschieben lassen.
- Brennen und Jucken, wird bald zu einem Gefühl von „Sand in den Augen".
- Vermehrte Sekretbildung, je nach Krankheitsursache wässrig, wässrig-eitrig oder eitrig; dadurch sind die Lidränder morgens verklebt.

Bei einer reinen Konjunktivitis ist die Sehkraft in keinem Fall beeinträchtigt.

Bei Verdacht auf infektiöse Konjunktivitis kann ein Abstrich des Bindehautsekrets vorgenommen werden, um den Erreger zu bestimmen. Besonders wichtig ist dies bei Neugeborenen, da hier z.B. eine Gonokokkeninfektion zum Erblinden führen könnte.

Therapie: Je nach Ursache und Krankheitsschwere. **Phytotherapie:** Augentrost (**Euphrasia**), um Verkrustungen abzuwaschen, für feuchte Umschläge und Augenbäder.

Differenzialdiagnose: Pseudokonjunktivitis, z.B. bei Polyglobulie

4.4.16 Hornhautentzündung (Keratitis)

Ursachen

- Infektion mit Viren (z.B. **Herpes-Viren**, Adenoviren), Bakterien, Pilzen (z.B. Candida albicans, Aspergillus fumigatus)
- Verletzung der Hornhaut durch verschmutzte Gegenstände, Eindringen von Bakterien in Epitheldefekte
- Medikamente oder ätzende Chemikalien

Symptome

- Lichtscheu, Fremdkörpergefühl, Schmerzen, Tränenträufeln
- Eventuell Eiteransammlung in der Vorderkammer (Hypopyon)
- Eventuell **deutliche Sehverschlechterung**

Anmerkung: Bei einer isolierten Iritis sollte immer nach einer chronisch-entzündlichen Darmerkrankung (CED) gesucht werden.

Therapie: sofort zum Augenarzt.

4.4.17 Keratokonjunktivitis epidemica

- Auch als Keratokonjunktivitis nummularis oder Viruskeratitis bezeichnet; Virusinfektion von Kornea und Konjunktiva; oft einseitig
- Keine Meldepflicht für Heilpraktiker, aber Behandlungsverbot (§7 IfSG)

Erreger: Adenoviren.

Übertragung: meist iatrogen durch Tropfpipetten, evtl. auch durch bestimmte Stäube.

Inkubation: 4-10 Tage.

Symptome

- Fremdkörpergefühl
- Heftiges Tränen, Rötung, Schwellung des Wärzchens
- Lidödem
- Eiförmig durchschimmernde Follikel in der Bindehaut
- Schwellung der präaurikulären Lymphknoten ab dem 7. Krankheitstag
- Keratitis mit münzenförmigen Infiltrationen, meist in der Hornhautmitte
- Herabsetzung der Sehleistung, Rückbildung nach 2-3 Wochen

Komplikationen: Iridozyklitis (Entzündung von Iris und Ziliarkörper), bleibende Infiltrate.

4.4.18 Netzhautablösung (Ablatio retinae)

Ursachen

- Schwere Augenverletzung
- Starke Kurzsichtigkeit
- Diabetes mellitus
- Spontan aufgrund altersbedingter Netzhautdegeneration

Vorboten sind

- schmerzlose Sehstörungen („welliges" Sehen),
- nachlassende Sehschärfe,
- Wahrnehmung von Blitzen, Schleier- und Schattensehen.

Ohne Behandlung schreitet die Ablösung unablässig fort. Der Endzustand ist die totale Erblindung.

Bei akuter Netzhautablösung kann es zum Auftreten eines „schwarzen Schleiers" kommen, der ab- oder aufsteigt, von rechts nach links oder umgekehrt wandert, je nach Ort der Ablösung. Es handelt sich um einen medizinischen Notfall, der sofort augenärztlich behandelt werden muss, bevor es zum Ablösen des gelben Flecks kommt.

Therapie

Chirurgisch, v.a. durch Lasertherapie, bei der die Netzhaut mit der darunter liegenden Aderhaut verklebt wird.

4.4.19 Grauer Star, Linsentrübung (Katarakt)

Teilweise oder vollständige Trübung der Augenlinse und damit Beeinträchtigung der Sehkraft bis hin zum reinen Hell-Dunkel-Sehen.

- Häufige Augenerkrankung
- Meist beide Augen betroffen, eines jedoch stärker

Ursachen

- „Altersstar", Catarakta senilis: die häufigste Form; sie tritt meistens zwischen dem 60. und 65. Lj. auf; die genaue Ursache ist noch nicht geklärt.
- Diabetes mellitus kann zu einer Ernährungsstörung der Linse führen.
- Angeboren: z.B. bei Rötelnembryopathie, Down-Syndrom oder Medikamenteneinnahme der Mutter.
- Cushing-Syndrom, Linsenverletzungen, Strahlenschäden, andere Augenerkrankungen.

Symptome

- Patienten sehen unscharf und wie durch einen „grauen Nebel". Farben und Konturen verschwimmen.
- Eventuell Auftreten von Doppelbildern.
- Blendungserscheinungen bei Tageslicht. Patient kann typischerweise bei Dämmerung besser sehen, weil er bei weiter Pupille an der meist zentral gelegenen Trübung vorbeischauen kann und die Lichtstreuung geringer ist.
- Keine Schmerzen.
- In fortgeschrittenen Fällen erscheint die Pupille grau gefärbt.

Therapie
In schweren Fällen operative Entfernung der trüben Linse. Ersatz durch Implantat, Kontaktlinsen oder starke konvexe Gläser. Es sind bis zu 90% gute Ergebnisse zu erzielen, sofern das Auge sonst gesund ist.

4.4.20 Grüner Star (Glaukom)

Erhöhter Augeninnendruck.

Ursache
- Meist Abflussbehinderung des Kammerwassers im Schlemm-Kanal, wobei man Weitwinkel- und Engwinkelglaukome unterscheidet
- Sekundär, z.B. durch Linsenluxation, Gefäßerkrankungen, losgelöste Pigmente oder Cortisoneinnahme

Durch erhöhten Druck kann der Sehnerv atrophieren, was zu Seheinschränkungen, Gesichtsfeldausfällen und Erblindung führen kann.

Akutes Glaukom
- Plötzlicher, schneidender Schmerz im Auge (meist einseitig)
- Nebel- und Regenbogenfarbensehen (Ringe um Lichtquellen)
- Starke Kopf- und/oder Trigeminusschmerzen
- Oft heftige Bauchschmerzen, Übelkeit, Erbrechen (wie akutes Abdomen)
- Sehvermögen lässt nach
- Auge wird dunkelrot
- Hornhautödem
- **Pupille erweitert, entrundet und starr**
- Auge fühlt sich beim Betasten hart an durch den erhöhten Innendruck
- Bevorzugt in hohem Alter, bei vegetativer Labilität, evtl. ausgelöst durch Überanstrengung, Schreck, Angst oder Trauer
- Oft Patienten mit anatomischem Kurzbau der Augen, mit flacher Vorderkammer und engem Kammerwinkel

Chronisches Glaukom
- Meist nach dem 45. Lj.
- Langsame Entwicklung, anfangs symptomlos
- Schädigung des Sehnervs möglich
- Nur gelegentlich morgendliche Kopfschmerzen, Regenbogenfarbensehen, Spannung oder Schmerz
- Druckerhöhung oft einziges Symptom; besteht diese schon länger, sieht man im Augenspiegel typische Veränderungen am blinden Fleck

Degeneration des Sehnervs → röhrenförmige Einengung des Gesichtsfelds; vor Erblindung oft schwere Augeninnenentzündung und Linsentrübung.

4.5 Hör- und Gleichgewichtsorgan

Das Gehör nimmt Schallreize auf, das Gleichgewichtsorgen registriert Körperlage und -bewegung im Raum. Die Informationen werden über einen gemeinsamen Nervenstrang, den VIII. Hirnnerv oder N. vestibulocochlearis (früher N. statoacusticus) an das ZNS übermittelt.

Das Ohr wird unterteilt in das äußere Ohr, das Mittel- und das Innenohr.

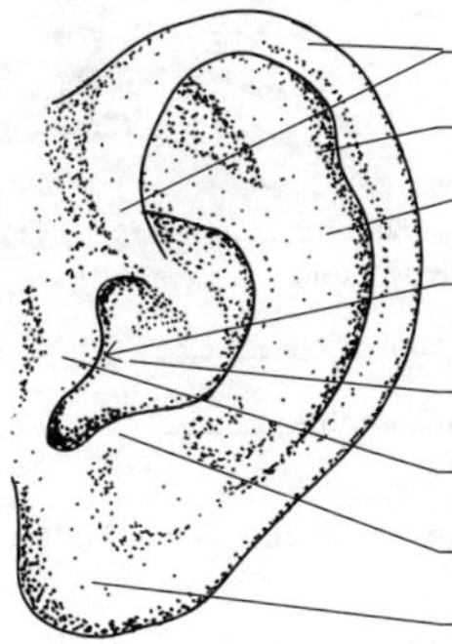

- **Äußeres Ohr:** aus knorpeliger Ohrmuschel und äußerem Gehörgang, in dem einzelne Haare das Eindringen von Fremdkörpern verhindern und Drüsen das Ohrschmalz (Cerumen) bilden. Die Grenze zum Mittelohr bildet eine bindegewebige Membran, das Trommelfell.
- **Mittelohr:** Es befindet sich in einer kleinen Knochenhöhle im Felsenbein, deren Hauptanteil die Paukenhöhle ist. Sie erstreckt sich vom Trommelfell bis zur knöchernen Wand des Innenohrs, in der zwei membranverschlossene Fenster (das ovale und das runde Fenster) liegen. Für den Druckausgleich sorgt beidseits des Trommelfells die **Ohrtrompete (Tuba auditiva eustachii)**, eine Verbindung vom Mittelohr zum Rachenraum, die bei jedem Schluckakt geöffnet wird. Die drei Gehörknöchelchen der Paukenhöhle, **Hammer, Amboss und Steigbügel**, wandeln die auf das Trommelfell landende Luftschwingung in Knochenschwingung um und geben sie an das Innenohr weiter. Der Hammer nimmt die Schwingung des Trommelfells auf und leitet sie über den Amboss an den Steigbügel, der mit seiner „Fußplatte" am ovalen Fenster befestigt ist.
- **Innenohr:** Es enthält Sinnesrezeptoren für Gehör und Gleichgewichtssinn, die in einem Hohlraumsystem des Felsenbeins, dem knöchernen Labyrinth, liegen. Es besteht aus Vorhof, Bogengängen und Schnecke. Während im Vorhof und den Bogengängen die Sinnesrezeptoren des Gleichgewichtsorgans liegen (→ 137), enthält die Schnecke die Sinnesrezeptoren für das Hören (s. Abb. nächste Seite).

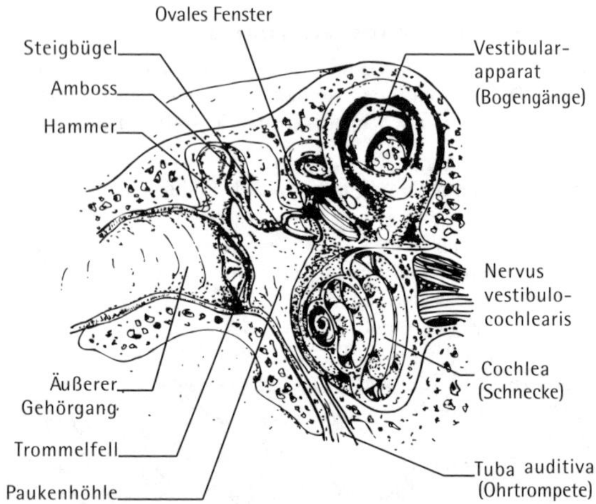

Querschnitt durch das äußere Ohr, das Mittel- und Innenohr

4.5.1 Hörorgan (Schnecke)

Die knöcherne Schnecke (Cochlea) ist ein spiralig gewundener Knochenraum, der mit liqourähnlicher Flüssigkeit (Perilymphe) gefüllt ist. Eine Zwischenwand enthält die häutige Schnecke und unterteilt den Schneckengang in zwei Etagen: die obere Scala vestibuli beginnt am ovalen Fenster und verläuft bis zur Schneckenspitze, wo sie in die unten gelegene Scala tympani übergeht, die bis zum runden Fenster verläuft.
Die häutige Schnecke ist mit Endolymphe gefüllt, die etwa wie die Intrazellularflüssigkeit zusammengesetzt ist. Auf der Basilarmembran im häutigen Schneckengang liegt das **Cortiorgan**, das aus Stützzellen und Sinneszellen aufgebaut ist.
Die Sinneszellen für das Gehör werden als Haarzellen bezeichnet, da sie an ihrem freien Ende feine Härchen tragen. Diese ragen in die Endolymphe und haben Kontakt zur gallertartigen Membran (Membrana tectoria), die das Cortiorgan bedeckt. An ihrer Basis werden die Haarzellen von Fasern des VIII. Hirnnervs umfasst. Die Schallwellen werden also von den Gehörknöchelchen vom Trommelfell auf das ovale Fenster übertragen, wobei sie etwa um das 20-Fache verstärkt werden (Hebelwirkung) und die Perilymphe der Schnecke in Schwingung (Wanderwellen) bringen. Am runden Fenster verebben sie dann.
Die Wanderwellen in der Perilymphe versetzen die häutige Schnecke und damit auch das Cortiorgan in Schwingung. Die Härchen der Sinneszellen werden dadurch verbogen. Dieser mechanische Biegungsreiz sorgt in den Haarzellen für Generatorpotenziale.
Durch den Aufbau der Schnecke werden je nach Schwingungsfrequenz (je nach Tonhöhe) nur bestimmte Stellen entlang der Basilarmembran maximal gereizt. Aus dem Ort der Reizung kann unser Nervensystem dann die Tonhöhe ableiten und sie uns im Hörzentrum

der Großhirnrinde wahrnehmen lassen. Die Lautstärke der Töne bzw. die Schallintensität (Amplitude) steigert auch das Ausmaß der Schwingungen (an der entsprechenden Stelle der Membran).

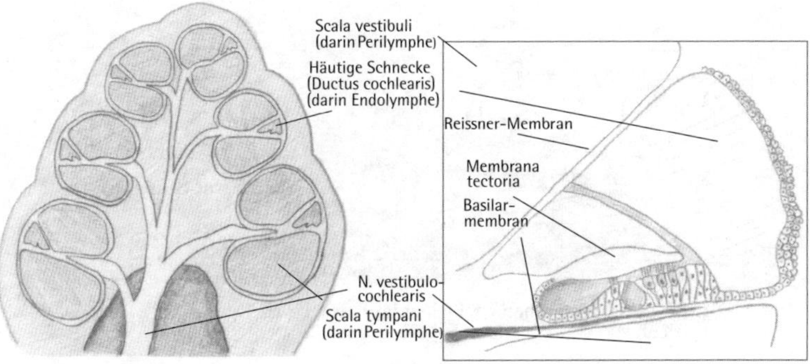

Schnecke (Hörorgan)

4.5.2 Gleichgewichtsorgan

Neben der Schnecke, die für das Hören zuständig ist, befinden sich in unserem knöchernen Labyrinth des Felsenbeins auch der Vorhof und die Bogengänge mit den Sinnesrezeptoren für das Gleichgewicht (Vestibularapparat). Sie registrieren die Körperlage und -bewegung im Raum.

Vorhof (vertikal/horizontal)
Wie auch die knöcherne Schnecke sind Vorhof und Bogengänge mit Perilymphe gefüllt und enthalten membranöse Strukturen, die wiederum mit Endolymphe gefüllt sind. Im Vorhof werden sie bezeichnet als:

- Großes Vorhofsäckchen (Utriculus): horizontal ausgerichtet, registriert Beschleunigung nach vorne und hinten und das Liegen
- Kleines Vorhofsäckchen (Sacculus): vertikal ausgerichtet, registriert Beschleunigung nach oben und unten und das Stehen

Die Säckchen enthalten in ihrer Oberflächenmembran (Statolithenmembran) Kalziumkarbonatkristalle, die sich schwerkraftgemäß bewegen und damit die darunter liegende Gallertmasse mit ihren hineinragenden Sinneshaarzellen verbiegen (Mechanorezeptoren).

Bogengänge (Drehbewegung)
Die drei Bogengänge gehen vom Vorhof ab und bilden mit ihm einen Ring. Sie stehen etwa im rechten Winkel zueinander in den drei Bewegungsrichtungen des Raums. In den knöchernen Bogengängen verlaufen die mit Endolymphe gefüllten häutigen Bogengänge. Sie erweitern sich am Ende zu Ampullen, in denen die Sinneszellen liegen. Auch hier sind die Haarzellen von Stützzellen umgeben und ragen in eine gallertartige Masse. Die Ampullen sind kuppelförmig (Cupula) und erinnern ein wenig an eine Kerzenflamme.

Durch Drehbewegungen wird die Endolymphe und damit die Cupula ausgelenkt. Die eingebetteten Härchen werden bewegt, die Sinneszellen gereizt und liefern damit die Nervenimpulse an das ZNS zur bewussten Empfindung von Drehbewegungen und zur reflektorischen Anpassung.

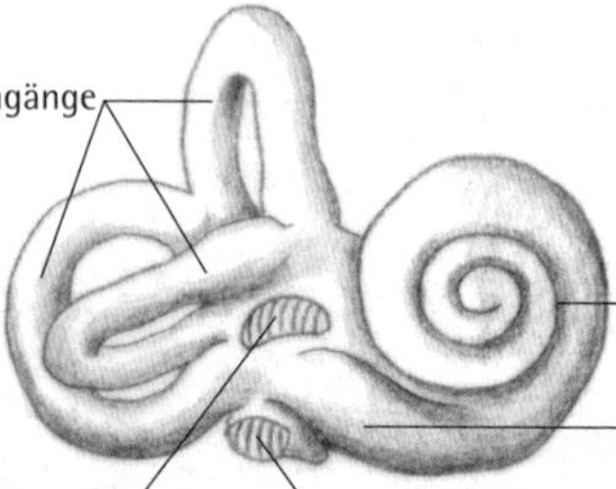

4.6 Untersuchung der Ohren

4.6.1 Anamnese

Schon während der Anamnese kann auffallen:

- Patient versteht schlecht
  - leise Gesprochenes,
  - wenn man sich beim Sprechen abwendet,
  - wenn mehrere Personen gleichzeitig reden.
- Patient antwortet nicht in angemessener Lautstärke, sondern (meistens) zu laut.

4.6.2 Inspektion

Inspektion der Ohrmuschel, anschließend eine Otoskopie (Ohrspiegelung, s. Abb). Um mit dem Trichter des Otoskops freie Sicht auf das Trommelfell zu bekommen, muss man den äußeren Gehörgang durch Ziehen an der Ohrmuschel nach hinten oben begradigen. Es ist zu achten auf:

- Gehörgangsschwellung, -furunkel
- Ohrschmalz/Fremdkörper (muss ja nicht gleich eine Murmel sein, es genügt schon ein Härchen)
- Veränderungen des Trommelfells wie Rötung, Vorwölbung, Blutung, Verletzungen, Narben, Paukenröhrchen, Mittelohrerguss

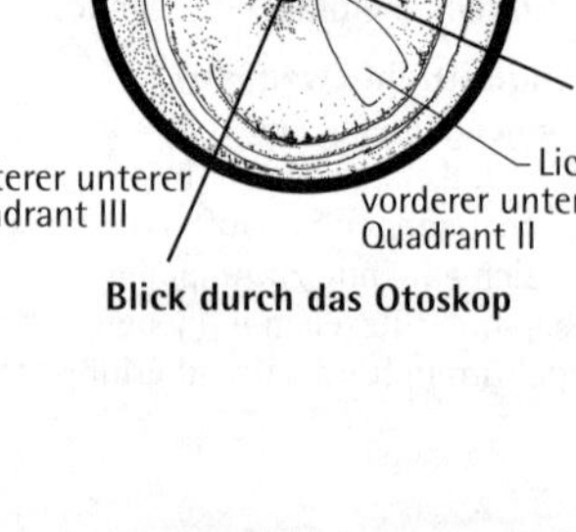

Blick durch das Otoskop

4.6.3 Hörprüfungen

Stimmgabelprüfungen nach Weber und Rinne erlauben eine grobe Prüfung des Hörvermögens im Seitenvergleich und können bei Ermittlung der Ursache helfen (Schwerhörigkeit, → 139).

4.6.3.1 Weber-Test

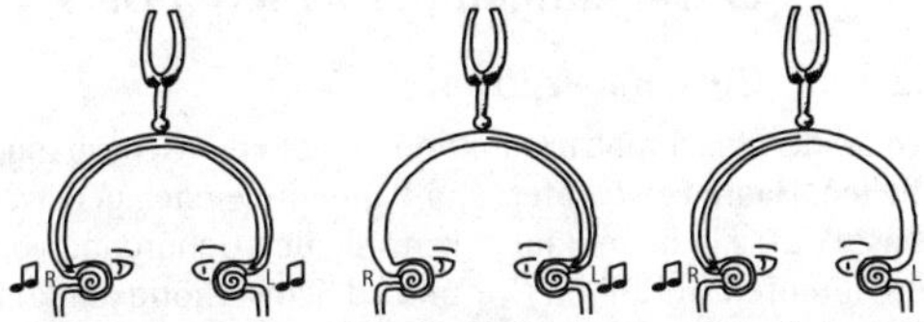

Weber-Test

Stimmgabel (440, 512 oder 1.024 Hz) wirdangeschlagen und mit ihrer Basis auf die Schädelmitte oder Stirn des Patienten gesetzt. Beim Gesunden wird der Ton mit beiden Ohren oder in Schädelmitte wahrgenommen. Bei einseitiger Schallleitungsschwerhörigkeit wird der Ton zum geschädigten Ohr hin lateralisiert (stärker wahrgenommen), da das geschädigte Ohr nicht durch Umweltgeräusche abgelenkt wird und die Knochenvibration besser erfassen kann (zum Selbstversuch einfach ein Ohr mit dem Finger verschließen: in diesem Ohr wird der Ton der Stimmgabel besser wahrgenommen). Bei Schallempfindungs-schwerhörigkeit hört der Patient den Ton nur im gesunden Ohr.

4.6.3.2 Rinne-Test

Die vibrierende Stimmgabel wird mit ihrer Basis so lange auf den Proc. mastoideus aufgesetzt, bis der Patient nichts mehr hört, und dann sofort vor den Gehörgang des Patienten gehalten.
Ein Hörgesunder kann den Ton jetzt noch hören, da der Ton per Luftleitung länger gehört werden kann als über die Knochenleitung. Liegt eine Schallleitungsschwerhörigkeit vor, nimmt der Patient den Ton über die Luftleitung nicht mehr wahr („Rinne negativ").

4.7 Erkrankungen

4.7.1 Schwerhörigkeit

- **Mittelohrschwerhörigkeit, Schallleitungsstörung:** Defekt am äußeren Ohr, am Trommelfell, im Mittelohr oder am ovalen Fenster. Die Knochenleitung bleibt aber erhalten, d.h., die Schallleitung über die Schädelknochen an das Cortiorgan funktioniert → Schäden am schallleitenden Apparat führen nicht zur Taubheit, sondern nur zur Schwerhörigkeit.
  Ursachen: oft Ohrschmalzpfröpfe, Mittelohrentzündung, Trommelfellperforation und Otosklerose.
- **Innenohrschwerhörigkeit, Schallempfindungsstörung:** Defekt am Innenohr, am N. acusticus oder in der Hörrinde im Gehirn.
  Ursachen: Hörsturz, M. Ménière, akute Lärmschädigung (z.B. lauter Knall), chronische

Lärmschädigung (z.B. Diskotheken), Ototoxikose (z.B. durch Medikamente), Tumoren (Akustikusneurinom).

Eine **Altersschwerhörigkeit** wird v.a. durch eine Versteifung der Basilarmembran, aber auch durch allgemeine Alterungsprozesse verursacht. Außerdem können lärmbedingte Hörschäden eine Rolle spielen.

4.7.2 Erkrankungen des äußeren Ohrs

4.7.2.1 Ohrschmalzpfropf

Übermäßige Ohrschmalzproduktion im äußeren Gehörgang, in die dann noch abgeschilferte Epithelien, Haare Fetttropfen und Pigmente eingelagert werden. Quillt diese gelblich-braune Masse auf, z.B. beim Baden, kann sie den Gehörgang völlig verlegen, wodurch es zu einem dumpfen Gefühl im Ohr und zu Schwerhörigkeit kommt. Eine Ausspülung des äußeren Ohrs mit lauwarmem Wasser darf nur bei intaktem Trommelfell vorgenommen werden.

4.7.2.2 Otitis externa

- Akut meist durch Bakterien verursacht; Abscheidung von Flüssigkeit oder Eiter aus dem Gehörgang, evtl. Fieber; manchmal auch durch Viren (v.a. Herpes-Zoster-Virus).
- Chronisch oft durch Pilzinfektion verursacht, nur gelegentlich durch Bakterien; meist nur geringe Symptome wie Juckreiz oder leichte Schwellung.
- Manchmal treten Entzündungen in Folge eines Ekzems oder durch Fremdkörper (v.a. bei Kindern) auf.

4.7.2.3 Gehörgangsfurunkel (Otitis externa circumscripta)

Sie treten nur auf, wo sich Haarbälge und Talgdrüsen befinden, also im äußeren Drittel des Gehörgangs. Sie engen unter großen Schmerzen den Gehörgang ein oder verlegen ihn.

4.7.2.4 Ohrenfluss, Ohrenlaufen (Otorrhö)

Absonderung serösen, eitrigen, gelegentlich auch blutigen Sekrets aus dem Ohr.

Ursachen

- Gehörgangsfurunkel
- Otitis media nach Durchbrechen des Trommelfells
- Fremdkörper
- Chronischer Verlauf evtl. durch Knocheneiterung
- **Liquor** deutet auf einen Einriss der Hirnhäute, v.a. nach **Schädelbasisbruch**, hin; gelegentlich entsteht auch eine Liquorfistel nach Operationen

4.7.3 Erkrankungen des Mittelohrs

4.7.3.1 Akute Mittelohrentzündung (Otitis media acuta)

Entzündung der Schleimhaut der Paukenhöhle; v.a. bei Kindern, oft nach Erkältung oder Infektionskrankheit durch Einwanderung der Erreger (v.a. Pneumokokken, Streptococcus pyogenes, Haemophilus influenzae, Staphylokokken) über die Eustachi-Röhre.

Symptome
Durch Eiteransammlung und Schleimhautabsonderungen kommt es zur **Druckerhöhung** in der Paukenhöhle und damit zu

- Ohrenschmerzen, oft auch zu
- Hörstörungen und evtl. auch zu
- Fieber.

Selten wird die Otitis media nicht erkannt und die Eiteransammlung kann das Trommelfell durchbrechen. Um dem vorzubeugen, kann der Arzt von außen das Trommelfell durchstoßen, um den besten Ort für den Eiterdurchbruch zu bestimmen. Ein kleiner Eingriff, der im Allgemeinen gut ausheilt, es sei denn, er muss öfter erfolgen, was zu einer Vernarbung des Trommelfells und damit zu Höreinschränkungen führen kann.

Therapie
Durch Nasentropfen wird eine Abschwellung der Nasenschleimhaut herbeigeführt, damit sich die Eustachi-Röhre wieder öffnet. Sind Schleim und Eiter aus der Paukenhöhle entfernt und mögliche Trommelfellperforationen verheilt, stellt sich wieder die normale Hörfähigkeit ein. Kommt es allerdings nicht zur Ausheilung, kann die Mittelohrentzündung in einen chronischen Prozess übergehen.

4.7.3.2 Mastoiditis

Entzündung der Schleimhaut in den lufthaltigen Zellen des Warzenfortsatzes (Proc. mastoideus).

Ursache: fast immer Mittelohrentzündung.

Symptome: Druckschmerzen und Schwellung über dem Mastoid. Während Entzündungen der Paukenhöhle oft rasch ausheilen, kann eine Mastoiditis über Wochen und Monate andauern und dadurch leicht zu Komplikationen führen.

Komplikationen: Meningitis; Hirnabszess; Entzündung des Innenohrs; gelegentlich Einschmelzungen der Höhlenzellwände → Durchbruch des Erregers in die Schädelhöhle.

Therapie: nach Schwere der Erkrankung; sind knöcherne Anteile einbezogen, muss evtl. sogar das Mastoid operativ entfernt werden (Mastoidektomie).

4.7.3.3 Ohrverhärtung (Otosklerose)

- Häufige Erkrankung (10% der Bundesbürger, davon 1% mit ausgeprägter Schwerhörigkeit)
- Vor allem Frauen zwischen dem 20. und 40. Lj., typischerweise Verschlechterung mit jeder Schwangerschaft.

Ursache
Störungen des Knochenstoffwechsels, vermutlich begünstigt durch erbliche Veranlagung, führen zu sklerotischen Veränderungen. Sie beginnen beim ovalen Fenster und greifen auf die Steigbügelplatte über. Dadurch wird die Steigbügelplatte im ovalen Fenster starr und unbeweglich und kann die Schwingungen nicht mehr vom Mittelohr auf das Innenohr übertragen. Manchmal wirken sich die Knochenstoffwechselveränderungen auch auf das Innenohr aus und führen zu Schallempfindungsstörungen.

Symptome

Die Höreinschränkungen beginnen meist einseitig und breiten sich im weiteren Verlauf auf beide Ohren aus, wobei die Schwerhörigkeit langsam fortschreitet. Es treten auch oft Ohrgeräusche auf.

Therapie

Operation: Steigbügel wird entfernt (Stapektomie), wodurch 90% der Betroffenen ein gutes Hörvermögen zurückerlangen. Der Tinnitus verschwindet allerdings nur bei knapp über 50%.

4.7.4 Erkrankungen des Innenohrs

4.7.4.1 Ohrgeräusch (Tinnitus)

Summen, Pfeifen, Klingeln, Brausen, Zischen, Brummen o.Ä. (hoch- oder niederfrequent) werden zeitweise oder andauernd wahrgenommen. Dies kann eine Hörminderung mit sich bringen.

- **Subjektive Ohrgeräusche** werden nur vom Betroffenen wahrgenommen.
  Ursache: meist nicht feststellbar. Häufig ist Tinnitus buchstäblich ein Warnsignal des Körpers, bei Patienten unter 50 Jahren meist durch zu viel Stress. Außerdem kann er als Begleiterscheinung bei Otitis media, M. Ménière, Blutdruckanomalie, Anämie, Otosklerose, krankhaften Veränderungen im HWS-Bereich, Lärmbelästigung, Akustikusneurinom und Intoxikation (Streptomycin, Arsen) auftreten.
- **Objektive Ohrgeräusche** können auch vom Untersucher wahrgenommen werden.
  Ursache: Gefäßanomalien (Fehlbildungen, Aneurysmen, Stenosen, vermehrte Ohrdurchblutung), aber auch Knacken des Kiefergelenks oder offenstehende Eustachi-Röhre.

4.7.4.2 Schwindel (Vertigo)

Er ist meist harmlos und entsteht als Folge eines momentanen Blutdruckabfalls im Gehirn, z.B. nach plötzlichem Aufstehen; Schwindel kommt bevorzugt bei Hypotonikern (auch durch blutdrucksenkende Medikamente) und bei älteren Menschen mit Hirnarteriosklerose vor.

- Vestibularisschwindel (systematischer Schwindel): Störung der Raumorientierung mit Verlust der Körpersicherheit, oft begleitet von Nystagmus, Fallneigung, Tinnitus und Schwerhörigkeit.
  Ursache: im Gleichgewichtsorgan des Innenohrs, im Gleichgewichtsnerv (N. vestibularis) oder im Gehirn (Kleinhirn, Hirnstamm).
  Formen:
  - **Drehschwindel** mit dem Gefühl der Umwelt- oder Eigendrehung
  - **Schwankschwindel** mit dem Gefühl, dass der Boden unter den Füßen schwankt
  - **Liftschwindel** (Otolithenschwindel) mit dem Gefühl, gehoben zu werden oder zu sinken
- **Unsystematischer Schwindel:** Gang- und Standunsicherheit, Schwarzwerden vor den Augen und Torkel- oder Taumelgefühl.

Ursache: meist Durchblutungsstörung im Gehirn durch Intoxikation (Alkohol oder Nikotin), Hirnarteriosklerose, Hypotonie, Anämie, Kleinhirnschäden oder Hirndruckanstieg

Je nach Dauer unterscheidet man zwischen Anfall- und Dauerschwindel. Häufig handelt es sich um kreislauf- oder psychisch bedingten, anfallsweisen Schwankschwindel mit Unsicherheit und Taumeligsein. Eventuell wird Schwindel begleitet von Blässe, Kollapsneigung, Tachykardie, Schweißausbruch u.Ä.

4.7.4.3 Morbus Ménière

Anfalldauer: Minuten bis Tage.

Ursache: Missverhältnis von Produktion und Resorption der Endolymphe (vermutet wird eine vasomotorische Regulationsstörung).
Einrisse der Reissner-Membran führen zum **Vermischen von Endo- und Perilymphe**, was zu einer Schädigung der afferenten Fasern des Hörnervs führen kann. Anfangs verschwinden Taubheit und Tinnitus. Kehren die Anfälle häufig wieder → Höreinschränkungen bis hin zur Taubheit.

Trias
- **Anfallsweiser heftiger Drehschwindel** mit Nystagmus, Übelkeit, Erbrechen und Kollapsneigung
- Zeitweise auftretende **Innenohrschwerhörigkeit**
- Einseitige subjektive **Ohrgeräusche**

4.7.4.4 Hörsturz

Plötzlich auftretende Schallempfindungsstörung mit fast immer einseitiger Hörminderung bis zum Hörverlust. Eventuell besteht gleichzeitig ein Tinnitus.

Ursachen
- Meist Durchblutungsstörungen des Innenohrs durch Spasmen, Mikroembolien, Thrombosen oder Blutungen der Innenohrgefäße
- (Virus-)Infektionen
- Autoimmun
- Stress

Therapie: Notfall - Klinikeinweisung; je länger der Hörsturz nicht behoben wird, um so wahrscheinlicher bleiben Höreinschränkungen bestehen.
In der Klinik werden neben Bettruhe gefäßerweiternde Mittel und Vitaminpräparate verordnet, je nach Ursache auch Cortison, Antibiotika und Sedativa.

5 Haut

Die Haut ist das größte Organ des menschlichen Körpers mit einer Fläche von ca. 2 m^2, einer Dicke von 1,5-4 mm und einem Gewicht von bis zu 10 kg.

5.1 Aufgaben der Haut

- **Abgrenzung:** Sie trennt die Innen- von der Außenwelt (Umwelt).
- **Schutz** vor mechanischer, chemischer und thermischer Schädigung und dem Eindringen von Erregern.
- **Sinnesorgan** für Berührung, Tasten, Druck, Temperatur und Schmerz.
- **Wärmeregulation** durch Eng- und Weitstellen von Hautgefäßen und über Schweißproduktion.
- **Mithilfe bei der Wasserregulation:** Über Schweiß wird Wasser und Natrium abgegeben. Die Epidermis verhindert einen extremen Wasserverlust.
- **Kommunikation** nicht nur als Sinnesorgan, sondern auch durch Erblassen oder Erröten.

5.2 Aufbau der Haut

5.2.1 Oberhaut (Epidermis)

Gefäßloses, mehrschichtiges, verhornendes Plattenepithel, das v.a. Kertinozyten enthält. Sie bilden den Hornstoff Keratin, der der Haut Festigkeit verleiht und eine wasserabweisende, mechanisch schützende Schicht bildet.
Die 4-5 Schichten werden in 2 Hauptschichten zusammengefasst:

- Die **Keim- oder Mutterschicht** (Stratum germinativum) besteht aus:
  - **Basalzellschicht** (Stratum basale): Sie sitzt der Basalmembran auf, die an die Lederhaut grenzt. Diese länglichen Zellen teilen sich ständig und schieben die neu gebildeten Zellen dabei in Richtung Hautoberfläche, wobei sie allmählich zu Zellen der Stachelzellschicht werden. Da die Zellteilung empfindlich gegen Strahlung ist, liegen hier auch **Melaninzellen**, die einen braunschwarzen Farbstoff bilden, der ultraviolette Strahlen abfängt.
  - **Stachelzellschicht** (Stratum spinosum): Diese Zellen, in mehreren Schichten angeordnet, stehen über stachelige Fortsätze miteinander in Verbindung, wodurch sie die Epidermis stabilisieren. Hier liegen auch die **Langerhans-Zellen**, die Makrophagen der Haut, die z.B. Erreger fressen können und mit deren Bestandteilen z.B. zu anderen Abwehrzellen wandern, die wiederum Antikörper bilden (antigenpräsentierende Zellen [APZ]).
- Die **Hornschicht** besteht aus:
  - **Körnerzellschicht** (Stratum granulosum): Hier verlieren die Zellen ihre Kerne und damit auch eine Silbe ihres Namens; sie heißen jetzt Keratozyten und enthalten in ihren Körnern ein Vorstadium des Horns.
  - **Glanzschicht** (Stratum lucidum): Sie kommt nur an Handfläche und Fußsohle vor und enthält das stark lichtbrechende Eleidin.

- **Hornschicht** (Stratum corneum): Die äußerste Hautschicht besteht aus platten, kernlosen, keratinhaltigen Zellen, zwischen denen ein Fettfilm für die Festigkeit dieser Schicht sorgt, die v.a. gegen Verdunstung schützt.

An stark beanspruchten Körperstellen wie Händen und Füßen ist die Hornschicht dick, an wenig beanspruchten Stellen wie den Augenlidern nur dünn. Die Epidermisdicke variiert zwischen 0,04 und 4 mm, bei Schwielen liegt sie deutlich darüber. Schwielen bilden sich bei übermäßiger Beanspruchung und schützen das darunter liegende, empfindliche Gewebe. Kann sich diese stärkere Hornschicht nicht schnell genug bilden, löst sich Hornhaut von der Keimhaut ab und es entsteht eine Blase.
Die Oberflächenstruktur der Haut wandelt sich von **Felderhaut** an behaarten Stellen (rautenförmige Felderung) zu **Leistenhaut** an unbehaarten Körperstellen, also Handflächen und Fußsohlen. Die „Leisten" sind die Rillen, die beim Fingerabdruck zu erkennen sind.

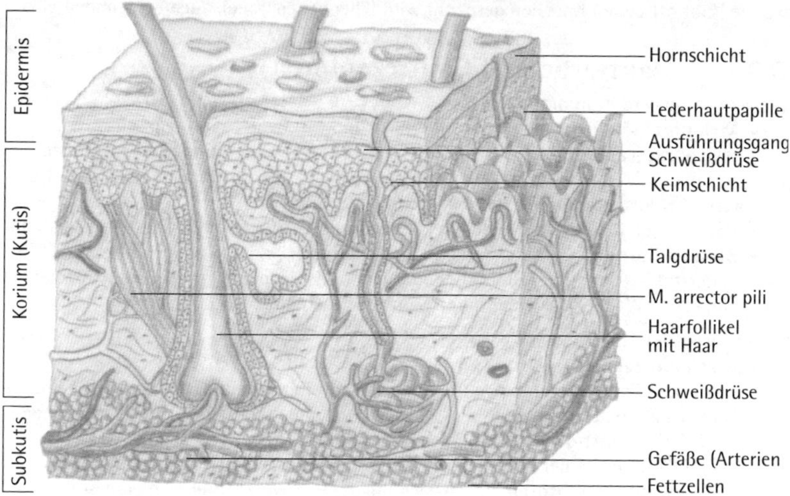

5.2.2 Lederhaut (Corium, Dermis)

Die Lederhaut heißt so, weil aus dieser Hautschicht der Tiere Leder gemacht wird.
Sie besteht aus zwei Schichten.

- **Papillarschicht** (Stratum papillare): Diese Schicht aus lockerem Bindegewebe mit reichlich elastischen und kollagenen Fasern macht die Haut elastisch und doch reißfest. Sie ist mit der Oberhaut über Papillen verzahnt. An der Hautoberfläche erscheinen diese Bindegewebezapfen als Rillen bzw. Hautlinien, die bestimmte individuelle Muster bilden (Fingerabdruck). In den Papillen verlaufen die Kapillaren, die die Oberhaut versorgen, in manchen Papillen, v.a. der Hände, liegen die Meißner-Körperchen für die Tastempfindung.

- **Netzschicht** (Stratum reticulare): Diese Schicht aus festem Bindegewebe enthält neben kollagenen und elastischen Fasern auch Blut- und Lymphgefäße, Nerven, Haarfollikel, Talgdrüsen und Schweißdrüsengänge.

5.2.3 Unterhaut (Subkutis)

Der Übergang der Lederhaut in dieses lockere Bindegewebe ist fließend. Sie bildet die Verschiebeschicht zu den darunter liegenden Geweben wie Organen, Muskeln oder Knochen. Hier liegen die Schweißdrüsen, die unteren Abschnitte der Haarbälge, Temperatur-(Ruffini-) und Vibrationstastkörperchen (Vater-Pacini-Lamellenkörperchen) sowie die Krause-Endkolben als Kälterezeptoren.
In die Unterhaut sind je nach Körperstelle und -bau mehr oder weniger viele Fettzellen eingelagert. Dieses subkutane Fettgewebe dient als Stoßpuffer, Wärmeisolation und Energiespeicher. Außerdem liegen in der Subkutis reichlich Blutgefäße und Nerven und an Stellen, wo die Haut oft gegen Knochen gespannt wird (Ellenbogen, Knie), auch Schleimbeutel.

5.3 Hautfarbe und Hautrezeptoren

Die Hautfarbe wird bestimmt durch:

- **Melanin:** Es befindet sich in der Oberhaut und wirkt wie ein Sonnenschirm. Ein Melanozyt (ca. 1.000/mm^2) ist für den Schutz von 4-10 Keratinozyten zuständig. Die Anzahl der Melanozyten ist bei allen Völkern gleich, die unterschiedliche Hautfarbe resultiert aus der produzierten Pigmentmenge.
- **Karotin:** ein Pigment der Leder- und Unterhaut (Gelbfärbung der Haut bei Asiaten).
- **Blutkapillaren:** Sie befinden sich in der Lederhaut und lassen Rückschlüsse auf die Sauerstoffsättigung des Bluts zu; eine Zyanose der Lippen liegt bei Sauerstoffmangel vor, rosige Wangen bei einer guten Sauerstoffsättigung.

Rezeptoren der Haut

- **Mechanorezeptoren**
  - **Merkel-Zellen** der unbehaarten und **Merkel-Tastscheiben** der behaarten Haut liegen an der Grenze von Ober- zu Lederhaut und vermitteln Druckempfindungen.
  - **Meißner-(Tast-)Körperchen** liegen in den Papillen der Lederhaut, v.a. an Fingern und Plantarseite der Zehen, und sind für die Oberflächensensibilität zuständig.
  - **Haarfollikelrezeptoren** winden sich um die Haarwurzel und reagieren auf Bewegungen der Haare.
  - **Vater-Pacini-Lamellenkörperchen** sind große lamellöse Endkörperchen von Nervenfasern, die sich in der Unterhaut befinden und für die Wahrnehmung von Vibrationen sorgen; Lokalisation: Handteller, Fußsohle, Faszien, Periost, Endsehnen, Blutgefäße, Mesenterium, äußeres Genitale.
- **Thermorezeptoren**, die Temperatur bzw. Temperaturänderungen (Wärme, Kälte) registrieren; dazu zählen z.B. die **Ruffini-Körperchen** und **Krause-Endkolben** in der Haut sowie Neuronen im Hypothalamus zur Überwachung der Bluttemperatur.
  Es existieren grundsätzlich mehr Kälte- als Wärmerezeptoren.
- **Schmerzrezeptoren** vermitteln auch Juck- und Kitzelreize. Es sind freie Nervenendigungen, die in fast allen Geweben vorkommen.

5.4 Hautanhangsgebilde

Haare, Nägel, Schweiß-, Talg- und Duftdrüsen wie auch die Brustdrüsen der Frau (→ 64) durchstoßen die Oberhaut und münden auf die Hautoberfläche.

5.4.1 Haare (Pili)

Fast die gesamte Körperoberfläche trägt Haare (Felderhaut). Der Teil des Haars in der Haut ist die Haarwurzel, der außerhalb der Schaft. Das Haar ist ein Hornfaden, der von der Haarzwiebel aus ca. 1 cm pro Monat wächst. In der Zwiebel teilen sich Zellen, werden nach oben geschoben und verhornen. Die Ernährung der Haarzwiebel erfolgt über die Haarpapille, der die Zwiebel aufsitzt.

Jede Haarwurzel ist von einem **Haarfollikel** umgeben,

- an dem ein kleiner Haarmuskel (M. erector pili) ansetzt, der einem bei Furcht oder Kälte „die Haare zu Berge" stehen lässt;
- in den eine Talgdrüse mündet, die eine ölige Substanz abgibt, die die Haare und die Haut mit einer dünnen Fettschicht überzieht, um sie vor dem Austrocknen zu bewahren;
- um den sich ein Haarfollikelrezeptor spinnt, der Bewegungen des Haars registriert;
- umhüllt von einer Bindegewebsscheide wird dies als **Haarbalg** bezeichnet.

5.4.2 Hautdrüsen

Schweißdrüsen sind fast über den ganzen Körper verbreitet, kommen aber besonders häufig an Achselhöhlen, Stirn, Handflächen und Fußsohlen vor. Lediglich Lippenrand, Nagelbett, Eichel, Klitoris, kleine Schamlippen und Trommelfell haben keine. Die aufgeknäulten Drüsen reichen meist bis ins Unterhautgewebe. Die Ausführungsgänge sind an der Hautoberfläche als Pore sichtbar.

Schweiß besteht zu 99% aus Wasser und enthält außerdem Salz, Harnstoff, Harnsäure, Aminosäuren, Ammoniak, Zucker, Milchsäure und Ascorbinsäure (Vitamin C). Der saure Schweiß (pH 4,5) bildet den **Säureschutzmantel** der Haut, der das Keimwachstum hemmt. Täglich werden unbemerkt ca. 0,5 l Schweiß abgegeben. Bei anstrengender Tätigkeit oder bei Hitze kann die Abgabe auf 1,5 l/Std. ansteigen. Patienten mit Fieber können täglich 5 l Schweiß abgeben. Der verdunstende Schweiß kühlt die Haut. Bei psychischer Anstrengung kommt es zum „emotionalen Schwitzen". Die Schweißabgabe wird vom vegetativen Nervensystem, v.a. dem Sympathikus geregelt. Schweiß an sich riecht kaum. Der unangenehme Geruch entsteht durch die Einwirkung von Bakterien.

Talgdrüsen geben ihr Sekret meist an Haarfollikel ab, außer an Lippen, Penis, kleinen Schamlippen, Augen und Augenlidern, wo sie direkt an der Oberfläche münden. Hand- und Fußsohlen besitzen keine Talgdrüsen. Talg (Sebum) ist eine Mischung aus Fetten, Cholesterin, Protein und Elektrolyten. Er bewahrt das Haar vor Austrockung und hält die Haut geschmeidig.

Duftdrüsen in Achselhöhlen, Schamregion und im Brustwarzenvorhof enden wie die Talgdrüsen mit einem Haarfollikel. Ihre Produktion beginnt mit der Pubertät und hängt u.a. von psychischen Faktoren ab.

5.4.3 Nägel (Ungues)

Nägel sind Hornhautplatten aus dicht gepackten, harten, verhornenden Zellen der Oberhaut. Sie erleichtern das Greifen und ermöglichen eine feinere Tastempfindung, indem sie der weichen Fingerbeere ein Widerlager bieten. Außerdem schützen sie vor Verletzungen an den Finger- und Zehenenden und dienen dem Kratzen.

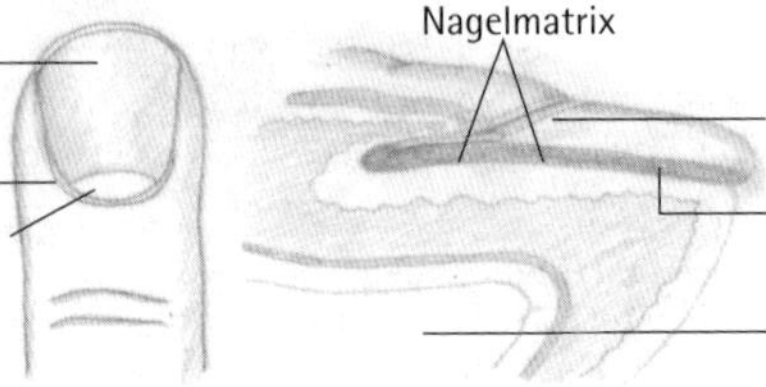

Die Nagelplatte liegt auf dem Nagelbett, der hintere Teil, die Nagelwurzel, liegt in der Haut ebenso wie die Seitenränder im Nagelfalz, vom häutigen Nagelwall am Rand bedeckt.

Die weißliche halbmondförmige Zone am proximalen Nagelrand heißt Lunula (Möndchen). Hier liegt die Nagelmatrix, von der aus der Nagel wächst. Bindegewebebündel verbinden die Nägel unverschieblich mit dem Periost.

Lunula (Möndchen): Wachstumszone des Nagels.

5.5 Wundheilung

Regeneration von Gewebe, wobei sich Bindegewebs-, Epithelzellen und Kapillaren vermehren.
Bei einer Hautverletzung, bei der nur die Oberhaut geschädigt wurde und evtl. noch die Papillarspitzen der Lederhaut, kommt es zu einer vollständigen Abheilung ohne Narbenbildung, die von der Keimschicht aus erfolgen kann.
Obwohl der Begriff „Wunde" definitionsgemäß jede Unterbrechung des Zusammenhangs von Körpergewebe ist, spricht man in diesem Fall weniger von einer Wunde.
Wurde die Lederhaut tiefgreifend zerstört, kann die ursprüngliche Oberflächenstruktur der Haut nicht mehr hergestellt werden, es kommt zur Ausheilung mit Narbenbildung.

Primäre Wundheilung (Sanatio per primam intentionem)
Geringer Gewebeverlust mit raschem, komplikationslosem Verschluss und weitgehender Restitutio ad integrum (vollständige Wiederherstellung des urspünglichen, unversehrten Zustands) innerhalb von ca. 1 Woche.
Minimale Bindegewebeneubildung zwischen den gut durchbluteten und ggf. adaptierten Wundrändern einer sauberen Wunde. Es bleibt nur eine strichförmige, kaum sichtbare Narbe zurück.

Sekundäre Wundheilung
Bei Wunden mit weiter auseinanderliegenden (gequetschten oder nekrotischen) Wundrändern bzw. bei einer Wundinfektion erfolgt eine verzögerte sekundäre Wundheilung (Sanatio per secundam intentionem). Hier kommt es infolge einer (a)bakteriellen Entzündung zur Auffüllung des Gewebedefekts mit Granulationsgewebe und einer ausgedehnteren Bildung von Narbengewebe. Die Epithelisierung vom Rand her bildet den Abschluss der Wundheilung.

Phasen der Wundheilung
Latenzphase (1.-3. Tag)
- Exsudative Phase mit Schorfbildung in den ersten Stunden. Der vorläufige Wundverschluss erfolgt durch geronnenes Blut und Wundsekret.
- Resorptive Phase mit kataboler Autolyse; Phagozyten wandern ein und beseitigen Gewebetrümmer und eingedrungene Bakterien.

Proliferationsphase (4.-7. Tag)
Anabole Reparation mit Bildung von Kollagen durch Fibroblasten. Es bildet sich Granulationsgewebe, also junges, gefäßreiches, faserarmes Bindegewebe, wobei Kapillaren und Bindegewebszellen in das Blutgerinnsel einwachsen. Die Wunde wird durch ein Häutchen aus Deckzellen verschlossen.

Reparationsphase (ab dem 8. Tag)
Umwandlung des Granulationsgewebes in eine Narbe. Das Granulationsgewebe bildet sich in gefäßarmes, faserreiches Narbengewebe um. Es wird von den Wundrändern aus mit Epithelzellen bedeckt. Das Granulationsgewebe kann die Lederhaut, die Haare und Drüsen nicht ersetzen, die Narbe bleibt sichtbar.

5.6 Erkrankungen der Haut

5.6.1 Effloreszenzen

Man unterscheidet:
- Primäre Effloreszenz, die unmittelbar durch die Erkrankung verursacht wird
  - Macula (Fleck)
  - Papula (Knötchen)
  - Tuber (mehr oberflächlicher Knoten von Haselnussgröße und größer)
  - Nodus (tieferer Knoten von Haselnussgröße und größer)
  - Tumor (Knolle, Geschwulst)
  - Urtica (Quaddel)
  - Vesicula (Bläschen), Bulla (Blase), Pustula (Eiterbläschen), Cystis (Zyste)
- Sekundäre Effloreszenz, die sich im Anschluss an eine primäre Effloreszenz entwickelt
  - Squama (Schuppe)
  - Erosio (Erosion)
  - Rhagade
  - Ulkus (Geschwür)
  - Atrophia (Hautschwund)
  - Crusta (Kruste)
  - Excoriatio (Abschürfung)
  - Fissura (Schrunde)
  - Cicatrix (Narbe)

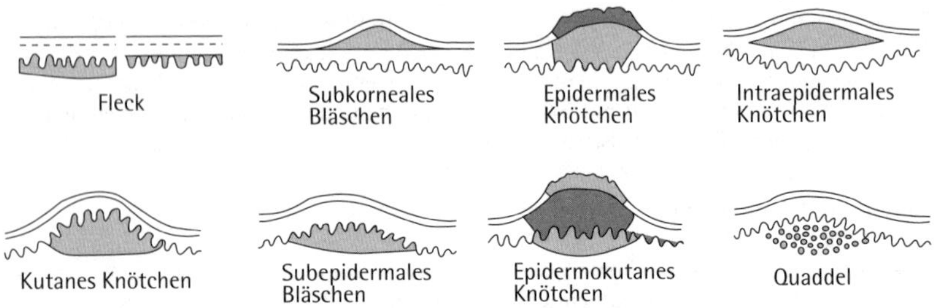

5.6.2 Erythem

Rote Verfärbung der Haut.

Bei Entzündungen wird Histamin frei gesetzt, das auf kleine Gefäße erweiternd wirkt. Mehr sauerstoffreiches Blut gelangt in die Lederhaut, wodurch die Rotfärbung entsteht. Zur Gefäßerweiterung kommt es auch durch Wärmebestrahlung (Sonnenbrand), chemische Substanzen oder durch Giftstoffe von Bakterien.

Je nach Ursache und Lokalisation werden die Erytheme folgendermaßen verifiziert.

Exanthem

Entzündliche Hautveränderung auf großen Bereichen der äußeren Haut mit einem bestimmten zeitlichen Ablauf (Beginn, Höhepunkt, Ende). Hier können währenddessen verschiedene Effloreszenzen hervortreten. Klassische Exantheme der Kindheit sind Masern, Röteln und Scharlach.

Enanthem

Entzündliche Veränderung der Schleimhäute.

Erythema nodosum (Knotenrose)

Akut entzündliche Hauterkrankung, manchmal bei Tuberkulose, aber auch bei anderen Infektionen möglich.

Palmarerythem

Rötung der Handinnenfläche, besonders am Daumen- und Kleinfingerballen.

Vorkommen: als sog. Leberhautzeichen bei chronischer Hepatitis und Leberzirrhose; auch bei rheumatoider Arthritis, erhöhten Stoffwechselbedingungen (Sepsis, Hyperthyreose, Schwangerschaft) und Nikotinkonsum.

Schmetterlingserythem

Bei Lupus erythematodes (Kollagenosen).

Röntgen- oder Strahlenerythem

Dermatitis nach Bestrahlung.

Erythema migrans

Wanderröte bei Lyme-Borreliose.

Weinfleck, Feuermal (Naevus flammeus)

- Flammend rote Hautveränderung durch anlagemäßige Hautgefäßerweiterung (manchmal mit anderen angeborenen Störungen)
- Meist im Gesicht oder Nacken (oft erhebliche Aussehensstörung)
- Sonderform: „Storchenbiss" (Naevus Unna-Politzer), angeborener blasser Weinfleck an der Nacken-Haar-Grenze und/oder auf der Stirn über der Nasenwurzel; bildet sich oft in den ersten Lebensmonaten spontan zurück

5.6.3 Juckreiz (Pruritus)

Die Ursachen für Juckreiz sind mannigfaltig. In mindestens 50% der Fälle lassen sich keine auslösenden Faktoren nachweisen. Die folgende Aufstellung nennt die wichtigsten und häufigsten Ursachen für Juckreiz.

- Hauterkrankungen: atopisches Ekzem, Neurodermitis, evtl. bei Psoriasis; Dermatomykosen (Pilzerkrankung), Sonnenbrand
- Austrocknung der Haut (z.B. durch zu häufiges Waschen, Baden ohne entsprechende Rückfettung), im Alter (Pruritus senilis)
- Infektionskrankheiten (beachte IfSG): Windpocken(-exanthem), (Virus-)Hepatitis; Krätze (durch Milben) u.a. Epizoonosen (z.B. Milben, Läuse, Flöhe, Wanzen, Zecken), Madenwurmbefall (Juckreiz am Anus)
- Allergien (Nahrungsmittel, Medikamente, Tierhaare u.a.), Urtikaria
- Histaminausschüttung (anderer Genese), z.B. durch Insektenstiche
- Ohne sichtbare Hautveränderungen bei Erkrankungen der inneren Organe:
  - Durch Anreicherung von direktem (durch die Leber konjugiertem) Bilirubin im Blut, z.B. bei Verschluss der Gallengänge, Leberzirrhose u.a.
  - Niereninsuffizienz, Urämie
  - Diabetes mellitus
  - Leukämie, Lymphome (z.B. M. Hodgkin) u.a. bösartige Tumoren
  - Ein Patient berichtete von einem jahrelangen, unklaren Juckreiz, insbesondere um das Daumengrundgelenk, der nach Verzicht auf Kaffee verschwunden sei
- Neurogen durch Neuropathien (Parästhesien, Diabetes mellitus, M. Parkinson)
- Psychogen

Diagnose: Hinweise sind Lokalisation, Hautveränderungen, zeitliches Auftreten (Tageszeiten, nach Nahrungs- bzw. Medikamenteneinnahme), Stoffwechselerkrankungen, weitere Beschwerden u.a.
Durch das zwanghafte Kratzen kommt es natürlich zu Kratzspuren mit all ihren Folgen (Infektion, Narbenbildung), bei längerem Kratzen auch zu blankpolierten Fingernägeln.

Therapie

Juckreizlinderung durch z.B. Abreibung der Haut mit Essigwasser (3 TL Weinessig auf 1 l Wasser), Ingelan- oder Wecesin-Puder (Weleda), Halicar-Salbe (DHU mit Cardiospermum), Aloe-Propilis-Creme; kühle Umgebungstemperatur.
Schulmedizinisch: Tavegil®, Fenistil®, Teer Linola Fett Creme, Antihistaminika, evtl. Sedativa oder Glukokortikoide.

5.6.4 Bakterielle Hautinfektionen

Unzählige Bakterien (z.B. Staphylo- und Streptokokken) bilden die „residente Hautflora" auch beim Gesunden. Sie verursachen dort aber keine Hautkrankheiten.
Hautverletzungen und/oder eine schlechte Abwehrlage können dieses Gleichgewicht stören und eine bakterielle Hautinfektion kann sich entwickeln. Als typische bakterielle Hautinfektionen gelten die folgenden.

5.6.4.1 Wundrose (Erysipel)

Akute Entzündung des Koriums, meist durch β-hämolysierende Streptokokken Gruppe A, die über eine Hautverletzung (z.B. Rhagaden in den Zehenzwischenräumen oder im Gesicht) eindringen und sich über die Lymphspalten ausbreiten; tritt besonders häufig bei Erwachsenen und im Winter auf.

Symptome: hohes Fieber, Schüttelfrost, Leukozytose, erhöhte BKS; **schmerzhafte, scharf begrenzte, ödematöse Rötung mit flammenförmigen Ausläufern** und zentraler Rückbildungstendenz, teils mit Blasen (bullöses Erysipel), Einblutungen (hämorrhagisches Erysipel), Nekrosebildung (nekrotisierendes Erysipel) oder Vordringen in die Subkutis (phlegmonöses Erysipel) und Schwellung der regionalen Lymphknoten.

Komplikationen: Rezidivneigung mit weniger stark ausgeprägten Allgemeinsymptomen, Obliteration der Lymphbahnen mit Schwellung (Elephantiasis nostras) und Hautverdickung (Pachydermie), besonders an Beinen, Lippen und im Genitalbereich; Glottisödem, Sinusthrombose, Sepsis, Glomerulonephritis.

Therapie: Ruhigstellung des erkrankten Körperteils; lokal desinfizierende Behandlung (Chinolinol, Clioquinol), Mitbehandlung der Eintrittspforte; systemische Gabe von Penicillin oder Erythromycin.

5.6.4.2 Phlegmone

Diffuse, sich infiltrativ ausbreitende Entzündung des interstitiellen Bindegewebes mit lokalen und allgemeinen Entzündungszeichen.

Erreger: v.a. Strepto- und Staphylokokken, selten anaerobe Keime.

Lokalisation: kutan oder subkutan, inter- und intramuskulär, mediastinal und retroperitoneal.

Therapie: Ruhigstellung; lokale, antiseptische Behandlung; systemische Antibiotikagabe hochdosiert; unter Umständen mehrfache Inzision oder breite Eröffnung, Ausräumung der Nekrosen, Spülung und Drainage.

5.6.4.3 Follikulitis

Meist durch Staphylococcus aureus verursachte Entzündung des Haarfollikels. Erscheint als gerötetes, schmerzhaftes Knötchen mit einer zentralen, von einem Haar durchbohrten Pustel. Es kommt evtl. zur Entwicklung eines Furunkels oder Abszesses.

5.6.4.4 Furunkel

Meist aus einer Follikulitis hervorgehende akute eitrige Entzündung eines Haarfollikels und seiner Talgdrüse (Perifollikulitis). Erscheint als schmerzhafter, bis zu einigen Zentimetern großer, geröteter Knoten mit zentralem Eiterpfropf und stark ödematisierter Umgebung.

Lokalisationen: v.a. an Nacken, Gesäß, Oberschenkelinnenseiten und im äußeren Gehörgang.

Disposition: geschwächte Abwehrlage (z.B. bei Diabetes mellitus, chronischen Infektions- und Stoffwechselkrankheiten, Immundefekten), Ekzeme.

Therapie: Ruhigstellung, Antibiotikagabe; evtl. Inzision u.a.

Komplikationen: Ausbildung eines Karbunkels; regionäre Lymphangitis und Lymphadenitis; bei Lokalisation im Gesicht (Nase, Oberlippe) Gefahr der Entstehung einer Sinusthrombose, einer Meningitis und einer Sepsis (Manipulationen unterlassen!).

5.6.4.5 Karbunkel

Flächenhaft konfluierende Entzündung mehrerer benachbarter Haarbälge (Furunkel) mit Abszedierung, Nekrose und Einschmelzung des dazwischenliegenden Gewebes; Prädisposition bei Diabetes mellitus.

Lokalisationen: häufig im Nacken, auf Rücken und Gesäß.

Symptome: lokale und systemische Entzündungsreaktionen, Lymphadenitis und -angitis.

Therapie: Antibiotikagabe, Inzision und Drainage.

5.6.4.6 Abszess

Ansammlung von Eiter in einem nicht vorgebildeten, sondern durch Gewebeeinschmelzung (Verflüssigung einer Nekrose) entstandenen, allseitig abgeschlossenen Gewebehohlraum. Er wird später oft von einer bindegewebigen Abszessmembran umgeben.

Erreger: meist Staphylo- und Streptokokken, E. coli, häufig Mischinfektionen.

Lokalisationen: meist auf der Körperoberfläche, selten intrakorporal.

Symptome: Entzündungszeichen (Rötung, Schwellung, Wärme, Schmerz, oft als pulssynchroner Klopfschmerz, und je nach Schweregrad [hohes] Fieber).

Therapie: Exzision, Entfernung der Abszessmembran, Antiseptikabehandlung, tägliche Wundspülung und Verbandwechsel; ggf. Inzision mit Gegeninzision und Drainage.

Differenzialdiagnose: tuberkulöser, sog. kalter Abszess (ohne Rötung und lokale Überwärmung), infizierte Zysten, erweichende Tumoren; im klinischen Sprachgebrauch werden häufig auch abgekapselte Empyeme als Abszess bezeichnet (Empyeme sind Eiteransammlungen in bereits vorhandenen Körperhöhlen, z.B. in der Gallenblase).

5.6.4.7 Borkenflechte (Impetigo contagiosa)

Behandlungsverbot für Heilpraktiker (nach §34 IfSG)

Erreger: Strepto-, selten Staphylokokken.

Übertragung: Schmierinfektion, Tröpfcheninfektion aus Rachen- und Nasensekret und Hautherden.

Inkubation: 1-5 Tage.

Nachweis: Kultur aus Bläschensekret.

Symptome
Meist im Gesicht (hier Beginn), an der behaarten Kopfhaut, an Hals und Extremitäten.
Kleinblasige Form (meist durch Streptokokken verursacht)

- Kleine, oberflächliche, juckende Bläschen mit rotem Hof, können zu Pusteln werden (durch Kratzen, Erreger am Fingernagel)
- Rasches Aufplatzen
- Typisch honiggelbe bis braune Krusten auf rotem Grund, konfluierend
- Meist Lymphknotenschwellung
- Krusten fallen nach 8-10 Tagen ab, Rötung bleibt, bildet sich dann ohne Narbenbildung (evtl. als Komplikation) zurück

Großblasige Form (meist durch Staphylokokken verursacht)
Klinisch mit der kleinblasigen Form zu vergleichen, nur die Blasen sind hier größer und stabiler.

Komplikationen

- Streptokokken: rheumatisches Fieber, Endokarditis, Glomerulonephritis
- Staphylokokken: Lyell-Syndrom (schwere, ohne rechtzeitige Therapie lebensbedrohliche, Erkrankung mit großflächiger, blasiger Abhebung der Haut)

Differenzialdiagnose: superinfizierte Herpes-simplex-Infektion, Syphilid, Mykosen, infizierte Insektenstiche u.v.m.

5.6.5 Pilzinfektionen

5.6.5.1 Pilzinfektionen der Haut (Dermatomykosen)

Auch Pilze sind häufig „Gäste" auf der Haut, haben aber meist schlechte Karten aufgrund der guten Abwehrmechanismen angefangen mit dem Säureschutzmantel. Zur Ansiedlung bzw. Ausbreitung von Pilzen kommt es nur, wenn sich die Lebensbedingungen für sie verbessern:

- **Feuchte Wärme**, die v.a. in Hautfalten zu finden ist (z.B. zwischen Zehen und Fingern, in den Leisten, unter der weiblichen Brust und in Beugefalten)
- **Herabgesetzte Resistenz** (z.B. bei Diabetikern u.a. chronisch Kranken, auch bei AIDS, Krebs, Tuberkulose)

Zwei Pilzarten kommen für eine Erkrankung in Betracht:

- **Fadenpilze** verursachen v.a. Fußpilz, von dem etwa die Hälfte der erwachsenen Bevölkerung betroffen ist

- **Sprosspilze, Hefen** (mit ihrem Hauptvertreter Candida albicans)

Symptome

- Juckreiz
- Scharf begrenzte, rötliche, schuppende Herde mit betontem Randwall und zentraler Abblassung; die Schuppen können zur Diagnose des Pilzbefalls verwendet werden

Therapie: Antimykotikasalbe (Canesten® enthält Clotrimazol, Nystatin u.a.).
NHK: antimykotisch wirkende Stoffe wie Aloe vera (Blattmark) oder kolloidales Silber; die homöopathisch aufbereiteten Candida albicans bzw. Aspergillus niger finden sich z.B. in Präparaten aus dem Hause Sanum (Albicansan, Nigersan).

5.6.5.2 Nagelpilz (Onychomykose)

Infektion der Nägel (häufiger der Fußnägel) durch Pilze, meist Dermatophyten, seltener durch Hefen und Schimmelpilze; gefördert wird eine Infektion durch Durchblutungsstörungen, Hyperhidrose, das Tragen von Gummischuhen oder zu engen Schuhen, Pediküreverletzungen.

Symptome: typischerweise **Gelbfärbung und Brüchigkeit der Nägel**, meist auf gerötetem Endglied.

Diagnose: mikroskopischer Pilznachweis in Nagelspänen nach Auflösung des Hornmaterials durch Kalilauge; kulturelle Differenzierung für spezifische Therapiemaßnahmen notwendig.

Therapie (nicht immer erfolgreich): lokal und systemisch Antimykotikagabe, Nagelauflösung mit 40%iger Harnstoffsalbe.
NHK: Behandlung mit kolloidalem Silber.

5.6.5.3 Kleienflechte (Pityriasis)

Nichtentzündliche, nichtkontagiöse Pilzerkrankung durch Hefepilze (Pityriosporum orbiculare bzw. ovale, der zur normalen Hautflora v.a. im Leistenbereich und auf dem behaarten Kopf gehört). Es kommt zu einer beschleunigten, aber unvollständigen Verhornung der Oberhautzellen. Typisch ist hier die kleieförmige („hobelspanähnliche") Schuppung.
Häufigste Erscheinungsformen:

- **Pityriasis versicolor** (Kleienpilzflechte): Hefepilzerkrankung (Malassezia furfur, normalerweise ohne pathogene Bedeutung auf der Haut und mit nur geringer Ansteckungsgefahr)
  - Scharf begrenzte, unterschiedlich große, zu Konfluenz neigende Herde zeigen eine kleieförmige Schuppung beim Kratzen mit einem Holzspatel.
  - Hellbraun (im Kontrast zu sonnengebräunter Haut weiß), da der Pilz einen Stoff produziert (Azelain-Säure), der die Melaninsynthese hemmt.
  - Bevorzugter Sitz: vordere und hintere Schweißrinne des oberen Stamms, auch an Schultern, Hals, Rücken und Brust, gelegentlich an Oberarmen und -schenkeln.
  - Häufiger als Begleiterscheinung einer systemischen Cortison-Therapie (bei Immundefekten bzw. bei immunsuppressiver Therapie).
  - Krankheitsfördernd sind starkes Schwitzen (Hyperthyreose; Sommermonate; heißes, feuchtes Klima), synthetische Wäsche, Seborrhoe, häufiges Eincremen.

- Mangelnde Körperhygiene ist kein begünstigender Faktor.
- Patienten über 40 Jahre sind nur selten betroffen.
- Hohe Rezidivneigung.
- Mikroskopischer Nachweis im Tesafilm-Hornhautschichtabriss.

Symptome: lediglich kosmetische Beeinträchtigung und manchmal etwas Juckreiz.

Therapie

Die Beseitigung der Hyperhidrose ist die wichtigste kausale Maßnahme.

Schulmedizinisch:

- Mit Pyrithion-Zink-Creme (De-squaman-Creme) den gesamten Körper unter Einschluss des behaarten Kopfs (Erregerreservoir) einreiben und anschließend abduschen; Wiederholung alle 2 Tage für 14 Tage.
- Selen-(IV)-sulfid (Selsun) wirkt auch, die Anwendung ist aber bedenklich (Resorption!).
- Breitspektrumantimykotikum (1-2 x/Tag, 3-4 Wochen lang, teuer).

Wichtig ist, den Patienten darüber aufzuklären, dass sich die depigmentierte Haut erst nach 2-3 Monaten bzw. erneuter Besonnung der übrigen Haut farblich angleicht.

- **Pityriasis rosea** (Schuppenröschen, Röschenflechte)

Ursache: unbekannt.

Symptome: Beginn meist mit einem mehrere Zentimeter großen Einzelherd (Primärmedaillon). Nach wenigen Tagen bis 2 Wochen können sich weitere kleinere Flecken über den Rumpf und die proximalen Extremitäten ausbreiten. Manchmal besteht Juckreiz.

Verlauf: Nach 2-6 Wochen kommt es meist zu einer spontanen Rückbildung.

5.6.6 Virale Hautinfektionen

Viren sind keine eigenständig lebenden Zellen, sondern benötigen eine Wirtszelle. Dies kann auch eine Hautzelle sein, z.B. bei Herpesinfektionen (in Form einer Gürtelrose). Einige Krankheiten sind im IfSG aufgeführt und fallen unter das Behandlungsverbot (z.B. Windpocken und Röteln).

5.6.6.1 Warzen

Auch Warzen (Verrucae) werden durch ein Virus verursacht, das Papilloma-Virus. Es wird in mehr als 60 humane Papillomavirustypen (HPV) und tierpathogene Virustypen unterteilt. Papillomaviren sind streng auf eine Wirtsspezies beschränkt und können nur Epithelzellen infizieren.

Übertragung: Kontaktinfektion der Basalzellen der Epidermis nach Mikrotraumen.

Verlauf: Die benignen Tumoren der Haut und Schleimhaut entstehen erst mehrere Monate nach einer Infektion und verschwinden häufig spontan. Vermutlich sind auch bestimmte Präkanzerosen und maligne Tumoren mit spezifischen HPV-Typen assoziiert.

Je nach Lokalisation und Virustyp unterscheidet man:

- **„Gemeine" Warze (Verruca vulgaris):** Sie ist ein harter Hautauswuchs mit zerklüfteter Oberfläche und befällt v.a. Hände und Füße.
- **Flachwarzen (Verruca plana juvenilis):** Sie treten meist bei Kindern auf. Sie sind leicht gerötet, von einer dünnen Hornschicht bedeckt und fast immer in Gruppen im Gesicht oder an den Händen zu finden.
- **Plantarwarzen (Verruca plantaris):** Sie befinden sich an den Fußsohlen, wo sie wie ein Dorn in die Tiefe wachsen und erhebliche Schmerzen verursachen können. Auch sie treten oft bei Schulkindern auf, die sich z.B. im Schwimmbad anstecken.
- **Feigwarzen (Condylomata acuminata)** Sie treten im Anal-/Genitalbereich auf, wo sie aufgrund von Feuchtigkeit und kleinen Hautrissen ideale Wachstumsbedingungen vorfinden. Sie werden durch Geschlechtsverkehr übertragen, fallen somit unter die sexuell übertragbaren Krankheiten und unterliegen deshalb dem Behandlungsverbot für Heilpraktiker. (Zu beachten: Condylomata lata, die breit aufsitzenden, nässenden, treponemenreichen [daher hochinfektiösen] Papeln im späten Stadium der Frühsyphilis, besonders an Stellen mit starker Schweißbildung [Vulva, Analtrichter, Axillen].)
- **Dellwarze (Molluscum contagiosum, Epithelioma contagiosum)**
  Weltweit verbreitete Infektion der Haut mit dem Molluscum-contagiosum-Virus (Familie der Pockenviren).

  Übertragung: durch Schmierinfektion.

  Inkubationszeit: 2-8 Wochen.

  Vorkommen: häufig bei Kindern (gelegentlich als Epidemien); bei Patienten mit atopischem Ekzem, Immundefekten oder einer HIV-Erkrankung.

  Klinik: derbe, bis erbsgroße Papeln mit zentraler Eindellung, besonders im Gesicht (Lider), an Hals, Achseln, seitlich des Thorax und an den Genitalien; auf Druck entleert sich eine krümelige Masse; spontane Rückbildung nach mehreren Monaten.

  Therapie: Ausdrücken nach Anritzen; Entfernung mit scharfem Löffel nach Oberflächenanästhesie; keratolytisch mit Salicylsäurepflaster.
- **Alterswarzen (Verrucae seborrhoicae, seborrhoische Keratose, Verrucae seniles)**
  Meist erst ab dem 5. Dezennium entstehende hellbraune bis braunschwarze, papilläre, fettige, wie auf die Haut aufgesteckte, rundliche bis ovale, meist in großer Zahl auftretende Neubildungen; linsen- bis bohnengroß, gelegentlich auch größer; es besteht evtl. leichter Juckreiz; am Stamm ist ihr Durchmesser am größten; Alterswarzen liegen i.d.R. parallel zu den Hautspaltlinien.

  Therapie: Abtragung mit dem scharfen Löffel.

> Gegen Warzen gibt es seit jeher die faszinierendsten Hausmittel. Sie reichen vom Besprechenlassen bis über geknotete Fäden, die in Misthaufen vergraben werden (wobei auch die Mondgröße eine Rolle spielen soll).

Therapie der Warzen allgemein
NHK: Auftragen von Rhizinusöl für ca. 2 Wochen; Aloe-vera-Gel; Eigenurin.
SM: Vereisen der Warze mit flüssigem Stickstoff und Abtragen der Erfrierungsblase samt Warze; Entfernung der Warze mit einem scharfen Löffel; Zytostatikum (z.B. Verrumal-Lösung); Abtragung mit CO_2-Laser.

5.6.7 Pigmentstörungen

5.6.7.1 Albinismus

Angeborene Störung der Melaninherstellung in Haut, Haaren und Augen. Sie zeigt sich in einer hellrosafarbenen Haut, in weißblonder Kopf- und Körperbehaarung und in einer hellblau oder rötlich gefärbten Iris (wegen durchscheinender Blutgefäße).
Der Melaninmangel im Auge führt zu Lichtscheu (starke Blendungsempfindlichkeit), Nystagmus und Schwachsichtigkeit.

5.6.7.2 Scheckhaut (Vitiligo)

Erworbener Melaninmangel mit scharf begrenzten, weißlichen Flecken auf der Haut. Ist das gesamte Melanozytensystem betroffen, wirkt sich dies auch auf die Augen, die Innenohren und das ZNS aus.

Ursache: unbekannt; vermutet wird ein Autoimmungeschehen, da teilweise Antikörper gegen Melanozyten nachgewiesen werden konnten; es kommt gelegentlich zu einer familiären Häufung.

Symptome: Beginn mit linsengroßen, runden, depigmentierten Flecken; scharf begrenzt, evtl. mit hyperpigmentiertem Randsaum; die Haut verändert sich im betroffenen Areal nicht; die Flecken dehnen sich aus und konfluieren, so dass sich große depigmentierte Stellen bilden; sie treten meist symmetrisch an beiden Körperhälften auf, manchmal auch auf der Mundschleimhaut und an Haaren (weiße Strähnen); Prädilektionsstellen sind Hände, Gesicht und die Anogenitalregion.
Vitiligo kann sich als Begleiterscheinung bei Diabetes mellitus, Hypo- und Hyperthyreose, Hypoparathyreose, M. Addison, Lupus erythematodes und perniziöser Anämie einstellen.

5.6.7.3 Leberfleck (Lentigo)

Harmlose erworbene, kleine, braune Flecken, v.a. bei Kindern.
Sonderform: Sommersprossen (Lentigo solaris).

5.6.8 Verhornungsstörungen

5.6.8.1 Fischhaut (Ichthyosis vulgaris)

Verhornungsstörung mit trockener Hautoberfläche und festhaftenden Schuppen. Sie besitzen Pünktchen- bis Plattengröße, sind von weißer bis bräunlicher Farbe und liegen pflastersteinartig nebeneinander (die Bezeichnung Reptilienhaut wäre hier eher treffend).
Prädilektionsstellen: Extremitätenstreckseiten; eine Generalisierung ist möglich, wobei Handteller und Fußsohlen, die Beugeseiten der großen Gelenke und das Gesicht typischerweise frei bleiben; es handelt sich um eine Erbkrankheit, die meist am Ende des 1. Lj. auftritt und verschiedene Ausprägungsgrade zeigt.

5.6.8.2 Schuppenflechte (Psoriasis vulgaris)

Die Schuppenflechte ist eine der häufigsten Hautkrankheiten. Sie bleibt nach ihrem Ausbruch oft lebenslang bei wechselnden Schweregraden (von wenigen kleinen Herden bis hin zum Befall der gesamten Haut) bestehen. Die Erstmanifestation zeigt sich meist zwischen dem 16. und 20. Lj., selten später (zwischen dem 55. und 60. Lj.).

Ursache
Unbekannt; vermutet werden eine Stoffwechselerkrankung oder eine genetische Disposition, wobei nicht die Krankheit, sondern nur die latente Bereitschaft dazu vererbt wird; als Auslöser fungieren psychischer Stress (oft in der Partnerschaft), grippale Infekte, toxische oder allergische Hautreizungen, Röntgenbestrahlung u.a.; es kommt zu einer starken Beschleunigung der Hautverhornung, die bei Alkoholkonsum explosionsartig zunehmen kann; eine Schuppenflechte kann auch bei primär chronischer Polyarthritis (PCP) auftreten.

Symptome
- Scharf umrissene, rötliche Flecken mit silberweißen Schuppen; manchmal mit juckenden Herden
- Oft mit Nagelveränderungen:
  - Tüpfelnägel (stecknadelkopfgroße Eindellungen)
  - Ölfleckbildung (gelbliche Verfärbung des Nagels)

Prädilektionsstellen: Streckseite von **Ellenbogen** und Knien, **behaarter Kopf** und Kreuzbeingegend.

Auspitz-Phänomen: Phänomen des blutigen Taus; bei vorsichtigem Ablösen der oberen Schuppen stößt man auf das „letzte Häutchen", das **Psoriasishäutchen**. Löst man auch das ab, kommt es zu dicht beieinanderliegenden, punktförmigen Blutaustritten.

5.6.8.3 Neurodermitis, atopisches Ekzem

„Aufschrei eines über Generationen gebeutelten Organismus"
Die Neurodermitis zählt zu den Allergien. Man geht von einer genetische Disposition aus, in der Eigen- und Familienanamnese sind oft auch Asthma bronchiale, Heuschnupfen, Milchschorf u.a. Erkrankungen zu finden.

Ursache: unbekannt; erbliche Faktoren spielen eine Rolle; außerdem Allergien (v.a. gegen Nahrungsmittel), psychische Faktoren und das Wetter (Verschlechterung im Winter).

Symptome
- Meist symmetrisch auftretend
- Unscharf begrenzte Rötung, Nässen, Schuppung, Krustenbildung, Erosionen, Lichenifikation (Vergröberung der Hautfelderung) und Kratzspuren (Juckreiz)
- **Starker Juckreiz** (mit Juckkrisen)
- IgE-Erhöhung, Eosinophilie
- **Typische Familienanamnese**
- Säuglingsalter: meist schon im 3. Lebensmonat Milchschorf im Gesicht und am Kopf (bei 50% der Betroffenen später völlige Rückbildung)
- Kleinkind- und Kindesalter: mehr subakut bis chronische Erscheinungen mit Lichenifikation an Prädilektionsstellen

- Jugend- und Erwachsenenalter: chronische Erscheinungen mit Verschlimmerungsschüben; Prädilektionsstellen siehe Kasten, zusätzlich Gesicht und Oberkörper

> **Prädilektionsstellen: Beugeseite** von **Ellenbogen** und **Knien**, **Hand-** und **Fußgelenken („Beugenekzem")**, auch **Hals** und **Hände.**

Therapie
- **Ausschaltung von Allergenen**, z.B. Vermeiden von tierischem Eiweiß, Weißzucker, Säuren (Zitrusfrüchte) in Nahrungsmitteln
- Behandlung des psychischen Aspekts
- Akupunktur: psychische Punkte, Hautpunkte (z.B. Lu 7), stabilisierend (z.B. Ma 36)
- Klimatherapie (Meer, Gebirge)
- Präparate:
  - Nachtkerzenöl (z.B. in Kapseln von Unigamol®)
  - Halicar-Salbe (DHU, Wirkstoff: Cardiospermum Urtinktur, „die Kortisonsalbe der Homöopathen")
- Schulmedizinisch mit Cortison und Antihistaminika

5.6.8.4 Kontaktekzem

Es ist die häufigste juckende, schubweise auftretende Erkrankung der Oberhaut und des Papillarkörpers.

Nicht allergisches Kontaktekzem (toxisches Kontaktekzem) durch Erschöpfung der chemischen Abwehrreaktion der Oberhaut durch einen immer wiederkehrenden schädigenden Reiz (zu häufiges Waschen, Entwicklerflüssigkeit [Fotografen], Haarwasch- oder Haarfärbemittel [Friseur], Desinfektionsmittel [Krankenschwestern], Gips [Maurer])
- Das erste Stadium kann Jahre andauern: lediglich trockene, spröde Haut mit oberflächlichen Fissuren (Einrissen) und diskreter Schuppung.
- Später zeigt sich ein vielgestaltiges Bild; das Ekzem ist unscharf begrenzt, breitet sich flächenhaft entzündlich aus und heilt ohne Narbenbildung ab. In der akuten Phase: **Juckreiz, Rötung, Nässen, Lichenifikation, Krustenbildung**. Die Krankheit kann chronisch verlaufen. Sie neigt zu Rezidiven. Das Ekzem beginnt auszuheilen, sobald der schädigende Reiz wegfällt. Es treten keine Streuphänomene auf.

> **Prädilektionsstellen: Hände.**

Allergisches Kontaktekzem (Allergie Typ IV)
Es wird begünstigt durch das toxische Kontaktekzem, da durch eine Hautschädigung das Allergen besser aufgenommen wird. Hauterscheinungen zeigen sich zuerst am Ort des Kontakts (z.B. auf der Kopfhaut nach einer Dauerwelle), später Streuphänomene an anderen Körperstellen.
- **Akutes allergisches Kontaktekzem:** ca. 24-48 Stunden nach Allergenkontakt, zunächst mit Rötung gefolgt von Nässen, Bläschenbildung, Erosionen und Krustenbildung; zum Schluss Rückbildung mit Schuppung und Reströtung
- **Chronisches allergisches Kontaktekzem:** mit Hautrötung und Lichenifikation

Misch- und Zwischenformen sind häufig.

Mikrobielles Ekzem

Besonders an Hand- und Fußrücken kommt es zur Ausbildung scharf begrenzter Herde, die münzgroß werden können. Es treten Bläschen auf, die zerplatzen, verkrusten und jucken.

Ursachen: vermutlich allergische Reaktionen auf Toxine von Mikroorganismen. Es können sich evtl. Streuherde bilden (Tonsillitis, Bronchitis, Prostatitis usw.).

5.6.8.5 Nesselsucht, Quaddelsucht (Urtikaria)

Eine Quaddel ist eine Verdickung der Haut, leicht erhaben, scharf abgegrenzt, rot oder weiß, linsengroß bis ausgedehnt flächenhaft; Quaddeln können am ganzen Körper auftreten; sie werden von **heftigem Juckreiz begleitet**; **bei massiver Urtikaria besteht Schockgefahr** (s. Allergie Typ I).

Ursachen

- **Allergisch:** Pollen, Hausstaub, Nahrungsmittel, Medikamente, Insektenstiche u.v.m.
- **Physikalisch:** Stoß, Druck, Reibung, Kälte, Wärme
- **Chemisch:** Nesseln

5.6.8.6 Quincke-Ödem, Angioödem

Sonderform der Urtikaria, es tritt mit oder ohne Begleitung einer Urtikaria auf. Es zeigt sich eine ödematöse Schwellung der

- Augenregion, oft auch der
- Lippen, manchmal auch der
- Geschlechtsorgane, Hände und Füße.

Auslöser

- Nahrungsmittel (Nüsse, Früchte, Schalentiere, Eier)
- Insektenstiche; hier besteht **Erstickungsgefahr** bei Anschwellen der Kehlkopfschleimhaut nach einem Stich im Mundbereich

5.6.9 Hautkrebs (Hautkarzinom)

Er nimmt seinen Ausgang von der Epidermis. Es existieren verschiedene Formen des Hautkrebses: das Basaliom, das Spinaliom und das maligne Melanom.

Verdachtszeichen für Hautkrebs

- Scharf umrandete Hautveränderungen, die wachsen und nicht abheilen
- Unscharfe Hautveränderungen
- Schnelles Wachstum
- Ausbildung einer höckrigen Oberfläche
- Zunehmende und/oder ungleiche Pigmentierung
- Entzündeter, rötlicher Hof um eine Hautveränderung
- Blutungsneigung
- Geschwürbildung
- Auftreten kleiner Satellitenknötchen
- Anschwellen der regionalen Lymphknoten
- Patient berichtet: Juckreiz, Schmerzen oder „Arbeiten in Geschwulst"

Sofort zum Hautarzt und abklären lassen!

5.6.9.1 Basaliom

Häufigste Hautkrebsart

- Ausgangspunkt Basalzellschicht
- Bevorzugt an lichtexponierten Stellen: Gesicht (um die Augen), behaarter Kopf, aber auch Nacken, Ohren, Unterschenkel.
- Wächst langsam und setzt fast nie Metastasen.
- Wächst aber zerstörend in die Tiefe und zerstört dabei z.B. Muskel, Knorpel, Knochen, Auge, Gehirn u.a.

Das Basaliom ist **semimaligne.**

- Es zeigt ein vielfältiges Bild: knotig, geschwürig oder flach wie ein kleiner Sklerodermieherd oder schuppen-exzemartig wachsend; es kann pigmentiert sein und/ oder Teleangiektasien aufweisen.
- Bei einer rechtzeitigen Entfernung mit einem ausreichenden Sicherheitsabstand liegen die Heilungssaussichten bei fast 100%.

5.6.9.2 Stachelzellkrebs (Spinaliom, Plattenepithelkrebs)

- Maligner Tumor, ausgehend von der Stachelzellschicht
- Bildung auf chronisch entzündeter, lichtexponierter und strahlengeschädigter Haut und Schleimhaut, auf Narben und an den Übergängen von der Haut zur Schleimhaut
- Unterscheidung nach Erscheinungstyp:
  - Verhornend (meist auf chronisch entzündeter bzw. lichtexponierter Haut), auf dem Boden einer Präkanzerose, z.B. einer solaren Keratose (chronisch-entzündlicher Herd mit vermehrter Verhornung durch Lichteinwirkung) oder als „Hauthorn" (Cornu cutaneum, mit ausgeprägter hornartiger Hyperkeratose)
  - Nichtverhornend (After-, Speiserören-, Zungenkrebs)
- Häufigste Spinaliome: Lippenkrebs, After-, Penis- und Vulvakrebs
- Es sind v.a. ältere Menschen zwischen dem 50. und 70. Lj. betroffen

5.6.9.3 Malignes Melanom

- Sehr bösartig, da es sehr früh Metastasen setzt (v.a. in Lunge, Leber, Knochen, Gehirn)
- Ausgehend von Melanozyten der Haut, gelegentlich auch von der Schleim-, Ader- oder Hirnhaut; Entwicklung aus Muttermal (Naevuszellnaevus), aber auch aus der völlig gesunden Haut heraus
- Tritt vorwiegend auf Hautbereichen auf, die der Sonne ausgesetzt sind: Gesicht, Hals bzw. Nacken, Arme und Unterschenkel
- Unterschiedliche Erscheinungsbilder; typisch: weiche, dunkle (dunkelbraune, violette, bläuliche oder schwarze) Knoten, unscharf begrenzt, mit Satellitenknötchen und/oder rotem, entzündlichem Hof; besonders schwer zu diagnostizieren: amelanotische Melanome, die aufgrund der Entartung kein Melanin mehr produzieren und sich kaum von der Umgebung abheben
- Auftreten v.a. über dem 60. Lj, aber auch bei jungen Erwachsenenen
- Außerordentliche Zunahme in den letzten Jahren, vermutlich durch häufiges, intensives Sonnenbaden, Sonnenbrände und die Abnahme der schützenden Ozonschicht

- 14.000 Neuerkrankungen pro Jahr in Deutschland; 3% aller bösartigen Neubildungen; Risiko: familäre Häufung, als Kind oft Sonnenbrand, Immunschwäche

ABCDE-Regel des malignen Melanoms
A - Asymmetrie: nicht symmetrisch, z.B. rund/oval, da Melanome bevorzugt in eine Richtung wachsen (gutartige Leberflecke: symmetrisch und kreisförmig)
B - Begrenzung: unregelmäßig oder unscharf
C - Color (Farbe): unterschiedlich starke Pigmentierung, Mehrfarbigkeit (hellbraun, dunkel bis schwarz, evtl. rot, selten weißlich)
D - Durchmesser: > als 5 mm bzw. Zunahme
E - Erhabenheit: über dem normalen Hautniveau auf sonst flachem Grund/ **Entwicklung:** neu und in kurzer Zeit entstanden

Bei Verdacht auf Melanom wird das tumorverdächtige Pigmentmal mit ausreichendem Sicherheitsabstand vollständig entfernt (keine Probeexzision, da Gefahr der Streuung). Anschließend histologische Untersuchung. Die Dicke des Hauttumors und seine Eindringtiefe sind wichtige prognostische Faktoren.

5.6.10 Verbrennung und Verbrühung

Ursachen
- Strahlen (Sonne, Röntgen, atomar)
- Heiße Flüssigkeiten (Wasser, Nahrungsmittel, Schmelzen)
- Flammen
- Heiße Dämpfe und Gase
- Mechanische Reibung (Seile, Förderbänder)
- Heiße, feste Körper (Herdplatte, Bügeleisen)

Verbrennung ersten Grades
Lokale Schwellung und Rötung. Die Haut schuppt sich ab, ähnlich wie bei einem kräftigen Sonnenbrand.

Verbrennung zweiten Grades
Zusätzliche Bildung von Brandblasen.

Verbrennung dritten Grades
Zerstörung der Oberhaut und der Lederhaut mit lederartiger Nekrose (sog. Verkohlung).

Maßnahmen bei Verbrennungen
- Hitzezufuhr unterbrechen (Brände löschen, z.B. Kleiderbrände mit Wasser oder Decken, Rollen auf dem Boden)
- Sicherung der Vitalfunktionen
- Lagerung auf Brandwundenfolie
- Atemwege frei machen und frei halten
- **Ständige Überwachung von Blutdruck und Puls**
- **Kaltwasseranwendung für ca. 15-20 Minuten**
- Legen eines **venösen Zugangs, möglichst großlumig**
- Entfernen aller nicht mit der Wunde verklebten Kleidungsstücke

- **Keimfreie Wundabdeckung**

Bei Ausdehnung der Verbrennung von ca. 10% beim Kind und ca. 15% beim Erwachsenen besteht **Schockgefahr.**

Neunerregel nach Wallace (s. nächste Seite)

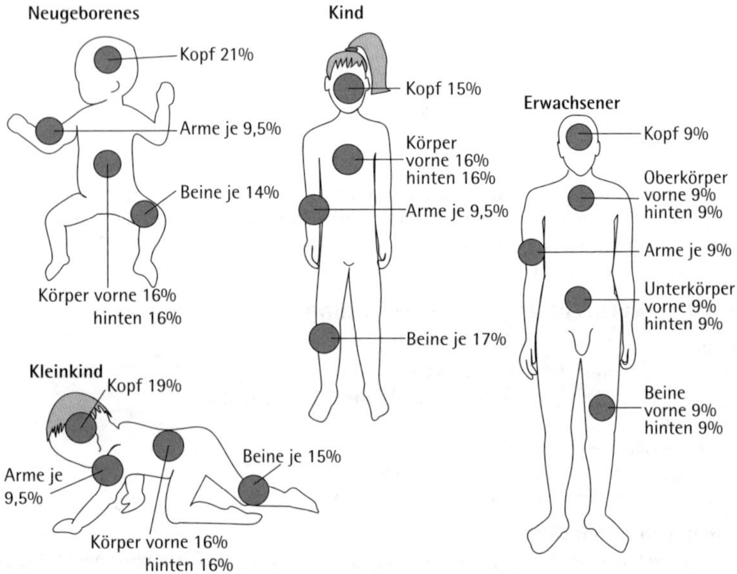

5.6.11 Parasiten

Schmarotzer entziehen dem Wirtsorganismus Nährstoffe, womit sie ihn schädigen und Krankheitserscheinungen hervorrufen können. Neben Würmern sind dies auch **Gliederfüßler**: Sie schädigen nicht nur ihren Wirt, sondern können auch als Vektoren (aktive Krankheitsüberträger) fungieren und Krankheitserreger weitergeben.

- Milben (Spinnentiere)
  - Krätzmilbe führt zur Krätze **(Scabies)**.
  - Hausstaubmilbe, deren Kot zu Allergien führen kann.
  - Haarbalgmilbe, Erntemilbe (Ernte- oder Heukrätze).
  - Erreger der Hunde- oder Katzenräude u.a. Milbenarten können auf den Menschen übergehen.
  - Als Krankheitsüberträger können Milben **Fleckfieber** übertragen.
- **Läuse:** Kopf-, Kleider- und Filzläuse; stechend blutsaugend; starker Juckreiz; Filzläuse (Schamläuse) saugen meist an der gleichen Stelle, dabei kommt es zu typischen blauen Flecken. Mögliche Überträger von z.B. **Fleck-** und **Rückfallfieber**, Fünf-Tage-Fieber.

- **Flöhe:** stechend-blutsaugend, dabei Rötung, Schwellung und Jucken; v.a. Rattenflöhe können **Pest** übertragen; auch Hunde- und Katzenflöhe können auf den Menschen übergehen, in den Tropen der Sandfloh; von Mensch zu Mensch können sie ebenfalls **Fleckfieber** übertragen.
- **Zecken:** stechende Blutsauger, dabei Rötung, Schwellung und Juckreiz; übertragen z.B. **Lyme-Borreliose**, **FSME**, aber auch **Rückfallfieber**, **Q-Fieber**, **Tularämie und das virusbedingte hämorrhagische Fieber**.
- **Wanzen** (z.B. Bettwanzen): stechend-blutsaugend, dabei evtl. Quaddelbildung, Juckreiz, im Extremfall sogar Kreislaufstörungen; sie können unter Umständen **Hepatitis B** (auch die Chagas-Krankheit) übertragen.
- **Fliegen:** als Parasiten die stechend-blutsaugenden Bremsen und die Tsetsefliege, die dabei **Brucellose**, **Milzbrand**, **Tularämie** und die Schlafkrankheit übertragen können. Außerdem können auch die echten Fliegen, die leckend Blut saugen, Krankheiten passiv übertragen, z.B. indem sie von infiziertem Kot, Eiter u.a. auf unser Marmeladenbrot fliegen. Dabei können sie folgende Krankheiten verbreiten:
  - **Poliomyelitis, Shigellenruhr, Trachom, Typhus, Virushepatitis, Virus-Meningoenzephalitis.**

5.6.11.1 Krätze (Scabies)

IfSG §34, daher Behandlungsverbot für HP nach §24 IfSG.

Erreger: Krätzmilbe (Hautparasit, der zu den Spinnentieren zählt).

Übertragung: durch direkten, oft auch sexuellen Kontakt; gelegentlich über Wäschestücke o.Ä.

Symptome

- **Milbengänge:** winkelig geknickte, bis zu 2 cm lange Gänge, die als zarte Striche erscheinen; an deren Ende sitzt die weibliche Milbe in einer gelblichen Erhebung (Milbenhügel); in den Gängen hinterlässt sie Kotballen und Milbeneier (Entwicklung zur Milbe in 17 Tagen).
- **Lokalisation:** besonders Finger, Interdigitalfalten, Beugeseiten der Handgelenke, vordere Achselfalten, Brustwarzenhof, Penis, Nabel, innerer Fußrand; Vorderseite des Rumpfs, Rücken und Kopf bleiben meist frei.
- **Ekzemähnliche Hauterscheinungen:** juckendes, oft ekzemähnliches Exanthem mit Knötchen- und Krustenbildung, Kratzeffekten und Pusteln an den genannten Stellen; bakterielle Sekundärinfektion möglich.
- **Nächtlicher Juckreiz:** Bettwärme veranlasst die Milbe zu verstärkter Aktivität, sie kriecht u.a. zur Hautoberfläche.

Vorkommen: besonders bei Abwehrschwäche (z.B. bei HIV-Erkrankung), Kachexie oder ausgeprägter Polyneuropathie; sehr ansteckend.

Nachweis: tangentiale Abtragung eines gangtragenden Hautstückchens und mikroskopische Untersuchung nach Hinzufügen einer 30%ige Kalilauge.

Therapie: nur durch den Arzt; Wäschewechsel; bei Erwachsenen Einreibung mit Lindan; bei Kindern, Schwangeren und stillenden Müttern mit Benzylbenzoat an drei aufeinanderfolgenden Tagen; Untersuchung von Kontaktpersonen.

5.6.11.2 Läuse (Pediculidae)

Flügellose, blassgraue Insekten mit stechend-saugenden Mundwerkzeugen. Neben der Symptomatik des Lausbefalls (Pedikulose) können Läuse auch Krankheitsüberträger sein. Medizinisch relevant sind drei nur beim Menschen vorkommende Arten.

- **Kopflaus** (Pediculus capitis): bis zu 3,1 mm lang.
  Übertragung: durch sehr engen, direkten Kontakt (z.B. bei miteinander spielenden Kindern).
  Symptome: Das durch das Blutsaugen eingebrachte Speichelsekret löst einen heftigen Juckreiz aus, d.h., die Patienten (meist Kinder) kratzen sich häufig am Kopf. Eventuell gerötete bis tiefblaue Einstichstellen (Taches bleues), oft ekzematisierte und superinfizierte Kratzspuren.
  Diagnose: Zu Beginn der Erkrankung können die Kopfläuse leicht übersehen werden, da sie sich der Haarfarbe anpassen. Leichter kann man die an den Haaren haftenden Eier (Nissen) erkennen. Zur Fahndung nach Nissen scheitelt man das Haar Strich um Strich am gesamten Kopf, besonders gründlich im Nacken, an den Schläfen und hinter den Ohren.
  Therapie: Durch häufiges Haarewaschen bekommt man saubere Läuse, wird sie aber nicht los. Oft sind chemische Keulen erforderlich: Aufsprühen oder Auftragen von Pyrethroiden bzw. Malathion und Entfernen der Nissen mit einem feinen Kamm nach Einweichen der Haare mit Essigwasser (abgefallene Nissen/Läuse sterben ab und sind keine Infektionsquelle).
- **Kleiderlaus** (Pediculus humanus): bis zu 4,5 mm lang; legt ihre Eier v.a. an rauhe Fasern, z.B. an Wolle, Kleidernähte, selten auch an Körperhaare. Sie kommen nur zum Blutsaugen auf die Haut, wo sie heftig juckende Quaddeln hinterlassen. Wichtigster passiver Überträger von Rickettsien und Borrelia recurrentis; Übertragung über Kleider und von Mensch zu Mensch durch Kontaktinfektion.
- **Filzlaus** (Phthirus pubis): Schamlaus, 1,4-1,6 mm lang; fast nur an Schamhaaren, selten an Bart, Augenbrauen, Wimpern; praktisch nie im Kopfhaar; Übertragung meist bei Geschlechtsverkehr; als Krankheitsüberträger ohne Bedeutung, stirbt außerhalb des Menschen innerhalb von 12 Stunden ab.

6 Onkologie

Die Lehre von den Geschwulstkrankheiten.
Etwa 45% der Menschen bekommen im Laufe ihres Lebens einen bösartigen Tumor.
Bei knapp 25% der Deutschen ist er die Todesursache. Daher beschäftigt sich die Onkologie im Wesentlichen mit den bösartigen Krebserkrankungen.

6.1 Grundbegriffe

Tumor: Dies ist entweder eine örtlich umschriebene Zunahme des Gewebevolumens, wie sie bei einer Entzündung auftreten kann, oder aber ein überschießendes Wachstum von körpereigenem Gewebe, das gutartig (**benigne**, s.u.) oder bösartig (**maligne**, s.u.) sein kann. Umgangssprachlich wird der Begriff oft für eine bösartige Geschwulst verwendet.

Geschwulst: heißt so viel wie Tumor; der Begriff wird allerdings weniger für das Ödem bei der Entzündung, sondern eher für die Gewebeneubildung verwendet (nicht zu verwechseln mit dem Geschwür [Ulkus], Oberflächendefekt von Haut, Schleimhaut und darüber hinausgehender Schichten).

Krebs: im Volksmund Bezeichnung für einen bösartigen Tumor, also ein **Karzinom** (ausgehend von Epithelgewebe) oder **Sarkom** (ausgehend von mesenchymalem Gewebe), s. Tab. → 168.

Präkanzerosen (engl. Cancer, Krebs): Krankheiten oder Gewebeveränderungen mit einem erhöhten Risiko einer malignen Entartung.

Carcinoma in situ: präinvasives Karzinom, sog. Oberflächenkarzinom; weder in Aufbau noch Struktur von einem karzinomatös entarteten Epithel zu unterscheiden, die Basalmembran ist hier allerdings noch nicht durchbrochen; es gilt als obligates Anfangsstadium eines Karzinoms.

6.1.1 Krebszelle

Sie enthält im Gegensatz zur gesunden Zelle unterschiedlich große und unterschiedlich geformte Zellkerne. Das Zellplasma weist eine größere Vielgestaltigkeit auf und die Farbintensität der Tumorzelle ist höher.

6.1.2 Tumormarker

Bestimmte Stoffe, v.a. Proteine, sind beim gesunden Menschen nicht oder kaum in den Körperflüssigkeiten zu finden. Manche Tumorzellen setzen sie jedoch verstärkt frei (evtl. ist dies auch eine Reaktion des Organismus auf einen Tumor). Ihre Aussagekraft ist abhängig von ihrer Spezifität und Sensitivität; der Nachweis von Tumormarkern ist als Screening-Verfahren zur Erfassung bösartiger Erkrankungen nicht geeignet (Ausnahme: Beta-HCG bei Hodentumoren, Bence-Jones-Proteine bei Plasmozytom), kann jedoch bei Verlaufskontrollen und der Prognose einer Tumorerkrankung helfen.

6.1.3 Paraneoplastische Syndrome

Manche Tumormarker können ihrerseits andere Krankheitsbilder hervorrufen, z.B. kann ein Bronchialkarzinom das schilddrüsenstimulierende Hormon (TSH) freisetzen und so zu einer Schilddrüsenüberfunktion führen.

6.2 Benigne und maligne Tumoren

Benigne (gutartige) Tumoren	**Maligne (bösartige) Tumoren**
Meist ...	Meist ...
scharf abgrenzbar („Kapsel")	unscharf oder nicht abgrenzbar
gut verschieblich	unverschieblich, mit Nachbargeweben „verbacken"
langsames Wachstum	schnelles Wachstum
verdrängendes (expansives, ausdehnendes) Wachstum	infiltrierendes, invasives (eindringendes) und destruierendes Wachstum mit Zerstörung der Nachbargewebe
kein Einbruch in die Gefäße	Einbruch in Gefäße u.a. Gewebe
keine Metastasierung	Metastasierung (z.B. hämatogen, lymphogen)
Funktionelle Leistung des Gewebes (z.B. Sekretion) oft noch erhalten	Funktionelle Leistungen meist ausgefallen
• geweblich und zellulär reif und differenziert • wenige, typische Mitosen	• geweblich und zellzlär unreif und undifferenziert • viele und pathologische Mitosen
wenig Auswirkung auf den Gesamtorganismus	starke Auswirkung auf den Gesamtorganismus: Tumorkachexie, Anämie, evtl. paraneoplastische Syndrome
nur selten tödlich	Lebensgefahr, ohne Behandlung fast immer tödlich
Beispiele • Adenom aus Drüsengewebe • Polyp aus Schleimhaut • Fibrom aus Bindegewebe • Lipom aus Fettgewebe • Myom aus Muskelgewebe • Osteom aus Knochengewebe • Chondrom aus Knorpelgewebe • Angiom aus Blutgefäßen	Beispiele • **Karzinome** (ausgehend von Epithelgewebe): - **Plattenepithelkarzinome:** z.B. Bronchialkarzinom oder > 90% der Uteruskarzinome - **Adenokarzinome:** aus Drüsen wie die meisten Magen-Darm-Karzinome oder Brustkrebs • **Sarkome** (ausgehend von mesenchymalem Gewebe [Binde-, Fett-, Knorpel-, Knochen- oder Muskelgewebe]) - Osteosarkom (von Knochengewebe) - Liposarkom (von Fettgewebe)
Semimaligne Tumoren nehmen eine Zwischenstellung ein; sie wachsen invasiv und destruierend, metastasieren aber i.d.R nicht (z.B. Basaliom).	

Der Pathologe hat nach der histologischen (feingeweblichen) Untersuchung einer Gewebeprobe (Biopsie) zu beurteilen, ob ein Tumor gut- oder bösartig ist. Danach entscheidet sich, ob radikal-verstümmelnd chirurgisch behandelt werden muss oder schonend organerhaltend (s. Abb. rechts).

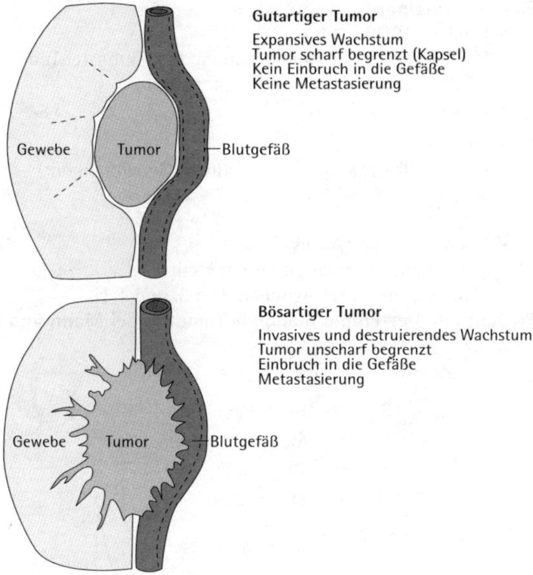

6.3 Häufigkeit maligner Tumoren bei Mann und Frau

Angaben über Häufigkeiten von Tumorerkrankungen schwanken von Statistik zu Statistik und von Autor zu Autor. **Sehr wichtig zu wissen**:

Lungen-/Bronchialkarzinom

- Häufigste Krebsart bei Männern
- 25% aller Karzinome
- Inzidenz 60/100.000 Personen/Jahr
- m : w = 3 : 1
- Häufigkeitsgipfel zwischen 55. und 60. Lj.
- 5% der Patienten sind < 40 Jahre

Mammakarzinom

- Häufigste bösartige Geschwulstkrankheit der Frau
- 6% der Frauen, also jede 16. Frau betroffen
- Häufigkeitsgipfel zwischen 45. und 70. Lj.

Magenkarzinom

- Inzidenz 20/100.000
- m : w = 2 : 1
- Häufigkeitsgipfel jenseits 50. Lj.
- 10% der Betroffenen sind zwischen 30 und 40 Jahre

Pankreaskarzinom

- Inzidenz 10/100.000,
- Nach Kolon- und Magenkarzinom dritthäufigster Tumor des Verdauungstrakts
- Häufigkeitsgipfel im 6. Lebensjahrzehnt
- m > w

Nierentumoren

- Nierenzellkarzinom (Hypernephrom, Grawitz-Tumor)
  - Inzidenz 10/100.000
  - m : w = 2 : 1
- Nephroblastom (Wilms-Tumor)
  - 7,5% aller Neoplasien im Kindesalter
  - Häufigkeitsgipfel zwischen dem 3. und 4. Lj.

Prozentuale Verteilung maligner Tumoren bei Mann und Frau

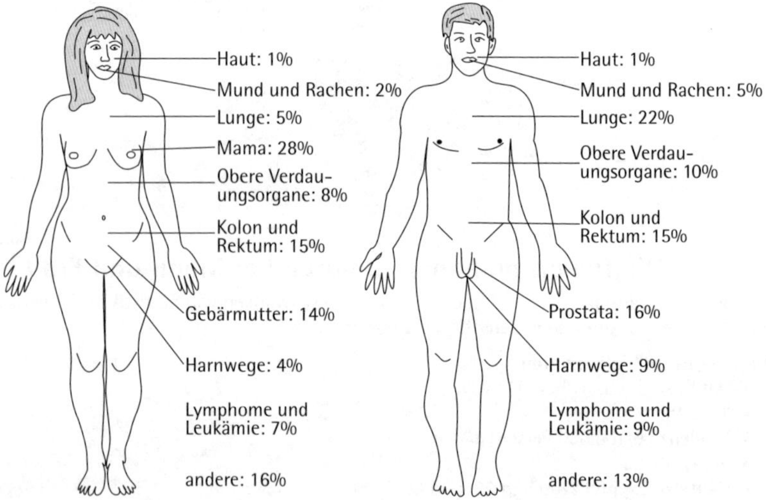

6.4 Ursachen

Die genauen Ursachen des Krebsgeschehens sind noch nicht geklärt, es wurden allerdings schon einige Faktoren ermittelt, die begünstigend wirken.

6.4.1 Funktionsstörungen und Leistungsmängel des Betroffenen

- Mängel im körpereigenen Abwehrsystem.
- Chronische Entzündungen (z.B. chronische Bronchitis, chronisch-atrophische Gastritis).
- Genetische Disposition: Töchter von Frauen mit Brustkrebs erkranken doppelt so häufig an Brustkrebs wie Töchter gesunder Frauen.

- Störungen
  - im Hormonhaushalt (z.B. können Östrogene gutartige Tumoren verursachen und bösartige [z.B. Mammakarzinom] im Wachstum fördern),
  - in Entgiftungs- und Ausscheidungsfunktionen,
  - im Vitaminhaushalt,
  - im Elektrolyt- und Mineralstoffhaushalt,
  - in der Zellatmungsfunktion,
  - im Säure-Basen-Gleichgewicht,
  - bei der Wärmeregulation,
  - bei der Darmtätigkeit.
- Wenige Tumorerkrankungen werden vererbt, wie verschiedene Formen der Polyposis intestinalis, bei denen sich viele Darmpolypen entwickeln, die sehr oft maligne entarten.

6.4.2 Krebsauslösende Stoffe (Kanzerogene)

- **Chemisch**
  - Bestimmte polyzyklische aromatische Kohlenwasserstoffe (PAK), z.B. Benzypren (in Teer enthalten; Verbrennungsprodukt; Produkt beim Grillen)
  - Chlorierte Kohlenwasserstoffe (in Lösungsmitteln; als Ausgangssubstanz für Kunststoffe)
  - Metalle wie Arsen, Beryllium, Cadmium, Chrom und Nickel
  - Schimmelpilzgifte (Aflatoxine)
  - Asbestfasern
  - Medikamente (Zytostatika enthalten Alkylanzien; Alkylanzien sind auch in Insektiziden und Kampfgasen enthalten)
  - Nikotin: erhöhte Gefahr von Bronchial-, Kehlkopf-, Mundhöhlenkarzinom
  - Alkohol: Gefahr von Speiseröhren-, Kehlkopf- und Leberzellkarzinom
- **Strahlen**
  - Röntgenstrahlen, Radium-, UV-Strahlung
  - Radioaktive Strahlung von nukleartechnischen Anlagen (besonders bei Unfällen); nach Atombombenexplosionen (die Überlebenden in Hiroshima und Nagasaki erkrankten 20-mal häufiger an Leukämien wie die Bewohner nichtbetroffener Städte)
- **Viren**
  Sie können gutartige Tumoren (z.B. Warzen durch das Papillomavirus) hervorrufen, werden aber auch als Auslöser bösartiger Tumoren (z.B. Zervixkarzinom) diskutiert.

Schon im Jahr 1700 stellte der italienische Arzt Bernardino Ramazzini fest, dass Brustkrebs bei Nonnen häufiger auftrat als bei Frauen nach Schwangerschaft und Stillzeit. 1775 stellte Sir Percival Pott die Hypothese auf, dass bei Schornsteinfegern der intensive Kontakt mit Ruß für ihre häufigen Krebsgeschwülste an Hodensack und Nasenhöhle begünstigend sei.

1949 wurden diese beiden Hypothesen in zwei unterschiedliche Stufen der Krebsentstehung vereinigt.

- **Initiation** (Auslösung): eine kurzfristige, unwiderrufliche Wechselwirkung zwischen Kanzerogenen und dem Genmaterial von Zellen, die zu einer geschädigten Molekularstruktur oder Mutation an diesen Genen führt. Dies allein bewirkt jedoch nicht die Entstehung eines klinisch erkennbaren Tumors. Hinzu kommt die
- **Promotion** (Förderung): Sie ist beständig vorhanden und veranlasst die genetisch veränderten Zellen zu einer starker Vermehrung und damit zur Ausbildung des Tumors.

6.5 Symptome

Die meisten Krebsarten erzeugen keine Frühsymptome. Die ersten Symptome (Erstsymptome) treten oft erst dann auf, wenn die Erkrankung bereits fortgeschritten ist:

- Ungewollte Gewichtsabnahme um mehr als 10%
- Appetitlosigkeit, Abneigung gegen bestimmte Speisen (besonders Fleisch, fette Speisen)
- Leistungsminderung, Schwäche und Müdigkeit
- Subfebrile Temperaturen, Nachtschweiß, Fieber
- Juckreiz
- Blutbildveränderung (v.a. **Anämie**[4])
- Erhöhte Blutkörperchensenkungsgeschwindigkeit (BSG)
- Lymphknotenschwellung, schmerzlos; Lymphknoten mit umliegendem Gewebe „verbacken"

[4]Beachte: Während einer Akute-Phase-Reaktion (Entzündung, Trauma, **Tumor**) kommt es zu einer Umverteilung des Eisens in die Makrophagen, ohne dass ein Eisendefizit vorliegt; dabei Ferritin ↑, Transferrin ↓.

Symptomübersicht	
Symptom	**Betroffenes Organ**
Schluckbeschwerden	Speiseröhre
Abneigung gegen Fleisch, zunehmende Übelkeit	Magen
Verdauungsbeschwerden	Magen, Leber, Pankreas, Dickdarm
Veränderte Stuhlgewohnheiten	Dickdarm, Magen
Blut im Stuhl	Magen, Dickdarm
Stuhlinkontinenz	Dickdarm
Ikterus ohne Schmerzen	Leber, Gallenblase und -wege, Pankreas
Schmerzlos vergrößerte, palpable Gallenblase (mit Ikterus)	Oft Pankreaskopfkarzinom
Harnträufeln	Prostata
Blutiger Urin	Niere, Blase, Uterus, Scheide
Ungewöhnliche Regelblutung, Zwischenblutung, blutiger Ausfluss	Gebärmutter, -hals, Scheide

Husten, länger als 4 Wochen; Heiserkeit	Bronchien, Kehlkopf, Stimmbänder
Bluthusten	Bronchien
Hautveränderungen der Brust, Knoten, Orangenhaut, Asymmetrie, Sezernierung aus der Brust	Brustkrebs
Missempfindungen, Schwindel, Doppelbilder, Persönlichkeitsveränderungen, Lähmung, Krämpfe	Gehirn, Rückenmark, peripheres Nervensystem
Epileptische Anfälle, besonders wenn erstmals nach 25. Lj.	Hirntumor
Hautveränderungen v.a. von Muttermalen oder Warzen, schlecht heilende Haut- oder Schleimhautveränderungen	Haut, Schleimhaut
Vergrößerte, schmerzlose, nicht verschiebliche Lymphknoten	Lymphknotenmetastasen, Lymphknotentumoren

6.6 Tochtergeschwülste (Metastasen)

Aus dem tumorösen Zellverband können sich einzelne bösartige Zellen lösen und die Basalmembran durchbrechen. Sie gelangen so in die Nachbarorgane, besonders aber in deren Gefäßsystem (Lymph- und Blutgefäße).

- **Lymphogen** gelangen die Tumorzellen in die regionalen Lymphknoten. Vermehren sie sich dort, wird der Lymphknoten zerstört und nachgebildete Tumorzellen wandern in den größeren Lymphbahnen weiter über die nächsten Lymphknoten bis hin zur oberen Hohlvene. Sie müssen aber nicht dem Lymphstrom folgen, sondern können vom Lymphknoten aus auch in das umliegende Gewebe einbrechen.
- **Hämatogen** gelangen sie über die Blutgefäße in das nächste Kapillarnetz. Man unterscheidet hier folgende Typen:
  - **Hohlvenen-Metastasierungstyp:** Tumorzellen aus Leber, Niere oder Schilddrüse gelangen über Hohlvenen und Herz in das nächste Kapillarsystem, also in die Lunge, wo sie Lungenmetastasen bilden.
  - **Pfortader-Metastasierungstyp:** Hier kommen die Tumorzellen aus dem Drainagegebiet der Pfortader, also den unpaaren Bauchorganen Magen, Darm, Pankreas, Milz, und siedeln sich meist in der Leber an (und gelangen von dort evtl. zur Lunge).
  - **Arterieller Metastasierungstyp:** Tumorzellen (z.B. aus einem Bronchial- oder Lungenkarzinom) gelangen über das linke Herz ins arterielle System und siedeln sich z.B. in ZNS, Skelett, Leber und Nebennieren an.

6.6.1 Häufige Metastasierungswege

Primärtumor in folgendem Organ	Metastasierung in Leber	Lunge	Gehirn	Knochen	und Pleuraerguss
Mamma	xx	xx	x	xx	xx
Bronchien	x	x	xx	x	x
Prostata	o	x		xx	
Kolon	xx	x		x	o
Uterus	x	x	o	x	
Magen	xx	x	x	x	
Niere	x	x	o	x	
Blase		x		x	
Ovar	x	x	o	x	
Hoden	x	x	o		
Gallenwege	xx	x			
Pankreas	x	x	x		x
Thyreoidea	x	x	o	x	
Haut (Melanom)	xx	xx	xx	x	x
xx = oft; **x** = gelegentlich; **o** = selten					

6.7 TNM-Klassifikation

Von der Union internationale contre le cancer (UICC) vorgeschlagene Stadieneinteilung von malignen Tumoren. Dabei beschreibt

- **T (Tumor)** die Ausdehnung des Primärtumors,
- **N (Nodulus)** das Fehlen bzw. Vorhandensein von (juxta-)regionären Lymphknotenmetastasen,
- **M (Metastase)** das Fehlen bzw. Vorhandensein von Fernmetastasen.

Durch Hinzufügen von Zahlen (z.B. **T1, T2; N0, N1; M0, M1**) wird die anatomische Ausdehnung des malignen Prozesses angegeben.

TNM-Klassifikation (prätherapeutische klinische Klassifikation; die Kategorien T, N und M werden grundsätzlich, die übrigen optional angewendet)

T - Primärtumor	
Tis	Präinvasives Karzinom (Carcinoma in situ)
T0	Kein Verdacht auf einen Primärtumor
T1, T2, T3, T4	Verdacht auf zunehmende Größe und/oder lokale Ausdehnung des Primärtumors
TX	Die Minimalerfordernisse zur Bestimmung des Sitzes oder Ausbreitungsgrads des Primärtumors liegen nicht vor
N - regionäre Lymphknoten	
N0	Kein Verdacht auf einen Befall regionärer Lymphknoten
N1, N2 N3, N4	Verdacht auf zunehmenden Befall der regionären Lymphknoten; Verdacht auf Befall der juxta-regionären Lymphknoten (wo anwendbar)
NX	Die Minimalerfordernisse zur Beurteilung der regionären Lymphknoten liegen nicht vor
M - Fernmetastasen	
M0	Kein Verdacht auf Fernmetastasen
M1	Verdacht auf Fernmetastasen*
MX	Die Minimalerfordernisse zur Beurteilung des Vorhandenseins von Fernmetastasen liegen nicht vor

* Die Kategorie M1 kann wie folgt spezifiziert werden:
Lunge: PUL; Knochenmark: MAR; Knochen: OSS; Pleura: PLE; Leber: HEP; Haut: SKI; Hirn: BRA; Augen: EYE; Lymphknoten: LYM; andere: OTH

Der Parameter **C** kann hinter die Kategorien T, N und M gesetzt werden (C4 entspricht der **pTNM**-Klassifikation, s.u.).

C - Befundsicherung (Certainly)	
C1	Verdacht allein aufgrund klinischer Untersuchung
C2	Verdacht unter Zuhilfenahme spezieller diagnostischer Hilfsmittel
C3	Verdacht allein aufgrund chirurgischer Exploration
C4	Verdacht der Krankheitsausdehnung nach erfolgter definitiver chirurgischer Behandlung einschließlich der vollständigen Untersuchung des therapeutisch gewonnenen Resektionspräparats
C5	Verdacht aufgrund der Autopsie

Präfix **r** für **Rezidive**, diese können auch nach dem pTNM-System erfasst werden.

Postoperative histopathologische Klassifikation (pTNM-Klassifikation)

Zur Ergänzung oder Abänderung der prätherapeutischen TNM-Klassifikation durch die bei einem definitiven chirurgischen Eingriff und bei der histopathologischen Untersuchung des Resektionspräparats gewonnenen Erkenntnisse (s. Tabelle unten); z.B. durch die Kategorie P (histologische Stadienbestimmung am Operationspräparat) und die Kategorie G (histologische Bestimmung des Malignitätsgrads).

Die Kategorien pT, pN und pM werden grundsätzlich, die übrigen optional angewendet.

pT	Primärtumor (pTis, pT0-pT4, pTX)
G	Histopathologisches Grading (G1-G3, GX)
L	Einbruch in das Lymphsystem (L0-L2, LX)
V	Einbruch in die Venen (V0-V2, VX)
pN	Regionäre Lymphknoten (pN0-pN4, pNX)
pM	Fernmetastasen (pM0, pM1[2], pMX)

Präfix **y**: Dem definitiven chirurgischen Eingriff ging eine andere Therapiemethode voraus.
Präfix **r**: Rezidive (können auch nach dem TNM-System klassifiziert werden).
pM1 kann wie M1 des TNM-Systems spezifiziert werden.

Beispiel für die TNM-Klassifikation eines 2-5 cm großen, leicht mit der Haut bzw. dem M. pectoralis verwachsenen Mammakarzinoms bei ausgedehnten und verwachsenen Lymphknotenmetastasen und mit Fernmetastasen: **T2 N3 M1**. Die auf gynäkologische Tumoren anzuwendenden TNM-Kategorien wurden so definiert, dass sie mit den von der International Federation of Gynaecology and Obstetrics (FIGO) anerkannten Stadien übereinstimmen (→ **174**).

7 Psychiatrie

7.1 Abhängigkeit

7.1.1 Alkohol

Alkohol gehört zu den legalen Rauschdrogen.
Prof. Jellinek unterscheidet fünf Gruppen von Trinkern, denen er die Buchstaben des griechischen Alphabets zuordnet.

Einteilung nach Jellinek	
α	Konflikttrinker: trinkt, wenn er Probleme hat; er ist psychisch vom Alkohol abhängig.
β	Gelegenheitstrinker: trinkt aus Genuss und Vergnügen, keine Abhängigkeit.
γ	Physische und psychische Abhängigkeit: Betroffene können nicht verzichten; Kontollverlust → bald körperlicher, seelischer und sozialer Verfall.
δ	Spiegeltrinker, Gewohnheitstrinker: braucht Alkohol im Blut, bei Abstinenz deutliche Entzugszeichen. Psychische Abhängigkeit mit entsprechenden Organschäden; kein Kontrollverlust → kann oft die Abhängigkeit gut verbergen.
ε	Dipsomanie „Quartalsäufer", psychische Abhängigkeit, **phasenweise** mit Kontrollverlust.

7.1.1.1 Alkoholvergiftung

Alkoholvergiftungen sind häufig und können ohne Behandlung tödlich enden.
Anzeichen für Alkoholvergiftung: Selbstbewusstsein ↑, Risikobereitschaft ↑ (z.B. im Straßenverkehr); Geruch nach Alkohol (Alkoholfötor), Erweiterung der peripheren Gefäße mit gerötetem Gesicht, erhöhter Wärmeabgabe, häufig mit nachfolgender Unterkühlung; Störung der motorischen Koordination, Konzentration ↓, verlangsamte Reaktionen; erhöhte Harnmenge (Polyurie, da Alkohol die ADH-Sekretion hemmt); letztlich Bewusstseinstrübung bis zum narkotischen Stadium, oft mit retrograder Amnesie (Gedächtnisverlust für zurückliegenden Zeitraum).

Erstmaßnahmen bei Alkoholvergiftung

- Bei Bewusstseinstrübung/Verwirrtheit: Rettungsdienst
- Bei Bewusstlosigkeit: **Notarzt** anfordern, stabile Seitenlage, Schutz vor Auskühlung; Überwachung der Vitalfunktion, ggf. kardiopulmonale Reanimation. Wenn möglich: Blutzuckertest und ggf. Infusion mit 5%iger Glucoselösung

Häufige Todesursache: Hypoglykämie!

Therapie: meist abhängig von zusätzlichen Störungen wie Hypoglykämien; Mischintoxikationen (z.B. mit Tabletten oder Rauschgift)

- Kampral: Medikament, das nach Alkoholkonsum für Übelkeit sorgt
- NonAlNon: Selbsthilfegruppe für Angehörige von Alkoholikern

Bei Alkoholabhängigkeit können sich innerhalb von Stunden Symptome des Alkoholentzugsdelirs auftreten.

7.1.1.2 Alkoholentzugsdelir (Delirium tremens)

Lebensbedrohlicher Notfall, der eine intensivmedizinische Überwachung erfordert .
Bei Verdacht: Notarzt verständigen!

Symptome beginnen meist nachts und dauern ca. 2-5 Tage. Eventuell Prodromalerscheinungen: gereizte Stimmung, Unruhe, Schlafstörungen, Schwitzen, evtl. Schwindel.

- GIT (Gastro-Intestinal-Trakt)
  - Durchfälle, Brechreiz
- Kreislauf
  - Tachykardie
  - Hypertonie
- Vegetativ
  - Fieber
  - Schwitzen
  - Schlafstörungen
- Neurologisch
  - Feinschlägiger Tremor, Zittern
  - Artikulationsstörungen
  - In 10% der Fälle generalisierte epileptische Anfälle
- Psychisch
  - Innere (psychomotorische) Unruhe („Nesteln")
  - Angst, Depressionen, Illusionen, Euphorie
  - Halluzinationen: weiße Mäuse, krabbelnde Tiere
  - Desorientiertheit (besonders zeitlich und örtlich)
  - Bewusstseinsstörungen
  - Suggestibilität

Im Anschluss Amnesie!

Komplikationen: Übergang in Koma und Tod infolge Kreislaufversagens; Letalität bei rascher Intensivbehandlung nur noch gering (ca. 1%).

Therapie: Überwachung und evtl. Sedierung (z.B. mit Clomethiazol)

7.1.1.3 Korsakow-Syndrom

Amnestisches Psychosyndrom, „Alkoholdemenz" tritt bei 3-5% der Alkoholkranken auf: Syndrom aus Desorientiertheit, Gedächtnisstörungen (z.B. Merkfähigkeitsstörung) und Konfabulationen (erfundene Geschichten, um Gedächtnislücken zu überbrücken); kann sich in manchen Fällen bessern; vor allem das Kurzzeitgedächtnis ist gestört. Vorkommen bei organischer Psychose, besonders bei Alkoholkrankheit (meist in Kombination mit Polyneuropathie), auch bei Vitaminmangelzuständen, zerebraler Hypoxie, Schädelhirntrauma, Intoxikationen, Infektionen (Typhus abdominalis, Fleckfieber) oder Hirnatrophie.

7.1.1.4 Wernicke-Enzephalopathie

Schwerste Form der Psychose, meist als Folge von chronischem Alkoholkonsum mit Einblutungen ins Gehirn und Atrophierung aufgrund Thiaminmangels.

Symptome: zentrale Augenbewegungsstörungen, Areflexie, Bewusstseinsstörungen, zerebellare Ataxie, vegetative Störungen, organische Psychose.

7.1.1.5 Mögliche Folgen von Alkoholmissbrauch bzw. -abhängigkeit

- Stoffwechselbeeinträchtigung, insbesondere des Fettstoffwechsels → Fettleber, Alkohol-Hepatitis und Leberzirrhose
- Chronische Pankreatitis → Diabetes mellitus
- Vitaminmangel
- Schädigung der Schleimhäute in Mund, Rachen, Speiseröhre und Magen (oft in Kombination mit Fehlernährung und Tabakkonsum) → Ösophagitis, Gastritis, erhöhtes Krebsrisiko v.a. für Kehlkopf- und Ösophaguskarzinom
- Alkoholische Myopathie: Schädigung von Skelett- und Herzmuskulatur, koronare Herzkrankheit, Bluthochdruck
- Anämie
- Schlafstörungen
- Impotenz
- Fehlgeburten
- Neuropsychologische Defizite (Aufmerksamkeit, Konzentration, Gedächtnis, Lernfähigkeit, räumliches Vorstellungsvermögen, Zeitwahrnehmung), Gedächtnislücken („Filmriss")
- Korsakow-Psychose und Wernicke-Enzephalopathie

Alkoholismus ist eine der häufigsten Ursachen für eine Polyneuropathie!

Aufnahme von Alkohol

Etwa 2% des Alkohols werden schon beim Trinken durch die Mundschleimhaut resorbiert, weitere 20% über die Magenschleimhaut, der Rest über den Dünndarm. Die Aufnahme ist nach 30-90 Minuten komplett, bei leerem Magen erheblich schneller.

Abbau von Alkohol

Alkohol stellt für den Körper ein Gift dar, das mit hoher Priorität entfernt wird. (Wodurch andere Stoffwechselvorgänge verlangsamt werden.) Bis zu 5% werden abgeatmet („Fahne"), 2% mit dem Urin ausgeschieden, 1-2% über die Haut ausgeschwitzt. Die restlichen 90% werden mit 0,09-0,13 g pro Kilogramm Körpergewicht und Stunde durch die Leber abgebaut.

Labormarker für chronischen Alkoholmissbrauch sind u.a.: Leberenzyme, v.a. γ-GT; MCV (mittleres Erythrozytenvolumen); ETG (Ethylenglukuronid, empfindlicher Kuzzeitmarker); CDT (carbohydratdefizienztes Transferrin, Langzeitmarker [ab 5. Tg. Bis ca. 21. Tg. Nachweisbar]) zeigt die konsumierte Alkoholmenge der letzten 3 Wochen.

7.1.2 Opiate

Sie gehören zu den illegalen Drogen und unterliegen dem Betäubungsmittelgesetz.

Opium ist der getrocknete Saft des Schlafmohns. Aus ihm wird Morphium (Morphin) gewonnen, das als narkotisches Analgetikum bei schweren Schmerzen eingesetzt wird und zudem als Antitussivum wirkt. Wird Morphin weiter raffiniert, wird es zu Heroin (nicht verkehrsfähiges Betäubungsmittel mit mindestens dreifacher Wirkungsstärke u.v.a. analgetischer Wirkung (führt zu starker Atemdepression!). H. ist gut lipidlöslich und passiert die Blut-Hirn-Schranke sehr leicht.

Schlafmohn (Papaver somniferum) → Opium → Morphin → Heroin
Cave: Abhängigkeit!

Zu den Opiaten zählen auch halb- oder vollsynthetisch hergestellte Wirkstoffe mit morphinhaltiger Wirkung, die sogenannten Opioiden (Morphin, Codein, Thebain, aber auch das körpereigene Endorphin).

Wirkung (u.a. durch die reversible Bindung an Opiatrezeptoren)

- Zentral
  - Meist euphorisierend
  - Sedativ-hypnotisch
  - Atemdepressiv
  - Analgetisch
  - Antitussiv
  - Emetisch (Früheffekt), antiemetisch (Späteffekt)
- Peripher: u.a. Darmmotilität ↓, Kontraktilität von Pylorus und Blasenmuskulatur ↑

7.1.2.1 Morphinvergiftung

Akut

- Miosis
- Starke Atemdepression mit einer Atemfrequenz von 2-4 Atemzügen/Min. bis Atemstillstand
- Zyanose
- Erniedrigte Körpertemperatur, Hypotonie der Muskulatur, Areflexie
- Koma

Therapie: Beatmung, Opiatantagonisten

Chronisch
Sogenannter Morphinismus; Entwicklung einer physischen und meist psychischen Abhängigkeit; bei Entzug typisches Entzugssyndrom (s.u. Heroinabhängigkeit)

7.1.2.2 Heroinabhängigkeit

Physische und psychische Abhängigkeit von Heroin, das überwiegend i.v. injiziert (Einstichstellen z.B. an Armen und Beinen), seltener auch geschnupft oder geraucht wird. Es führt zu Euphorie, Schwindel und Sedierung, bei häufigerer Anwendung zu Glücksgefühlen, Entrücktsein, seelischer Unberührbarkeit. Abstinenz führt zu einem Opiat-Entzugssyndrom, das ca. 36-72 Stunden nach der letzten Injektion seinen Höhepunkt erreicht und 5-8 Tage anhalten kann. Es ist gekennzeichnet durch:

- Schwindel, Durchfall, Erbrechen
- Schweißausbrüchen trotz Frieren und Gänsehaut
- Blutdruckanstieg, Tachykardie, Tachypnoe, Kreislaufinsuffizienz
- Schlaflosigkeit, quälende Unruhe
- Schmerzen, Krämpfe
- Delirium
- Mydriasis
- laufende Nase, Tränenfluss

Eine länger dauernde Heroinabhängigkeit hat i.d.R. schwerwiegende soziale Folgen aufgrund der Kriminalisierung durch Beschaffung, Besitz und Handel des illegalen Rauschmittels. Bei Nutzung gebrauchter Spritzen (sog. needle-sharing) besteht die Gefahr der Krankheitsübertragung (z.B. HIV, Hepatitis B und C).

Therapie: Prinzipiell wird als Ziel Drogenfreiheit angestrebt, d.h. über eine (meist) stationäre Entziehung und langfristige intensive psychische und soziale Betreuung (Entwöhnung). Eventuell Einsatz von Ersatzstoffen wie (Levo-)methadon.

7.1.3 Halluzinogene

- **LSD** (Abk. für Lysergsäurediäthylamid); Verabreichung oft auf bunten Bildchen („Tickets"); Wirkung s.u.
- **Mescalin:** Hauptalkaloid verschiedener mittel- und südamerikanischer Kakteenarten (z.B. Peyotl); traditionelles Rauschmittel (orale Aufnahme, v.a. als sog. Mescal buttons, Pflanzenscheiben von Lophophora williamsii); erzeugt besondere Farbhalluzinationen
- **Psilocybin:** Wirkstoff in (auch einheimischen) Pilzen (Psilocybe mexicana); ruft Halluzinationen und Krampfanfälle hervor.
- **Phencyclidin** („Angel Dust")

Wirkung der Halluzinogene

- Halluzinationen (Trugwahrnehmung; Sinnestäuschung, bei der die Wahrnehmung kein reales Objekt hat und ein adäquater Sinnesreiz fehlt).
- Visuelle Illusionen (Verkennung; gestörte Wahrnehmung realer Objekte); meist werden Farben als besonders intensiv oder Formen als verzerrt wahrgenommen.
- Synästhesien (Mitempfindung in einem Sinnesorgan bei Reizung eines anderen; z.B. Farbempfindung bei bestimmten Hörempfindungen.
- Fixierung auf magische Gedanken: Verändertes Ich-Erleben, Körpergefühl und Zeit-Raum-Dimension (Gefühl, die Zeit wechseln zu können, fliegen zu können, mit Geistern, Gnomen, Zwergen kommunizieren zu können u.Ä.).

Komplikation

- **„Horror-Trip":** Durchleben von Angst und Panik, z.B. mit bedrohlichen Körperhalluzinationen (Haut platzt auf, Alien kommt zum Vorschein); Verfolgungsträume u.Ä. können zu Selbstverstümmelung, Gewalttaten und Selbsttötung führen.
- **Flashback:** Erneutes Auftreten der halluzinogenen Wirkung, lange Zeit nach Einnahme der Mittel.

7.1.3.1 Intoxikation

- Mydriasis
- Tachykardie (evtl. später Bradykardie)
- Hyperreflexie, psychomotorische Unruhe, selten Ataxie, spastische Lähmungen
- Akute Angstpsychose, Halluzinationen
- Temperaturanstieg
- Blutdruckabfall, Atemdepression

7.1.4 Amphetamine, Ecstasy

Ecstasy (engl.: Ekstase, Verzückung). Pillen, die oft mit eingestanzten Bildern versehen sind, z.B. einem Kleeblatt, einem Herz u.s.w. Sogenannte Designerdrogen. Verbreitung insbesondere in einem Bereich der Techno-Szene. Wirkstoffe sind MDA (Methylendioxyamphetamine), MDMA, MDE (wolltihrgarnichtwissen).
Wirkung wie bei Amphetaminen (indirekt wirkendes Sympathomimetikum, d.h. den Sympathikus anregend) bzw. wie bei Noradrenalin (u.a. „Stresshormon" aus dem Nebennierenmark):

- Antriebssteigerung, motorische Unruhe, Unterdrückung des Schlafbedürfnisses („die ganze Nacht durchtanzen")
- Euphorische Stimmung
- Gesteigertes Selbstbewusstsein
- Starker Rededrang (Logorrhoe)

Nebenwirkungen

- Mydriasis
- Tachykardie
- Mundtrockenheit
- Schweißausbrüche, Hyperthermie
- Tremor
- Leberschäden, Rhabdomyolyse (Muskelzelluntergang)
- Gefahr von Herzstillstand oder Apoplexie durch Überdosierung

Bei **Intoxikation** (siehe NW): evtl. zusätzlich akute Psychose, Halluzinationen, Arrhythmien, Tachypnoe, hypertensive Enzephalopathie, Hirnblutung.

7.1.5 Kokain

Wirksames Alkaloid aus den Blättern des südamerikanischen Kokastrauchs. (Verordnung und Abgabe nur nach besonderen Bestimmungen der Betäubungsmittelverordnung.)

Wirkung: lokale Anästhesie, zentral euphorisierend und stimulierend

7.1.5.1 Kokainabusus

Kokain wird meist geschnupft oder inhaliert, selten i.v. appliziert.

Wirkung (sog. „Kick"):

- Euphorie (Glücksgefühl, Rededrang, Enthemmung, Steigerung von Leistungsgefühl und Kreativität, vermindertes Schlafbedürfnis)
- Motorische Unruhe

- Eventuell gefolgt von Halluzinationen, Schwindel, Lähmungen
- Oft gefolgt von Angst und Depressionen, die zu erneutem Verlangen nach Drogeneinnahme führen. Es besteht eine psychische, jedoch keine körperliche Abhängigkeit.

Bei häufigerer Einnahme kommt es oft zu Entzündungen, evtl. zu Ulzeration oder sogar Perforation der Nasenscheidewand. Es treten evtl. massive Erschöpfungszustände auf, weil dem Körper das Ruhebedürfnis genommen wird. Es entwickeln sich oft Wesensveränderungen (z.B. Rücksichtslosigkeit).

7.1.5.2 Kokainintoxikation

- Erregungszustand, Mydriasis, Hyperreflexie bis hin zu Krampfanfällen
- Wahnideen, Halluzinationen
- Temperatur ↑, RR ↑, Puls ↑, Arrhythmie
- Tremor, Schwindel

Entzugserscheinungen: evtl. extremes Schlafbedürfnis, Angst, Tremor und Depressionen

7.1.6 Cannabis sativa (indischer Hanf)

Wirkstoff: v.a. THC (Tetrahydrocannabinolen)

Einnahme: rauchen von (weiblichen) Blüten (Gras, Ganja, Marihuana, Weed) oder deren Harz (Haschisch, Piece, Chocolat); seltener Verzehr

Haschisch wurde als Rauschmittel traditionell im Orient und Afrika geraucht. Marihuana v.a. in Lateinamerika. Heute weltweit verbreitet. In manchen Ländern legal. Führt nicht zu körperlicher, aber evtl. zu psychischer Abhängigkeit.

Wirkung: THC führt individuell unterschiedlich zu Euphorie, Sorglosigkeit, Gelassenheit („Kiffen macht gleichgültig", „ist mir egal"), alberner und läppischer Stimmung, veränderter Wahrnehmung, Unruhe, erhöhter sexueller Erregbarkeit, evtl. zu Dämmerzuständen bis hin zu kurzzeitigen Halluzinationen.

Anzeichen auf Einnahme: Stimmungsänderung wie oben beschrieben, erhöhte Durchblutung, v.a. des Kopfes, oft mit Konjunktivitis (rote, juckende Augen) und glasigen Augen.

Zeichen der Überdosierung: Tachykardie, Hypertonie, Bronchitis, ausgeprägte psychomotorische Unruhe (ängstliches Umherblicken), gesteigertes Hörempfinden. In seltenen Fällen kann es zu Flashbacks kommen (Rauschzustände ohne Drogeneinnahme), da ein Stoffwechselprodukt der Cannabis-Pflanze lange im Körper gespeichert wird.

Nachweismethode: Cannabinole und -derivate können in Blut, Urin und Speichel nachgewiesen werden (durch Dünnschichtchromatographie oder Hochdruckflüssigkeitschromatographie).

7.1.7 Schnüffelsucht

Gewohnheitsmäßige Inhalation leicht flüchtiger organischer Substanzen wie Lösungsmittel von Klebstoffen, Haushaltsreinigern bzw. Farben, Benzin, Nitroverdünnung) zur Rauscherzeugung; meist bei Kindern und Jugendlichen; starke psychische, aber keine körperliche Abhängigkeit.

Symptome: Neben Euphorie und Entspannung kann es zu Bewusstseinstrübung, Verwirrtheit und Aggressivität kommen. Eventuell Ausbildung einer toxisch bedingten Enzephalopathie, einer Polyneuropathie oder Leber-, Nieren- und Knochenmarkschädigung.

7.1.8 Medikamentenabhängigkeit

Die gängigsten Substanzen sind Schlaf- und Beruhigungsmittel (v.a. Barbiturate und Benzodiazepine).

Wirkung: beruhigend, stimmungshebend, angstlösend, betäubend

Intoxikation: Bewusstseinsstörung bis hin zum Koma, Atemdepression, Muskeltonus ↓; Reflexe ↓
Benzodiazepine machen sehr schnell psychisch und körperlich abhängig (bereits nach einer Einnahme von 2-6 Wochen, spätestens nach vier Monaten).

Entzugserscheinungen - Angstzustände, innere Unruhe - Schlaflosigkeit - Schwitzen, Tachykardie	- Schwindel und Tremor - Psychotische Symptome - Zerebrale Krampfanfälle (in den ersten 3 Wochen nach Absetzen)

7.2 Suizidalität

Todesursache bei weltweit 500.000 Menschen jährlich. In Deutschland 12.500 Suizide/Jahr (häufigere Todesursache als durch Drogen, Aids, Gewalttaten oder Verkehrsunfälle).
m : w = 2 : 1 (aktuelle Anlasssituation häufig Berufskonflikt).

7.2.1 Suizidversuch

Selbsttötungsversuch ohne tödlichen Ausgang. In Deutschland über 100.000 Fälle/Jahr (hohe Dunkelziffer). w : m = 2-3 : 1 (aktuelle Anlasssituation häufig Liebeskonflikt oder familiärer Konflikt).
Prädilektionsalter: 15.-45. und > 70 Lj.
Die Ernsthaftigkeit der suizidaler Vorhaben nimmt mit dem Alter zu. Die Durchführung ist umso radikaler, je länger die suizidalen Gedanken und Impulse bestehen.

7.2.2 Erhöhte Suizidgefahr

- Menschen mit psychischen Erkrankungen
  - Neurosen
  - Melancholie/(endogener) Depression
  - Manie (in postmanischer Phase)
  - Schizophrenie

- Süchtige
  - Alkoholiker, Drogen- und Medikamentenabhängige
- Menschen,
  - die schon Suizidversuche hinter sich haben
  - die den Suizid angekündigt haben
- Verfolgte
  - rassisch, religiös, politisch
- Jugendliche in der Pubertät (Ablösung von den Eltern, Liebeskummer)
- Kontaktgestörte, Bindungsunfähige
- Menschen ohne enge, v.a. familiäre Bindung
- Allein stehende Kranke
- Ledige, kinderlose, getrennt lebende oder geschiedene Menschen
- Alte Menschen
- Ärzte (4-fach erhöhtes Suizidrisiko)

7.2.3 Suizidmotive

Folgende Motive liegen nach tiefenpsychologischem Verständnis Suiziden und Suizidversuchen häufig zugrunde:

- Wunsch nach einer Auszeit, nach einer Pause wegen Überforderung.
- Einen Appell senden wollen.
- Rache, um bei anderen Schuldgefühle zu erzeugen (sich z.B. vorstellen, wie die Eltern am Grab um einen weinen).
- Versuch, Liebe zu erzwingen.
- Versuch, erlittenes Unrecht auszugleichen.
- Erpresserische Suizidalität: Ankündigung von Suizid mit parasuizidalen Handlungen; das eigene Leben wird sozusagen als Geisel genommen, um es gegen andere als Erpressungsobjekt zu verwenden.
- Autoaggression.
- Nicht akzeptierte persönliche Eigenschaften (z.B. Homosexualität).
- Wunsch nach Reinkarnation.
- Wunsch nach Wiedervereinigung mit einer geliebten Person.
- Bedürfnis, körperliche und seelische Leiden zu beenden (z.B. als Folge von sexuellem Missbrauch oder von Schamgefühlen bei schulischem Versagen.

7.2.4 Warnsignale für einen drohenden Suizid

Präsuizidales Syndrom (nach Ringel): Symptome, die einem Suizid/-versuch vorausgehen, z.B. Einengung des Denkens auf Suizidgedanken, Aggressionshemmung und spätere Aggressionsumkehr, Ankündigung des Suizids, konkrete Suizidphantasien bzw. vorangegangene Suizidversuche.

Merke: Selbsttötungsdrohungen immer ernst nehmen!

Weitere Warnsignale

- Aussagen gemäß Suizidmotiven (s.o.), Wunsch nach Auszeit, Wunsch tot zu sein, Aussagen über Sinnlosigkeit des Lebens.

- Verschenken von wertgeschätzten Dingen.
- Seine Angelegenheiten in Ordnung bringen, Testament schreiben.
- Unerklärliche plötzliche Ruhe und Gelöstheit, evtl. nach vorangegangener Verzweiflung. Sogenannte „präsuizidale Aufhellung" („Ruhe vor dem Sturm") kann bedeuten, dass der Entschluss feststeht.
- Berichten von drängenden Impulse, sich umzubringen, evtl. durch imperative Stimmen.

7.2.5 Verhalten bei Suizidalität

Bei Verdacht auf Suizidalität den Betroffenen offen darauf ansprechen. Die Annahme, gefährdete Menschen durch das Ansprechen des Suizids erst auf die Idee zu bringen, ist falsch. Im Gegenteil: Das Sprechen über Todeswünsche/-absichten entlastet.
Als Behandler äußern wir unsere Sichtweise, ggf. widersprechen wir dem Patienten.
Auf keinen Fall:

- machen wir dem Patienten Vorwürfe („Sie können doch Ihre Kinder nicht alleine lassen").
- verharmlosen wir die Problematik („so schlimm ist das nun auch wieder nicht, das wird schon wieder").
- krampfhaft nach Lösungen für den Betroffenen suchen, Ratschläge erteilen oder moralisieren.

Abklären, in wieweit eine akute Gefahr besteht. Akut Suizidale gehören in psychiatrische Behandlung. Widersetzt sich die Person, informieren Sie den sozialpsychiatrischen Dienst beim Gesundheitsamt, bzw. den Amtsarzt, der die Einweisung/Unterbringung nach öffentlichem Recht bewirkt. Sind selbstverletzende Gegenstände vorhanden oder besteht Fremdgefährdung, ziehen Sie die Polizei hinzu.
Eine Suizidprophylaxe besteht v.a. in möglichst ununterbrochen erreichbaren Ansprechpartnern und Anlaufstellen (z.B. Telefonseelsorge, Beratungsstellen, Kriseninterventionsdienste).

7.3 ADS/ADHS

ADS = Aufmerksamkeits-Defizit-Syndrom
ADHS = ADS mit Hyperaktivitätsstörung; ältere Bezeichnung: hyperkinestisches Syndrom

5% der Kinder betroffen, m > w, Ursache unklar

Leitsymptome des ADHS

- Hyperaktivität: motorische Unruhe, ständiges, zielloses Bewegungsbedürfnis
- Aufmerksamkeitsstörung: geringe Konzentration und Ausdauer, leichte Ablenkbarkeit
- Impulsivität: Neigung zu impulsivem Verhalten, Stimmungsschwankungen

Daraus resultieren oft weitere Symptome wie soziale Anpassungsschwierigkeiten und Hyperaggressivität

Als **Ursachen** werden diskutiert

- Stress: stressbeladene Beziehung zu primären Bezugspersonen (häufig gestresste Eltern)
- Alkohol- und Nikotinkonsum der Mutter in der Schwangerschaft; Nikotinexposition im Säuglingsalter

- Fehlen von Struktur, Ordnung und Ritualen im Alltag
- Reizüberflutung (z.B. Fernsehen)
- Fehlernährung: wenig Nährstoffe, viel Junk-Food, evtl. sogar koffeinhaltige Getränke, zu viel Zucker, Phophate etc.; evtl. Nahrungsmittelunverträglichkeiten und -allergien; unregelmäßige Mahlzeiten
- Gehäuftes familiäres Auftreten deutet auf eine genetische Komponente hin

30-70% der von ADS betroffenen Jugendlichen behalten die Störung auch als Erwachsene in Form von erhöhter innerer Unruhe mit verschiedenen psychischen Störungen (Depressionen, Angsstörungen, Störungen des Selbstbildes und Selbstwertgefühls, soziale Phobien, evtl. Esstörungen [Bulimie]).

Therapie: Eine schulmedizinische kausale Therapie ist nicht möglich. Eventuell Verabreichung von Psychopharmaka (z.B. Retalin), die den Neurotransmitterstoffwechsel beeinflussen und Überweisung an Kinder-/Jugendpsychologen zur heilpädagogischen oder Verhaltenstherapie. Durch medikamentöse Stimulanzien lässt sich das Sozialverhalten der Betroffenen in vielen Fällen verbessern.
Weitere Ansätze:

- ausreichende Versorgung mit Magnesium, Calcium, Zink, Selen und besonders B-Vitaminen
- Schwermetallbelastung austesten/ausleiten
- (Ohr-)Akupunktur: Lateralitäts-Steuerpkt, Ma 36, OP 55 (ShenMen) u.a.
- Homöopathie: lt. Repertorisation, evtl. Calcium phosphoricum, Kalium phosphoricum, Staphisagria, Chamomilla etc.
- Bach-Blüten: z.B. Impatience, Scleranthus, Wild Oat

8 Glossar

Bausteine medizinischer Fachbegriffe

Silbe	Bedeutung	Beispiel
a(n)	Verneinung	Analgesie, anovulatorisch
ab-	weg, von weg	Abstinenz, Abszess
acid-	sauer	Acidose, Anacidität
ad-	zu, hin	Adhäsion
-algie	schmerzhafter Zustand	Neuralgie, Myalgie, Ischialgie
alkal-	basisch	Alkalose
all(o)-	anders	Allergie, Alloplastik
ana-	auf, auseinander	Analyse, Anastomose
aniso-	ungleich	Anisochromie
ante-	vor, wieder	Anteflexion
anti-	wider, gegen	Antikörper
apo-	von, weg	apokrin
-ase	Endung zur Bezeichnung von Enzymen	Dehydrase
aut(o)-	selbst	Autointoxikation
brady-	langsam	Bradykardie
circum	ringsum(her)	Zirkumzision
con-, com-	zusammen, mit	Kompression, communicans
contra-	(ent-)gegen	kontralateral, Kontraindikation
de-	von, weg, ent-	Dehydration
dia-	durch	Dialyse
dis-	auseinander	Distorsion
dys-	un-, miss-	Dyspepsie, Dyspnoe
e-, ex-, ek-, ekto-	aus, außen, heraus	Exanthem, Ektomie
-ektasie	Erweiterung eines Hohlorgans	Bronchiektasie
-ektomie	völliges Entfernen eines Organs	Appendektomie
-emesis	Erbrechen	Hämatemesis
en-, endo-	innen	Endokard, Enanthem
epi-	auf, darauf	Epikard, Epidermis
-form	-artig	apoplektiform
-gen	a) herrührend von, b) verursachend	endogen, exogen, iatrogen, hepatogen, kanzerogen, pathogen

glyk(o)-	süß, zuckerhaltig	Glykogen, Glykämie
-gramm	Geschriebenes, Aufgezeichnetes	Kadiogramm
-graphie	Aufzeichnung (graphisch)	Enzephalographie
heter(o)-	anders	heterogen
holo- (griech., auch pan-)	ganz, all, gesamt	Holographie
homo-	gleich, gemeinsam	homogen, homosexuell
homö(o)-	ähnlich, gleichartig	Homöopathie
hyper-	über, überschüssig, hoch	Hypertonus
hyp(o)-	unter, niedrig	Hypotonus, Hypoplasie
idio-	eigen	idiopathisch
in-, im-	a) ein, hinein, b) ohne, un-	Inkarzeration, Inappetenz, impotent
inter-	zwischen	interkostal
iso-	gleich, derselbe	isotonisch, isotherm
-itis	Entzündung	Zystitis, Nephritis (Ausnahme: Pneumonie)
kata-	herab, über hin, abwärts	Katalysator
krypt(o)-	verborgen	Krypten, kryptogen
-lyse	Auflösung	Hydrolyse, Hämolyse
makr(o)-	groß, lang	makroskopisch
mal-	schlecht, falsch	Malabsorption
malign-	bösartig	Malignom, Malignität
mega-	sehr groß	Megakolon
mes(o)-	mittlerer	Mesenzephalon
meta-	zwischen, nach, hinter	Metaphyse, Metastase
mikr(o)-	klein	Mikroskop
mon(o)- (griech.)	allein, vereinzelt (lat. solus, singularis)	Monarthrose, mononukleär,
multi- (lat.)	viel(e) (griech. poly)	multiformis
neo-	jung, neu	Neoplasma, neonatus
-oid	ähnlich aussehend	adenoid, lipoid
olig(o) (griech.)	wenig	Oligurie
-om	Geschwulst	Fibrom, Adenom
orth(o)-	richtig, gerade, aufrecht	Orthopädie, Orthopneu
pan- (griech., auch holo-)	ganz, all, gesamt (lat. totus)	Pandemie
para-	neben	parasternal, Parapsychologie
per-	durch (zeitlich, lokal, intensivierend)	permanent, Perforation

peri-	um, herum	Perikard, Periost
-phil	zu etwas neigend, freundlich	hydrophil, lipophil
-phob	scheu, furchtsam	photophob, hydrophob
poly- (griech.)	viel(e) (lat. multi)	Polyarthritis
post-	nach	postoperativ, postmortal
prae-	vor	praeoperativ, praekomatös
pro-	vor	Prodromalstadium, Prolaps
pseud(o)-	falsch, scheinbar	Pseudogravidität, Pseudomembran
re-	zurück, wieder	Reanimation
retro-	rückwärts, nach hinten	Retroflexion, retrograd
semi- (lat.)	halb (griech. hemi)	Semilunarklappen
skler(o)-	hart, trocken	Sklerodermie, Arteriosklerose
sten(o)-	eng, verengt	Stenose, Stenokardie
sub-	unter	subakut, Submukosa, subfebril
super-	über	Superinfektion
syn-	mit zusammen	Synonym, Symbiose
tachy-	schnell	Tachykardie, Tachypnoe
thermo-	warm, Wärme betreffend	Thermometer, thermophil
totus (lat.)	ganz, all, gesamt (griech: pan-, holo-)	total
trans-	hindurch, hinüber, jenseits von	Transfusion
-trop	auf etwas gerichtet, einwirkend	thyreotropes Hormon
ultra-	jenseits, darüber, über hinaus	Ultraschall
xer(o)-	trocken	Xerodermie, Xerophtalmie

Farbbezeichnungen

Deutsch	Griechisch	Latein	Beispiel
blau	kyaneo- bzw. Cyan oder Zyan		Zyanose Zyankali
bleich		pallidus	Triponema pallidus
braun	phaio-		Phäochromozytom
		fucus	Fuszin
gelb		flavus	Flavin
		luteus	Corpus luteum
grau	polio-		Poliomyelitis
		griseus	Substantia grisea
grün	chloro-		Chlorophyll
		viritis	Streptococcus viridans
rot	erythro-		Erythrozyt
	eos-		eosinophil
		ruber	Rubeolen, Bilirubin
		flammeus	Naevus flammeus
		purpureus	Purpura senilis
		roseus	Roseolen
schwarz	mela(no)-		Melanom, Melanin
		niger	Substantia nigra
weiß	leuko-		Leukozyt
		albus	Albumin
		candidus	Candida

Fachbegriffe

Begriff	Erläuterung	Seite
Abdecktest	Untersuchung einer Fehlstellung der Augen; Formen: 1. einseitig: bei manifestem Schielen macht das abweichende Auge nach Abdecken des fixierenden Auges eine Einstellbewegung (Abk. EB) zur Fixation des beobachteten Gegenstands; die Richtung, aus der die EB erfolgt, lässt erkennen, ob es sich um ein Einwärts-, Auswärts- o. Höhenschielen handelt; 2. alternierend: bei latentem Schielen (Heterophorie) kommt es durch abwechselndes Abdecken der Augen zu einer EB des freigegebenen Auges. 3. Aufdecktest: Prüfung der Fusionsfähigkeit bei Heterophorie; beobachtet wird, ob u. wie rasch die durch alternierendes Abdecken provozierte Schielstellung überwunden werden kann.	
Adaptation	Anpassung des Auges an verschiedene Leuchtdichteverhältnisse: 1. Helladaptation: Übergang zum Tag- o. photoptischen Sehen; Anpassung des Auges an Helligkeit mit Abnahme der Lichtempfindlichkeit (Anstieg der Reizschwelle) infolge Pupillenverengung, Übergang vom Stäbchen- zum Zapfensehen (Alphaadaptation: ca. 0,05 s, folgende Betaadaptation: 6-7 Min.); 2. Dunkeladaptation: Übergang zum Dämmerungssehen (skotopisches Sehen), optimal frühestens nach 25 Min.; geht einher mit Verlust des Farbensehens, Verminderung der Sehschärfe u. physiologischem Zentralskotom.	
Agonist	(Griech. Wettkämpfer, Spieler); **1.** (anat.) Muskel, der eine bestimmte, einem Antagonisten entgegengesetzte Bewegung bewirkt; **2.** (pharmak.) Substanzen, die ebenso wie der physiolo-gische Mediator einen Rezeptor aktivieren können; → **Antagonist**.	
Akkommodation	(Lat. accommodare = anpassen); Fähigkeit des Auges, die **Brechkraft** der Linse der Entfernung des fixierten Gegenstandes anzupassen, so dass es zur scharfen Abbildung in der Netzhautebene kommt. Dem passiven Streben der elastischen Linse zur Kugelform (hohe Brechkraft, Naheinstellung) steht die Zugwirkung des radiären Aufhängeapparats entgegen, die eine Abflachung der Linse bewirkt (Ellipsenform; geringe Brechkraft, Ferneinstellung); →	

Akkommodation	durch aktive Kontraktion des Ziliarmuskels kommt es zu einer Erschlaffung der Zonulafasern (u. damit zur Scharfeinstellung im Nahbereich). Die Akkommodationsbreite (Akkommodationsvermögen) beträgt z.B. mit 10 Jahren 12 Dioptrien, mit 30 Jahren 7,5 Dioptrien, mit 60 Jahren 0 Dioptrien durch zunehmende Sklerosierung der Linse im Alter (→ **Konvergenzreaktion**).	
Alzheimer-Krankheit	Degeneration der Großhirnrinde	→ 111
Amyloidose	Bindegewebige und perivaskuläre Ablagerungen von speziellen Proteinen (Amyloid), die zur Störungen des Stoffaustauschs führen. Bei einem Befall von Organen (Leber, Herz, Niere, Knochenmark, Magen-Darm-Trakt, Atemwege und Lunge, Haut) resultiert eine Insuffizienz und ggf. ein Funktionsverlust; am peripheren Nervensystem kommt es zu Ausfällen (Polyneuropathien); der Befall ligamentärer Strukturen führt zu Kompressionen (z.B. Karpaltunnelsyndrom), an Gelenken zu arthritischen Bildern. Betroffene Organe sind vergrößert, konsistenzvermehrt, hart und im Autopsiematerial speckig-glänzend. Diagnose: zuverlässig nur aus Biopsiematerial; Klinik: sehr unterschiedlich, v.a. Herzbeteiligung führt über die zunehmende Herzmuskelschwäche oder schwer beherrschbare Rhythmusstörungen rasch zum Tod. Bei einer Nierenbeteiligung stehen ein nephrotisches Syndrom oder Zeichen der terminalen Niereninsuffizienz im Vordergrund. Therapie: i.d.R. wenig erfolgversprechend.	
Anabolismus	Aufbaustoffwechsel: Aus einfachen Stoffen werden komplexe Stoffe aufgebaut (**Metabolismus**, **Katabolismus**).	
Antagonist	**1.** (Anat.) Gegenspieler eines Agonisten: muss bei dessen Kontraktion entspannen bzw. bewirkt bei Kontraktion die entgegengesetzte Bewegung (z.B. M. biceps brachii vs. M. triceps brachii; **2.** (Pharmak.) auch chemische Gegenspieler z.B. Insulin (Blutzucker↓) vs. Glucagon (Blutzucker↑).	
Anthroponosen	Erkrankungen, die nur beim Menschen auftreten (→ **Zoonosen**).	
Aphasie	Zentrale Sprachstörung nach (weitgehend) abgeschlossener Sprachentwicklung; Urs.: Schädigung der Sprachregion (meist der li. Hemisphäre), z.B. bei zerebrovaskulärer Insuffizienz, Apoplexie, Schädelhirntrauma, Hirntumoren, Hirnatrophie, Enzephalopathie.	
Apoplex	Schlagangall	→ 112

Arachnoidea	Spinnenwebenhaut: zwischen Pia mater und Subduralraum unter der Dura mater.	→ 89
Ataxie (griech.: ohne Ordnung)	Oberbegriff für verschiedene Störungen der Bewegungskoordination, z.B. Kleinhirnataxie.	→ 119
Ätiologie	Krankheitsursache(n) oder Lehre von den Krankheitsursachen.	
Babinski-Zeichen	Pyramidenbahnzeichen: Bestreichen der Fußsohle führt zu Dorsalflexion der Großzehe u./o. Spreizung der Zehen.	→ 102
Basalganglien	(= Stammganglien) Kerne unter der Großhirnrinde.	
Bjerrum-Zeichen	(Syn. Bjerrum-Skotom): durch Druckschädigung von Nervenfaserbündeln am Papillenrand bei **Glaukom** auftretendes, ring- o. bogenförmiges **Skotom**.	
Blickfeld	Der bei unbewegtem Kopf durch Blickbewegungen optisch (maximal) erfassbare Teil des Raums.	
Brechkraft	Formelzeichen D, Einheit Dioptrie (dpt); Kehrwert der in Metern gemessenen Brennweite (f) einer Linse: $D = 1 : f$. Die Brechkraft von Sammellinsen wird als positiv, die von Zerstreuungslinsen als negativ bezeichnet.	
Cauda equina	(Pferdeschweif) Nervenfasern, die unterhalb von L 2 im Wirbelkanal weiterlaufen, bevor sie austreten.	→ 86
Cerebellum	Kleinhirn	→ 84
Cluster-Kopfschmerz	(Cluster, engl.: Häufung) V.a. bei Männern; schwerste Schmerzattacken von 15 Min. bis 3 Std, bis 8 x tgl. (häufig nachts) über Wo. bis Mon. mit beschwerdefreien Intervallen (Mon. bis J.); Urs. unklar. Anfall durch Histamininjektion auslösbar. Sympt.: halbseitige Schmerzen im Augen-Schläfen-Bereich, evtl. mit Rötung des Auges u. des Gesichts, Hyperhidrose, vermehrte Nasensekretion u. Tränenfluss, Horner-Syndrom.	
Dalrymple-Zeichen	Beim Blick geradeaus ist das Weiß der Sklera bei 12 Uhr am Hornhautrand sichtbar; Vorkommen bei Hyperthyreose; → **Graefe-Zeichen**.	
Desinfektion	Reduzierung der Keimzahl, damit von dem desinfizierten Material keine Infektion mehr ausgehen kann; Abtötung, Inaktivierung bzw. Entfernung von Mikroorganismen (Bakterien, Viren, Pilze, Protozoen), z.B. auch auf der Haut; Formen: chemisch durch Desinfektionsmittel; physikalisch durch Strahlen (z.B. UV-Strahlung in OP-Sälen); Dampf, Heißluftdesinfektion, Auskochen; Pasteurisieren; mechanisch durch Filtrierung, Waschen und Spülen; → **Sterilisation**.	
Diaphanoskopie	Durchleuchtung mit einer Lichtquelle.	

Dienzephalon	Zwischenhirn (mit Thalamus und Hypothalamus).	
Disposition	Krankheitsbereitschaft; die angeborene oder erworbene Anfälligkeit eines Organismus für Erkrankungen.	
Dura mater	Äußere Hirnhaut	→ 89
Embolus	Gefäßpfropf: plötzlicher teilweiser oder vollständiger Verschluss eines Blutgefäßes durch über die Blutbahn verschleppte Elemente, körperfremd/körpereigen (Blutgerinnsel oder Thrombus, Tumorteile, Fruchtwasser, Luft, Fetttropfen). Häufigste Embolien sind die Lungenembolie (Thrombembolie aus den tiefen Beinvenen) und T. der Arterien des Gehirns (Schlaganfall, → **112**). In D. sterben jährlich ca. 25.000 Menschen an einer Embolie.	→ 112
Endemie	Dauerverseuchung eines bestimmten Gebiets, z.B. Malaria in den Tropen; → **Epidemie**, **Pandemie**.	
Epidemie	Gehäuftes Auftreten einer Infektionskrankheit in bestimmtem Gebiet zu einer bestimmten Zeit, z.B. Choleraepidemie in Katastrophengebieten; → **Endemie**, **Pandemie**.	
Epilepsie	Anfallsleiden.	→ 116
Erythema nodosum	Sog. Knotenrose: entzündliche Hauterkrankung der Subkutis mit „Knoten-"(Granulom-)bildung, die unscharf begrenzt, rot, gering erhaben und druckschmerzhaft sind. Auftreten meist symmetrisch an Vorderseiten der Unterschenkel, selten Unterarme und Gesäß; häufiger bei Frauen; wahrscheinlich Autoimmungeschehen. Auftreten bei Tuberkulose, Sarkoidose, Streptokokkeninfektionen, M. Crohn, Lymphgranuloma venereum, Ornithose u.a.	→ 150
fakultativ	Gelegentlich, nach Belieben (gg. obligat).	
Fazialisparese	Lähmung des VII. Hirnnervs.	→ 104
Fieber	Erhöhung der Körpertemperatur als Folge einer Sollwertverstellung im Wärmeregulationszentrum des Hypothalamus (im Unterschied zur Hyperthermie); Einteilung: bis 38 °C subfebrile Temperatur, bis 38,5 °C mäßiges F., über 39 °C hohes F.; F. steigt selten über 41 °C.	
Flimmerskotom	**Skotom**; syn. Amaurosis partialis fugax; peripher beginnender Gesichtsfeldausfall mit visuellen Sensationen (Flimmern, Funken, Blitze), meist zickzackförmige Begrenzung des sich rasch ausbreitenden Skotoms; Vork.: vor oder während Migräne, bei zerebraler Durchblutungsstörung im visuellen Cortex.	

Fokalinfektion	Herdinfektion; durch Bakterien, v.a. Streptokokken und deren Toxine, verursachte sekundäre Erkrankung, die nach einer lokalen Infektion (oft im HNO-Bereich und im Bereich der Zähne) auftritt; die Erreger und Toxine gelangen durch (schubweise) Ausschüttung aus dem Ausgangsherd (Fokus, „Streuherd") über den Blutkreislauf zu entfernten Organen und verursachen dort entzündliche bzw. allergische Krankheitsprozesse (z.B. Glomerulopathie).	
Ganglion	1. Ansammlung von Nervenzellen außerhalb des ZNS, als Verdickung mit bindegewebiger Kapsel; 2. Überbein.	
Gesichtsfeld	Der mit einem (monokulares G.) o. beiden (binokulares G.) unbewegten Augen wahrnehmbare Teil des Raums; Bestimmung mittels (meist statischer) **Perimetrie**.	→ 127
Graefe-Zeichen	Zurückbleiben des oberen Lids bei Bewegung des Auges nach unten, so dass die Sklera sichtbar bleibt; Vorkommen z.B. bei Hyperthyreose, retrobulbären Tumoren.	
Grand mal	(Großes Übel), epileptischer Anfall.	→ 116
Grenzstrang	Truncus sympathicus; beidseits der Wirbelsäule liegende sympathische Ganglienkette.	→ 96
Großhirn	Telenzephalon, Sitz des Bewusstseins.	→ 80
Horner-Komplex	Symptomentrias: Enophthalmus, Ptosis, Miosis, bei Lähmung der zum Auge laufenden Sympathikusfasern.	→ 104
Hydrocephalus	Wasserkopf.	→ 89
Hypokaliämie	Zu wenig Kalium im Blut (→ **Stoffwechsel**), häufige Form einer Elektrolytstörung mit Erniedrigung des Kali-ums unter 3,5 mval/l, meist in Kombination mit Alkalose (als Ursache oder Folge).	→ 42
ICR	Interkostalraum: der Raum zwischen den Rippen.	
Immunität	Geschütztsein gegen einen bestimmten pathogenen Erreger, unspezifisch: angeborenermaßen, z.B. Säureschutzmantel der Haut, Fresszellen; spezifisch: erworben durch körpereigene Abwehrmechanismen gegen bestimmte Erreger (= aktiv erworben); Leihimmunität, passiv erworben, z.B. durch Übertragung von spezifischen Antikörpern der Mutter über Plazenta auf ungeborenes Kind (v.a. IgG-Antikörper) oder über Muttermilch auf Säugling (v.a. sekretorisches IgA); angeborene I.: schon bei der Geburt vorhanden; Schutzmechanismen, v.a. unspezifische (s.o) und diaplazentar übertragene mütterliche Antikörper; natürliche I.: natürliche Antikörper (z.B. gegen fremde Blutgruppenantigene) ohne früheren Kontakt mit dem entsprechenden Antigen; künstliche I.: aufgrund einer Impfung; → **Resistenz**.	

inapparent	Nicht in Erscheinung tretend, symptomlos.	
Infektion	Übertragung, Haftenbleiben und Eindringen von Mikroorganismen (Viren, Bakterien, Pilze, Protozoen u.a.) in einen Makroorganismus (Pflanze, Tier, Mensch) und Vermehrung in ihm. Dadurch kann es zum Ausbruch einer Infektionskrankheit kommen. Eine Infektion kann auch symptomlos verlaufen (inapparenter Verlauf); s. auch Super-, Sekundär- und Reinfektion.	
Inkubationszeit	Zeit zwischen Ansteckung (Eindringen des Krankheitserregers in den Körper) bis zum Auftreten der ersten Symptome der Infektionskrankheit.	
irreversibel	Unumkehrbar, nicht rückgängig zu machen, z.B. Zahnausfall; vgl. reversibel.	
Ischialgie	Ischiassyndrom, Schmerzen im Versorgungsgebiet des Ischiasnervs.	→ 105
Jaktation	Siehe Stereotypien (Bewegungswiederholungen).	
Katabolismus	Abbaustoffwechsel: Komplexe Stoffe werden in einfache abgebaut.	
Kernig-Zeichen	Dehnungsphänomen bei meningealem Syndrom, Ischiassyndrom, Bandscheibenschaden; Unmöglichkeit der aktiven Streckung des Beins im Kniegelenk; positives Kernig-Phänomen: Die passive Streckung der gebeugten Kniegelenke bei ebenfalls gebeugten Hüftgelenken ist schmerzhaft und ruft Widerstand hervor.	
Konstitution	Körperliche und psychische Merkmale oder Verfassung eines Menschen; umstrittene, aber noch in vielen Köpfen vorhandene Unterscheidung nach Ernst Kretschmer: athletischer Typ: breite Schultern und Brustkorb, schmale Hüften, deutlich sichtbare Muskeln; dysplastischer Typ: unharmonische Kombination der Körperformen; leptosomer (asthenischer) Typ: schmaler, dünner Mensch; pyknischer Typ: gedrungene Figur, Fettbauch. (Der Versuch, diese Typen verschiedenen Formen der Psychose zuzuordnen, konnte nicht wissenschaftlich bestätigt werden).	
Kontagiosität	Ansteckungsfähigkeit; die Ansteckungskraft eines Erregers.	
Kontaktinfektion	Übertragungsweg für Infektionskrankheiten.	
Konvergenzreaktion	Syn. Akkommodationstrias; Reaktion der Augen bei Naheinstellung; besteht aus drei Komponenten: 1. Dosierte Einwärtsbewegung beider Augen bei Fixation eines Objekts im Nahbereich (Konvergenz der Augenachsen); 2. Nahpunktbezogene Akkommodation (Anpassung der Linsenwölbung); 3. Verengung der Pupillen.	

Kryotherapie	Lokale Kälteanwendung mit Eis, tiefgekühlter Silikatmasse (Kryopack) oder Chloräthylspray zur Hemmung von entzündlichen Prozessen/Hämatombildung u. Schmerzbehandlung, z.B. bei Prellungen, Distorsionen, rheumatischen Erkrankungen; auch als Ganzkörperkältetherapie in spezieller Kältekammer (1-2 Min. bei Temperaturen unter -100 °C) v.a. bei rheumatischen Erkrankungen.	
Lasègue-Zeichen	Schmerz beim passiven Anheben des gestreckten Beins des liegenden Patienten (durch Dehnung des N. ischiadicus); Schmerz in Gesäß und Oberschenkel der erkrankten Seite (L.-Z. positiv); Vork.: v.a. bei Bandscheibenvorfall, Ischiassyndrom, meningealem Syndrom; → **Valleix-Druckpunkte, Minor-Zeichen, Moutard-Martin-Z.**	→ 106
Letalität	Tödlichkeit einer Erkrankung: Sterben an einer Krankheit z.B. 5 von 100 Erkrankten, liegt die Letalität bei 5%; → **Mortalität**.	
M.	Abkürzung für Musculus (Muskel) oder für Morbus (Krankheit).	
MCR	Medioclavicularlinie: gerade Linie nach unten durch die Mitte des Schlüsselbeins (Clavicula).	
Massen-bewegungen	Frühkindliche Reflexe des Neugeborenen u. jungen Säuglings mit weit ausstrahlenden Reflex- u. Bewegungskomplexen, die mit der Ausreifung stammesgeschichtlich jüngerer Hirnstrukturen verschwinden.	
Mediastinum	Mittleres Gebiet des Brustraums zwischen den beiden Lungen; reicht von den Körpern der Brustwirbel bis zum Brustbein und wird nach beiden Seiten durch die Pleurae mediastinales begrenzt. Kaudal endet es am Zwerchfell, kranial steht es mit dem Bindegeweberaum des Halses in Zusammenhang.	
Medulla	Mark, z.B. Medulla spinalis (Rückenmark), Medulla oblongata (verlängertes Mark, zählt zum Hirnstamm).	→ 86 → 85
Meningen	Hirnhäute.	→ 89
Mesenzephalon	Mittelhirn, Teil des Stammhirns.	→ 85
Metabolismus	Stoffwechsel: Verwertung der verdauten Nahrungsmittel durch die Zelle (im weiteren Sinn alle chemischen Reaktionen im Körper).	
Minor-Zeichen	Patienten mit Ischiassyndrom belasten ausschließlich das gesunde Bein während des Aufstehens aus dem Liegen; bei Lumbago steht der Patient dagegen mit beiden Beinen gleichzeitig auf.	→ 106
Mittelhirn	Mesenzephalon, Teil des Stammhirns.	→ 85

Möbius-Zeichen	Störung der Einwärtsbewegung eines Auges bei der Konvergenzreaktion; lässt man den Patienten erst in die Ferne, dann auf seine Nasenspitze sehen, so tritt nur das eine Auge in Konvergenzstellung, das andere weicht nach außen ab (Schwäche des M. rectus medialis); Vorkommen v.a. bei Hyperthyreose.	
Morbidität	Lat. morbidus, krank; Krankheitshäufigkeit einer Population innerhalb eines Jahres; z.B. 1 : 100.000 heißt, dass einer von 100.000 Einwohnern erkrankt; → **Mortalität**.	
Morbus	(Lat.: Krankheit); abgekürzt M.: viele Krankheiten tragen den Namen ihres Entdeckers, z.B. M. Alzheimer, M. Bechterew.	
Morphologie	Lehre von der Form und Struktur, z.B. eines Körperorgans.	
Mortalität	Sterblichkeit, Sterblichkeitsziffer; Anzahl der Todesfälle in einer bestimmten Bevölkerung(-sgruppe).	
Motoneuron	Nervenzelle, die die Motorik steuert. Wir unterscheiden das 1. Motoneuron in der Großhirnrinde (motorisches Rindenfeld im Gyrus präcentralis), dessen Axone die Pyramidenbahn bilden und das 2. Motoneuron im Vorderhorn des Rückenmarks, dessen Axone über den Spinalnerv zur motorischen Endplatte ziehen. (Am 2. Motoneuron landen alle motorischen Informationen, sowohl die vom 1. Motoneuron über die Pyramidenbahn, als auch Signale des extrapyramidalen Systems.)	
Moutard-Martin-Zeichen	Lasègue-Zeichen der anderen Seite: Schmerzen im Bereich des erkrankten N. ischiadicus bei Anheben des Beins der nicht betroffenen Seite; Ursache: Ischiassyndrom; → **Lasègue-**, **Minor-Zeichen**.	→ 106
MS	Multiple Sklerose.	→ 108
Nosologie	Krankheitslehre, systematische Einordnung und Beschreibung von Krankheiten.	
Noxe	Schadstoff, krankheitserregende Ursache, z.B. Erreger, Strahlen, Chemikalien.	
NSAR	Nichtsteroidale Antirheumatika, antientzündliche schmerzstillende Medikamente, z.B. schwach: Acetylsalicylsäure (Aspirin®), mittelstark: z.B. Diclofenac (Voltaren®), Ibuprofen, Ketroprofen u.a., stark: Indometacin (Amuno®) Phenylbutazol u.a.; UAW: u.a. gastrointestinale Störungen (u.U. Ulcus ventriculi), Asthma-Anfälle, Kopfschmerz, Ödeme, Störungen der Hämatopoese, der Leber- und Nierenfunktion, Überempfindlichkeitsreaktionen (selten Schock); KI: u.a. Blutbildungsstörungen, cave bei Magen- und Duodenalulzera.	

opportunistische Erreger	Fakultativ pathogene Keime, die nur bei reduziertem Allgemeinzustand zur Infektion führen; v.a. bei Diabetes mellitus, Tbc, Verbrennungen, Frühgeborenen, Frischoperierten, Rauschmittel- bzw. Alkoholabhängigen, Malignompatienten, Patienten unter Kortikosteroid- oder immunsuppressiver Therapie.	
orale Infektion	Übertragungsweg für Infektionskrankheiten.	
Palilalie	→ **Stereotypie** (sprachliche Wiederholungen).	
Pandemie	Ausbreitung einer Infektionskrankheit über Länder und Kontinente, die zeitlich begrenzt besteht, z.B. Influenzapandemie; → **Epidemie**, **Endemie**.	
Paralyse	Lähmung.	
parasternal	Neben dem Sternum (Brustbein).	
Parasympathikus	Teil des unwillkürlichen Nervensystems, der bei Erholung, Speicherung, Aufbau arbeitet.	→ 97
Parasympatholytika	Substanzen, die den Parasympathikus hemmen, z.B. zur Pupillenerweiterung (Atropin); Therapie von Spasmen (GIT, Harnwege, Bronchien) und akuten Bradykardien.	
Parasympathomimetika	Substanzen, die anregend auf den Parasympathikus wirken, z.B. bei Therapie von Glaukomen; UAW: u.a. Bradykardie, Blutdruckabfall, Broncho- u. Muskelspasmen, Diarrhoe, erhöhter Speichelfluss, Sehstörungen, bei indirekt wirkenden P. Muskelfaszikulationen, Lähmungen (Depolarisationsblock); KI: Asthma bronchiale, Thyreotoxikose, Parkinsonismus u.a.; Antidot: Atropin.	
paravertebral	Neben der Wirbelsäule.	
Parese	Funktionsminderung.	
Parkinson-Syndrom	Neurologische Erkrankung des fortgeschrittenen Lebensalters mit Trias: Hypokinese, Rigor, Tremor.	→ 110
Pathogenese	Krankheitsentstehung und -entwicklung.	
Pathogenität	Fähigkeit von Noxen, z.B. Mikroorganismen, krankhafte Zustände auszulösen; → **Virulenz**.	
pathognomisch	Für eine Krankheit kennzeichnend.	
Pathologie	Lehre von den Krankheiten, insbes. von Ursachen (Ätiologie), Pathogenese und den verursachten organischen Veränderungen (pathologische Anatomie, Histopathologie) und Funktionsänderungen (Pathophysiologie); ferner die systematische Einordnung/Beschreibung von Krankheiten (Nosologie) und deren theoretische Interpretation.	
pathologisch	Krankhaft.	
Pathophysiologie	Lehre von den krankhaften Lebensvorgängen und Funktionen im Organismus.	

Perimetrie	Bestimmung des Gesichtsfelds u. evtl. vorhandener **Skotome**; 1. Kinetische P.: meist manuelle Durchführung mit Goldmann-Perimeter; Registrierung des Orts der ersten Wahrnehmung eines Stimulus definierter Leuchtdichte, der von außen in das Gesichtsfeld hereingeführt wird; vereinfacht/grobe Prüfung als Fingerperimetrie, bei der Therapeut dem Patienten direkt gegenübersitzt. Ein gegenüberliegendes Auge wird abgedeckt (z.B. Patient rechts, Therapeut links). T. führt Gegenstand in Gesichtsfeld. Geprüft wird, ob dessen Wahrnehmung mit der des Pat. übereinstimmt; 2. Statische P.: computergesteuerte Durchführung.	
Perkussion	Beklopfen der Körperoberfläche, um aus den Verschiedenheiten des Schalls auf die Ausdehnung und Beschaffenheit darunter liegender Körperteile zu schließen.	
Perseveration	Haftenbleiben an Vorstellungen bzw. beharrliches Wiederholen von Bewegungen o. Wörtern, auch in unpassendem Zusammenhang; Vork. z.B. bei hirnlokalem Syndrom, Epilepsie. → **Aphasie**, **Apraxie**, **Stereotypien**.	
Petit mal	(Kleines Übel), epileptischer Anfall.	→ 116
Physiologie	Lehre von den normalen Lebensvorgängen und Funktionen im Organismus.	
physiologisch	Normal, gesund.	
Pia mater	Hirnhaut, die direkt dem Hirn und Rückenmark anliegt.	→ 89
Pons	Brücke, Teil des Stammhirns.	→ 85
Prognose	Vorhersage des Krankheitsverlaufs, Heilungsaussicht; die P. kann gut (bona), schlecht (mala), sehr schlecht (pessima), verzweifelt (infausta), zweifelhaft (dubia) oder ungewiss (incerta) sein.	
Pyramidenbahn	Leitung bewusster motorischer Reize von der Großhirnrinde in das Rückenmark.	→ 82
Reinfektion	Nach Ausheilung einer Erkrankung kommt es zu erneuter Ansteckung mit dem gleichen Erreger; → **Super-** und **Sekundärinfektion**.	
Reizhusten	Trockener, unproduktiver Husten, z.B. bei Bronchialkarzinom, Tracheobronchitis, Lungenfibrose, Pleuramesoteliom.	
Resistenz	(Lat.: widerstehen); Widerstandsfähigkeit, z.B. gegenüber Erregern, eher genetisch/artbedingt (Mensch ist resistent gegen Hundestaupe-Virus).	
reversibel	Umkehrbar, heilbar, z.B. reversibler Haarausfall in der Schwangerschaft; → **irreversibel**.	

Schmierinfektion	Übertragungsweg für Infektionskrankheiten.	
Sekundär-infektion	Zu einer bestehenden Infektion kommt ein zweiter Erreger hinzu, wobei diesem meist der Weg und die Ansiedlungsmöglichkeit durch den ersten vorbereitet wurde; → **Super-**, und **Reinfektion**.	
Sicca-Syndrom	(„Trockenes Auge" = Sjörgen-Syndrom I ohne Arthritis); lymphozytäre u. plasmazelluläre Infiltration mit Verlust des sekretorischen Epithels, dadurch: Versiegen der Sekretion von Speichel-, Tränen- u. Talgdrüsen, Hypoazidität des Magens, exokrine Pankreasinsuffizienz, Parotitis, Pankreatitis; Symptome am Auge: Sandkorngefühl; Lichtempfindlichkeit; Brennen im Auge; Müdigkeit der Augen; Haften der Lider auf dem Augapfel beim Lidschlag.	
Skotom	Umschriebener Gesichtsfeldausfall; Empfindlichkeitsherabsetzung an einer Stelle innerhalb des Gesichtsfelds; 1. Relatives S.: Objekte abgeschwächt; 2. Absolutes S.: Objekte werden nicht erkannt; 3. Positives o. subjektives S.: vom Pat. selbst wahrnehmbar; 4. Negatives o. objektives S.: nur durch ophthalmologische Untersuchung feststellbar; Sonderformen: **Bjerrum-Zeichen** bei Glaukom, Rot-Grün-Skotom bei Sehnervenerkrankungen, Zentralskotom bei Neuritis nervi optici.	
Soma	Körper.	
Spinalnerven	Rückenmarknerven.	→ 93
Stammhirn	Unterster Teil des Gehirns, bestehend aus verlängertem Mark, Brücke und Mittelhirn.	→ 85
Stereotypien	Bewegungen, Handlungen o. Äußerungen, die oft über lange Zeit u. immer in der gleichen Weise wiederholt bzw. beibehalten werden, ohne erkennbaren Sinn; z.B. Jaktation (Hin- und Herwälzen des Kopfes o. Körpers als Bewegungsstereotypie); Palilalie (mehrfache unwillkürliche Wiederholung von Silben, Wörtern o. Satzteilen; z.B. bei postenzephalitischem Syndrom, Parkinson-Syndrom o. Demenz); Vork.: u.a. bei Schizophrenie, Demenz, geistiger Behinderung, Verhaltensstörung, Aphasie.	
Sterilisation	Als hygienische Maßnahme, „Entkeimung", Abtöten oder Entfernen aller lebensfähigen pathogenen und apathogenen Mikroorganismen in Stoffen, Zubereitungen oder an Gegenständen, z.B. durch Heißluftsterilisation oder im Autoklaven; → **Desinfektion**.	
Stertor	(Lat. stertere: schnarchen); röchelndes Atmen bei Ansammlung von Schleim, Auswurf u.Ä. in Bronchien und Trachea.	

Stille Feiung	Immunität gegen einen Erreger, mit dem der Körper Kontakt hatte, ohne klinische Symptome.	
Streptokokken	Die kettenförmig angeordnete Kugelbakterien werden nach ihrem Hämolyseverhalten auf Blutagar eingeteilt in α-hämolysierende Streptokokken (inklomplette Hämolyse), β-hömolysierende Streptokokken (Hämolyse) und γ-hämolysierende Streptokokken (keine Hämolyse). β-hämolysierende Streptokokken der Gruppe A (Streptococcus pyogenes) verursachen 95% aller Streptokokkenerkrankungen (z.B. Angina tonsillaris, Scharlach, Erysipel u.a.), sie finden sich bei 10% der Gesunden in der Mundhöhle (nicht der Nachweis ist pathologisch, sondern das Einhergehen mit Krankheitserscheinungen).	
Stridor	(Lat.: Zischen, Pfeifen); inspiratorisches, pfeifendes Atemgeräusch bei Verengung oder Verlegung der oberen Luftwege.	
Stufenbett	Lagerung zur Entlastung des unteren Rückens: Patient liegt auf dem Rücken, Unterschenkel werden hochgelegt, so dass Oberschenkel zu Rumpf und Unter- zu Oberschenkel jeweils einen ca. 90°-Winkel bilden.	
Superinfektion	Während schon eine Infektion mit einem bestimmten Erreger vorliegt, kommt es zur erneuten Infektion mit dem gleichen Erreger; → **Sekundär-** und **Reinfektion**.	
Sympathikus	Teil des unwillkürlichen Nervensystems, der für Stresssituationen „Kampf oder Flucht" sorgt.	→ 96
Sympathomimetika	Substanzen, die den Sympathikus stimulieren → Blutdruck u. Herzfrequenz ↑, Erweiterung der Atemwege, allg. Leistungssteigerung, Energieverbrauch ↑, Euphorie, Hemmung des Hungerzentrums; direkte S. ahmen (Nor-)-Adrenalin nach, wirken an α-, β- oder beiden Rezeptoren. Indirekte S. erhöhen die Konzentration der physiologischen Transmitter im synaptischen Spalt, z.B. Ephedrin (Bronchienerweiterung, Kreislaufstimulation), Amphetamin und seine Derivate Methylphenidat und MDMA („Ecstasy"); β-S. werden v.a. in der Lungenheilkunde als Inhalation verabreicht. UAW: u.a. Hyperglykämie, ventrikuläre Herzrhythmusstörungen (bei Stimulation von β-1-Rezeptoren), hypertone Reaktionen, z.T. mit Kopfschmerz u. Tremor, Schwitzen sowie zusätzlich bei indirekt wirkenden S. zentrale Erregung, Unruhe, psychotische Reaktionen; →	

Sympatho-mimetika	KI: (systemisch) Hypertonie, schwere Hyperthyreose, Phäochromozytom, Engwinkelglaukom, Blasen-entleerungsstörungen, Tachykardie, schwere Nieren- und Herzerkrankungen, Cor pulmonale, sklerotische Gefäßveränderungen.	
Symptom	Krankheitszeichen.	
Syndrom	Symptomenkomplex, Gruppe von Krankheitsmerkmalen, die typisch für ein bestimmtes Krankheitsbild sind.	
Synkope	Kurze Bewusstlosigkeit, „Ohnmacht", z.B. durch Herz-/Kreislaufstörungen, Durchblutungsstörung des Gehirns.	
Thalamus	Sehhügel, Teil des Zwischenhirns.	→ 84
Thrombus	(Griech.: Klumpen, Pfropf); Verklumpung, meist Blutgerinnsel in Arterien oder Venen, die an der Entstehungsstelle das Blutgefäß verstopfen (oder sich lösen können und damit zu einem **Embolus** werden). Thromben bestehen überwiegend aus Fibrin, Erythrozyten und Thrombozyten.	→ 112
TIA	Transitorische ischämische Atacke.	→ 113
Titer	(Frz. titre: Feingehalt des Goldes); Menge eines Antikörpers bzw. Antigens im Serum, die noch eine deutlich positive Reaktion mit dem Reaktionspartner bewirkt (z.B. Agglutination, Komplementbindung).	
Toxine	Giftstoffe von Mikroorganismen, Pflanzen, Tieren; bei Bakterien unterscheidet man Exotoxine (meist Stoffwechselprodukte von lebenden B.) und Endotoxine (Zerfallsgifte, die bei bakteriellem Untergang frei werden).	
Trigeminus-neuralgie	Schmerzen des 5. Hirnnervs.	→ 103
Tröpfchen-infektion	Übertragungsweg für Infektionskrankheiten.	
Valleix-Punkte	Ischiasdruckpunkte; schmerzhaft bei Ischialgie.	→ 106
Vektoren	Aktive Krankheitsüberträger, z.B. Mücke, Zecke, Fliege u.a. (→ **Ansteckungswege**).	
Virulenz	Grad der Aggressivität eines Erregers (Ausprägungsgrad der Pathogenität).	
Zoonosen	Krankheiten, die natürlicherweise bei Wirbeltieren vorkommen, aber auf Menschen übertragbar sind; in Mitteleuropa zurzeit am wichtigsten: Brucellosen, Enteritis-Salmonellosen, Leptospirosen, Milzbrand, Q-Fieber, Tollwut, Toxoplasmose, Yersiniosen; → **Anthroponosen**.	

9 Fragen und Antworten

Die hier aufgelisteten Fragen und Antworten stellen sich wie folgt zusammen: Teilweise wurden sie von mir ausgearbeitet, teilweise von erfolgreichen Schülern aus HP- und Prüfungsvorbereitungskursen oder mündlichen Überprüfungen aus dem Gedächtnis rekapituliert und mir freundlicherweise zur Verfügung gestellt. Außerdem wurden mir von ehemaligen Schülern Prüfungsfragen, insbesondere Originalfragen, die sie vom Gesundheitsamt zum Beispiel bei der Einsichtnahme ihrer Prüfung erhalten haben, oder die ihnen als falsch beantwortete Fragen vom Gesundheitsamt zugeschickt wurden, mitgeteilt. Herzlichen Dank dafür! Ich freue mich, wenn Sie mir Ihre Prüfungsfragen (schriftlich und mündlich, auch wenn Sie sie nur teilweise rekonstruieren konnten) zukommen lassen.

Hinweise zum Bearbeiten der schriftlichen Prüfung:

- Das erste Kreuz belassen: Oftmals werden ursprünglich richtige Antworten zu falschen verbessert. Der erste Impuls ist oft der beste. Große Ausnahme: Wenn Sie sich sicher sind, z.B. weil Sie feststellen, dass Sie etwas falsch gelesen oder übersehen haben.
- Achten Sie auf Formulierungen:
  - Besonders „nur", „immer", „ausschließlich", „in jedem/keinem Fall", „nie" sind verdächtig und meist nicht anzukreuzen.
  - Es ist ein Unterschied, ob ein Symptom vorkommen kann (können kann vieles) oder ob es typischerweise auftritt.
- Üben Sie möglichst den „Ernstfall": keine Hilfsmittel, keine Pausen, 2 Minuten pro Frage (HP-Prüfung: 60 MC-Fragen in 2 Stunden).
- Wenn Sie beim Durchgehen der Fragen die Antworten und weiterführende Details nachschlagen, machen Sie sich Notizen, wo Sie nachgeschlagen haben. Es könnte sein, dass Sie noch mal über die Frage stolpern.
- In der echten Prüfung kann es hilfreich sein, die Fragen, die Sie gleich beantworten können, gleich zu beantworten. Die, die Sie nicht gleich beantworten können, da Sie noch etwas überlegen müssen etc., mit einem Klebezettel zu versehen (seitlich rausstehend). So geht Ihnen nicht die Zeit aus und Sie können am Ende 10 einfache Fragen nicht beantworten, weil Sie sich zu lange bei 2 kniffligen Fragen aufgehalten haben.

Fragen zum Thema Stoffwechsel

1.	Bitte schildern Sie Abbau, Resorption und Aufgaben der Kohlehydrate.
2.	Wozu brauchen wir Cholesterin? Was sind Normalwerte?
3.	Welche Verdauungsenzyme sorgen für die Eiweißverdauung?
4.	Nennen Sie die fettlöslichen Vitamine.
5.	Wozu wird Vitamin A benötigt und in welchen Nahrungsmitteln kommt es vor?
6.	Was wissen Sie über Folsäure?

7.	Welche anderen B-Vitamine kennen Sie?
8a.	Wozu brauchen wir Vitamin B12?
8b.	In welchen Nahrungsmitteln kommt es vor?
9a.	Welche Erkrankungen zählen zum metabolischen Syndrom?
9b.	Wofür bilden sie einen Risikofaktor?
10.	Welche Erscheinungen bei einem Patienten lenken Ihren Verdacht auf eine Hyperlipidämie?
11a.	Welche Erscheinungen bei einem Patienten lenken Ihren Verdacht auf Diabetes mellitus?
11b.	Wie kommt es zu dieser Erkrankung?
11c.	Was sind Früh-, was Spätsymptome?
12a.	Sie finden einen Ihnen bekannten, bewusstlosen Diabetiker auf. Wie verhalten Sie sich?
12b.	Wie unterscheiden sich Hypo- und Hyperglykämie?
13.	Wie wird Diabetes mellitus Typ 2 therapiert?
14.	Welche Erscheinungen bei einem Patienten lenken Ihren Verdacht auf Gicht?
15.	Warum sollte ein Gicht-Patient eine Gewichtsreduktion nicht durch totales Fasten anstreben?
16.	Wie lautet der normale Kalium-Wert?
17.	Wie kann es zur Hypokaliämie kommen? Was sind die Symptome?
18.	Wie kann es zur Hyperkalziämie kommen? Was sind Symptome?
	Multiple-Choice-Fragen
1.	Mehrfachauswahl
	Welche der folgenden Aussagen treffen zu? Wählen Sie zwei Antworten! Sie führen bei einem Patienten mit erhöhten Harnsäurewerten eine Diätberatung durch. Sie empfehlen
a	eiweißarme Kost.
b	reichlich Trinken.
c	den Verzehr von Innereien (Leber, Niere, Bries).
d	täglich 1 Liter Fleischbrühe trinken.
e	keine Alkoholexzesse.

2.	**Mehrfachauswahl**
	Welche der folgenden Aussagen zum Kaliumstoffwechsel treffen zu? Wählen Sie zwei Antworten!
a	Hypokaliämien können u.a. durch wiederholtes Erbrechen und Durchfälle verursacht werden.
b	Der Referenzbereich des Serumkaliumspiegels liegt bei Erwachsenen zwischen 2 und 3 mmol/l.
c	Laxantienabusus kann keine Ursache für Hypokaliämie sein.
d	Kaliumreiche Nahrungsmittel sind z.B. Bananen und Obstsäfte.
e	Für die Erregungsleitung der Nerven spielt Kalium eine unbedeutende Rolle.
3.	**Aussagenkombination**
	Welche der folgenden Aussagen zu Harnsäure und Gicht treffen zu?
1	**Der größte Teil der Harnsäure wird über den Darm ausgeschieden.**
2	**Beim Menschen ist die Harnsäure Endprodukt des Purinstoffwechsels.**
3	**Im Gichtanfall ist nicht zwingend eine Hyperurikämie nachweisbar.**
4	**Fasten kann einen Gichtanfall auslösen.**
5	**Die häufigste Lokalisation des akuten Gichtanfalls sind die Fingerendgelenke.**
a	Nur die Aussagen 1 und 3 sind richtig.
b	Nur die Aussagen 2 und 4 sind richtig.
c	Nur die Aussagen 2, 3 und 4 sind richtig.
d	Nur die Aussagen 3, 4 und 5 sind richtig.
e	Alle Aussagen sind richtig.
4.	**Einfachauswahl**
	Welche Aussage zum Diabetes mellitus trifft zu?
a	Ein Typ 1 Diabetes mellitus entwickelt sich über Jahre bei sehr adipösen Menschen.
b	Treten bei einem Diabetiker Unruhe, Zittern und Schwitzen auf, so spricht dies am ehesten für eine Hyperglykämie.
c	Ein unbeabsichtigter Gewichtsverlust trotz ausreichender Nahrungszufuhr bei einem Typ-2-Diabetiker spricht für eine gute Blutzuckereinstellung.
d	Eine vertiefte Atmung (Kussmaul-Atmung) tritt bei schwerer Hypoglykämie auf.
e	Ein Diabetes mellitus kann sich im Rahmen einer chronischen Pankreatitis entwickeln.
5.	**Mehrfachauswahl**
	Welche der folgenden Aussagen zum Insulin treffen zu? Wählen Sie zwei Antworten!
a	Insulin wird in den Kupfer-Sternzellen der Leber gebildet.
b	Funktionelle Gegenspieler des Insulins sind: Kortikosteroide, Adrenalin, Glukagon.

c	Insulin fördert die Lipolyse.
d	Insulin fördert den Transport von Glucose in die Muskelzellen.
e	Die Insulinsekretion ist stets konstant über 24 Stunden.
6.	**Aussagenkombination**
	Welche der folgenden Aussagen zum Kalziumhaushalt des Menschen treffen zu?
1	**Der Hauptanteil des Körper-Kalziums befindet sich in freier Form im Blutplasma.**
2	**Der Tagesbedarf eines Erwachsenen an Kalzium beträgt 10 mg.**
3	**Sinkt der Serum-Kalzium-Spiegel, so bewirkt Parathormon dessen Anstieg.**
4	**Steigt der Serum-Kalzium-Spiegel, sorgt Calcitonin für eine Senkung der Kalziumkonzentration im Serum.**
5	**Eine Veränderung im Kalziumhaushalt kann zu Störungen der neuromuskulären Erregbarkeit führen.**
a	Nur die Aussagen 1 und 5 sind richtig.
b	Nur die Aussagen 3 und 4 sind richtig.
c	Nur die Aussagen 3, 4 und 5 sind richtig.
d	Nur die Aussagen 2, 3, 4 und 5 sind richtig.
e	Alle Aussagen sind richtig.
7.	**Aussagenkombination**
	Welche der folgenden Untersuchungen sollten speziell beim Diabetes mellitus zur Erfassung von evtl. Spätkomplikationen regelmäßig durchgeführt werden?
1	**Augenärztliche Untersuchung.**
2	**Kontrolle auf (Mikro-)Albuminurie.**
3	**Pulsstatus und neurologischer Status.**
4	**Darmspiegelung, alle 10 Jahre.**
5	**Knochendichtemessung.**
a	Nur die Aussagen 1 und 2 sind richtig.
b	Nur die Aussagen 3 und 4 sind richtig.
c	Nur die Aussagen 1, 2 und 3 sind richtig.
d	Nur die Aussagen 2, 3, 4 und 5 sind richtig.
e	Alle Aussagen sind richtig.

8.	**Aussagenkombination**
	Unter einer Therapie von oralen Antidiabetika (Sulfonylhanrstoffpräparate, z.B. Euglucon®) können Hypoglykämien auftreten. Welche Risikofaktoren begünstigen das Auftreten solcher Hypoglykämien?
1	**Fasten.**
2	**Starker Alkoholkonsum.**
3	**Leberfunktionsstörung.**
4	**Durchfälle.**
5	**Körperliche Anstrengung.**
a	Nur die Aussagen 1 und 2 sind richtig.
b	Nur die Aussagen 1, 3 und 4 sind richtig.
c	Nur die Aussagen 3, 4 und 5 sind richtig.
d	Nur die Aussagen 2, 3, 4 und 5 sind richtig.
e	1-5, alle Aussagen sind richtig.

9.	**Aussagenkombination**
	Welche der folgenden Aussagen treffen zu? Mögliche Spätfolgen eines Diabetes mellitus sind
1	**eine Polyneuropathie.**
2	**eine Retinopathie.**
3	**ein stummer Herzinfarkt.**
4	**eine Leberinsuffizienz.**
5	**eine Niereninsuffizienz.**
a	Nur die Aussagen 1, 2 und 3 sind richtig.
b	Nur die Aussagen 2, 4 und 5 sind richtig.
c	Nur die Aussagen 1, 2, 3 und 5 sind richtig.
d	Nur die Aussagen 1, 2, 4 und 5 sind richtig.
e	Nur die Aussagen 1, 3, 4 und 5 sind richtig.

10.	**Mehrfachauswahl**
	Welche der genannten Symptome lassen am ehesten an einen neu aufgetretenen Diabetes mellitus denken? Wählen Sie zwei Antworten!
a	Wadendruckschmerz.
b	Gewichtsverlust.
c	Osteoporose.
d	Sehstörungen.
e	Splenomegalie.

11.	**Aussagenkombination**
	Welche Komplikationen bzw. Symptome können bei einer Anorexia nervosa auftreten?
1	**Abführmittelmissbrauch.**
2	**Suizidalität.**
3	**Natrium- und Kaliummangel.**
4	**Selbst induziertes Erbrechen.**
5	**Deutlich verminderte Libido bei Männern.**
a	Nur die Aussagen 1 und 3 sind richtig.
b	Nur die Aussagen 2, 4 und 5 sind richtig.
c	Nur die Aussagen 1, 2, 3 und 4 sind richtig.
d	Nur die Aussagen 2, 3, 4 und 5 sind richtig.
e	1-5, alle Aussagen sind richtig.

12.	**Aussagenkombination**
	Welche Therapieziele sind bei einem erwachsenen Patienten mit Diabetes mellitus Typ 2 anzustreben?
1	**Body-Mass-Index < 30 kg/m^2.**
2	**Nüchternblutzucker ≤ 120 mg/dl.**
3	**Blutdruck 160/100 mmHg.**
4	**Blutzucker nach dem Essen (postprandial) < 160 mg/dl.**
5	**HbA1C von 9,5-10,5%.**
a	Nur die Aussagen 1, 2 und 3 sind richtig.
b	Nur die Aussagen 1, 2 und 4 sind richtig.
c	Nur die Aussagen 1, 4 und 5 sind richtig.
d	Nur die Aussagen 2, 3 und 4 sind richtig.
e	Nur die Aussagen 2, 3 und 5 sind richtig.

13.	**Aussagenkombination**
	Welche der folgenden Aussagen treffen zu? Ursache für eine Hypokaliämie können sein:
1	**Laxantienabusus.**
2	**Diuretikaeinnahme (Saluretika z.B. Furosemid).**
3	**Hämolyse (z.B. nach Bluttransfusion).**
4	**Morbus Addison (Nebennierenrindeninsuffizienz).**
5	**Störung des Säure-Basen-Haushalts.**
a	Nur die Aussagen 1, 2 und 3 sind richtig.
b	Nur die Aussagen 1, 2 und 5 sind richtig.
c	Nur die Aussagen 1, 4 und 5 sind richtig.
d	Nur die Aussagen 2, 3 und 4 sind richtig.
e	Nur die Aussagen 3, 4 und 5 sind richtig.

14.	**Einfachauswahl**
	Welche Aussage über Störungen im Elektrolythaushalt trifft zu?
a	Eine Hypokalziämie ist Folge eines Parathormonüberschusses.
b	Eine Hypokaliämie tritt auf bei verstärkter Hämolyse, Niereninsuffizienz oder Nebenniereninsuffizienz.
c	Mögliche Symptome einer Hypokaliämie sind Muskelschwäche, eine Abschwächung der Muskeleigenreflexe, Extrasystolen und Tachykardie.
d	Eine Hyperkalziämie führt zu Tetanie mit Pfötchenstellung und Stimmritzenkrampf.
e	Laxantienabusus und auch Diarrhö führen zu einer Hyperkaliämie.

15.	**Einfachauswahl**
	Welche Aussage trifft zu? Eine typische Mangelerscheinung bei Unterversorgung mit Vitamin D ist
a	Rachitis.
b	Skorbut.
c	Anämie.
d	Nachtblindheit.
e	eine Blutgerinnungsstörung.

16.	**Aussagenkombination**
	Welche der folgenden Aussagen trifft (treffen) zu? Eine Erhöhung des Serum-Harnsäurespiegels ist zu erwarten bei
1	**Bierkonsum.**
2	**fettreicher Kost.**
3	**purinfreier Kost.**
4	**Nulldiät (totales Fasten).**
5	**Eiweißzufuhr in Form von Milch.**
a	Nur die Aussage 1 ist richtig.
b	Nur die Aussagen 2 und 5 sind richtig.
c	Nur die Aussagen 1, 2, und 4 sind richtig.
d	Nur die Aussagen 1, 2 und 5 sind richtig.
e	Nur die Aussagen 1, 2, 3 und 5 sind richtig.

17.	**Aussagenkombination**
	Welche der folgenden Aussagen zu Essstörungen (Anorexia nervosa und Bulimie) treffen zu?
1	**Die Anorexia nervosa betrifft vor allem junge Männer.**
2	**Symptome bei Essstörungen können Einweißmangelödeme und Menstruationsstörungen sein.**
3	**Essstörungen treten nur während der Pubertät auf.**

4	**Auf Elektrolytstörungen muss wegen der Einnahme von Abführmitteln und Entwässerungsmitteln geachtet werden.**
5	**Karies kann ein Hinweis auf Bulimie sein.**
a	Nur die Aussagen 1, 2, und 4 sind richtig.
b	Nur die Aussagen 2, 3 und 5 sind richtig.
c	Nur die Aussagen 2, 4 und 5 sind richtig.
d	Nur die Aussagen 3, 4 und 5 sind richtig.
e	1-5, alle Aussagen sind richtig.
18.	**Mehrfachauswahl**
	Welche Zuordnung zu den Normalwerten beim gesunden Erwachsenen trifft zu (geringe Schwankungen laborabhängig)? Wählen Sie zwei Antworten!
a	Serumbilirubin (gesamt): 8,5 bis 12 mg/dl.
b	Serumkalium: 3,5 bis 5,0 mmol/l.
c	Serumkreatinin: 5,0 bis 8,7 mg/dl.
d	Serumcholesterin: kleiner 200 mg/dl.
e	Uringlukose: 80 bis 120 mg/dl.
19.	**Mehrfachauswahl**
	Welche der folgenden Aussagen zum hypoglykämischen Schock treffen zu? Wählen Sie zwei Antworten!
a	Die Patienten bleiben typischerweise bewusstseinsklar.
b	Die intravenöse Gabe von Glukose ist richtig, wenn nicht klar ist, ob ein hypoglykämischer Schock oder ein hyperglykämisches Koma vorliegt.
c	Die intravenöse Glukoseinjektion sollte wegen einer möglichen Venenreizung langsam erfolgen.
d	Bei einem Blutzuckerspiegel von 90 mg/dl besteht ein schwerer Unterzucker.
e	Beim bewusstseinsklaren Patienten ist eine orale Glukosezufuhr kontraindiziert.
20.	**Aussagenkombination**
	Welche der folgenden Aussagen treffen zu? Die Allgemeinsymptome eines unerkannten Diabetes mellitus sind
1	**Durst.**
2	**Oligurie als Frühsymptom.**
3	**bakterielle Infektionen der Haut.**
4	**Juckreiz.**
5	**eine Hypermenorrhö (verstärkte Regelblutung).**
a	Nur die Aussagen 1 und 2 sind richtig.
b	Nur die Aussagen 1, 3 und 4 sind richtig.
c	Nur die Aussagen 2, 3 und 4 sind richtig.
d	Nur die Aussagen 1, 3, 4 und 5 sind richtig.

e	1-5, alle Aussagen sind richtig.
21.	**Aussagenkombination**
	Welche der folgenden Aussagen zur Hyperurikämie bzw. Gicht treffen zu?
1	**Beim akuten Gichtanfall ist sehr häufig das Großzehengrundgelenk betroffen.**
2	**Gicht zeigt ein gehäuftes gemeinsames Vorkommen mit den Erkrankungen des metabolischen Syndroms.**
3	**Fasten kann einen akuten Gichtanfall auslösen.**
4	**Der akute Gichtanfall kann von Fieber, Leukozytose und BKS-Erhöhung begleitet sein.**
5	**Eine asymptomatische Hyperurikämie ist viel häufiger als die manifeste Gicht.**
a	Nur die Aussagen 2 und 5 sind richtig.
b	Nur die Aussagen 1, 2 und 4 sind richtig.
c	Nur die Aussagen 1, 4 und 5 sind richtig.
d	Nur die Aussagen 3, 4 und 5 sind richtig.
e	1-5, alle Aussagen sind richtig.
22.	**Einfachauswahl**
	Welche Gesamteiweißmenge (in Gramm) sollte eine gesunde erwachsenen Frau pro Tag in etwa zu sich nehmen?
a	Weniger als 5 g.
b	10-20 g.
c	40-60 g.
d	120-140 g.
e	Mehr als 150 g.
23.	**Einfachauswahl**
	Ein Mangel an Vitamin B1 (Thiamin) kann im zentralen Nervensystem (ZNS) zu folgendem Krankheitsbild führen:
a	Multiple Sklerose.
b	Morbus Parkinson.
c	Wernicke-Enzephalopathie.
d	Pick-Krankheit (umschriebene progressive Hirnatrophie).
e	Chorea minor (kleiner Veitstanz).
24.	**Einfachauswahl**
	Welche Energiemenge (in kcal) sollte ein gesunder erwachsener Mann (Bürotätigkeit, kein Sport) pro Tag in etwa zu sich nehmen, um sein Gewicht zu halten?
a	Weniger als 1000 kcal.

b	1000-1500 kcal.
c	1900-2600 kcal.
d	3500-4500 kcal.
e	Mehr als 5000 kcal.

25.	**Einfachauswahl**
	Welche Aussage zu Vitaminen trifft zu?
a	Vitamin A darf in unbegrenzter Menge dem Körper zugeführt werden.
b	Alkoholiker sind gefährdet, einen Vitamin-B1-Mangel zu erleiden.
c	Vitamin C zählt zu den fettlöslichen Vitaminen.
d	Vitamin D wird ausschließlich über die Nahrung zugeführt.
e	Patienten mit Leberzirrhose sollten kein Vitamin K zu sich nehmen.

26.	**Mehrfachauswahl**
	Welche der folgenden Aussagen zum Körpergewicht treffen zu? Wählen Sie zwei Antworten!
a	Der Body-Mass-Index (BMI) bestimmt sich aus den Faktoren Körpergewicht geteilt durch Taillenumfang.
b	Bei einem Erwachsenen mit einem Body-Mass-Index (BMI) kleiner als 20 besteht Übergewicht.
c	Adipositas ist einer der Risikofaktoren für Schlaganfälle.
d	Eine Adipositas kann auch durch eine Schilddrüsenüberfunktion ausgelöst werden.
e	Im Rahmen der Diagnostik der Adipositas sollte auch die Messung des Blutzuckerspiegels erfolgen.

27.	**Einfachauswahl**
	Welche Gesamtmenge an Kochsalz (NaCl) sollte ein gesunder Erwachsener in etwa pro Tag mit der Nahrung zu sich nehmen?
a	200-400 µg (Mikrogramm).
b	200-400 mg.
c	3-10 g.
d	25-35 g.
e	40-50 g.

Antworten zum Thema Stoffwechsel

Zu 1.	Siehe Kap. 1.1 → 16.
Zu 2.	Siehe Kap. 1.2.1 → 18.
Zu 3.	Siehe Kap. 1.3.1 → 19.
Zu 4.	Siehe Kap. 1.4 → 20.

Zu 5.	Siehe Kap. 1.4.1 → **20**.
Zu 6.	Siehe Kap. 1.4.2.6 → **25**.
Zu 7.	Siehe Kap. 1.4.2 → **21**.
Zu 8.	a. und b. siehe Kap. 1.4.2.4 → **23**.
Zu 9.	a. Zu den Krankheitsbildern des Metabolischen Syndroms zählen Bluthochdruck, Adipositas, Insulinresistenz bzw. Diabetes mellitus (Typ 2) und erhöhte Blutfettwerte („tödliches Quartett"). b. Risikofaktor für koronare Herzkrankheit.
Zu 10.	Adipositas, Xanthelasmen, Xanthome, Kornealring (Arcus lipoides), Symptome des M. Cushing; weitere Risikofaktoren (aber nicht Erscheinungen) sind Diabetes mellitus, Gicht, Alkoholmissbrauch, Schilddrüsen- oder Nierenerkrankungen.
Zu 11.	a., b. und c. siehe Kap. 1.5.5 → **31**.
Zu 12.	a. und b. siehe Kap. 1.5.5 → **31**.
Zu 13.	Siehe Kap. 1.5.5 → **31**.
Zu 14.	Siehe Kap. 1.5.6 → **37**.
Zu 15.	Siehe Kap. 1.5.6 → **37**.
Zu 16.	Siehe Kap. 1.5.8.2 → **42**.
Zu 17.	Siehe Kap. 1.5.8.2 → **42**.
Zu 18.	Siehe Kap. 1.5.8.3 → **43**.
	Antworten auf die Multiple-Choice-Fragen
Zu 1.	**Antwort b, e.** Zu a: Der Eiweißgehalt ist bei Gicht unwichtig, es geht um die Harnsäure- (bzw. Purin-)konzentration, so enthalten z.B. Milch, Joghurt, Ei, Emmentaler-Käse wenig bis keine Harnsäure; Forelle, Hering, Grillhähnchen, (c) Leber, Niere, Bries) hohe Konzentrationen (außerdem Backhefe und Suppenwürfel); zu d: Fleischbrühe zählt zu den Nahrungsmitteln mit hoher Harnsäurekonzentration.
Zu 2.	**Antwort a, d.** Zu b: Referenzbereich Kalium 3,6-5,4 mmol/l; zu c: Laxantienabusus führt zu Durchfällen, ein Grund für Hypokaliämien (a); zu e: Natrium und Kalium sind die entscheidenden Ionen für die Nervenerregung.
Zu 3.	**Antwort b:** 2 und 4 sind richtig. Zu 1: Harnsäure hört sich schon sehr nach Harn an, sie wird größtenteils über den Harntrakt ausgeschieden; zu 3: Man kann eine Hyperurikämie aufweisen ohne einen Gichtanfall zu haben, anders herum allerdings nicht; zu 5: häufigste Lokalisation ist das Großzehengrundgelenk (Podagra).
Zu 4.	**Antwort e.** Zu a: Beschreibung passt zu Typ-2-Diabetes; zu b: spricht für eine Hypoglykämie; zu c: nein, es werden Fette zur Energiegewinnung herangezogen, also stimmt etwas mit dem Glukosehaushalt nicht; zu d: Kussmaul-Atmung bei Hyperglykämie.

Zu 5.	**Antwort b, d.** Zu a: in den Langerhans-Inseln der Bauchspeicheldrüse; zu c: im Gegenteil, Insulin sorg eher für die Speicherung von Fettsäuren in Depotfett; zu e: Insulin wird ausgeschüttet, wenn der Blutzuckerspiegel hoch ist; das ist er vor allem nach kohlehydratreichen Mahlzeiten. Kohlehydrate finden sich aber auch in süßen Getränken.
Zu 6.	**Antwort c:** 3, 4 und 5 sind richtig. Zu 1: 99% des Calciums befindet sich in Knochen und Zähnen; zu 2: Tagesbedarf (450 bis) 1000 mg.
Zu 7.	**Antwort c.** 1, 2 und 3 sind richtig. Da zu den Spätschäden Mikroangiopathien (Retinopathie, Nephropathie und Neuropathie) gehören; zu d: Darmveränderungen zählen nicht zu den Komplikationen des Diabetes mellitus; zu e: Knochendichtemessungen bei Verdacht auf Osteoporose, die keine Komplikation eines Diabetes mellitus darstellt.
Zu 8.	**Antwort e.** Alle Aussagen sind richtig.
Zu 9.	**Antwort c:** 1, 2, 3 und 5 sind richtig. Zu 3: richtig, stumm, da der Schmerz aufgrund der Polyneuropathie nicht gespürt wird; zu 4: falsch, Diabetes mellitus führt nicht zu Leberstörungen.
Zu 10.	**Antwort b, d.** Zu a: Wadendruckschmerz deutet eher auf eine Thrombose hin; zu b: richtig, da Fette zur Energiegewinnung herangezogen werden, wenn der Glukosestoffwechsel nicht richtig funktioniert; zu c: Osteoporose hat viele Ursachen (z.B. Alter, Östrogenmangel, Inaktivität); Diabetes mellitus zählt nicht dazu; zu d: richtig, in einem frühen Stadium kann es durch Polyurie zu Elektrolytverschiebungen und unterschiedlichen Quellungszuständen der Linse kommen, in einem späteren Stadium zu einer Retinopathie; zu e: Eine Milzschwellung tritt bei Hypersplenismus, Infektionskrankheiten wie Mononukleose, bei Leukämie u.a. auf, nicht bei Diabetes mellitus.
Zu 11.	**Antwort e.** Alle Aussagen sind richtig.
Zu 12.	**Antwort b:** 1, 2 und 4 sind richtig. Zu 3: Bluthochdruck ist kein Therapieziel; zu 5: bei gut eingestellten Diabetikern liegt der HbA1C unter 6%, bei unbefriedigender Stoffwechsellage bei über 9,5%.
Zu 13.	**Antwort b.** 1, 2 und 5 sind richtig. Zu 3: Kalium befindet sich v.a. intrazellulär. Bei vermehrtem Untergang von Zellen wird es frei und steigert den Blut-Kaliumspiegel, so auch bei Hämolyse; zu 4: die Nebenniere produziert u.a. Aldosteron. Aldosteron steigert die Kaliumausscheidung. Fehlt es, führt dies zu einer Hyperkaliämie.
Zu 14.	**Antwort c.** Zu a: Parathormon macht Calcium parat, steigert also den Kalziumspiegel; zu viel Parathormon führt zu einer Hyperkalziämie; zu b: Die Erkrankungen führen zu einer Hyperkaliämie; zu d: Die Rede ist von einer Hypokalziämie; zu e: führen zu einer Hypokaliämie.

Zu 15.	**Antwort a.** Zu b: Bei Skorbut fehlt Vitamin C; zu c: Ein Mangel an Vitamin B12 führt zu einer (perniziösen) Anämie; zu d: Nachtblindheit tritt bei Vitamin-A-Mangel auf; zu e: Blutgerinnungsstörungen treten bei Vitamin-K-Mangel auf.
Zu 16.	**Antwort c.** 1, 2 und 4 sind richtig. Zu 3: aus Purinen entsteht Harnsäure, purinfreie Kost erhöht also nicht den Harnsäurespiegel; zu 5: Milch zählt zu den harnsäure- bzw. purinarmen Lebensmitteln.
Zu 17.	**Antwort c:** 2, 4 und 5 sind richtig. Zu 1: betrifft v.a. junge Frauen; zu 3: Anorexia nervosa tritt v.a. in der Pubertät auf (nicht nur), Bulimie tritt auch bei jungen Erwachsenen auf (Erkrankungsgipfel zwischen 18. und 35. Lebensjahr).
Zu 18.	**Antwort b, d.** Zu a: Bilirubin gesamt normal: bis 1 mg/dl; zu c: Kreatinin normal 0,57-1,24 mg/dl; zu e: Glukose sollte nicht bzw. kaum im Urin vorkommen (max. 70 mg in 24 Stunden, nicht pro dl).
Zu 19.	**Antwort b, c.** Zu a: Das Gehirn reagiert als erstes auf einen Glukosemangel u.a. mit Unruhe, Aggressivität, Verwirrtheit, Bewusstseinsstörung; zu d: Ein Unterzucker liegt bei Werten unter 40-50 mg/dl vor; zu e: beim bewusstseinsklaren Patienten kein Problem, beim bewusstlosen (oder eintrübenden) kontraindiziert.
Zu 20.	**Antwort b:** 1, 3 und 4 sind richtig. Zu 2: Polyurie (vermehrtes Wasserlassen) ist ein Frühsymptom; zu 5: verstärkte Regelblutung kann z.B. durch Myome, chronische Entzündungen, hormonelle oder Gerinnungsstörungen, die Spirale u.a. auftreten; sie ist also kein Symptom des Diabetes mellitus.
Zu 21.	**Antwort e.** Alle Aussagen sind richtig.
Zu 22.	**Antwort c.** Merkhilfe: ca. 1 g Eiweiß/kg Körpergewicht. Also müsste unsere gesunde erwachsene Patientin bei a 5 kg, bei b 10-20 kg, bei c 40-60 kg, bei d 120-140 kg, bei e über 150 kg wiegen. Welches Körpergewicht wird der gesunden Patientin zugeordnet?
Zu 23.	**Antwort c.** Zu a: Der Zusammenhang mit MS ist unklar; zu b: Bei M. Parkinson fehlt Dopamin (relatives Überwiegen von Acetylcholin); zu d: Pick-Krankheit: genaue Ursache unerforscht (möglicherweise ein Gendefekt); zu e: nach Streptokokkeninfekt, insbesondere im Zusammenhang mit rheumatischem Fieber.
Zu 24.	**Antwort c.** Zu b: zur Gewichtsreduktion; zu d: für Schwerarbeiter.

Zu 25.	**Antwort b.** Zu a: Insbesondere fettlösliche Vitamine, v.a. Vitamin A, D (seltener K) können zu Überdosierungserscheinungen führen; zu c: Merkhilfe für fettlösliche Vitamine: EDEKA. Vitamin C ist wasserlöslich; zu d: Vitamin D kann vom Körper selbst synthetisiert werden und wird daher oft als Vitamin-D-Hormon bezeichnet; zu e: keine spezielle Diät, günstig ist eine vitaminreiche, kochsalzarme Mischkost.
Zu 26.	**Antwort c, e.** Zu a: BMI (Body-Mass-Index); Körpergewicht in kg, Körpergröße in m²; zu b: Normalwerte BMI bei Frauen 19-24, bei Männern 20-25; zu d: Schilddrüsenunterfunktion führt zu Adipositas.
Zu 27.	**Antwort c.**

Fragen zum Thema Fortpflanzung

1.	**Bitte ordnen Sie zu, ob es sich um männliche oder weibliche Geschlechtsmerkmale handelt.**
a.	Cowper-Drüse.
b.	Progesteron.
c.	Bläschen-Drüse.
d.	Leydig-Zwischenzellen.
e.	Bartholin-Drüse.
f.	Endometrium.
g.	Graaf-Follikel.
2.	**Was ist der Unterschied zwischen primären und sekundären Geschlechtsmerkmalen?**
3.	**Was sind exokrine, was endokrine Produkte der Hoden?**
4.	**Warum befinden sich die Hoden im Skrotum außerhalb des Körpers?**
5.	**Woraus besteht Sperma?**
6.	**Was bewirken FSH und LH beim Mann?**
7a.	**Was ist Kryptorchismus?**
7b.	**Was sind mögliche Komplikationen?**
7c.	**Wie wird er behandelt?**
8.	**Was ist Smegma?**
9.	**Wie kann es zum akuten Hoden kommen?**

10.	Welche Erkrankungen können beim Mann zu abgeschwächtem Harnstrahl und Harnträufeln führen?
11a.	Wie können Kreuzschmerzen des Mannes mit einer Prostata-Erkrankung zusammenhängen?
11b.	Um welche Erkrankung handelt es sich?
12.	Wie kann es zur Gynäkomastie kommen?
13.	Was zählt zu den weiblichen Geschlechtsorganen?
14.	Wie ist die Gebärmutter aufgebaut?
15.	Wie wirken die weiblichen Sexualhormone?
16a.	Was sind Risikofaktoren für die Entstehung eines Mammakarzinoms?
16b.	Was sind mögliche Hinweise auf ein Mammakarzinom?
17.	Welche Erkrankungen der weiblichen Fortpflanzungsorgane sollten bei der Differenzialdiagnose von Bauchschmerzen berücksichtigt werden?
18.	Wie kann es als Folge einer Adnexitis zu Sterilität kommen?
19.	Welche Ursachen für Sterilität der Frau kennen Sie?
20a.	Was ist eine Endometriose?
20b.	Was sind mögliche Symptome der Endometriose?
	Multiple-Choice-Fragen
1.	**Einfachauswahl**
	Welche Aussage zu Erkrankungen des Hodens trifft zu?
a	Eine Orchitis (Hodenentzündung) wird ausschließlich durch Bakterien verursacht.
b	Die Beschwerden bei einer Orchitis (Hodenentzündung) beschränken sich nur auf die Hodenregion.
c	Bei einer Varikozele testis (Krampfadern im Bereich des Hodens) bei Kindern vor der Pubertät oder bei alten Männern sind weitere abklärende Untersuchungen (z.B. Sonographie) nicht notwendig.
d	Bei einem Hodentumor schimmert bei einer Durchleuchtung des Hodensacks mit einer Taschenlampe das Licht durch (sog. Diaphanoskopie positiv).
e	Da die Symptome (Schmerz, Fieber etc) bei der akuten Orchitis (Hodenentzündung) wie auch bei der akuten Epididymitis (Nebenhodenentzündung) fast identisch sind, ist der Tastbefund für die Diagnose wegweisend.
2.	**Aussagenkombination**
	Welche der folgenden Aussagen trifft (treffen) zu? Der Maldescensus testis (Hodenhochstand)
1	**ist eine seltene Erkrankung weiblicher Neugeborener.**

2	**hat keine Auswirkung auf die Fruchtbarkeit.**
3	**ist die Folge einer unzureichenden Wanderung der Hoden in den Hodensack.**
4	**führt zu einem erhöhten Entartungsrisiko des Hodens.**
5	**wird bei Vorliegen eines Gleithodens im Neugeborenenalter durch Entfernung der Hoden therapiert.**
a	Nur die Aussage 4 ist richtig.
b	Nur die Aussagen 3 und 4 sind richtig.
c	Nur die Aussagen 3 und 5 sind richtig.
d	Nur die Aussagen 1, 2 und 5 sind richtig.
e	Nur die Aussagen 1, 2, 3 und 4 sind richtig.

3.	**Mehrfachauswahl**
	Welche der folgenden Aussagen treffen zu? Wählen Sie zwei Antworten! Die Prostatahyperplasie
a	ist eine gutartige Vermehrung des Drüsengewebes.
b	führt zu einer verkürzten Miktionsdauer.
c	kann von einem Prostatakarzinom durch den Tastbefund sicher unterschieden werden.
d	kann zu Inkontinenz bei chronischer Harnretention (Harnverhalten) führen.
e	wird ausschließlich operativ therapiert.

4.	**Mehrfachauswahl**
	Welche der folgenden Aussagen zu Sexualhormonen und Eisprung treffen zu? Wählen Sie zwei Antworten!
a	Das Progesteron ist ein Hormon, das bei der Frau im Gelbkörper und in der Plazenta gebildet wird.
b	Nach der Ovulation (Eisprung) kommt es zu einer kurzfristigen (1-2 Tage) Erhöhung des Progesteronspiegels.
c	Bereits einen Tag vor der Ovulation steigt die Basaltemperatur um mindestens 1 °C an.
d	Östrogene werden vor allem in der zweiten Zyklushälfte sezerniert.
e	Progesteron wird größtenteils in der zweiten Zyklushälfte sezerniert.

5.	**Einfachauswahl**
	Welche Aussage trifft für die Milchzähne zu?
a	Das vollständige Milchgebiss besteht aus 24 Zähnen.
b	Der Durchbruch der Milchzähne beginnt durchschnittlich um den 6.-8. Lebensmonat.
c	Das Milchgebiss ist durchschnittlich im 12.-15. Lebensmonat vollständig.
d	Milchzähne sind gleich groß wie bleibende Zähne.
e	Alle Milchzähne sind mit durchschnittlich 5-7 Jahren ausgefallen.

6.	Aussagenkombination
	Welche der folgenden Aussagen trifft (treffen) zu? Die Hodentorsion
1	**ist auch beidseitig möglich.**
2	**kann bei nicht akutem Verlauf zur Fehldiagnose führen.**
3	**führt bei Anheben des Hodens zu einer Schmerzverminderung.**
4	**ist nicht als akuter Notfall anzusehen.**
5	**kann mit Tachykardie und Erbrechen einhergehen.**
a	Nur die Aussage 1 ist richtig.
b	Nur die Aussagen 1, 2 und 5 sind richtig.
c	Nur die Aussagen 2, 3 und 5 sind richtig.
d	Nur die Aussagen 3, 4 und 5 sind richtig.
e	1-5, alle Aussagen sind richtig.
7.	Einfachauswahl
	Welche Aussage trifft zu? Genitale Chlamydieninfektionen
a	werden durch Tröpfcheninfektion übertragen.
b	führen häufig zu einem kleinfleckigen Exanthem.
c	verlaufen häufig asymptomatisch.
d	sind nur für Frauen infektiös.
e	treten bei Einnahme der Pille nicht auf.
8.	Mehrfachauswahl
	Welche der folgenden Aussagen zu Uterusmyomen treffen zu? Wählen Sie zwei Antworten!
a	Uterusmyome sind bösartige Tumore der Gebärmutter.
b	Sie wachsen in der Menopause stark weiter.
c	Ein Symptom kann eine verlängerte Blutungsdauer sein.
d	Sie können bei Stieldrehung zu einem akuten Abdomen führen.
e	Sie müssen immer operiert werden.
9.	Aussagenkombination
	Welche der folgenden Aussagen trifft (treffen) zu? Das Prostatakarzinom
1	**kann bei der rektalen Untersuchung sicher von einer Prostatahyperplasie unterschieden werden.**
2	**kann allein durch einen erhöhten PSA-Wert gesichert werden.**
3	**bleibt lange symptomlos.**
4	**kann im Spätstadium durch chronische Lumbalgien auffällig werden.**
5	**ist eine der häufigsten bösartigen Erkrankungen des Mannes.**
a	Nur die Aussage 3 ist richtig.
b	Nur die Aussagen 1 und 4 sind richtig.
c	Nur die Aussagen 2 und 5 sind richtig.

d	Nur die Aussagen 2, 3 und 5 sind richtig.
e	Nur die Aussagen 3, 4 und 5 sind richtig.

10.	**Aussagenkombination**
	Welche der folgenden Aussagen treffen zu? Ursachen einer Gynäkomastie können sein:
1	**ein Aortenaneurysma.**
2	**bestimmte bösartige Tumore (z.B. Hodentumor).**
3	**eine Leberzirrhose.**
4	**die Einnahme bestimmter Medikamente (z.B. Spironolacton).**
5	**Magengeschwüre.**
a	Nur die Aussagen 2 und 3 sind richtig.
b	Nur die Aussagen 1, 2 und 3 sind richtig.
c	Nur die Aussagen 2, 3 und 4 sind richtig.
d	Nur die Aussagen 3, 4 und 5 sind richtig.
e	Nur die Aussagen 1, 2, 4 und 5 sind richtig.

11.	**Mehrfachauswahl**
	Welche der folgenden Aussagen zum Endometriumkarzinom (Korpuskarzinom) treffen zu? Wählen Sie zwei Antworten!
a	Hauptsächlich erkranken Frauen nach der Menopause.
b	Es kommt fast nur bei Vielgebärenden vor.
c	Es führt nicht zu Zwischenblutungen.
d	Es ist überwiegend abhängig von Östrogen.
e	Es ist eine bösartige Neubildung des Darmendothels.

12.	**Mehrfachauswahl**
	Bei welcher der folgenden Erkrankungen der Mutter während der Schwangerschaft ist mit einer Embryopathie/Fetopathie zu rechnen? Wählen Sie zwei Antworten!
a	Diphterie.
b	Röteln.
c	Cholera.
d	Toxoplasmose.
e	Scharlach.

13.	**Mehrfachauswahl**
	Welche der folgenden Aussagen treffen zu? Wählen Sie zwei Antworten! Das Ovarialkarzinom
a	hat eine gute Prognose.
b	tritt bevorzugt bei jungen Frauen auf.
c	wird durch die langjährige Einnahme von Kontrazeptiva verursacht.

d	kann familiär gehäuft auftreten.
e	hat keine charakteristischen Frühsymptome.
14.	**Aussagenkombination**
	Welche der folgenden Aussagen zur Endometriose trifft (treffen) zu?
1	**Sie kann symptomlos verlaufen.**
2	**Als Ursache wird verschlepptes Endometriumgewebe angenommen.**
3	**Sie betrifft ca. die Hälfte der Frauen im gebärfähigen Alter.**
4	**Sie kann zu Sterilität und Eileiterschwangerschaften führen.**
5	**Sie kommt in den Wechseljahren zur Ruhe.**
a	Nur die Aussage 1 ist richtig.
b	Nur die Aussage 2 ist richtig.
c	Nur die Aussagen 1 und 4 sind richtig.
d	Nur die Aussagen 1, 2 und 3 sind richtig.
e	Nur die Aussagen 1, 2, 4 und 5 sind richtig.
15.	**Einfachauswahl**
	Welche Aussage zur normalen Entwicklung eines Kindes trifft zu?
a	Der erste Zahn erscheint durchschnittlich im elften Lebensmonat.
b	Im Alter von drei Monaten sollte ein Kind frei sitzen können.
c	Mit etwa 9 Monaten sollte ein Kind frei laufen können.
d	Über eine vollständige Kopfkontrolle sollte ein Kind mit ca. 6 Monaten verfügen.
e	Mit 2 Jahren beginnt ein Kind zu sprechen.
16.	**Aussagenkombination**
	Welche der folgenden Aussagen über typische Symptome und Ursachen einer akuten Adnexitis treffen zu? (Adnexen: Eileiter und Eierstöcke der Frau)
1	**Akute, meist seitenbetonte Unterbauchschmerzen.**
2	**Fluor (Ausfluss).**
3	**Fieber.**
4	**Übelkeit und Erbrechen (bei Mitbeteiligung des Bauchfells).**
5	**In den meisten Fällen sind Viren die Ursache.**
a	Nur die Aussagen 1 und 2 sind richtig.
b	Nur die Aussagen 1, 3 und 5 sind richtig.
c	Nur die Aussagen 3, 4 und 5 sind richtig.
d	Nur die Aussagen 1, 2, 3 und 4 sind richtig.
e	1-5, alle Aussagen sind richtig.
17.	**Einfachauswahl**
	Welche Aussage zur Schwangerschaft trifft zu?
a	Vor allem im letzten Trimenon kommt es häufig zu Schwangerschaftserbrechen.

b	Durch Neigung zur Restharnbildung treten gegen Ende der Schwangerschaft vermehrt Harnwegsinfektionen auf.
c	Eine Proteinurie, ein Bluthochdruck und generalisierte Ödeme in der Spätschwangerschaft bedürfen keiner weiteren Behandlung.
d	Striae gravidarum (Schwangerschaftsstreifen) treten in der Regel im ersten Trimenon auf.
e	Die Gewichtszunahme bis zum Ende der Schwangerschaft beträgt normalerweise ca. 5 kg.

18.	**Aussagenkombination**
	Welche der folgenden Aussagen zu Wachstum und Entwicklung von Kindern treffen zu?
1	**Die meisten Kinder sind bei der Geburt zwischen 46 und 54 cm lang.**
2	**Als Faustregel für die Gewichtsentwicklung gilt: Im Alter von fünf Monaten hat sich das Geburtsgewicht verdoppelt.**
3	**Bezogen auf das Körpergewicht haben Säuglinge einen höheren Flüssigkeitsbedarf als ältere Kinder und Erwachsene.**
4	**Ein normal entwickeltes Kind muss im Alter von 12 Monaten frei laufen können.**
5	**Ein altersgerecht entwickelter Säugling kann im Alter von 10 Monaten frei sitzen.**
a	Nur die Aussagen 1 und 3 sind richtig.
b	Nur die Aussagen 1, 2 und 5 sind richtig.
c	Nur die Aussagen 2, 4 und 5 sind richtig.
d	Nur die Aussagen 1, 2, 3 und 5 sind richtig.
e	Nur die Aussagen 2, 3, 4 und 5 sind richtig.

19.	**Mehrfachauswahl**
	Welche der folgenden Aussagen zu genitalen Chlamydien-Infektionen treffen zu? Wählen Sie zwei Antworten!
a	Chlamydien-Infektionen kommen bei Männern nicht vor.
b	Bei Frauen führt die Infektion in der Regel zu eitrigem, übelriechendem Ausfluss.
c	Chlamydien-Infektionen sind bei Frauen eine häufige Ursache der erworbenen Sterilität.
d	Der Sexualpartner einer Erkrankten muss mitbehandelt werden.
e	Eine weibliche Infektion wird durch regelmäßige Scheidenspülung mit jodhaltigen Lösungen behandelt.

20.	**Mehrfachauswahl**
	Welche der folgenden Aussagen zu Neugeborenen und Säuglingen treffen zu? Wählen Sie zwei Antworten!
a	Der erste Zahn erscheint durchschnittlich im 3. Lebensmonat.

b	In den ersten Lebenstagen kann es zu einer Erhöhung des Bilirubins kommen (Neugeborenengelbsucht).
c	Im Alter von etwa 5 Monaten hat sich das Geburtsgewicht verdoppelt.
d	Die Herzfrequenz des Neugeborenen liegt bei etwa 90 Schlägen/Minute.
e	Die Schädelnähte eines Kindes schließen sich mit etwa sechs Monaten.

21.	**Aussagenkombination**
	Welche der folgenden Aussagen zum Mammakarzinom trifft (treffen) zu?
1	**In den westlichen Industrienationen ist das Mammkarzinom kein häufiges Malignom der Frau.**
2	**Das Mammakarzinom metastasiert ausschließlich hämatogen.**
3	**Das Mammakarzinom kann nur operativ behandelt werden.**
4	**Eine der wichtigsten Risikofaktoren für das Mammakarzinom ist die familiäre Belastung.**
5	**Die Diagnose des Mammakarzinoms wird ausschließlich durch die Mammographie gesichert.**
a	Nur die Aussage 4 ist richtig.
b	Nur die Aussagen 2 und 3 sind richtig.
c	Nur die Aussagen 1, 2 und 4 sind richtig.
d	Nur die Aussagen 2, 4 und 5 sind richtig.
e	Nur die Aussagen 3, 4 und 5 sind richtig.

22.	**Mehrfachauswahl**
	Welche der folgenden Aussagen über Penis und Hoden treffen zu? Wählen Sie zwei Antworten!
a	Im Kleinkindalter ist eine Phimose in der Regel physiologisch.
b	Eine Phimose beim erwachsenen Mann hat keinen Einfluss auf die Möglichkeit einer Karzinomentstehung am Penis.
c	In den Hoden kommen zwei Drüsenarten vor: Im exokrinen Teil wird das Hormon Testosteron produziert, im endokrinen Teil die Spermien.
d	Bei nicht im Skrotum liegenden Hoden besteht die Gefahr, dass die Spermatogenese gestört ist.
e	Eine Hodentorsion kommt bei männlichen Kindern vor der Pubertät nicht vor.

Antworten zum Thema Fortpflanzung

Zu 1.	Männlich: a, c, d (die Nebennierenrinde des Mannes produziert auch ein wenig Progesteron, aber es ist wird überwiegend bei der Frau vom Gelbkörper in der zweiten Zyklushälfte und ab dem 4. Schwangerschaftsmonat von der Plazenta produziert); weiblich: b, e, f, g.
Zu 2.	Siehe Kap. 2.1 → 46.

Zu 3.	Siehe Kap. 2.2.1.1 → 47.
Zu 4.	Siehe Kap. 2.2.1.2 → 47.
Zu 5.	Siehe Kap. 2.2.6 → 49.
Zu 6.	Siehe Kap. 2.2.8 → 51.
Zu 7.	a. und b. siehe Kap. 2.3.1 → 52.
Zu 8.	Siehe Kap. 2.3.5 → 53.
Zu 9.	Siehe Kap. 2.3.8 → 55.
Zu 10.	Vor allem Prostatitis, Prostataadenom, Prostatakarzinom.
Zu 11.	a. und b. siehe Kap. 2.3.15 → 56.
Zu 12.	Siehe Kap. 2.3.16 → 57.
Zu 13.	Siehe Kap. 2.4 → 59.
Zu 14.	Siehe Kap. 2.4.2.2 → 61.
Zu 15.	Siehe Kap. 2.4.4 → 64.
Zu 16.	a. und b. siehe Kap. 2.5.6 → 69.
Zu 17.	Adnexitis, Eierstockzysten oder (-ruptur/-stieldrehung), Gebärmuttermyome oder (-stieldrehung), Extrauteringravidität, Gebärmuttersenkung, Endometriose, Ovarial-/Uteruskarzinom (Spätsymptome).
Zu 18.	Siehe Kap. 2.5.7 → 70.
Zu 19.	Infektös (oft einziges Symptom bei Chlamydien-Infektion); Eileiter: z.B. Verwachsungen durch z.B. Entzündungen, Operation; Endometrioseherde; Gebärmutter: z.B. Myome, Verklebungen nach Operation; hormonell, z.B. Störungen von Hypothalamus, Hypophyse oder Ovarien; psychisch: Stress kann zum Ausbleiben von Eisprung und Regel führen; Allgemeinerkrankungen wie z.B. Anorexie, Diabestes mellitus, Schiddrüsenerkrankungen können die Fruchbarkeit beeinträchtigen.
Zu 20.	Siehe Kap. 2.5.13 → 73.
	Antworten auf die Multiple-Choice-Fragen
Zu 1.	**Antwort e.** Zu a: Beispielsweise wird die Mumps-Orchitis durch das Mumps-Virus verursacht („nur" ist verdächtig!); zu b: Ausstrahlung in Samenstrangbereich und Leiste; evtl. allgemeines Krankheitsgefühl und Fieber; zu c: Da eine Varikozele zur Unfruchtbarkeit (und zu Schmerzen) führen kann, sind weitere abklärende Untersuchungen und ggf. eine Therapie (z.B. Verödung) notwendig; zu d: Diaphanoskopie (Durchleuchtung, kaum noch eingesetzt) ist bei einem Hodentumor negativ (da er sich nicht durchleuchten lässt), wäre aber z.B. bei einer Hydrozele positiv.
Zu 2.	**Antwort b:** 3 und 4 sind richtig. Zu 1: Hoden bei weiblichen Neugeborenen? Zu 2: kann zu Unfruchtbarkeit führen; zu 5: So schnell werden die Hoden nicht entfernt. In den ersten sechs Lebensmonaten wird der Verlauf abgewartet und kontrolliert. →

Zu 2.	Falls die Hoden dann nicht dauerhaft im Hodensack tastbar sind, erfolgt eine Hormontherapie (mit Gonadoliberin); bei Erfolglosigkeit operative Fixierung der Hoden im Hodensack.
Zu 3.	**Antwort a, d.** Zu b: verlängerte Miktionsdauer (Harnröhre wird ja komprimiert, daher schlechterer Durchfluss); zu c: Nein, ein Karzinom hat eher eine höckerige Oberfläche und eine feste Beschaffenheit, kann aber auch a) untypisch beschaffen sein oder b) sich dem Tastbefund völlig entziehen; zu e: wird nur operiert, wenn eine medikamentöse Behandlung nicht ausreicht.
Zu 4.	**Antwort a, e.** Zu b: Progesteron wird überwiegend in der zweiten Zyklushälfte sezerniert (also länger als 1-2 Tage); zu c: mit der Ovulation; zu d: Östrogen wird vor allem in der ersten Zyklushälfte sezerniert.
Zu 5.	**Antwort b.** Zu a: aus 20 Zähnen; zu c: im 30. Monat vollständig; zu d: sind kleiner und haben kürzere Wurzeln (Kiefer ist ja auch kleiner); zu e: Die letzten Mahlzähne werden ca. bis zum 13. Lebensjahr ersetzt.
Zu 6.	**Antwort b:** 1, 2 und 5 sind richtig. Zu 3: bei Torsion Schmerz unverändert (negatives Prehn-Zeichen), bei (Neben-)Hodenentzündung Schmerzverminderung (positives Prehn-Zeichen); zu 4: Notfall, nach 4-6 Stunden bleibende Schäden.
Zu 7.	**Antwort c.** Zu a: sexuell übertragen; zu b: bei 80% der Frauen keine Symptome, bei Männern Algurie; zu d: auch für Männer (siehe b); zu e: schön wär´s.
Zu 8.	**Antwort c, d.** Zu a: Myom = gutartiger Tumor aus Muskelgewebe; zu b: Myome entstehen und wachsen unter dem Einfluss von Östrogen. Nach der Menopause entstehen keine neuen Myome mehr; bereits bestehende können schrumpfen; zu e: Myome, die keine Beschwerden bereiten (überwiegender Teil) werden z.B. sonografisch beobachtet und bedürfen keiner weiteren Therapie.
Zu 9.	**Antwort e:** 3, 4 und 5 sind richtig. Zu 1: sichere Unterscheidung nicht möglich (vgl. Frage 3); zu 2: PSA ist ein unsicherer Marker, er kann beim Gesunden erhöht sein (z.B. nach Fahrradfahren) und kann beim Krebspatienten fehlen.
Zu 10.	**Antwort c:** 2, 3 und 4 sind richtig. Gynäkomastie: weibliche Brustbildung beim Mann. Zu 1: Die Aorta bildet keine Beulen aus, die mit einer weiblichen Brust verwechselt werden könnten; zu 5: Ein Magengeschwür führt nicht zu einer Brustbildung.
Zu 11.	**Antwort a, e.** Zu b: Man nimmt an, dass langjährig erhöhte Östrogen-Konzentrationen die Tumorentstehung fördern (daher weniger bei Vielgebärenden); zu c: Zwischenblutungen können einziges Symptom sein; zu E: betroffen ist die Gebärmutterschleimhaut.

Zu 12.	**Antwort a, d.** Außerdem Syphilis, Cytomegalie, Listeriose, Windpocken u.a. Zu a: Diphterie (meist Rachendiphterie): Übertragung meist durch Tröpfcheninfektion, seltener Schmierinfektion (Wund- oder Nabeldiphterie); zu d: Cholera meist über Trinkwasser (und rohen Fisch) oder fäkal oral; zu e: Scharlach v.a. Tröpfcheninfektion, selten Schmierinfektion oder über Nahrungsmittel.
Zu 13.	**Antwort d, e.** Zu a: Prognose mit 5-Jahres-Überlebensrate von 30-40% eher schlecht; zu b: Erkrankungsgipfel um das 65. Lebensjahr; zu c: Orale Kontrazeptive und häufige Schwangerschaften verringern das Krebsrisiko, da die Eierstöcke weniger Östrogen produzieren.
Zu 14.	**Antwort e:** 1, 2, 4 und 5 sind richtig. Zu 3: 4-12% der Frauen erkranken.
Zu 15.	**Antwort d.** Zu a: erster Zahn 6.-8. Monat; zu b: frei Sitzen mit etwa 7 Monaten; zu c: frei Laufen mit etwa 18 Monaten; zu e: spricht mit etwa 10 Monaten einfache Worte nach.
Zu 16.	**Antwort d:** 1, 2, 3 und 4 sind richtig. Zu 5: in den meisten Fällen durch Bakterien (Chlamydien, Mykoplasmen, E. coli; Gono-, Strepto-, Staphylo-, Enterokokken u.a.).
Zu 17.	**Antwort b.** Zu a: vor allem im ersten Trimenon; zu c: alte Bezeichnung EPH-Gestose, heute Präeklampsie, die zur Eklampsie führen kann (mit akutem Nierenversagen, Hirnödem, Thrombose, Blutungen, Plazentainsuffizienz mit Gefährdung des Kindes); zu e: Gewichtszunahme 6-11 kg.
Zu 18.	**Antwort d:** 1, 2, 3 und 5 sind richtig. Zu 4: frei laufen mit etwa 18 Monaten.
Zu 19.	**Antwort c, d.** Zu a: tritt auch bei Männern auf, oft mit Algurie; zu b: bei 80% der Frauen symptomlos; zu e: Therapie mit Antibiotika.
Zu 20.	**Antwort b, c.** Zu a: erster Zahn mit 6-8 Monaten; zu d: Herzfrequenz eines Neugeborenen: 140/Min.; beim Zweijährigen: 120/Min.; beim Vierjährigen: 100/Min.; beim Zehnjährigen: 90/Min.; zu e: Schädelnähte schließen sich mit ca. 2 Jahren. Hintere Fontanelle kann schon bei Geburt geschlossen sein, sonst in den ersten drei Monaten; Schluss der vorderen Fontanelle: mit 9 bis 18 Monaten.
Zu 21.	**Antwort a:** 4 ist richtig (zwei mal „ausschließlich", sehr verdächtig). Zu 1: das häufigste Karzinom der Frau; zu 2: nein, nicht „ausschließlich", sondern z.B. auch lymphogen in die regionären Lymphknoten, v.a. axillär und retrosternal; zu 3: auch Strahlen-, Chemo- oder Hormontherapie kommen zum Einsatz (normalerweise aber nach einer Operation); zu 5: nicht „ausschließlich", zuerst Inspektion und Palpation, dann neben Mammo- auch Sonographie, Blut-Labor, evtl. Szintigraphie; sicherste Diagnostik durch histologische Untersuchung.

Zu 22.	**Antwort a, d.** Zu b: Die Phimose zählt zu den Risikofaktoren für eine Krebsentstehung (mangelnde Genitalhygiene und häufigere Entzündungen); zu c: andersherum, im exokrinen Teil werden Spermien produziert, im endokrinen Testosteron; zu e: Hodentorsion meist bei Säuglingen, Kindern und Jugendlichen.

Fragen zum Nervensystem

1a.	**Was ist der Unterschied zwischen dem zentralen und dem peripheren Nervensystem?**
1b.	**Was ist der Unterschied zwischen dem unwillkürlichen und dem willkürlichen Nervensystem?**
2a.	**Welche Anteile bilden das ZNS?**
2b.	**Nennen Sie jeweils die wichtigste Aufgabe.**
3.	**Wo befindet sich das primär motorische, wo das primär sensorische Rindenfeld?**
4.	**Woraus besteht der Hirnstamm?**
5.	**Welche Aufgaben hat die Medulla oblongata?**
6.	**Bitte beschreiben Sie die Anteile des Rückenmarks.**
7.	**Wo wird Liqour gebildet und wie kommt er zurück in das venöse System?**
8.	**Was sind die Meningen?**
9.	**Bitte zählen Sie die Hirnnerven auf.**
10.	**Was ist der Unterschied zwischen Eigen- und Fremdreflexen?**
11a.	**Was sind die wichtigsten Ursachen für eine Polyneuropathie?**
11b.	**Wie sind die Symptome?**
12.	**Bitte grenzen Sie die schlaffe und die spastische Lähmung voneinander ab.**
13.	**Was wissen Sie über Multiple Sklerose?**
14a.	**Wie kommt es zu einem Schlaganfall?**
14b.	**Wie sind die Symptome?**
15.	**Welche (anderen) Formen der Hirnblutungen kennen Sie?**
16.	**Welche (anderen) Ursachen für Hirndrucksteigerung kennen Sie?**

17.	**Wie sind die Symptome bei einer Hirndrucksteigerung?**
18.	**Wie sind die Symptome bei einem Gand-Mal-Anfalls?**
19.	**Bitte beschreiben Sie die wichtigsten Abstufungen des Schädel-Hirn-Traumas.**
20.	**Ein Patient berichtet Ihnen über Kopfschmerz. Welche Ursachen ziehen Sie in Betracht?**
	Multiple-Choice-Fragen
1.	**Einfachauswahl**
	Welche Aussage zum vegetativen Nervensystem trifft zu?
a	Der Nervus vagus ist eine Nervenbahn des Sympathikus.
b	Eine Miosis wird durch Sympathikusaktivierung ausgelöst.
c	Eine Parasympathikusaktivierung führt zu einer Verengung der Bronchialäste.
d	Eine Sympathikusaktivierung beschleunigt die Blasen- und Darmentleerung.
e	Eine Parasympathikusaktivierung führt zum Blutdruckanstieg.
2.	**Einfachauswahl**
	Ein 82-jähriger Patient, der unter Diabetes mellitus und Bluthochdruck leidet, berichtet Ihnen, dass er am Vortag aus völligem Wohlbefinden heraus für einige Stunden nicht richtig habe sprechen können. Die Defizite waren dann von selbst wieder komplett verschwunden. Sie vermuten am ehesten eine/einen
a	Hirninfarkt.
b	Subarachnoidalblutung.
c	Transitorische ischämische Attacke (TIA).
d	Hirntumor.
e	Migräneattacke.
3.	**Mehrfachauswahl**
	Welche der folgenden Aussagen zu einem Restless-Legs-Syndrom treffen zu? Wählen Sie zwei Antworten!
a	Die Betroffenen klagen über Parästhesien in den Beinen.
b	Der Achillessehnen-Reflex ist aufgehoben.
c	Die Beschwerden verschlimmern sich durch Bewegung.
d	Die Beschwerden treten v. a. in Ruhe und nachts auf.
e	Der Blutkalziumspiegel ist stark erniedrigt.
4.	**Mehrfachauswahl**
	Welche der folgenden Aussagen treffen zu? Wählen Sie zwei Antworten! Eine Nervus-peroneus-Lähmung
a	wird meistens dominant vererbt.

b	kann zu einem „Steppergang" führen.
c	führt zu einem Ausfall des Achillessehnenreflexes.
d	kann zum Hackenfuß führen.
e	kann durch Druckschädigung am Fibulaköpfchen (z.B. durch Gipsverband) entstehen.
5.	**Mehrfachauswahl**
	Welche der folgenden Aussagen treffen zu? Wählen Sie zwei Antworten! Das Lasègue-Zeichen
a	kann ein Hinweis für das Vorliegen einer Meningitis sein.
b	wird durch passives Anheben des Kopfs am liegenden Patienten ausgelöst.
c	wird am sitzenden Patienten geprüft.
d	ist ein Hinweis auf Schädigung des Nervus peroneus.
e	kann als Hinweis für einen Bandscheibenvorfall dienen.
6.	**Einfachauswahl**
	Welche Aussage zur Multiplen Sklerose trifft zu?
a	Die Multiple Sklerose ist eine entzündliche Erkrankung des peripheren Nervensystems.
b	Bei der Multiplen Sklerose treten Sehstörungen in Folge einer Makuladegeneration auf.
c	Bevorzugt betroffen von der Multiplen Sklerose sind Männer über 50 Jahre.
d	Bei der Multiplen Sklerose können durch Entzündungsherde im Bereich sensibler Bahnsysteme Sensibilitätsstörungen wie Missempfindungen (Parästhesien), Taubheitsgefühle und Schmerzen auftreten.
e	Die Diagnose einer Multiplen Sklerose wird vorwiegend durch EMG (Elektromyographie) gesichert.
7.	**Mehrfachauswahl**
	Welche der folgenden Aussagen zu akut auftretenden neurologischen Erkrankungen treffen zu? Wählen Sie zwei Antworten!
a	Eine plötzlich auftretende Schwäche der rechten Hand ist ein Hinweis auf eine Durchblutungsstörung der rechten Hirnhälfte.
b	Eine Subarachnoidalblutung ist eine typische Verletzungsfolge.
c	Ein Apoplex beginnt typischerweise mit akut auftretenden Kopfschmerzen.
d	Schlafentzug kann ein Auslöser für zerebrale Krampfanfälle sein.
e	Eine Subarachnoidalblutung beginnt typischerweise mit akut auftretenden stärksten Kopfschmerzen.

8.	**Mehrfachauswahl**
	Welche der folgenden Aussagen zur Demenz treffen zu? Wählen Sie zwei Antworten!
a	Bei der Demenz vom Alzheimer-Typ fällt ein akuter Beginn eines amnestischen Syndroms auf.
b	Die vaskuläre Demenz ist häufig mit einem Bluthochdruck verbunden.
c	Im Rahmen einer Aids-Erkrankung kann im späteren Verlauf eine Demenz beobachtet werden.
d	Die Alzheimer-Krankheit ist mit Medikamenten heilbar.
e	Bei der Diagnose von Demenzerkrankungen spielen bildgebende Verfahren (z.B. kraniale Computertomographie) keine Rolle.

9.	**Einfachauswahl**
	Welche Aussage zu Lähmungen trifft zu?
a	Zentrale Lähmungen (Schädigung im Zentralnervensystem) gehen einher mit abgeschwächten Muskeleigenreflexen und nachweisbaren pathologischen Reflexen (z.B. Babinski-Reflex).
b	Periphere Lähmungen (Schädigung des peripheren Nerven) gehen einher mit abgeschwächten Muskeleigenreflexen und nachweisbaren pathologischen Reflexen (z.B. Babinski-Reflex).
c	Zentrale Lähmungen (Schädigung im Zentralnervensystem) gehen einher mit gesteigerten Muskeleigenreflexen und nachweisbaren pathologischen Reflexen (z.B. Babinski-Reflex).
d	Periphere Lähmungen (Schädigung des peripheren Nerven) gehen einher mit gesteigerten Muskeleigenreflexen; pathologische Reflexe (z.B. Babinski-Reflex) sind nicht nachweisbar.
e	Zentrale Lähmungen (Schädigung im Zentralnervensystem) gehen einher mit abgeschwächten Muskeleigenreflexen; pathologische Reflexe (z.B. Babinski-Reflex) sind nicht nachweisbar.

10.	**Aussagenkombination**
	Welche der folgenden Aussagen zur Multiplen Sklerose trifft (treffen) zu?
1	**Die Multiple Sklerose zeigt sich mit zentralen Paresen, Sensibilitäts- und Koordinationsstörungen.**
2	**Die Erkrankung zeigt häufig einen schubförmigen Verlauf.**
3	**Die Erkrankung setzt meist nach dem 60. Lebensjahr ein.**
4	**Psychische Symptome treten nicht auf.**
5	**Frühzeitig sind die Hirnnerven, besonders der Nervus opticus betroffen.**
a	Nur die Aussage 1 ist richtig.
b	Nur die Aussagen 2 und 5 sind richtig.
c	Nur die Aussagen 1, 2 und 5 sind richtig.

d	Nur die Aussagen 3, 4 und 5 sind richtig.
e	1-5, alle Aussagen sind richtig.

11.	**Aussagenkombination**
	Welche der folgenden Aussagen zur Polyneuropathie treffen zu?
1	**Die häufigsten Ursachen für eine Polyneuropathie (in Deutschland) sind Diabetes mellitus und Alkoholismus.**
2	**Befallen sind ausschließlich sensible und motorische Nervenfasern.**
3	**Mangelernährung bzw. Malabsorption können die Ursachen für eine Polyneuropathie sein.**
4	**Polyneuropathien treten auch im Zusammenhang mit Tumorerkrankungen auf.**
5	**Der Verlust des Vibrationssinns ist häufig der erste Hinweis auf eine Polyneuropathie.**
a	Nur die Aussagen 1 und 2 sind richtig.
b	Nur die Aussagen 1, 3 und 4 sind richtig.
c	Nur die Aussagen 2, 3 und 4 sind richtig.
d	Nur die Aussagen 1, 3, 4 und 5 sind richtig.
e	1-5, alle Aussagen sind richtig.

12.	**Aussagenkombination**
	Welche der folgenden Aussagen zum Parkinson-Syndrom trifft (treffen) zu?
1	**Das Parkinson-Syndrom ist eine der häufigsten neurologischen Erkrankungen des höheren Lebensalters.**
2	**Ursache ist in erster Linie eine Störung im Aldosteron- und Reninstoffwechsel.**
3	**Es handelt sich um eine rein körperliche Erkrankung ohne jede Beeinträchtigung der intellektuellen Fähigkeiten.**
4	**Leitsymptom ist ein grobschlägiger Ruhetremor, der willkürlich unterbunden werden kann.**
5	**Krankengymnastik ist bei M. Parkinson wegen zu erwartender Verschlimmerung der Symptomatik nicht anzuwenden (kontraindiziert).**
a	Nur die Aussage 1 ist richtig.
b	Nur die Aussage 4 ist richtig.
c	Nur die Aussagen 1 und 4 sind richtig.
d	Nur die Aussagen 2, 3 und 5 sind richtig.
e	1-5, alle Aussagen sind richtig.

13.	**Einfachauswahl**
	Welche Aussage trifft zu? Eine Aktivitätssteigerung des sympathischen Nervensystems führt zu einer/einem
a	Erweiterung der Bronchien.
b	gesteigerten Bewegung und Tätigkeit des Magen-Darm-Trakts.
c	Bradykardie.
d	Verengung der Pupillen.
e	Blutdruckabfall.

14.	**Aussagenkombination**
	Welche der folgenden Aussagen treffen zu? Hinweise auf eine intrakranielle Druckerhöhung sind:
1	**schwallartiges Erbrechen.**
2	**Peroneuslähmung.**
3	**Sehen von Doppelbildern.**
4	**psychische Veränderungen, z.B. Aggressivität.**
5	**Tremor der Hände.**
a	Nur die Aussagen 1 und 2 sind richtig.
b	Nur die Aussagen 3 und 4 sind richtig.
c	Nur die Aussagen 1, 3 und 4 sind richtig.
d	Nur die Aussagen 2, 4 und 5 sind richtig.
e	Nur die Aussagen 1, 2, 3 und 4 sind richtig.

15.	**Einfachauswahl**
	Welche Aussage zur Trigeminusneuralgie trifft zu?
a	Ein typisches Symptom bei der Trigeminusneuralgie ist die Abschwächung des Kornealreflexes.
b	Die chirurgische Behandlung der Trigeminusneuralgie besteht in der Entfernung des gesamten Trigeminusnerven.
c	Bei der Trigeminusneuralgie treten in der Regel Schmerzen diffus in der gesamten Gesichtshälfte auf.
d	Die Trigeminusneuralgie ist gekennzeichnet durch blitzartig auftretende Schmerzzustände, die nur wenige Sekunden, selten bis zu einer halben Minute anhalten.
e	Bevorzugt betroffen von der Trigeminusneuralgie sind Männer in der 2. bis 3. Lebensdekade.

16.	**Aussagenkombination**
	Welche der folgenden Aussagen zur Fazialisparese treffen zu?
1	**Sie kann im Zusammenhang mit einer Herpes-zoster-Infektion auftreten.**
2	**Die idiopathische periphere Fazialisparese heilt oft ohne weitere Therapie ab.**

3	**Sie kann nach einem Trauma auftreten.**
4	**Als Ursache kommt auch eine Borrelieninfektion in Frage.**
5	**Eine Beteiligung des Stirnasts lässt in erster Linie an einen Schlaganfall denken.**
a	Nur die Aussagen 1 und 2 sind richtig.
b	Nur die Aussagen 3 und 4 sind richtig.
c	Nur die Aussagen 2, 4 und 5 sind richtig.
d	Nur die Aussagen 1, 2, 3 und 4 sind richtig.
e	1-5, alle Aussagen sind richtig.
17.	**Einfachauswahl**
	Welche Aussage trifft zu? Die Alzheimer-Demenz
a	ist auf einer generalisierten arteriosklerotischen Gefäßerkrankung begründet.
b	hat einen stark wechselhaften und schubförmigen Verlauf.
c	sollte differenzialdiagnostisch psychiatrisch abgeklärt werden.
d	hat als Initialsymptomatik Hirnnervenausfälle und Störungen der Oberflächensensibilität.
e	wird überwiegend mit Labormarkern diagnostiziert.
18.	**Mehrfachauswahl**
	Welche der folgenden Aussagen treffen zu? Wählen Sie zwei Antworten! Überprüfen Sie die Richtigkeit der Zuordnung folgender Reflexe zum dazugehörigen Wurzelsegment.
a	Bizepssehnenreflex (BSR): C5/C6.
b	Patellarsehnenreflex (PSR): L2-L4.
c	Achillessehnenreflex (ASR): L2/L3.
d	Bizepssehnenreflex (BSR): Th1/Th2.
e	Patellarsehnenreflex (PSR): S1/S2.
19.	**Aussagenkombination**
	Zu den charakteristischen neurologischen Symptomen beim Parkinson-Syndrom zählen
1	**Ruhetremor.**
2	**Rigor.**
3	**kleinschrittiger Gang.**
4	**monotone Sprache.**
5	**Hyperkinese.**
a	Nur die Aussagen 1 und 3 sind richtig.
b	Nur die Aussagen 1, 2 und 5 sind richtig.
c	Nur die Aussagen 2, 3 und 4 sind richtig.
d	Nur die Aussagen 1, 2, 3 und 4 sind richtig.

e	1-5, alle Aussagen sind richtig.
20.	**Einfachauswahl**
	Welche Aussage trifft zu? Bei einer Demenz ist eine der unten genannten Eigenschaften/Fähigkeiten typischerweise am wenigsten eingeschränkt. Es handelt sich um
a	das Gedächtnis.
b	das Denken.
c	die Orientierung.
d	das Bewusstsein.
e	die Auffassungsgabe.
21.	**Aussagenkombination**
	Welche der folgenden Aussagen trifft (treffen) zu? Zum typischen Bild eines Schlaganfalls (Hirninfarkts) kann (können) gehören:
1	**Halbseitenlähmung.**
2	**Gesichtsfeldausfall.**
3	**plötzlicher Schwindel.**
4	**Blickwendungen zur Seite des Infarkts.**
5	**Schluckstörungen.**
a	Nur die Aussage 1 ist richtig.
b	Nur die Aussagen 1 und 2 sind richtig.
c	Nur die Aussagen 2, 3 und 4 sind richtig.
d	Nur die Aussagen 2, 3, 4 und 5 sind richtig.
e	1-5, alle Aussagen sind richtig.
22.	**Mehrfachauswahl**
	Welche der folgenden Aussagen zur Commotio cerebri (Schädelhirntrauma 1. Grades) treffen zu? Wählen Sie zwei Antworten!
a	Typisch für eine Commotio cerebri ist ein sofortiger Bewusstseinsverlust oder eine sofortige Bewusstseinstrübung.
b	Der Bewusstseinsverlust bei einer Commotio cerebri dauert in der Regel zwischen 1 und 3 Stunden.
c	Postkommotionelle Beschwerden äußern sich vor allem in Durchfällen.
d	Bei einer Commotio cerebri handelt es sich um eine traumatische Hirnschädigung infolge stumpfer Gewalteinwirkung.
e	Die vegetative Symptomatik bei einer Commotio cerebri bildet sich oft nur unvollständig zurück.

23.	**Einfachauswahl**
	Welche Aussage zum Schlaganfall und dessen Folgen trifft zu?
a	Bei einem Gefäßverschluss der rechtsseitigen Arteria cerebri media ist mit einer rechtsseitigen Lähmung zu rechnen.
b	Drop attacks (plötzliches Hinfallen) können Folge eines Gefäßverschlusses der Arteria basilaris sein.
c	Eine intrazerebrale Blutung ist klinisch leicht von einer verminderten Blutversorgung des Gehirns (Ischämie) zu unterscheiden.
d	Bereits wenige Minuten nach einem Schlaganfall tritt eine spastische Hemiparese auf.
e	Eine Aphasie (Sprachstörung) tritt erst 2 bis 3 Wochen später auf.

24.	**Aussagenkombination**
	Welche der Zuordnungen zu den genannten Gangstörungen und den entsprechenden Erkrankungen treffen zu?
1	**Breitbeiniger, unsicherer Gang - Kleinhirnataxie.**
2	**Kleinschrittiger Trippelgang - M. Parkinson.**
3	**Scherengang - Spastische Paraplegie.**
4	**Steppergang - Peronaeuslähmung.**
5	**Spastisch-steifer Gang - Multiple Sklerose.**
a	Nur die Aussagen 1 und 3 sind richtig.
b	Nur die Aussagen 2 und 5 sind richtig.
c	Nur die Aussagen 1, 4 und 5 sind richtig.
d	Nur die Aussagen 2, 3 und 5 sind richtig.
e	1-5, alle Aussagen sind richtig.

25.	**Einfachauswahl**
	Für welche schwerwiegende, unter Umständen lebensbedrohliche Erkrankung ist die ein- oder beidseitige Hämatomverfärbung (Bluterguss) der Augenhöhlen (Monokelhämatom oder Brillenhämatom) ein diagnostischer Hinweis, wenn auch nicht beweisend?
a	Apoplektischer Insult (Schlaganfall).
b	Schädelbasisbruch.
c	Blutungsanämie.
d	Netzhautblutung.
e	Grüner Star (Glaukom).

26.	**Einfachauswahl**
	Für welche Verletzung ist das Symptom „Fallhand" charakteristisch?
a	Eine Verletzung des N. medianus.
b	Eine Verletzung des N. radialis.
c	Eine Verletzung des N. ulnaris.

d	Ein Mittelhandbruch.
e	Mehrfache Fingerbrüche
27.	**Einfachauswahl**
	Welche Aussage ist am ehesten typisch für eine Multiple Sklerose?
a	Verstärkte Bachdeckenreflexe.
b	Nicht selten ein Erkrankungsbeginn mit Sehstörungen (z.B. Doppelbilder).
c	Ein kontinuierlicher Krankheitsverlauf mit ständiger schleichender Verschlechterung.
d	Plötzlich auftretende schlaffe Lähmungen.
e	Krankheitsbeginn meistens nach dem 50. Lebensjahr.
28.	**Einfachauswahl**
	Welche Aussage trifft zu?
a	der Patellarsehnenreflex ist ein polysynaptischer Reflex (Fremdreflex)
b	Beim Patellarsehnenreflex liegt der Reflexerfolg in der Kontraktion des M. quatriceps femoris
c	Ein Patellarklonus hat keinerlei pathologische Bedeutung
d	Zur Prüfung des Patellarsehnenreflexes liegt der Patient am besten auf dem Bauch
e	Ein Ausbleiben des Patellarsehnenreflexes lässt auf eine Schädigung von L5-S1 schließen
29.	**Aussagenkombination**
	Welche der folgenden Aussagen treffen zu? Die typischen Symptome des „Horner-Syndroms" sind:
1	**Exophthalmus.**
2	**Enophthalmus.**
3	**Ptosis.**
4	**Miosis.**
5	**Mydriasis.**
a	Nur die Aussagen 1 und 4 sind richtig.
b	Nur die Aussagen 1, 3 und 4 sind richtig.
c	Nur die Aussagen 1, 3 und 5 sind richtig.
d	Nur die Aussagen 2, 3 und 4 sind richtig.
e	Nur die Aussagen 2, 3 und 5 sind richtig.

30.	Einfachauswahl
	Ein 40-jähriger Mann klagt über heftigste, schlagartig auftretende diffuse Kopfschmerzen nach dem Heben einer schweren Kiste bei seinem Wohnungsumzug. Als Sie eintreffen, ist sein Bewusstsein bereits eingetrübt, es zeigt sich ein Meningismus und positiver Lasègue. RR 115/65 mmHg, Puls 100/Min. Was ist die wahrscheinlichste Diagnose?
a	Akuter Migräne-Anfall.
b	Subarachnoidalblutung.
c	Bluthochdruck.
d	Akute Meningitis.
e	Alkoholentzugssyndrom.

Antworten zum Thema Nervensystem

Zu 1.	Siehe Kap. 3 → 79.
Zu 2.	a. und b siehe Kap. 3.1 → 80.
Zu 3.	Siehe Kap. 3.1.1 → 80.
Zu 4.	Siehe Kap. 3.1.5 → 85.
Zu 5.	Siehe Kap. 3.1.5.3 → 85.
Zu 6.	Siehe Kap. 3.1.8 → 86.
Zu 7.	Siehe Kap. 3.1.9 → 89.
Zu 8.	Siehe Kap. 3.1.10 → 89.
Zu 9.	Siehe Kap. 3.2.1 → 92.
Zu 10.	Siehe Kap. 3.5 → 98.
Zu 11.	a. und b siehe Kap. 3.6.1.1 → 102.
Zu 12.	Siehe Kap. 3.6.2 → 107.
Zu 13.	Siehe Kap. 3.6.3 → 108.
Zu 14.	a. und b. siehe Kap. 3.6.6 → 112.
Zu 15.	Siehe Kap. 3.6.7 → 114.
Zu 16.	Siehe Kap. 3.6.7.4 → 114.
Zu 17.	Siehe Kap. 3.6.7.4 → 114.
Zu 18.	Siehe Kap. 3.6.9 → 116.
Zu 19.	Siehe Kap. 3.6.10 → 118.
Zu 20.	Siehe Kap. 3.6.12 → 119.

Antworten auf die Multiple-Choice-Fragen	
Zu 1.	**Antwort c.** Sympathikus: Kampf oder Flucht (wichtigstes Werkzeug: Adrenalin); Parasympathikus: Regeneration, Verdauung, Ausscheidung (wichtigstes Werkzeug: N. vagus). Zu a: ... des Parasympathikus; zu b: Der Sympathikus führt zu einer Mydriasis, der Parasympathikus zu einer Miosis; zu d: Verdauungs- und Harntrakt werden durch den Sympathikus gehemmt und durch den Parasympathikus angeregt; zu e: Blutdruckanstieg über Sympathikus.
Zu 2.	**Antwort b.** Die Frage nach „am ehesten" schließt die anderen Möglichkeiten nicht aus. Zu a: Die Folgen eines Hirninfarkts würden nicht wieder komplett verschwinden; zu b: Eine Subarachnoidalblutung führt zu Meningismus (z.B. mit akutem Hinterkopfschmerz) und bildet sich auch nicht so schnell zurück; zu d: Auch hier verschwindet die Symptomatik (eher Hirndruckzeichen, psychische Veränderungen etc.) nicht vollständig und plötzlich; zu e: Eine Migräneattacke könnte von gestern auf heute verschwunden sein, ist aber typischerweise durch Kopfschmerz gekennzeichnet, begleitet von Hyperästhesien u.s.w.
Zu 3.	**Antwort a, d.** „Restless-Legs-Syndrom" ist eine neurologische Erkrankung (eine extrapyramidale Hyperkines) mit Gefühlsstörungen (wie Ziehen, Spannen, Kribbeln, Schmerzen, Wärmegefühl u.a.) und Bewegungsdrang in Beinen, Füßen (seltener Armen), die zum unwiderstehlichen Drang führen, sich zu bewegen. Beschwerden treten meist abends, nachts bei ruhigem Sitzen oder Liegen im Bett auf. Charakteristisch ist sofortige Linderung durch Bewegen der betroffenen Gliedmaße (und wieder auftreten in der folgenden Ruhesituation). Ursache ungeklärt, vermutlich gestörter Neurotrasmitter-Stoffwechsel; zu b: aufgehobener Reflex deutet eher auf Lähmung, nicht auf Hyperkinese; zu c: Verbesserung durch Bewegung; zu e: Eine Hypokalziämie führt zu Erregungszuständen (Tetanie, nicht RLS), zeigt aber Symptome nicht isoliert an den Beinen (z.B. „Geburtshelferhand, Pfötchenstellung).
Zu 4.	**Antwort b, e.** Zu a: Ursache sind meist Verletzungen oder Kompressionsschäden (e); zu c: innerviert Unterschenkelvorderseite, Fußrücken und Streckseite der ersten bis vierten Zehe, nicht die Wadenmuskulatur, daher ASR erhalten; zu d: dabei ist der Fuß nach oben abgeknickt, passt nicht zu Fußheberschwäche.
Zu 5.	**Antwort a, e.** Lasegue-Zeichen: Ischias-Dehnungsschmerz ausgelöst durch passives Anheben des gestreckten Beins des flach liegenden Patienten. Zu b: Das ist das Brudzinski-Zeichen; zu c: wird am liegenden Patienten geprüft; zu d: des N. ischiadicus.

Zu 6.	**Antwort d.** Zu a: des zentralen Nervensystems; zu b: Sehstörungen durch Beteiligung des Sehnerven (Schleiersehen) oder der motorischen Augennerven (Achsabweichungen, Schielen); zu c: Frauen häufiger als Männer; Erstmanifestation zwischen 20. und 40 Lj.; zu e: Diagnose mithilfe der Klinik (Symptome) + MRT, Liquoruntersuchung, Kernspin- und Computertomographie, EEG (evozierte Potenziale).
Zu 7.	**Antwort d, e.** Zu a: kontralateral, rechte Hand - linke Hirnhälfte; zu b: Verletzungsfolge sind eher Epi- und Subduralblutung; Subarachnoidalblutung meist durch Ruptur eines Aneurysmas; zu c: Kopfschmerzen zählen nicht zu den typischen Symptomen (vgl.: 3.6.6.1).
Zu 8.	**Antwort b, c.** Zu a: Beginn schleichend mit Gedächtnisstörungen (Zerstreutheit, Vergesslichkeit), später Orientierungsstörungen; zu d: bis heute nicht heilbar; zu e: Computertomographie oder Magnetresonanztomographie können evtl. Hirnschrumpfung nachweisen.
Zu 9.	**Antwort c.** Zentrale Lähmungen, spastisch → erhöhter Muskeltonus, gesteigerte Reflexe (deswegen nicht a); periphere Lähmungen, schlaff → herabgesetzter Muskeltonus, Reflexe herabgesetzt/erloschen (deswegen nicht d); Babinski-Reflex (Dorsalextension und Spreizen der Zehen, ausgelöst durch Bestreichen des Fußsohlenaußenrands, physiologisch bei Säuglingen) deutet auf Pyramidenbahnschädigung (Pyramidenbahn ist Teil des ZNS) (deswegen nicht b und e).
Zu 10.	**Antwort c:** 1, 2 und 5 sind richtig. Zu 3: Erstmanifestation zwischen 20. und 40 Lj.; zu 4: typisch eher Euphorie, aber auch (reaktive) Depression.
Zu 11.	**Antwort d:** 1, 3, 4 und 5 sind richtig. Zu 2: auch vegetatives NS betroffen (und „ausschließlich" ist verdächtig).
Zu 12.	**Antwort a:** nur 1 ist richtig. Zu 2: gestört ist das Gleichgewicht zwischen Dopamin und Acetylcholin; zu 3: auch die Gedanken werden als „wie einzementiert" beschrieben (Bradyphrenie = Verlangsamung der Denkabläufe); zu 4: kann nicht willentlich unterbunden werden; zu 5: Ausreichende Bewegung ist wichtig, um die für das Parkinson-Syndrom typische allmähliche Verminderung der Mobilität so lange wie möglich hinauszuzögern. Bei fortgeschrittener Krankheit ist dafür eine speziell darauf ausgerichtete regelmäßige Krankengymnastik nötig.
Zu 13.	**Antwort a.** b, c, d und e werden durch den Parasympathikus verursacht.

Zu 14.	**Antwort c:** 1, 3 und 4 sind richtig. „Hirndruck-Trias": Kopfschmerz, Erbrechen, Stauungspapille (Vorwölbung der Sehnervenpapille im Auge, Feststellung per Ophthalmoskop); weitere Symptome: Schwindel, Augenmuskellähmungen, Bradykardie, Atem und Bewusstseinsstörungen (von Abwesenheit bis Koma); anfänglich kann es zu Bewegungsunruhe kommen, aber nicht (5.) zu einem Tremor der Hände. Auch Peroneuslähmung (vgl. Frage 4), eine isolierte periphere Lähmung eines Nervanasts, entsteht nicht aufgrund einer Hirndrucksteigerung.
Zu 15.	**Antwort d.** Zu a: Typische Symptome sind v.a. unter d beschrieben, ferner Hyperästhesien und Sensibilitätsstörungen; evtl. Kontraktion der mimischen Gesichtsmuskulatur (Tic douloureux); evtl. Rötung des Gesichts; evtl. Tränen- und Schweißsekretion; b: Bretrifft nicht den gesamten Nerv, er wird nicht entfernt, sondern dekomprimiert; weitere operative Maßnahme: Schädigung des Ganglion Gasseri durch Hitzekoagulation, chemische Substanzen oder mechanischen Druck; zu c: im Ausbreitungsgebiet einzelner (oder mehrerer Trigeminus-Äste) bei der idiopathischen Form → v.a. N. mandibularis und/oder N. maxillaris; bei der symptomatischen Form auch N. ophthalmicus); zu e: überwiegend Patienten über 50 Jahre, mehr Frauen als Männer betroffen.
Zu 16.	**Antwort d:** 1, 2, 3 und 4 sind richtig. Zu 5: Das ist die Besonderheit der zentralen Fazialisparese, der Stirnast ist nicht betroffen, die Stirn kann noch gerunzelt und das Auge geschlossen werden.
Zu 17.	**Antwort c.** Zu a: Die genaue Ursache der Hirnatrophie und Bildung „seniler Plaques" ist unklar; zu b: eher kontinuierlicher Verlauf; zu d: fängt an mit Vergesslichkeit; zu e: Ausschlussdiagnose, keine speziellen Labormarker bei M. Alzheimer.
Zu 18.	**Antwort a, b.** Zu c: ASR: S1/2; zu d: BSR: C 5/6; zu e: PSR: L3/4.
Zu 19.	**Antwort d:** 1, 2, 3 und 4 sind richtig. Zu 5: Parkinson-Symptom: Hypokinese, Akinese, Bradykinese, keine Hyperkinese.
Zu 20.	**Antwort d.** Hier ist wohl Bewusstsein im Sinne von Wachheit gemeint, weitere Pschyrembel-Definitionen bleiben unerwähnt wie Orientierung (nach Zeit, Raum und Person), Aufmerksamkeit, Denkablauf und Merkfähigkeit; diese sind bei M. Alzheimer eingeschränkt. Allerdings sind alle übrigen Antworten auch typischerweise nicht vollständig. Unklare Frage, wollte ich Ihnen nicht vorenthalten, auch so was gibt´s.
Zu 21.	**Antwort e.** Alle Aussagen richtig. Zu 4: Patient sieht zur gesunden Seite, die Seite des Infarkts ist nicht die gelähmte Seite.

Zu 22.	**Antwort a, d.** Zu b: Bewusstlosigkeit < 5 Min.; zu c: Kopfschmerzen, Schwindel, Übelkeit, Erbrechen; zu e: vollständige Rückbildung.
Zu 23.	**Antwort b.** Zu a: kontralateral: rechte Hirnhälfte, linke Körperhälfte; zu c: Roter und weißer Insult lassen sich aufgrund der Symptomatik nicht voneinander abgrenzen; zu d: ...Wochen später; zu e: Die Aphasie tritt sofort auf (der Patient kann sich z.B. am Telefon beim Hilferuf kaum verständlich machen).
Zu 24.	**Antwort e.** Alle Aussagen sind richtig.
Zu 25.	**Antwort b:** Brillen- oder Monokelhämatom bei Schädelbasisbruch; diese Wortkombination sollten Sie in einem Atemzug und ohne zu überlegen runterbeten können.
Zu 26.	**Antwort b.** „Ich schwöre bei Medianus, wenn ich vom **Rad fall'**, kralle ich mir die Ulna: **rad**ialis - **Fall**hand.
Zu 27.	**Antwort b.** Zu a: abgeschwächte und/oder seitendifferente Bauchdeckenreflexe; zu c: schubweiser Verlauf; zu d: eher spastische Lähmungen (und nicht plötzlich auftretend); zu e: Erstmanifestation v.a. zwischen dem 20. und 40. Lj.
Zu 28.	**Antwort b.** Zu a: ein Eigenreflex; zu c: ist ein Pyramidenbahnzeichen; zu d: Und wo kickt er dann hin? (da darf nichts vor dem Unterschenkel sein, auch keine Liege); zu e: PSR L3/4.
Zu 29.	**Antwort d:** 2, 3 und 4 richtig. 1 ist falsch, da 2 richtig ist; 5 ist falsch, da 4 richtig ist.
Zu 30.	**Antwort b:** Die häufigste Ursache für eine Subarachnoidalblutung ist eine Aneurysmaruptur, ausgelöst durch z.B. Anstrengung; daher passt die Beschreibung am ehesten dazu; zu a: durch Heben einer Kiste, so plötzlich und mit so hohem Puls? Zu c: führt nicht zu Meningismus; zu d: Die betroffene Person hätte Fieber; eine Kiste zu heben wäre nicht der Auslöser; zu e: beginnt nicht so schlagartig (und führt nicht zu Meningismus).

Fragen zum Thema Auge, Ohr

1a.	**Aus welchen Schichten besteht das Auge?**
1b.	**Welche Schicht bildet im vorderen Augenbereich die Hornhaut?**
1c.	**Welche Schicht bildet die Iris und den Ziliarkörper?**
2.	**Was ist der gelbe, was der blinde Fleck?**
3.	**Wie können Sie sich eine grobe Orientierung über das Gesichtsfeld verschaffen?**

4.	Bitte grenzen Sie Hagelkorn und Gerstenkorn voneinander ab.
5a.	Was ist eine Konjunktivitis?
5b.	Wie kann es dazu kommen?
5c.	Ist dabei des Sehen beeinträchtigt?
6.	Was wissen Sie über den grauen Star?
7.	Was ist der grüne Star?
8.	Bitte beschreiben Sie den Aufbau des Ohrs.
9.	Was ist der schallleitende Anteil, was der schallempfindende?
10.	Was für Ursachen können zu Schallleitungsstörung führen?
11.	Was für Ursachen können zu Schallempfindungsstörung führen?
12.	Welche Untersuchungen im Bezug auf das Hören können Sie mit einer Stimmgabel durchführen?
13.	Welche Anteile bilden das Gleichgewichtsorgan?
14.	Was kann alles zu Ohrenlaufen führen?
15.	Bitte beschreiben Sie die Otitis Media. Ursachen, Symptome, Komplikationen.
16.	Welche Symptome deuten auf M. Menière hin?
17.	Was ist ein Hörsturz?
	Multiple-Choice-Fragen
1.	Aussagenkombination
	Welche der folgenden Aussagen treffen zu? Typische Zeichen eines akuten Glaukomanfalls können sein:
1	ein nicht eingeschränktes Sehvermögen.
2	eine weite, reaktionslose (lichtstarre) Pupille.
3	ein weicher Augapfel.
4	ein stark gerötetes Auge.
5	stärkste Schmerzen im Auge mit dumpfer Ausstrahlung.
a	Nur die Aussagen 1 und 2 sind richtig.
b	Nur die Aussagen 4 und 5 sind richtig.
c	Nur die Aussagen 1, 2 und 3 sind richtig.
d	Nur die Aussagen 2, 4 und 5 sind richtig.
e	1-5, alle Aussagen sind richtig.

2.	**Aussagenkombination**
	Ursächlich für neu aufgetretene Sehstörungen können sein:
1	**Multiple Sklerose.**
2	**Migräne.**
3	**Achalasie.**
4	**ein akutes Glaukom.**
5	**Xanthelasmen.**
a	Nur die Aussagen 4 und 5 sind richtig.
b	Nur die Aussagen 1, 2 und 3 sind richtig.
c	Nur die Aussagen 1, 2 und 4 sind richtig.
d	Nur die Aussagen 1, 4 und 5 sind richtig.
e	1-5, alle Aussagen sind richtig.

3.	**Einfachauswahl**
	Welche Aussage trifft zu? Eine Netzhautablösung
a	kann sich vor allem bei starker Weitsichtigkeit entwickeln.
b	kommt in der Regel durch Reduktion von Stressfaktoren ohne weitere Behandlung zum Stillstand.
c	hat den isolierten Verlust des Farbensehens zur Folge.
d	kann Symptome wie z.B. Lichtblitze, Schleiersehen und Schattensehen aufweisen.
e	führt zu schmerzhaften Sehstörungen.

4.	**Mehrfachauswahl**
	Welche der folgenden Aussagen über das Auge treffen zu? Wählen Sie zwei Antworten!
a	Die Augenkammer ist mit Tränenflüssigkeit gefüllt.
b	Die Augenkammer ist durch die Iris in vordere und hintere Augenkammer geteilt.
c	In der Ziliardrüse (Epithelschicht des Ziliarkörpers) wird das Kammerwasser produziert.
d	Nur durch vermehrte Produktion von Kammerwasser kann es zum Glaukomanfall kommen.
e	Der Grüne Star entsteht durch eine Linsentrübung.

5.	**Aussagenkombination**
	Welche der folgenden Aussagen über das Auge treffen zu?
1	**Bei Myopie (Kurzsichtigkeit) ist der Augapfel zu kurz.**
2	**Bei der Nahanpassung des Auges zieht sich der Ziliarmuskel zusammen.**
3	**Die Zapfen in der Retina ermöglichen das Farbensehen, die Stäbchen das Dämmerungssehen.**
4	**Der gelbe Fleck ist die Stelle im Auge, an der der Sehnerv aus dem Auge tritt.**

5	**Ein Glaukom kann zu einer Sehnervenschädigung führen.**
a	Nur die Aussagen 1 und 2 sind richtig.
b	Nur die Aussagen 2, 3 und 5 sind richtig.
c	Nur die Aussagen 1, 3, 4 und 5 sind richtig.
d	Nur die Aussagen 2, 3, 4 und 5 sind richtig.
e	1-5, alle Aussagen sind richtig.

6.	**Mehrfachauswahl**
	Welche der folgenden Aussagen treffen zu? Wählen Sie zwei Antworten! Eine Miosis (Verkleinerung der Pupille) ist zu erwarten bei:
a	einer Reaktion auf Pharmaka, die den Sympathikus reizen (Sympathikomimetika).
b	einer Reaktion auf Pharmaka, die den Parasympathikus reizen (Parasympathikomimetika).
c	Enzephaltitis.
d	hypovolämischem Schock.
e	binokularer (beidäugige) Fixation eines nahe gelegenen Gegenstands.

7.	**Mehrfachauswahl**
	Welches sind die optisch wirksamen Teile (lichtbrechende Strukturen) des Auges? Wählen Sie zwei Antworten!
a	Hornhaut.
b	Pupille.
c	Linse.
d	Netzhaut.
e	Aderhaut.

8.	**Mehrfachauswahl**
	Welche der folgenden Aussagen bezüglich der Augen treffen zu? Wählen Sie zwei Antworten!
a	Ein Exophthalmus kann auf einen raumfordernden Prozess in der Augenhöhle des Schädels hinweisen.
b	Das sog. Horner-Syndrom besteht aus der Trias Ptosis, Miosis, Enophthalmus.
c	Helligkeit kann die Ursache einer Mydriasis sein.
d	Der Glaskörper ist mit Wasser gefüllt.
e	Die Papille ist die Stelle des schärfsten Sehens.

9.	**Mehrfachauswahl**
	Welche Aussage zur Kurzsichtigkeit trifft zu? Wählen Sie zwei Antworten!
a	Sie entsteht bei zu kurzem Augapfel.
b	Sie entsteht bei zu langem Augapfel.
c	Sie entsteht bei verminderter Elastizität des Auges.

d	Sie entsteht bei erhöhtem Augeninnendruck.
e	Sie entsteht durch zu hohe Brechkraft von Hornhaut und Linse.
10.	**Aussagenkombination**
	Welche der folgenden Zuordnungen von Erkrankungen und dem betreffenden Augenabschnitt (bzw. Drüse) trifft (treffen) zu?
1	**Konjunktivitis - Lederhaut.**
2	**Hagelkorn - Maibomsche Drüse (Talgdrüsen der Lider).**
3	**Skleritis - Linse.**
4	**Altersstar - Bindehaut.**
5	**Gerstenkorn - Tränendrüse.**
a	Nur die Aussage 2 ist richtig.
b	Nur die Aussagen 2 und 3 sind richtig.
c	Nur die Aussagen 1, 2 und 4 sind richtig.
d	Nur die Aussagen 1, 3 und 4 sind richtig.
e	1-5, alle Aussagen sind richtig.
11.	**Mehrfachauswahl**
	Welche der folgenden Aussagen zu Ohr und Gleichgewichtsorgan treffen zu? Wählen Sie zwei Antworten!
a	Das Vestibularorgan befindet sich im Mittelohr.
b	Die Endolymphe umspült das Labyrinth und reinigt somit die Schnecke von außen.
c	Von den Sinneszellen gelangt die Sinnesinformation über den VIII. Hirnnerv (N. vestibulocochlearis) zu Nervenzentren im Gehirn.
d	Die Cochlea (Hörschnecke) ist ein schneckenförmiger Hohlraum im Felsenbein.
e	Die Paukenhöhle ist mit Lymphe gefüllt.
12.	**Aussagenkombination**
	Welche der genannten Ursachen kommen für eine neu aufgetretene Hörminderung in Betracht?
1	**Medikamentennebenwirkung.**
2	**Felsenbeinfraktur.**
3	**Morbus Menière.**
4	**Multiple Sklerose.**
5	**Otitis media.**
a	Nur die Aussagen 1 und 5 sind richtig.
b	Nur die Aussagen 1, 3 und 4 sind richtig.
c	Nur die Aussagen 2, 4 und 5 sind richtig.
d	Nur die Aussagen 2, 3, 4 und 5 sind richtig.
e	1-5, alle Aussagen sind richtig.

13.	**Aussagenkombination**
	Welche der folgenden Aussagen treffen zu? Ursachen von Ohrgeräuschen (Tinnitus aurium) können sein:
1	**Anämie.**
2	**Otosklerose.**
3	**Hypotonie.**
4	**Hypertonie.**
5	**Hirntumor.**
a	Nur die Aussagen 1 und 2 sind richtig.
b	Nur die Aussagen 3 und 4 sind richtig.
c	Nur die Aussagen 1, 2, 3 und 5 sind richtig.
d	Nur die Aussagen 1, 2, 4 und 5 sind richtig.
e	1-5, alle Aussagen sind richtig.

14.	**Aussagenkombination**
	Welche der folgenden Aussagen zu lärmbedingten Gehörschäden trifft (treffen) zu?
1	**Gehörschäden können berufsbedingt sein.**
2	**Gehörschäden entstehen nur bei hohen Schallfrequenzen.**
3	**Erst ab ca. 150 dB (Dezibel) kann es zu Schäden kommen.**
4	**Gehörschäden können sowohl durch akute Ereignisse als auch bei Dauerbelastung auftreten.**
5	**Typischerweise entstehen dabei Schäden der Schallleitung im Mittelohr.**
a	Nur die Aussage 1 ist richtig.
b	Nur die Aussagen 1 und 4 sind richtig.
c	Nur die Aussagen 1, 4 und 5 sind richtig.
d	Nur die Aussagen 2, 3, 4 und 5 sind richtig.
e	1-5, alle Aussagen sind richtig.

15.	**Mehrfachauswahl**
	Welche der folgenden Aussagen zum Hörvorgang treffen zu? Wählen Sie zwei Antworten!
a	Die Bewegungen des ovalen Fensters führen zu Druckwellen in der luftgefüllten Cochlea (Hörschnecke).
b	Schallwellen versetzen das Trommelfell in Schwingungen.
c	Im flüssigkeitsgefüllten Mittelohr werden die Schallwellen in mechanische Energie umgewandelt.
d	Im Mittelohr wird die Energie der Schallwellen in der Regel vermindert.
e	Hammer, Amboss und Steigbügel übertragen die beim Trommelfell ankommenden Schwingungen auf das ovale Fenster.

16.	Mehrfachauswahl
	Welche der folgenden Aussagen zum Mittelohr treffen zu? Wählen Sie zwei Antworten!
a	Im Mittelohr werden Druckwellen in der Luft (Schall) in mechanische Energie umgewandelt.
b	Das Mittelohr ist mit Perilymphe (Flüssigkeit) gefüllt.
c	Das Mittelohr ist vom äußeren Ohr durch das ovale Fenster abgetrennt.
d	Die Gehörknöchelchen geben über die Steigbügelfußplatte ihre Schwingungen an das ovale Fenster ab.
e	Es gibt 5 Gehörknöchelchen (Hammer, Amboss, Rechen, Zange und Steigbügel).

Antworten zum Thema Auge, Ohr

Zu 1.	a., b., c. siehe Kap. 4.2 → 123.
Zu 2.	Siehe Kap. 4.2 → 123.
Zu 3.	Siehe Kap. 4.3.3 → 127.
Zu 4.	Siehe Kap. 4.4.14 → 131.
Zu 5.	a., b., c. siehe Kap. 4.4.15 → 131.
Zu 6.	Siehe Kap. 4.4.19 → 133.
Zu 7.	Siehe Kap. 4.4.20 → 134.
Zu 8.	Siehe Kap. 4.5 → 135.
Zu 9.	Siehe Kap. 4.7.1 → 139.
Zu 10.	Siehe Kap. 4.7.1 → 139.
Zu 11.	Siehe Kap. 4.7.1 → 139.
Zu 12.	Siehe Kap. 4.6.3 → 139.
Zu 13.	Siehe Kap. 4.5.2 → 137.
Zu 14.	Siehe Kap. 4.7.2.4 → 140.
Zu 15.	Siehe Kap. 4.7.3.1 → 140.
Zu 16.	Siehe Kap. 4.7.4.3 → 143.
Zu 17.	Siehe Kap. 4.7.4.4 → 143.
	Antworten auf die Multiple-Choice-Fragen
Zu 1.	**Antwort d.** 2, 4 und 5 sind richtig. Zu 1: Sehvermögen lässt nach, Nebel- und Regenbogenfarbensehen; zu 3: harter Bulbus.
Zu 2.	**Antwort c.** 1, 2 und 4 sind richtig. Zu 3: Achalasie: fehlende Erschlaffung der Sphinkter-Muskulatur, z.B. am Ösophagus; hat nichts mit Sehstörungen zu tun; zu 5: Xanthelasmen sind Fettablagerungen um die Augen, die den Patienten nicht beeinträchtigen.

Zu 3.	**Antwort d.** Zu a: bei starker Kurzsichtigkeit; zu b: Ohne Behandlung schreitet die Ablösung unablässig fort; zu c: Der Endzustand ist die totale Erblindung; zu e: ist schmerzlos.
Zu 4.	**Antwort b, c.** Zu a: Kammerwasser, Tränenflüssigkeit befindet sich außerhalb; zu d: („Nur" ist schwer verdächtig), eine häufigere Ursache ist eine Abflussbehinderung über den Schlemm-Kanal; zu e: Das ist der graue Star (Linsentrübung), der grüne Star ist das Glaukom (erhöhter Augeninnendruck).
Zu 5.	**Antwort b.** 2, 3 und 5 sind richtig. Zu 1: Augapfel zu lang; zu 4: gelber Fleck: Stelle des schärfsten (Farben-)-Sehens, der blinde Fleck ist der Austrittsort des Sehnerven.
Zu 6.	**Antwort b, e.** Zu a: Eine Mydriasis wird über die Stimulation des N. sympathicus erreicht; zu C: Bei einer Enzephalitis kann es zu Lähmungen, Sehstörungen mit Doppelbildsehen, Fieber, Kopfschmerzen, Krämpfen und Bewusstlosigkeit kommen; zu d: Es kommt u.a. zur Ausschüttung von Adrenalin (Werkzeug des Sympathikus), das für eine Mydriasis sorgt.
Zu 7.	**Antwort a, c.** (Außerdem an der Lichtbrechung beteiligt sind Kammerwasser und Glaskörper). Zu b: Hier tritt das Licht ins Auge, wird aber nicht gebrochen, da es nur ein Loch ist; zu d: die Netzhaut dient der Sinneswahrnehmung, nicht der Lichtbrechung; zu e: Die Aderhaut versorgt mit ihren zahlreichen Blutgefäßen die Netzhaut.
Zu 8.	**Antwort a, b.** Zu c: Bei Helligkeit kommt es zu Miosis; zu d: durchsichtige gallertartige Flüssigkeit; zu e: Die Papille ist die Stelle, an der der Sehnerv austritt. Hier liegen keine Sinnesrezeptoren, sie bildet also den blinden Fleck; die Stelle des schärfsten Sehens ist der gelbe Fleck mit der höchsten Dichte an Zapfen.
ZU 9.	**Antwort b, e.** Bei Kurzsichtigkeit liegt das scharfe Bild entfernter Objekte vor der Netzhaut, also ist entweder der Augapfel zu lang (b) und nicht zu kurz (a), oder die Brechkraft zu hoch (e); zu c: verminderte Elastizität hört sich nach Erkrankung des höheren Alters an. Der Begriff Alters**weit**sichtigkeit ist geläufig; zu d: Dabei kommt es zu Druck auf den Sehnerven und möglicherweise zur Erblindung, nicht zur Kurzsichtigkeit.
Zu 9.	**Antwort a.** Nur 2 ist richtig. Zu 1: Konjunktivitis - Bindehaut; zu 3: Sklera ist die Lederhaut, nicht die Linse; zu 4: Altersstar - Linsentrübung; zu 5: Gerstenkorn: Moll- oder Zeiss-Drüse am Lidrand.
Zu 10.	**Antwort c, d.** Zu a: im Innenohr; zu b: Endolymphe (Endo ist innen): innerhalb des häutigen Labyrinths; zu e: die Paukenhöhle ist nicht mit Flüssigkeit gefüllt (das würde die mechanischen Schwingungen dämpfen).
Zu 11.	**Antwort e.** Alle Aussagen sind richtig.

Zu 12.	**Antwort e.** Alle Aussagen sind richtig.
Zu 13.	**Antwort b.** 1 und 4 sind richig. Zu 2: Die Lautstärke spielt die Hauptrolle, nicht die Frequenz; zu 3: Hierzu genügen über 85 dB (eher chronische Lärmschädigung, typischerweise über Jahre einwirkend); zu 5: Schäden der Schallempfindung im Innenohr.
Zu 14.	**Antwort b, e.** Zu a: nicht mit Luft gefüllt, aber überwiegend mit Perilymphe; zu c: keine Flüssigkeit im Mittelohr; zu d: um das 20-fache verstärkt.
Zu 15.	**Antwort a, d.** Zu b: keine Flüssigkeit im Mittelohr; zu c: durch das Trommelfell; zu E: Rechen und Zange zählen nicht zu den Gehörknöchelchen (es gibt drei: Hammer, Amboss, Steigbügel).

Fragen zum Thema Haut

1.	**Aus welchen Schichten besteht die Haut?**
2.	**Wo findet in der Oberhaut Zellteilung statt?**
3.	**Was ist eine Papel, was eine Pustel?**
4.	**Ein Patient beklagt, dass er häufiger Furunkel habe.**
a.	**Was sind Furunkel?**
b.	**Welche Faktoren erhöhen die Disposition dazu?**
c.	**Was sind mögliche Komplikationen?**
5.	**Ein Patient klagt über Juckreiz, besonders an Unterarmen, Unterschenkeln und zwischen den Beinen. Welche Ursachen ziehen Sie in Betracht?**
6a.	**Was wissen Sie über die Borkenflechte?**
6b.	**Was sind mögliche Komplikationen?**
7.	**Bei welchen Erkrankungen wurde gehäuftes Einhergehen mit Vitiligo beobachtet?**
8a.	**Was sind die Prädilektonsstellen von Psoriasis vulgaris?**
8b.	**Bitte beschreiben Sie das Erscheinungsbild.**
8c.	**Was wissen Sie über die Ursachen?**
9a.	**Was sind die Prädilektonsstellen von Neurodermitis?**
9b.	**Was wissen Sie noch über die Neurodermitis?**
9c.	**Dürfen Sie behandeln? Wenn ja, wie?**

10.	**Was sind Gemeinsamkeiten und Unterschiede vom nicht allergischen zum allergischen Kontaktekzem?**
11.	**Welche Formen von Hautkrebs werden unterschieden?**
12a.	**Was ist das typische Erscheinungsbild des Basalioms?**
12b.	**Wo tritt es am häufigsten auf?**
12c.	**Warum wird es als semimaligne eingestuft?**
13.	**Welche Verdachtszeichen deuten auf ein malignes Melanom hin?**
14.	**Was ist bei einer Verbrennung zu tun?**
15a.	**Welche Hautparasiten kennen Sie?**
15b.	**Welche Erkrankungen könnten durch sie übertragen werden?**
	Multiple-Choice-Fragen
1.	**Einfachauswahl**
	Welche Aussage zur Psoriasis vulgaris trifft zu?
a	Psoriasis vulgaris ist eine ansteckende Hauterkrankung.
b	Psoriasisherde treten typischerweise an den Beugeseiten großer Gelenke auf.
c	Psoriasishautveränderungen jucken i.d.R. stark.
d	Nach langjähriger Psoriasiserkrankung treten bei den meisten Patienten Gelenkbeschwerden auf (Psoriasis arthropathica).
e	Bei Psoriasis treten häufig Nagelveränderungen auf.
2.	**Mehrfachauswahl**
	Welche der folgenden Aussagen zum Furunkel bzw. Karbunkel treffen zu? Wählen Sie zwei Antworten!
a	Ein Furunkel kann an jeder Stelle der behaarten Haut auftreten.
b	Ursache für eine Furunkelbildung sind meist virale Infektionen.
c	Karbunkel sind in der Regel nicht schmerzhaft.
d	Um eine Zerstreuung der Keime zu vermeiden, ist ein chirurgisches Vorgehen, z.B. eine Inzision des Furunkels zu vermeiden.
e	Die Abheilung eines Furunkels erfolgt in der Regel mit Narbenbildung.
3.	**Aussagenkombination**
	Welche der folgenden Aussagen zum malignen Melanom treffen zu?
1	**Bevorzugte Lokalisationen sind u.a. Stamm und Extremitäten.**
2	**Das maligne Melanom hat in den letzten Jahrzehnten an Häufigkeit zugenommen.**
3	**Völlig pigmentfreie Melanome treten niemals auf.**
4	**Eine Probeexzision ist zur Klärung des Verdachts indiziert.**
5	**Maligne Melanome kommen nur an der Haut vor.**

a	Nur die Aussagen 1 und 2 sind richtig.
b	Nur die Aussagen 2 und 4 sind richtig.
c	Nur die Aussagen 1, 2 und 5 sind richtig.
d	Nur die Aussagen 1, 3 und 5 sind richtig.
e	Nur die Aussagen 3, 4 und 5 sind richtig.
4.	**Aussagenkombination**
	Welche der folgenden Aussagen treffen zu? Bei Schuppenflechte (Psoriasis vulgaris) sind neben den Hauterscheinungen folgende Zusatz-Symptome typisch:
1	**Nagelveränderungen.**
2	**akute Verwirrtheitszustände.**
3	**Gelenkbeschwerden.**
4	**häufige schleimig-blutige Stühle.**
5	**Gewichtszunahme und Ödeme.**
a	Nur die Aussagen 1 und 3 sind richtig.
b	Nur die Aussagen 1 und 5 sind richtig.
c	Nur die Aussagen 2 und 4 sind richtig.
d	Nur die Aussagen 1, 3 und 5 sind richtig.
e	Nur die Aussagen 2, 3 und 4 sind richtig.
5.	**Mehrfachauswahl**
	Welche der folgenden Aussagen treffen zu? Krätze (Scabies) ist eine Hauterkrankung des Menschen. Wählen Sie zwei Antworten!
a	Die Krätzmilben haben eine obligat parasitäre Lebensweise, d.h. sie sind ständig auf einen Wirt angewiesen und sind ohne ihn auf Dauer nicht überlebensfähig.
b	Nach dem Infektionsschutzgesetz (§34) ist bereits der Verdacht ein Verbot des Aufenthalts und Arbeiten in Gemeinschaftseinrichtungen gegeben.
c	Das Reservoir für Scabies liegt vor allem bei Haustieren.
d	Häufigster Befall der Krätze ist das Gesicht.
e	Die Milbengänge verlaufen i.d.R. im Unterhautfettgewebe.
6.	**Mehrfachauswahl**
	Welche der folgenden Aussagen zur Akne vulgaris treffen zu? Wählen Sie zwei Antworten!
a	Bei der Akne wird die Talgdrüsensekretion durch Androgene stimuliert.
b	Betroffen sind mehr Frauen als Männer.
c	Akne beginnt meist nach dem 30. Lebensjahr.
d	Akne kann auch durch chemische Noxen und Medikamente ausgelöst werden.
e	Bei der Akne sind die Schleimhäute besonders betroffen.

7.	**Mehrfachauswahl**
	Welche der folgenden Aussagen zur Urtikaria treffen zu? Wählen Sie zwei Antworten!
a	Psychische Faktoren spielen bei der Entstehung keine Rolle.
b	Sie ist eine meist über Jahre in gleicher Intensität bestehende Hauterkrankung.
c	Sie wird überwiegend durch Histamin vermittelt.
d	Neben der Wärmeurtikaria gibt es auch eine Kälteurtikaria.
e	Juckreiz spricht gegen eine Urtikaria.

8.	**Einfachauswahl**
	Ein 65-jähriger Landwirt zeigt Ihnen bei einem Besuch an der linken Schläfe eine seit Monaten an Größe zunehmende Hautveränderung. Sie finden ein glasiges hautfarbenes Knötchen mit perlschnurartigem Randwall und Teleangiektasien. Welche Hautveränderung kommt hierfür am ehesten in Frage?
a	Ein Hämangiom.
b	Psoriasis vulgaris.
c	Ein malignes Melanom.
d	Ein Erysipel.
e	Ein Basaliom.

9.	**Einfachauswahl**
	Welche Aussage zu Basaliomen trifft zu?
a	Basaliome finden sich an den Extremitäten wesentlich häufiger als im Gesicht.
b	Das Basaliom imponiert zunächst als hautfarbenes, derbes Knötchen.
c	Basaliome sind im Gegensatz zu Melanomen niemals pigmentiert.
d	Die Häufigkeit des Auftretens von Basaliomen sinkt mit zunehmendem Lebensalter.
e	Für die Ausbildung eines Basalioms ist Lichtmangel sowie eine starke Pigmentierung der Haut fördernd.

10.	**Einfachauswahl**
	Welche Aussage trifft zu? Die Borkenflechte (Impetigo contagiosa)
a	hat Mykobakterien als Erreger.
b	ist eine virale Hautinfektion.
c	wird über die Atemwege übertragen.
d	manifestiert sich primär am Stamm von Kleinkindern.
e	hat honiggelbe Krusten als Erscheinungsbild.

11.	**Aussagenkombination**
	Welche der folgenden Aussagen treffen zu? Pruritus generalisatus (allgemeines Hautjucken) kann auftreten als Begleitsymptom bei:
1	**Leukämie.**
2	**Diabetes mellitus.**
3	**Alkoholismus.**
4	**Gallengangsverschluss.**
5	**Niereninsuffizienz.**
a	Nur die Aussagen 1, 2 und 3 sind richtig.
b	Nur die Aussagen 1, 2, 4 und 5 sind richtig.
c	Nur die Aussagen 1, 3, 4 und 5 sind richtig.
d	Nur die Aussagen 2, 3, 4 und 5 sind richtig.
e	1-5, alle Aussagen sind richtig.

12.	**Einfachauswahl**
	Wie kann man die flächenmäßige Ausdehnung einer Verbrennung beim Erwachsenen einschätzen?
a	Durch Abschätzung der Schmerzsymptomatik.
b	Mit Hilfe der Neunerregel (nach Wallace).
c	Mit der üblichen Verbrennungseinteilung in Grade.
d	Durch Beurteilung der Intensität der Hautrötung.
e	Durch Kenntnis der Temperatur des schädigenden Auslösers.

Antworten zum Thema Haut

Zu 1.	Siehe Kap. 5.2.1 → **144**, 5.2.2 → **145** , 5.2.3 → **146**.
Zu 2.	Zellteilung in der Basalzellschicht, der Stachelzellschicht und bei den Melanozyten. Merkhilfe sind die Krebsformen: Basaliom, Spinaliom und Melanom; nur Zellen die sich teilen, können dabei entarten.
Zu 3.	Siehe Kap. 5.6.1 → **149**.
Zu 4.	a., b., c. siehe Kap. 5.6.4.4 → **153**.
Zu 5.	Siehe Kap. 5.6.3 → **151**.
Zu 6.	a., b. siehe Kap. 5.6.4.7 → **154**.
Zu 7.	Siehe Kap. 5.6.7.2 → **158**.
Zu 8.	a., b., c. siehe Kap. 5.6.8.2 → **159**.
Zu 9.	a., b., c. siehe Kap. 5.6.8.3 → **159**.
Zu 10.	Siehe Kap. 5.6.8.4 → **160**.
Zu 11.	Siehe Kap. 5.6.9 → **161**.
Zu 12.	a., b., c. siehe Kap. 5.6.9.1 → **162**.
Zu 13.	Siehe Kap. 5.6.9.3 → **162**.

Zu 14.	Siehe Kap. 5.6.10 → **163**.
Zu 15.	a., b. siehe Kap. 5.6.11 → **164**.
	Antworten auf die Multiple-Choice-Fragen
Zu 1.	**Antwort e.** Zu a: nicht ansteckend; zu b: Streckseiten (Beugen sind typisch für Neurodermitis); zu c: i.d.R. stark juckend ist Neurodermitis, Psoriasis kann ebenfalls jucken; zu d: nicht bei den meisten, aber bei einigen.
Zu 2.	**Antwort a, e.** Zu b: meist Bakterien (v.a. Staphylokokken); zu c: sind i.d.R. sehr schmerzhaft; zu d: chirurgische Sanierung ist anzustreben.
Zu 3.	**Antwort a:** 1 und 2 sind richtig. Zu 3: doch, wenn die Melanin-Synthese gestört ist; zu 4: Probeinzision kann zur Streuung führen und zur feingeweblichen Diagnosestellung bzw. zur Tumordickenbestimmung sollte die gesamte Läsion beurteilt werden; zu 5: können z.B. auch an den Meningen oder am Auge auftreten.
Zu 4.	**Antwort a:** 1 und 3 sind richtig. Zu 2: Das Gehirn ist nicht betroffen; zu 4: eher z.B. bei Colitis ulcerosa oder einer Infektion; kein Symptom der Psoriasis; zu 5: eher z.B. bei Rechtsherz- oder Nierinsuffizienz, kein Symptom der Psoriasis.
Zu 5.	**Antwort a, b.** Zu c: Erregerreservoir ist der Mensch; zu d: Kopf und Rücken bleiben meist frei, bevorzugte Lokalisationen sind v.a. die Zwischenfingerfalten, die Beugeseite der Handgelenke und der Genitalbereich; zu e: in der Hornschicht der Haut.
Zu 6.	**Antwort a, d.** Zu b: Da das männliche Sexualhormon Testosteron beteiligt ist, sind eher Männer betroffen; zu c: Tritt v.a. während der Pubertät auf und klingt spät, Anfang des 3. Lebenjahrzehnts, ab; zu e: Talgdrüsen an Haaren; Talgdrüsenfollikel befinden sich v.a. im Gesicht, an Brust und Rücken, nicht an den Schleimhäuten.
Zu 7.	**Antwort c, d.** Zu a: Urtikaria häufig bei Atopikern, diese sind anfälliger z.B. bei Stress; zu b: entstehen z.B. bei Pollenallergie; Pollenflug ist jahreszeitabhängig: es existiert auch Sonnen-/Wärme- oder Kälteurtikaria; außerdem verschwinden die Quaddeln häufig genauso schnell wie sie aufgetreten sind; zu e: starker Juckreiz bei Urtikaria.
Zu 8.	**Antwort e.** Zu a: Hämangiome sind rot und nicht hautfarben; meist angeboren, wachsen evtl. in den ersten Lebensmonaten und bilden sich zum Teil von alleine wieder zurück; sie entarten in der Regel nicht; zu b: Psoriasis ist eine Verhornungsstörung, es finden sich silberweiße Hautschuppen, aber keine Teleangiektasien oder ein perlschnurartiger Randwall; →

Zu 8.	zu c: Ein malignes Melanom ist meist pigmentiert, nicht hautfarben und ohne Teleangiektasien; zu d: Ein Erysipel ist ein akuteres Geschehen, entsteht nicht über Monate und wird begleitet von Fieber, Lymphknotenschwellung, Rötung etc.
Zu 9.	**Antwort b.** Zu a: Basaliome entstehen bevorzugt im Gesicht; zu c: können pigmentiert sein (außerdem „niemals", also Achtung!); zu d: Risiko steigt mit zunehmendem Lebensalter; zu e: Vor allem die Einwirkung von Sonnenlicht zählt zu den Risikofaktoren.
Zu 10.	**Antwort e.** Zu a: meist Streptokokken, auch durch Staphylokokken möglich (grobblasige Form); zu b: Bakterien (siehe a); zu c: Eintrittspforten sind kleinste Hautverletzungen, Übertragung per Schmier- und Tröpfcheninfektion; zu d: Vor allem ist das Gesicht betroffen, außerdem die behaarte Kopfhaut, Hals, Hände und Arme.
Zu 11.	**Antwort e.** Alle Aussagen sind richtig.
Zu 12.	**Antwort b.** Zu a: Die Schmerzhaftigkeit sagt nichts über die flächenhafte Ausdehnung aus; zu c: macht vielmehr eine Aussage über die Tiefe, d.h. welche Hautschichten betroffen sind; keine Aussage über die Fläche; zu d: Eine Hautrötung kann viele Ursachen haben, hier ist die flächenmäßige Ausdehnung gefragt; zu e: Auch die Temperatur sagt nichts über die Fläche aus.

Fragen zum Thema Onkologie

1.	**Bitte nennen Sie zu den folgenden Tumoren das Gewebe, aus dem sie entstehen und, ob es sich um gutartige oder bösartige Tumoren handelt.**
a.	Fibrom.
b.	Myom.
c.	Basaliom.
d.	Adenom.
e.	Osteosarkom.
f.	Angiom.
g.	Liposarkom.
2.	**Was sind die wesentlichen Unterschiede zwischen gutartigen und bösartigen Tumoren?**
3.	**Was sind die häufigsten Krebsarten bei Mann und Frau?**
4.	**Welche Mängel des Betroffenen prädisponieren zu Krebserkrankungen?**

5.	Welche äußeren Einflüsse (Kanzerogene) fördern die Krebsentstehung?
6.	Welche allgemeinen Symptome lassen Sie an das Vorliegen eines bösartigen Geschehens denken?
7.	Welche bösartigen Geschehen können zu chronischer Heiserkeit führen?
8.	In welchen Organen bzw. Organsystemen kommt es am häufigsten zur Metastasenbildung?
9.	Was wissen Sie über die TNM-Klassifikation?
	Multiple-Choice-Fragen
1.	**Aussagenkombination**
	Welche der folgenden Aussagen trifft (treffen) zu? Bei der Stadieneinteilung von Tumorerkrankungen (TNM-Klassifikation) werden welche der folgenden Punkte berücksichtigt?
1	**Alter des Patienten bei Erstdiagnose.**
2	**Größe des Primärtumors.**
3	**Hämoglobinwert.**
4	**Vorhandensein von Fernmetastasen.**
5	**Lymphknotenmetastasierung.**
a	Nur die Aussage 4 ist richtig.
b	Nur die Aussagen 1 und 2 sind richtig.
c	Nur die Aussagen 4 und 5 sind richtig.
d	Nur die Aussagen 2, 4 und 5 sind richtig.
e	Nur die Aussagen 3, 4 und 5 sind richtig.
2.	**Mehrfachauswahl**
	Welche der folgenden Aussagen treffen zu? Wählen Sie zwei Antworten! Die typischen Nebenwirkungen einer Chemotherapie bei Tumorleiden sind:
a	eine Stomatitis.
b	eine Hyperpigmentierung der Handflächen und Fußsohlen.
c	eine Leukozyturie.
d	Morgensteifigkeit der Gelenke.
e	Haarausfall.
3.	**Einfachauswahl**
	Welche Aussage trifft zu? Humane Papillomaviren sind an der Entwicklung folgender Tumore maßgeblich beteiligt:
a	Leberkarzinome.

b	Magenkarzinome.
c	Cervixkarzinome.
d	Lungenkarzinome.
e	Pankreaskarzinome.

Antworten zum Thema Onkologie

Zu 1.	Siehe Kap. 6.2 → 168.
Zu 2.	Siehe Kap. 6.2 → 168.
Zu 3.	Siehe Kap. 6.3 → 169.
Zu 4.	Siehe Kap. 6.4.1 → 170.
Zu 5.	Siehe Kap. 6.4.2 → 171.
Zu 6.	Siehe Kap. 6.5 → 172.
Zu 7.	Vor allem Kehlkopf-, Schilddrüsen- und Bronchialkarzinom.
Zu 8.	Siehe Kap. 6.6.1 → 174.
Zu 9.	Siehe Kap. 6.7 → 174.
Antworten auf die Multiple-Choice-Fragen	
Zu 1.	**Antwort d:** 2, 4 und 5 sind richtig.
Zu 2.	**Antwort a, e.** Chemotherapie bei Tumorleiden bedeutet die Gabe von (hochtoxischen) Zytostatika, also von Stoffen, die Zellen in Wachstum und Teilung hemmen. Da Tumorzellen eine erhöhte Zellteilungsrate und eine eingeschränkte Reparaturkapazität haben, sind sie etwas empfindlicher gegenüber Zytostatika als gesunde Zellen. Allerdings werden auch andere schnell wachsende Zellen wie Epithelzellen (z.B. der Haarwurzeln oder der Schleimhaut von Mund und GIT) und Knochenmarkzellen (Blutbildung) gehemmt.
Zu 3.	**Antwort c.** Die HPV-Impfung soll vor der Entstehung von Gebärmutterhalskrebs schützen, sie ist heute in aller Munde; es werden allerdings Zusammenhänge vermutet zwischen der Impfung und dem Auftreten von teilweise schweren Erkrankungen (z.B. epileptische Anfälle); Sie forschen bitte selbst).

Fragen zum Thema Psychiatrie

1.	**Was sind Risikofaktoren für Suizidalität?**
2.	**Was sind die Warnsignale für einen Suizid?**
3.	**Ein Patient äußert, er habe den Wunsch nach Ruhe im Leben bzw. sehe keinen Sinn mehr. Wie verhalten Sie sich?**

	Multiple-Choice-Fragen
1.	**Mehrfachauswahl**
	Welche der folgenden Symptome sind Leitsymptome für die Aufmerksamkeitsdefizit-/Hyperaktivitätsstörung (ADHS)? Wählen Sie zwei Antworten!
a	Zwanghafter Rededrang.
b	Störung der Aufmerksamkeit.
c	Störung der Muskelkoordination und des Körpergefühls.
d	Impulsivität.
c	Teilleistungsschwächen.
2.	**Aussagenkombination**
	Welche der folgenden Phänomene passen zu einem Delirium tremens?
1	**Illusionäre Verkennung.**
2	**Halluzinationen.**
3	**Desorientiertheit.**
4	**Vegetative Entgleisung.**
5	**Motorische Unruhe.**
a	Nur die Aussagen 1 und 4 sind richtig.
b	Nur die Aussagen 2 und 4 sind richtig.
c	Nur die Aussagen 1, 2 und 3 sind richtig.
d	Nur die Aussagen 2, 3, 4 und 5 sind richtig.
e	Alle Aussagen sind richtig.
3.	**Aussagenkombination**
	Welche Symptome und Erkrankungen können Folge von Alkoholmissbrauch sein?
1	**Schlafstörungen.**
2	**Anämie.**
3	**Impotenz.**
4	**Diabetes mellitus.**
5	**Herzmuskelschäden.**
a	Nur die Aussagen 1 und 3 sind richtig.
b	Nur die Aussagen 2 und 3 sind richtig.
c	Nur die Aussagen 1, 2 und 4 sind richtig.
d	Nur die Aussagen 1, 3 und 5 sind richtig.
e	1-5, alle Aussagen sind richtig.
4.	**Aussagenkombination**
	Welche der folgenden Aussagen zum Alkoholstoffwechsel treffen zu?
1	**Der größte Teil des Alkohols wird in der Leber abgebaut.**

2	**Labormarker für chronischen Alkoholmissbrauch sind u.a. γ-GT, MCV (mittleres Erythrozytenvolumen) und CDT (carbohydratdefizientes Transferrin).**
3	**Alkohol wirkt protektiv gegen Leberverfettung.**
4	**Oral aufgenommener Alkohol wird vor allem im Dünndarm und im Magen resorbiert.**
5	**Die Berechnung der Blutalkoholkonzentration erfolgt nach der sog. Neuner-Regel.**
a	Nur die Aussagen 1 und 2 sind richtig.
b	Nur die Aussagen 1 und 4 sind richtig.
c	Nur die Aussagen 1, 2 und 4 sind richtig.
d	Nur die Aussagen 2, 3 und 5 sind richtig.
e	Alle Aussagen sind richtig.

5.	**Einfachauswahl**
	Suizide werden mitunter durch Auspuffgase (Kohlenmonoxid, CO) von Verbrennungsmotoren verübt. Welche Aussage trifft zu?
a	Die Affinität (chemische Bindungsstärke) des Kohlenmonoxids (CO) zum Hämoglobin ist etwa genauso groß wie die des Sauerstoffs (O_2)
b	Kohlenmonoxidvergiftungen sind nur bei Abgasen von Benzinverbrennungsmotoren zu erwarten.
c	Aufgrund der mangelnden Sauerstoffversorgung zeigen Patienten mit Kohlenmonoxidintoxikation meist eine bläulich-violette Verfärbung, insbesondere des Gesichts.
d	Die Gefahren der Kohlenmonoxidvergiftung bestehen u.a. aus innerer Erstickung, Atemlähmung und Herzversagen.
e	Die Behandlung einer Kohlenmonoxidvergiftung besteht aus der Inhalation von reinem Kohlendioxid.

6.	**Mehrfachauswahl**
	Welche der folgenden Aussagen zur Suizidalität treffen zu? Wählen Sie zwei Antworten!
a	Bei depressiven Patienten sollte man Fragen nach Suizidgedanken meiden, da diese das Suizidrisiko i.d.R. erhöhen.
b	Suchtkranke Menschen sind in erhöhtem Maße suizidgefährdet.
c	Wenn suizidale Patienten nach vorheriger Verzweiflung plötzlich ruhig und gelöst wirken, ist dies ein Zeichen von Besserung, die Suizidgefahr lässt nach.
d	Nur wenige Patienten mit Suizidgedanken kündigen geplante Suizidhandlungen an.
e	In Deutschland sterben mehr Menschen an Suizid als im Verkehr.

7.	**Aussagenkombination**
	Ein ihnen bekannter Patient mit Alkoholproblemen, der soeben aus dem Krankenhaus nach einer komplikationslosen Appendektomie entlassen wurde, lässt erkennen, dass er halluziniert. Er spricht von kleinen beweglichen Insekten. Sie äußern den Verdacht auf ein Alkoholdelir. Welche weiteren Symptome können noch auftreten?
1	**Bradykardie.**
2	**Epileptische Anfälle.**
3	**Agitierte Psychomotorik.**
4	**Obstipation.**
5	**Schlafstörungen.**
a	Nur die Aussagen 1, 2 und 3 sind richtig.
b	Nur die Aussagen 1, 2 und 5 sind richtig.
c	Nur die Aussagen 1, 4 und 5 sind richtig.
d	Nur die Aussagen 2, 3 und 4 sind richtig.
e	Nur die Aussagen 2, 3 und 5 sind richtig.

8.	**Aussagenkombination**
	Welche der folgenden Symptome/Störungen können bei Patienten mit einer akuten organischen Psychose (akutes organisches Psychosyndrom) auftreten?
1	**Zeitliche und/oder örtliche Orientierungsstörungen.**
2	**Wahrnehmungsstörungen.**
3	**Störungen der Psychomotorik.**
4	**Kardiale Unregelmäßigkeiten.**
5	**Schwitzen, Übelkeit und Erbrechen.**
a	Nur die Aussagen 1, 2 und 3 sind richtig.
b	Nur die Aussagen 3, 4 und 5 sind richtig.
c	Nur die Aussagen 1, 2, 3 und 5 sind richtig.
d	Nur die Aussagen 1, 2, 4 und 5 sind richtig.
e	1-5, alle Aussagen sind richtig.

9.	**Mehrfachauswahl**
	Welche der folgenden Aussagen zur akuten organischen Psychose (akutes organisches Psychosyndrom) treffen zu? Wählen Sie zwei Antworten!
a	Eine akute organische Psychose ist in der Regel irreversibel.
b	Bei einer akuten organischen Psychose ist eine zeitliche und örtliche Orientierungsstörung zu erwarten.
c	Auch Medikamente, die keine psychoaktiven Substanzen erhalten, können ein akutes organisches Psychosyndrom verursachen.

d	Wahrnehmungsstörungen, z.B. Halluzinationen sind bei einer akuten organischen Psychose nicht zu erwarten.
e	Laboruntersuchungen (Elektrolyte, Kreatinin, Blutzucker, Leberwerte etc.) sind überflüssig für die Diagnostik einer akuten organischen Psychose.
10.	**Aussagenkombination**
	Welche der folgenden Aussagen zum alkoholbedingten Korsakow-Syndrom (organisch-amnestisches Syndrom) treffen zu?
1	**Es ist geprägt durch Störungen der Orientierung und Merkfähigkeit, die durch Konfabulationen überdeckt wird.**
2	**Es kann zu einer Persönlichkeitsveränderung bis hin zur Entwicklung einer Demenz kommen.**
3	**Das Psychosyndrom ist körperlich begründbar.**
4	**In manchen Fällen kann es sich wieder bessern.**
5	**Vor allem das Kurzzeitgedächtnis ist gestört.**
a	Nur die Aussagen 1, 2 und 4 sind richtig.
b	Nur die Aussagen 1, 3 und 5 sind richtig.
c	Nur die Aussagen 2, 3 und 4 sind richtig.
d	Nur die Aussagen 3, 4 und 5 sind richtig.
e	1-5, alle Aussagen sind richtig.
11.	**Einfachauswahl**
	Welche Aussage zur Aufmerksamkeitsdefizit-/Hyperaktivitätsstörung (ADHS) trifft zu?
a	Bei ADHS-Patienten führt nur eine streng phosphatarme Diät zu einer deutlichen Besserung der Symptome.
b	Therapieverfahren der Wahl ist die Spieltherapie.
c	ADHS endet mit der Pubertät.
d	Mädchen sind häufiger betroffen als Jungen.
e	Durch medikamentöse Stimulanzien lässt sich das Sozialverhalten der Betroffenen in vielen Fällen bessern.
12.	**Aussagenkombination**
	Welche der folgenden Hinweise bekräftigen Ihren Verdacht auf eine Alkoholkrankheit?
1	**Wadenkrämpfe und Parästhesien.**
2	**S-GGT (γ-GT): 115 U/L.**
3	**S-Kreatinin: 0,6 mg/dl.**
4	**Epileptische Anfälle.**
5	**Tachykardie.**
a	Nur die Aussagen 1, 2 und 3 sind richtig.
b	Nur die Aussagen 1, 2, 4 und 5 sind richtig.

c	Nur die Aussagen 1, 3, 4 und 5 sind richtig.
d	Nur die Aussagen 2, 3, 4 und 5 sind richtig.
e	1-5, alle Aussagen sind richtig.
13.	**Mehrfachauswahl**
	Welche der genannten Erkrankungen sind mögliche Folgeerscheinungen einer chronischen Alkoholkrankheit? Wählen Sie zwei Antworten!
a	Meningoenzephalitis.
b	Wernicke-Enzephalopathie.
c	Polyneuropathie.
d	Multiple Sklerose.
e	Schilddrüsenüberfunktion.
14.	**Aussagenkombination**
	Bei welchen der folgenden Medikamentengruppen ist bei regelmäßiger Einnahme mit einer Abhängigkeitsentwicklung zu rechnen?
1	**Bei Morphinpräparaten.**
2	**Bei Antidepressiva.**
3	**Bei Codeinpräparaten.**
4	**Bei Tranquilizern.**
5	**Bei Neuroleptika.**
a	Nur die Aussagen 1, 2 und 4 sind richtig.
b	Nur die Aussagen 1, 3 und 4 sind richtig.
c	Nur die Aussagen 1, 3 und 5 sind richtig.
d	Nur die Aussagen 3, 4 und 5 sind richtig.
e	1-5, alle Aussagen sind richtig.
15.	**Aussagenkombination**
	Welche der folgenden Aussagen treffen zu? Zum präsuizidalen Syndrom gehören
1	**gedankliche Einengung.**
2	**die Ausweitung sozialer Kontakte.**
3	**gehemmte Aggression.**
4	**Selbstmordphantasien.**
5	**nach außen abreagierte Aggression.**
a	Nur die Aussagen 1 und 2 sind richtig.
b	Nur die Aussagen 3 und 4 sind richtig.
c	Nur die Aussagen 1, 3 und 4 sind richtig.
d	Nur die Aussagen 3, 4 und 5 sind richtig.
e	1-5, alle Aussagen sind richtig.

Antworten zum Thema Psychiatrie

Zu 1.	Siehe Kap. 7.2.2 → 184.
Zu 2.	Siehe Kap. 7.2.4 → 185.
Zu 3.	Siehe Kap. 7.2.5 → 186.
Antworten auf die Multiple-Choice-Fragen	
Zu 1.	**Antwort b, d.**
Zu 2.	**Antwort e.** Alle Aussagen richtig.
Zu 3.	**Antwort e.** Alle Aussagen richtig.
Zu 4.	**Antwort c:** 1, 2 und 4 sind richtig. Zu 3: Eine der Phasen vor der Zirrhose ist die Leberverfettung; zu 5: Neuner-Regel (nach Wallace) zum Abschätzen der Fläche bei Verbrennungen.
Zu 5.	**Antwort d.** Zu a: Die Bindung des Kohlenmonoxids ans Hämoglobin ist wesentlich besser als die des Sauerstoffs; zu b: Rauchgasvergifung, Minenkrankheit (beim Bergbau), durch Kohlenmonoxid, durch falsch befüllte Sauerstoffflaschen des Tauchers etc.; zu c: Der Betroffene weist im fortgeschrittenen Stadium kirschrote Lippen und eine gerötete Haut auf; zu e: Neben der Stabilisierung der Vitalfunktionen wird der Betroffene durch die Gabe von Sauerstoff behandelt, im Idealfall mithilfe einer Sauerstoffüberdruck-Behandlung in einer Überdruckkammer.
Zu 6.	**Antwort b, d.** Zu a: Die Frage nach Suizidgedanken erhöht die Suizidgefahr nicht (im Gegenteil, der Patient fühlt sich besser wahrgenommen); zu c: eher „Ruhe vor dem Sturm", kann bedeuten, dass der Entschluss jetzt feststeht; zu d: oft gehen Hilferufe voraus, Reden über Selbsttötung, Aussagen über Sinnlosigkeit des Lebens, „alles zu viel", Lebensüberdruss.
Zu 7.	**Antwort e.** 2, 3 und 5 sind richtig. Zu 1: Es kommt zur Tachykradie; zu 4: ... und zu Durchfällen.
Zu 8.	**Antwort e.** Alle Aussagen sind richtig.
Zu 9.	**Antwort b, c.** Zu a: Eine akute organische (körperlich begründbare) Psychose ist i.d.R. reversibel (z.B. das Delir durch lange andauerndes hohes Fieber, Entzug von Alkohol oder Barbituraten, oder durch Medikamente ausgelöst); zu d: weiße Mäuse bei Alkoholentzugs-Delir; zu e: Der Auslöser sollte herausgefunden werden, um ggf. Gegenmaßnahmen ergreifen zu können; Blutlabor.
Zu 10.	**Antwort e.** Alle Aussagen richtig.
Zu 11.	**Antwort e.** Zu a: schulmedizinische kausale Therapie nicht möglich. Evtl. Verabreichung von Psychopharmaka (z.B. Ritalin), die den Neurotransmitterstoffwechsel beeinflussen und Überweisung an Kinder-/Jugendpsychologen zur heilpädagogischen oder Verhaltenstherapie; keine (b) Spielherapie; →

Zu 11.	zu c: 30-70% der von ADS betroffenen Jugendlichen behalten die Störung auch als Erwachsene in Form von erhöhter innerer Unruhe mit verschiedenen psychischen Störungen (Depressionen, Angsstörungen, Störungen des Selbstbilds und des Selbstwertgefühls, soziale Phobien, evtl. Esstörungen (Bulimie) bei; zu d: andersherum.
Zu 12.	**Antwort b:** 1, 2, 4 und 5 sind richtig. Zu 3: Kreatinin weist auf eine Nierenschädigung hin (die Niere bleibt vom Alkohol lange verschont); hauptsächlich betroffen sind die Leber, die Bauchspeicheldrüse und das Gehirn.
Zu 13.	**Antwort b, c.** Zu a: Eine Meningoenzephalitis wird meistens durch Viren ausgelöst; zu d: Die Ursache für MS ist unbekannt; zu e: Eine Schilddrüsenüberfunktion wird z.B. durch Autoanitkörper (M. Basedow) ausgelöst oder durch Schilddrüsenautonomie, ferner iatrogen, passager bei Thyeroiditis; die Alkoholkrankheit zählt nicht dazu.
Zu 14.	**Antwort b:** 1, 3 und 4 sind richtig.
Zu 15.	**Antwort c:** 1, 3 und 4 sind richtig. Zu 2: Betroffene ziehen sich von der Umwelt zurück; zu 5: Sie entwickeln Aggressionen, können sie aber nicht zum Ausdruck bringen und richten sie schließlich gegen sich selbst.

A

B

C

D

G

H

L

O

P

T

Quellennachweis

I. Richter: Lehrbuch für Heilpraktiker, 5. Aufl., Urban & Fischer Verlag, München, 2004
E. Bierbach: Naturheilpraxis heute, 3. Aufl., Urban & Fischer Verlag, München, 2006
A. Schäffler: Mensch, Körper, Krankheit, 4. Aufl., Urban & Fischer Verlag, München, 2003
G. Herold: Innere Medizin, Verlag Dr. Gerd Herold, Köln, 2005
C.D. Forbes: Wolfe Coloratlas: Die Medizin im klinischen Bild, 1. Aufl., Ullstein Verlag, Berlin, 1993
Tischendorf: Der diagnostische Blick, 6. Aufl., Schattauer Verlag, Stuttgart, 1998
K. Bork: Hautkrankheiten in der Praxis, 2. Aufl., Schattauer Verlag, Stuttgart, 1997
Georgi: Infektionskrankheiten für Heilpraktiker, 1. Aufl., Aescura Verlag, München, 1997
Pschyrembel: Klinisches Wörterbuch, 258. Aufl., Verlag Walter de Gruyter, Berlin, 1997
Prüfungsfragen Heilpraktikerprüfung Baden-Württemberg von 1996-2009

Homöopathie für Kinder pocket

ISBN 978-3-89862-247-9

Der Inhalt im Überblick:

- Erläutert Begriffe wie "Ähnlichkeitsgesetz", "Erstverschlimmerung " oder "Potenzierung"
- Schildert, wie die Behandlung beim Homöopathen abläuft
- Ordnet übersichtlich Symptome und Homöopathika
- Informeirt zum Thema "Impfungen" und "chronische Krankheiten"

Börm Bruckmeier Verlag

Programmübersicht

pockets

Akupunktur pocket	978-3-89862-291-2
Anamnese & Untersuchung pocket	978-3-89862-289-9
Anatomie fast	978-3-89862-276-9
Arzneimittel pocket 2010	978-3-89862-715-3
Arzneimittel pocket plus 2010	978-3-89862-716-0
Arzneimittel Infektionen pocket	978-3-89862-273-8
Arzneimittel Pädiatrie pocket	978-3-89862-249-3
Arzneimittel Phytotherapie pocket	978-3-89862-258-5
Arzneimittel Rettungsdienst pocket	978-3-89862-292-9
Arzneimittel Therapie 09-10	978-3-89862-297-4
Austria Arzneimittel pocket	978-3-89862-293-6
Biologie fast	978-3-89862-232-5
Chirurgie fast	978-3-89862-261-5
Differenzialdiagnose pocket	978-3-89862-280-6
EKG Fälle pocket	978-3-89862-266-0
EKG pocket	978-3-89862-221-9
GK 3 Termini pocket	978-3-89862-226-4
Heilpraktiker Kompaktwissen p.	978-3-89862-299-8
Homöopathie pocket	978-3-89862-246-2
Homöopathie für Kinder pocket	978-3-89862-247-9
Labormedizin pocket	978-3-89862-254-7
Medizinisches Englisch pocket	978-3-89862-239-4
Medizinisches Französisch pocket	978-3-89862-264-6
Medizinisches Spanisch pocket	978-3-89862-240-0
Medizinisches Italienisch pocket	978-3-89862-265-3
Medizin Translator pocket	978-3-89862-274-5
Mensch Körper pocket	978-3-89862-712-2
Neurologie pocket	978-3-89862-253-0
Normalwerte pocket	978-3-89862-230-1
Notaufnahme Innere Med. pocket	978-3-89862-245-5
Patientologie	978-3-89862-908-9
Pneumologie pocket	978-3-89862-279-0
Psychiatrie fast	978-3-89862-243-1
Wörterbuch Medizin pocket	978-3-89862-298-1

XXS pockets

Affektive Störungen XXS pocket	978-3-89862-527-2
Anästhesie XXS pocket	978-3-89862-519-7
Antiinfektiva XXS pocket	978-3-89862-284-4
Asthma XXS pocket	978-3-89862-517-3
COPD XXS pocket	978-3-89862-524-1
Diabetes mellitus XXS pocket	978-3-89862-531-9
Hämatologie XXS pocket	978-3-89862-510-4
Hypertonie XXS	978-3-89862-528-9
Impfungen XXS pocket	978-3-89862-523-4
Infektionen XXS pocket	978-3-89862-516-6
Kardiologie XXS pocket	978-3-89862-509-8
KHK XXS pocket	978-3-89862-522-7
Neurologie XXS pocket	978-3-89862-285-1
Notfall Med. XXS pocket	978-3-89862-512-8
Pankreas XXS pocket	978-3-89862-521-0
Pneumonie XXS pocket	978-3-89862-532-6
Regionalanästhesie XXS pocket	978-3-89862-520-3
Thrombose / Embolie XXS pocket	978-3-89862-525-8
Virologie XXS pocket	978-3-89862-526-5

Jetzt auch für's iPhone

Programmübersicht

pockettools

Asthma/COPD pockettool	978-3-89862-315-5
DANI pockettool	978-3-89862-316-2
EKG pockettool	978-3-89862-314-8
EKG Lineal pockettool	978-3-89862-318-6
Med. Engl. pockettool	978-3-89862-317-9

pocketcards

Akutes Koronarsyndrom pc Set (3)	978-3-89862-092-5
Anamnese & Untersuchung pc	978-3-89862-104-5
Anästhesie pc Set (3)	978-3-89862-080-2
Anästhesie Intensivmeds pc Set (2)	978-3-89862-116-8
Antibiotika pc Set (2) 2010	978-3-89862-108-3
Antimykotika pc	978-3-89862-109-0
Asthma pc Set (3)	978-3-89862-101-4
Bipolare Störungen pc Set (2)	978-3-89862-086-4
Bronchialkarzinom pc Set (4)	978-3-89862-100-7
COPD pc Set (3)	978-3-89862-102-1
Chronische Niereninsuffizienz pc (3)	978-3-89862-097-0
Demenz pc Set (3)	978-3-89862-065-9
Depressionen pc Set (2)	978-3-89862-075-8
Diabetes mellitus pc Set (3)	978-3-89862-091-8
Dyslipidemien pc Set (2)	978-3-89862-071-0
Echokardiographie pc Set (2)	978-3-89862-051-2
EKG pocketcard	978-3-929785-72-2
EKG Auswertungs pc	978-3-929785-36-4
EKG Lineal pc	978-3-89862-011-6
EKG pc Set (3)	978-3-89862-089-5
Elektrol./Säure-Basen pc Set (3)	978-3-89862-069-7
Epilepsie pc Set (3)	978-3-89862-088-8
Erste Hilfe pc Set (3)	978-3-89862-014-7
Geriatrie pc Set (3)	978-3-89862-055-0
Glaukom pc Set (3)	978-3-89862-105-2
Herzinsuffiziens pc Set (2)	978-3-89862-078-9
Hypertonie pc Set (2)	978-3-89862-061-1
Med Englisch pc Set (2)	978-3-89862-050-5
Med Spanisch pc Set (2)	978-3-89862-049-9
Migräne pc Set (3)	978-3-89862-076-5
Multiple Sklerose pc (3)	978-3-89862-081-9
Neonatologie pc (2)	978-3-89862-053-6
Neurologie pc (3)	978-3-89862-070-3
Normalwerte pc	978-3-89862-014-4
Notfallmedizin pc Set (2)	978-3-89862-018-5
Ophthalmologie pc Set (4)	978-3-89862-017-5
Pädiatrie pc Set (4)	978-3-89862-090-1
Palliativmedizin pc Set (4)	978-3-89862-019-9
Pankreaskarzinom pc Set (2)	978-3-89862-103-8
Parkinson pc (2)	978-3-89862-082-6
Periodensystem pc	978-3-89862-094-9
Präkl. Schlaganf.-Mngmt. pc	978-3-89862-046-8
Psychiatrie pc	978-3-89862-047-5
Reanimation pc	978-3-89862-096-3
Reflexzonen pc	978-3-89862-000-0
Regionalanästhesie pc Set (3)	978-3-89862-052-9
Schizophrenie pc Set (2)	978-3-89862-085-7
Sehproben pc	978-3-89862-110-6
Sono Abdomen pc Set (3)	978-3-89862-063-5
Stabile Angina pc Set (2)	978-3-89862-093-2
Stroke pc Set (2)	978-3-89862-045-1
Terminologie pc Set (2)	978-3-89862-003-1
The English patient pc Set (2)	978-3-929785-86-9
Thrombo Embolie pc Set (2)	978-3-89862-083-3
Tumormarker pc Set (2)	978-3-89862-115-1
TNM pc	978-3-89862-023-9
Wundlineal pc	978-3-89862-059-8

pocketflyer

Arterielle Hypertonie pocketflyer	978-3-89862-661-3
Diabetes pocketflyer	978-3-89862-659-0
EEG pocketflyer	978-3-89862-660-6

Stand Juni 2010

www.media4u.com